Basic+ Sociology of Education

개정2판

Basic+ 교육사회학

이종각 황성희 김현정

태영출판사

머리말

필자가 교육사회학 교재를 내놓은지 오래 되었지만, 한국교육계의 변화를 새롭게 담지 못해 늘 마음이 무거웠다. 그 동안 필자의 책을 아껴 주신 교수님을 비롯하여 대학생들에게 부채감을 가진지 오래 되었다. 그럼에도 선뜻 새로운 책을 엮어 내지 못하였다.

책을 새로 엮어 낸다는 것이 참으로 어려운 일이라는 것을 그동안 새삼 절감하며 몇 년을 지내 왔다. 이 이상 더 미룰 수가 없어 용기를 내어 부분 수정부터라도 시작하기로 했다. 새로운 책으로 만드는 일이 쉽지 않은 점을 감안하여 욕심을 내지 않기로 하였다. 아예 개편 작업을 단계적으로 하기로 마음먹고 2012년에는 첫 단계 작업으로 마무리짓기로 했다.

첫 단계 작업에서는 자료를 그 동안의 한국교육의 변화를 반영시켜 업데이트하는 것이 주요과제로 삼았다. 법적 제도적 변화, 사회의 변화, 정책적 관심과 쟁점의 변화 등을 반영하고 내용을 조정하는 일이었다. 아울러 학부교재로는 너무 상세하게 취급했다고 생각되는 부분을 삭제하여 취급 내용의 비중도 줄였다. 결과적으로 교재의 총 분량도 줄이게 되었다. 그리고 각 장의 편집과 구성 순서도 바꾸었다.

요즘 슬럼프에 빠진 필자에게 이 첫 단계 작업을 가능하게 해준 것은 두 분의 노력과 지원이 있었기 때문이다. 오산대학교 김현자 교수님의 작업 노고가 없었다면 이 책이 나오기 어려웠을 것이다. 커다란 감사의 뜻을 전한다. 또한 황성희님의 교정 및 보완 작업에 대해서도 감사드린다.

출판 일정이 촉박한 상황에서도 출판을 수락해 주신 태영출판사의 김현태 사장님께 감사말씀 드린다.

2012. 2.
춘천호반에서
이종각 씀

1차 개정판을 냅니다. 대학 학기 15주에 맞추어 전체 장을 15개장으로 구성하고 내용의 편집도 일부 새롭게 하였습니다. 우리 교육의 실제와 사실에 관한 부분을 upgrade 시키고, 몇몇 곳에서 발견된 오류도 수정하였습니다.

2013. 2
이종각 씀

4년만에 2차 개정판을 냅니다. 이번 개정판의 주안점은 3가지였습니다. 첫째로 미래지향적 교육의 관점을 강화하기 위해 14장을 대폭 변경하였습니다. 둘째로 낡은 내용을 전면적으로 최신화(update)시켰습니다. 셋째로 일부 장, 절의 순서 재조정 및 9장 “학교와 학급사회, 보상체계”를 삭제했습니다.

지식뿐만 아니라 지혜와 용기 그리고 도전정신을 자극시키는 책을 만들고 싶었습니다. 진보도 보수도 아닌 실학주의적 관점에서 책을 만들고자 하였습니다. 서툰 의사는 한 번에 한 사람을 해치지만, 서툰 교사는 한 번에 수많은 사람을 해친다고 합니다. 아직 많이 부족한 부분은 앞으로 더 보완하겠습니다.

이 번 개정판은 황성희 박사님과 김현정 박사님의 도움과 격려에 힘입어 가능한 일이었습니다. 두 분께 특별한 감사말씀 드립니다.

2017. 7
이종각 씀

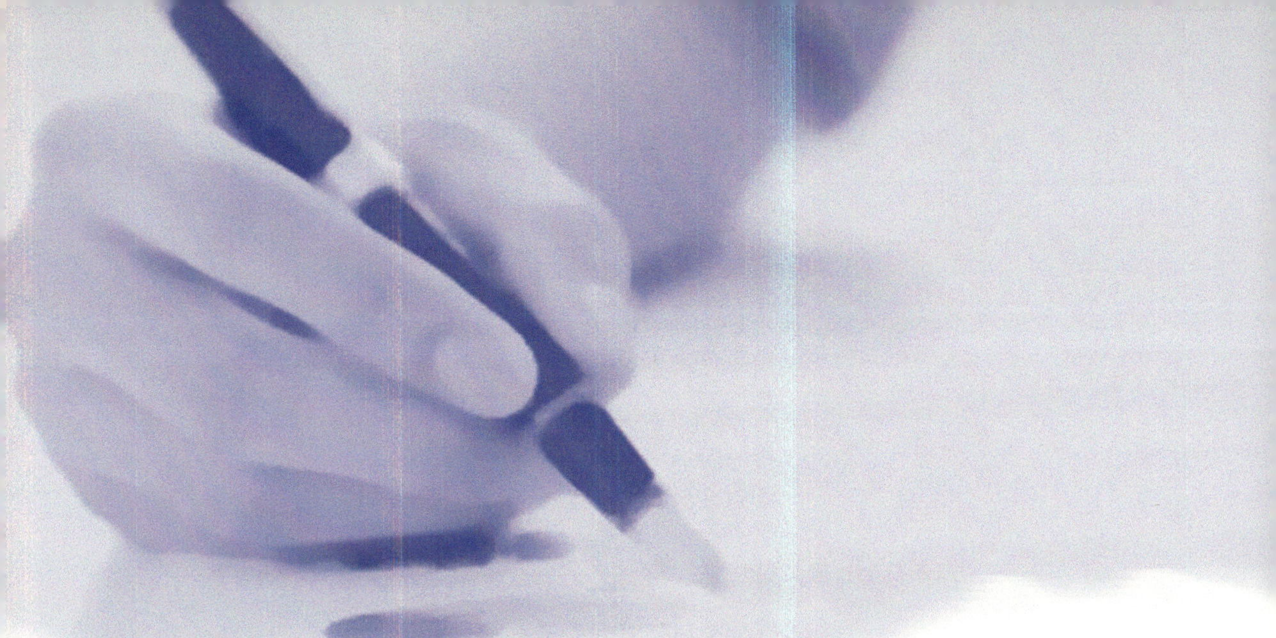

차 례

제1부 · 교육과 사회학적 입문

제 1 장_ 한국교육의 현실과 사회학적 관심 —— 13

1. 한국사회와 교육 … 14
2. 한국교육의 현실 … 18
3. 교육사회학의 과제 : 위기 진단 과학으로서의 교육사회학 … 25

제 2 장_ 교육의 사회적 전개과정 —— 27

1. 교육의 형성 및 발달 … 28
2. 우리나라 교육제도의 전개 … 36

제 3 장_ 교육과 사회 : 교육의 형식, 목적, 기능 —— 49

1. 개인과 사회와 인간형성 … 50

2. 인간형성(교육)과 사회의 관계 … 51
3. 교육과 사회화 기능 … 54
4. 교육의 형식 … 59
5. 교육의 목적 … 61
6. 교육의 기능과 그 변화 … 65

제 4 장_ 교육사회학에의 초대 73

1. 교육질서에 대한 관심 : 교육과 사회와의 올바른 관계에 대한 관심 … 74
2. 사회문제의 증가와 교육사회학에 대한 요구 … 76
3. 교육사회학적 질문과 분석 … 76
4. 교육사회학의 주요 관심분야 … 82
5. 교육사회학 분석의 개념적 도구 … 83
6. 교육사회학의 역할과 가치 … 87

제2부 · 교육사회학의 이론

제 5 장_ 교육현상과 인식: 인식의 역사성과 다양성 91

1. 한국에서의 교육사회학의 전개과정 … 92
2. 미국과 유럽의 교육사회학의 전개과정 및 탐구내용 … 95
3. 복수패러다임적 학문(Multiple paradigm discipline) … 98

제 6 장_ 교육현상과 기능론적 설명 103

1. 기능론적 패러다임의 개요 … 104
2. 뒤르케임의 교육과 사회학론 … 109

3. 기능론적 사회화 이론 : 파슨스와 드리벤 … 111
4. 기능론적 인력양성 이론 … 116
5. 인적자원개발(HRD) 이론 … 121
6. 교육의 기능론적 모형 : 종합 … 123
7. 기능론적 이론의 약점 … 124

제 7 장_ 교육현상과 갈등론적 설명 ——— 127

1. 갈등론적 사회관과 교육관 … 128
2. 칼 마르크스의 계급갈등론 … 133
3. 학교교육에 대한 갈등론적 이론 … 139
4. 갈등론적 교육이론의 한계와 비판 … 149
5. 기능론과 갈등론의 비교 … 151

제 8 장_ 상호작용과 해석적 설명 ——— 155

1. 해석적 패러다임의 개요 … 156
2. 해석적 연구와 이론 … 160
3. 해석적 연구의 주요 개념과 내용 … 170

제3부 · 교육실제와 쟁점

제9장_ 학업성취의 격차와 학습의 사회적 환경 ——— 175

1. 학업성취의 격차와 교육불평등 … 176
2. 학습의 사회적 환경 … 177
3. 지능과 환경 … 178
4. 가정환경 : 사회 · 경제적 지위의 영향 … 182
5. 학업성취에 대한 학교(공교육) 효과 … 191

6. 학업성취에 대한 사교육의 효과 … 198

제10장_ 교사와 학생 간 상호작용 — 201

1. 교사와 학생의 관계 … 202
2. 교사와 학생의 상호작용 … 209

제11장_ 교육선발과 입시제도 및 교육경쟁 — 221

1. 사회이동과 교육선발 … 222
2. 교육제도와 선발 … 225
3. 교육선발 이론 … 226
4. 교육의 선발 기능에 대한 상반된 관점 … 229
5. 교육선발제도와 교육평등 … 233
6. 입시제도 … 238
7. 교육경쟁 … 252

제4부 · 교육발전과 미래

제12장_ 학교 유형의 발전과 쟁점 — 259

1. 고교평준화 정책 … 260
2. 학교 유형의 새로운 시도들 … 268
3. 우리나라의 대안교육 … 276
4. 학교의 다양화 : 학교선택제 … 284
5. 시장경쟁주의 도입과 신자유주의 논쟁 … 293

제 13 장_ 교육불평등 문제와 교육내용의 계층성 — 299

1. 신교육사회학의 형성 배경과 성격 … 300

2. 지식사회학적 관점과 교육과정사회학 … 304
3. 지식의 계층화와 교육불평등 … 309
4. 교육내용의 정치적 · 사회적 측면 … 310

제14장_ 미래사회변화와 교육 ——— 319

1. 미래학의 등장과 미래사회 전망 … 320
2. 사회변화와 교육 … 326
3. 미래사회의 학습생태환경 … 335
4. 한국교육의 방향과 미래과제 … 337

- 참고 문헌 … 348
- 찾아 보기 … 360

제 1 부

교육과 사회학적 입문

제1장 한국교육의 현실과 사회학적 관심

제2장 교육의 사회적 전개과정

제3장 교육과 사회 : 교육의 형식, 목적, 기능

제4장 교육사회학에의 초대

제 1 장

한국교육의 현실과 사회학적 관점

1. 한국사회와 교육
2. 한국교육의 현실
3. 교육사회학의 과제 : 위기 진단 과학으로서의 교육사회학

1. 한국사회와 교육

교육이념의 실현과 교육사회학

교육사회학은 우리나라의 교육이념을 실현하는 데 무슨 역할을 해야 할까?

우리나라의 교육이념은 교육기본법 2조에 명시되어 있다.

"교육은 홍인인간의 이념 아래 모든 국민으로 하여금
인격을 도야하고 자주적 생활능력과 민주시민으로서 필요한 자질을 갖추게 하여
인간다운 삶을 영위하게 하고 민주국가의 발전과 인류공영의 이상을
실현하는 데 이바지하게 함을 목적으로 한다."

사회변화의 교육적 의미를 정확히 읽어 내고
국민의 교육요구를 제대로 읽어 내는
교육사회학이 된다면
대한민국의 교육이념을 실현하는 데
한 역할하는 교육사회학이 될 것이다.

1) 눈부신 발전

한국은 한 때 가장 가난한 국가의 위치에서 불과 60년 사이에 세계 10위권의 경제대국으로 급진적 성장을 하였다. 경제선진국들의 모임인 OECD에도 가입(1996년 12월)하였으며, 1인당 GNI도 1970년 254 달러에서 2015년 현재 27,940 달러로 높아졌다. 교육재정 측면에서 GDP대비 공교육비 비율은 2013년 현재 5.9%(정부부담 4.0%, 민간부담 1.9%)로 OECD 평균(5.2%) 보다 높다.

그 동안 교육여건도 많이 개선되었다. 1970년대까지도 콩나물 교실로 회자되었던 한국 교실의 풍경은 학급당 학생 수가 22.4명 (2016년 현재 초등학교 기준)으로 개선되었다. 진학률도 급격히 상승하여 최근 중학교 진학률은 100%, 고등

학교는 99.7%, 대학교도 69.8%에 달한다.

최근의 OECD 보고서에서도 한국교육 발전의 놀라운 모습을 찾아볼 수 있다. 우리나라 초 · 중등 교육의 학업성취도는 세계 상위 수준이고 학생의 학습 성취율도 OECD 국가 중 최고를 기록하고 있다. 유엔아동기금(UNICEF) 보고서는 '한국이 세계 최부국들 가운데 가장 효율적인 교육제도를 가지고 있다'고 발표하기도 했다.

그러나 한국 교육에 많은 문제점도 있다. 대학교육의 질과 경쟁력 그리고 지식생산 능력은 매우 낮은 수준에 머물러 있다. 뿐만 아니라 국민의 국내교육에 대한 만족도는 매우 낮고 불만과 불신은 아주 높다. 2015년 현재 해외유학생 수는 214,696만 명을 상회하며 연간 36억 8천 620만 달러에 달하는 막대한 돈이 해외 교육비로 지불되고 있다.

2) 낮은 국가경쟁력

스위스 국제경영개발원(IMD)이 61개 국가 및 지역 경제를 대상으로 평가하여 발표한 2016년 국가경쟁력 보고서(World Competitiveness Yearbook)에 의하면 국가경쟁력 종합순위에서 홍콩과 스위스가 전년도 보다 각각 1, 2단계 순위가 상승해 1, 2위를 차지하였다. 전년도 1위였던 미국은 3위로 하락하였고, 4, 5위는 싱가포르와 스웨덴이 각각 차지하였으며 덴마크, 아일랜드, 네덜란드, 노르웨이, 캐나다가 상위 10위에 들었다. 우리나라는 29위로 전년보다 순위가 4단계 하락하였다. 우리나라의 국가경쟁력 종합순위는 2010년 23위, 2011년 22위, 2012년 22위, 2013년 22위를 유지하다가 2014년 26위, 2015년 25위, 2016년 29위로 하락하였다.

IMD 보고서의 국가별 교육부문 경쟁력 순위에서 우리나라는 2008년 35위, 2009년 36위, 2010년 35위에 머물다가 30위권 이내로 진입하였으나 2014년 31위, 2015년 32위, 2016년 현재 33위로 하락하였다. 항목별로 몇 가지를 살펴보면 영어 숙달도 43위, 교육제도 38위, 대학교육 55위, 언어능력 33위, 경영교육 52위, 과학교육 33위로 여전히 교육에 대한 기업 등 사회의 만족도 제고와 교육 여건 개선 등이 필요하다.

3) 한국교육의 얼룩진 초상화

21세기의 두 가지 중요한 세계적 경향은 과학기술을 중심으로 한 '지식기반사회'의 심화와 '신자유주의적 경제 질서'의 심화이다. 이 두 가지 경향은 21세기를 3C의 세기, 즉 Competition(경쟁), Change(변화), Customer(고객)의 세기라고 말하는 것과 깊이 관련되어 있다. 교육 분야에서도 '경쟁(competition)체제 도입'과 '생존을 위한 변화(change)'와 '고객감동을 향한 새 교육문화의 창조(customer)'가 21세기의 핵심과제가 될 것이다.

기존 교육제도는 앨빈 토플러(A. Toeffler)가 지적했듯이 산업사회에 적합하게 만들어진 교육제도이다. 절대빈곤 상황에서 헝그리(hungry) 세대로 자란 기성세대는 풍요 속에서 자란 신세대들을 적절하게 수용할 수 있는 교육체제와 교육문화를 제공하지 못하고 있다. 이외에도 교육현실에 대한 우리교육의 초상화는 얼룩진 부분이 많다. 교육열은 넘쳐나지만 학교는 붕괴되는 역설적 현상, 자녀교육을 위해서 많은 수의 국민이 이민 가는 나라, 어린 자녀를 해외로 유학 보내는 나라, 외국 학교를 국내 대학 입학수단으로 이용하는 나라, 학원에서 배우고 학교 가서 확인받는 나라, 학교교육에 대한 불만이 팽배해 있으면서도 학교에서 주는 성적에 목매달고 있는 사회, 일터(직장)에 가면 학교에서 배운 것이 별로 쓸모없는 데도 학력에 따라 선발하는 나라, 직장에 가서 일하기도 바쁘지만(학교에서 배운 것의 쓸모가 적어서) 새로 배우기에 바쁜 모습 등이 우리교육의 어두운 초상화이다.

4) 한국교육의 위기

한국교육에 관한 문제제기가 한두 번 있었던 것은 아니지만 20세기 말에는 '교육위기론'이 여러 곳에서 제기되었다. 학교교육의 위기, 교실붕괴, 공교육의 위기 등 듣기에도 민망할 정도의 교육현실 진단이 여기저기에서 쏟아져 나왔다. 1970년대까지만 해도 '아파도 가야' 하고 '굶어도 가야' 했던 그런 학교가, 2000년대에는 어찌하다 상당수 학생들에게 '가기 싫은 학교'가 되고, '할 수 없이 가는 학교', '가더라도 잠이나 자든지 아니면 그저 앉아 있다가 오는' 그런 장소가 되었단 말인가? 급기야 2001년에는 대통령까지도 공교육의 위기 상황을 인정하였다.

학교위기의 원인과 진단에 대해서는 많은 논의가 있어 왔지만 대부분 직접적이고 근시안적인 곳에 집중되어 있었다. 학교위기의 원인에 대해서는 교원 정년 단축, 열린교육 실시, 촌지나 체벌 등을 빌미로 언론을 앞세워 교원의 체면과 권위를 손상시킨 것 등이 2000년 전후 교육현장에서나 언론에서 자주 지적되었다.

그러나 한국 학교위기의 근본적 원인으로 우리 교육체제가 급격한 사회변화에 전혀 부응하지 못하고 있다는 점에서 찾아야 할 것이다. 위기는 사실 학교에만 찾아온 것이 아니었다. 국가에 IMF 외환위기가 왔고, 은행이나 대기업에는 구조조정과 통폐합이 있었다. 이것은 우리 사회의 미래예측능력과 대응능력의 한계를 보여주는 단적인 예들이었다. 다시 말하면 우리 사회가 미래예측능력이 부족하여 10여 년 전 혹은 5년여 전에 오늘의 학교에 이런 사태가 발생할 것을 예측하고 미리 한두 가지라도 준비하는 그런 능력이 부족했다는 뜻이다. 학계, 교육행정계, 언론계, 교육관련 여러 단체들 모두 이러한 대처능력을 갖추지 못했다. 게다가 교직사회의 보수성과 변화에 대한 둔감성 등이 이러한 위기를 증폭시켰다고 지적해도 과언은 아니다. 교육사회학은 현재를 통해 미래에 대처할 수 있는 '미래 진단적 기능'을 수행해야 한다.

2. 한국교육의 현실

우리나라의 교육제도가 빠르게 발전하고 양적으로 많은 성장을 이루었음에도 불구하고 여전히 국민들은 우리의 교육에 대해 불만이 높다. 기업에서는 학교교육이 쓸모없고 질적 수준도 낮다고 신랄하게 비판한다. 무엇보다도 교육소비자(학생과 학부모)들이 우리 교육을 점점 외면하고 있다.

공교육의 위기 증상은 다양하게 나타나고 있다. 학생들의 학교수업 소홀, 높은 사교육 의존도, 만연하는 과외수업, 객관식 상대평가 위주의 선발, 개별 학교 특성화 미약, 국제 경쟁력을 갖춘 학교 부재, 초 · 중등 학생의 조기 해외 유학, 학교폭력의 심각성 등 여러 가지를 꼽을 수 있다.

1) 학교와 교실을 떠나는 학생

통계청의 2016년 조사에 의하면, 우리나라 15-19세 청소년의 55.6%가 학교생활에서 스트레스를 받고 있다고 응답하였고, 13-18세 청소년의 53.7%는 공부(성적 · 적성)가 가장 큰 고민이라고 답한 것으로 나타났다. 또 교육부 통계자료에 의하면, 2014년 현재 우리나라 전체 고등학생 중 1.38%에 이르는 30,382명이 학업을 중단하고 학교를 떠나는 상황이다. 학교 부적응으로 인한 학업중단 학생의 구체적 사유로는 초등학생의 경우 정규교육 외 진로선택(대안교육)이 1,507명(전체 2,777명)으로 가장 많았고, 중학생과 고등학생은 학교 부적응이 각각 2,877명(전체 5,476), 9,781명(전체 20,249명)으로 가장 높았다.

2) 한국교육을 떠나는 학생

'국내교육도피증후군'이라고 할 수 있는 현상이 발생하고 있다. 교육이민,

기러기 가족 현상, 조기유학 및 각종 유학(어학연수 포함) 규모의 대량화 등이 그것이다. 한국교육개발원의 자료에 의하면 2015년 현재 조기유학생을 포함한 해외유학생 수는 214,696 명을 상회하며 유학비용은 연간 36억 8천 620만 달러에 이른다.

외국이민과 해외유학을 통하여 한국을 떠나 해외 학교로 나가는 사람들의 상당수가 한국을 떠나는 주된 이유로 '자녀교육 때문에', 또 '죽을 고생해서 겨우 들어갈 수 있는 최고의 대학이라는 서울대의 국제평가 순위가 50위권 수준에 머무는 정도이므로' 등을 지적하고 있다. 2016년 현재 대학 평가 전문 매체인 US 뉴스 앤드 월드 리포트의 평가결과에 의하면 서울대 국제평가 순위는 67.6점으로 119위다.

3) 학교와 교실 속 학생

학교와 교실에서도 '갈 데까지 간' 교육현실이라는 우려의 목소리가 높다. 2000년을 전후하여 우리 교육계와 언론계를 강타한 용어는 '교실붕괴'이다. 학교와 교실이 학생들에게 학습동기체제를 유지시켜 주지 못하는 현실을 드러낸 말이다. 교실붕괴 사태를 뒤집어 보면, 학교가 변화해 가는 환경에 적응하지 못하여 사회요구와 학생요구를 만족시켜 주지 못하는 장소로 전락해 가는 모습이 보인다. 학교가 학생들의 학습동기를 더 이상 유인하지 못하는 상황이 되었다. 이는 학교가 새로운 모습으로 다시 태어나야 한다는 요구라고 보아야 할 것이다.

2010년을 전후한 우리나라의 초 · 중등학교에서는 학교 내 체벌 금지나 심야 학원 교습 제한 또는 학생인권조례 제정 등에 대한 논의에 힘입어 학생들의 기본 권리에 대한 관심이 고조된 측면이 있다. 그러나 다른 한편으로는 폭력적이고 선정적인 졸업식 뒤풀이나 학교 내외에서 학생들 간에 발생하는 여러 가지 형태의 폭력 행위들이 여과 없이 표출되면서 관련 법률에 의한 가해자의 엄격한 관리와 학교, 교사와 학생, 학부모, 국가와 사회 차원의 다양한 대책이 모색되고 있다.

4) 한국교육의 실제와 그 특징

(1) 6-3-3+X-4제

우리나라의 학제는 교육법상으로는 6-3-3-4제이다. 그러나 수많은 학생들이 재수를 하고 있는 상황에서 실제 학제는 6-3-3+X-4제라고 할 수 있다. 요즈음 고등학교 4학년이라는 말이 종종 나오고 있는 정도이다(중국의 대도시 지역에서는 실제로 고등학교 4학년생이 있다. 학교에서 대입에 실패한 학생들을 위해 4학년 학급을 만들어 주고 있다). 청년실업이 심화되면서 대학생들이 4년만에 졸업하지 않고 연장재학하는 학생들이 급격히 늘어나고 있다.

(2) 3원적 교육제도 : 공교육, 사교육과 초국가적 노마디즘

한국의 학교교육은 공교육제도로 운영되고 있다. 그러나 국민들이 받고 있는 교육의 실제는 3원적 교육제도라고 할 수 있다. 즉, 학교교육제도, 사교육제도, 국외교육제도가 있다고 말해야 할 것이다. 왜냐하면 거의 모든 학생들이 학교교육 외에도 사교육을 받고 있으며 상당수의 학생들이 어학연수에서 유학에 이르기까지 국외교육을 받고 있기 때문이다.

2016년에 보고된 통계청 초 · 중 · 고 사교육비 조사 자료에 의하면 2015년 현재 사교육비 총액은 17조 8천억 원을 상회하며, 사교육 참여율은 68.8%로 나타났다. 한편 국외에 체류 중인 한국 유학생의 수는 무려 214,696명에 이르고 이들이 국외에서 사용하는 교육비만 해도 36억 8천 620만 달러에 달한다.

(3) 과도한 교육경쟁과 그 부작용

우리나라는 입시지옥, 빗나간 교육풍토, 서울과 지방의 양극화 심화 등의 문제를 심각하게 앓고 있다. 한국의 학부모와 학생들은 '시험지옥'에 시달리고 있고, 이는 한국인에게 있어서 '필요악'으로 인식되기에 이르렀다. 특히 1963~1979년까지 권위적 중앙집권적 정부 시절에는 단일 체제의 국가주도 입학시험이 시행되었는데, 이는 국가의 교육내용 통제, 도농 간 학력격차 무시 등 부정적 측면을 안고 있었다. 한편 1960~1961년과 1987년 이후의 민주화 시기에는 대학별 고사와 학군제 및 인문·실업계 교육 등이 시행되기도 하였다.

우리나라의 학교제도는 경직성과 폐쇄성이 매우 높다. 이 점은 공교육제도에 대한 기대와 우려의 갈림길이기도 하다. 한편에서는 무너져 가는 공교육제도를 살려야 한다고 주장하고, 다른 편에서는 대안교육을 강조하며, 국가가 교육으로부터 점차 손을 떼야 한다고 주장한다.

(4) 교육격차, 불평등, 양극화

교육에 있어서 빈부 간, 도·농 간의 격차 문제는 대체로 전세계적으로 발생하고 있는 현상이자 우리나라의 주요 교육문제 중 하나이다. 이러한 교육격차는 국민통합과 성장잠재력을 저해하는 중대한 위험요인이다. 도시와 농촌 간의 학력격차에 대한 기존의 연구결과를 종합·요약하면 다음과 같다.

첫째, 농촌지역 학생들은 도시지역 학생들에 비해 상대적으로 낮은 학업성취를 보인다.

둘째, 그 격차는 초등학교에서 중·고등학교로 올라갈수록 더욱 심화된다. 초등학교의 경우 농촌지역 학생들은 전국 평균치에 근접하고 있지만, 중·고등학교의 경우 전국 평균뿐만 아니라 최소 성취수준에 훨씬 못 미치고 있다.

셋째, 도농 간 학력격차는 특히 주요과목으로 일컬어지는 국어·영어·수학에서 더욱 심각하다(강승호·임성택, 2003 : 58).

(5) 중앙집권적 국가관리 공교육체제

학교의 설립과 운영, 교사의 자격, 교육내용 등을 국가가 통제하는 교육체제의 유형이 공교육(公教育)체제이다. 오늘날 모든 나라에서 공교육체제를 채택하고 있다. 그 중 우리나라는 중앙집권적 국가관리 공교육체제를 운영하는 특징을 갖고 있다. 영국은 교사들이 상당한 권한을 행사하는 교사중심 교육자치제를 발전시켰고, 미국은 각 지역사회의 주민들이 학교의 설립과 운영에 관여하는 지역주민중심 교육자치제를 발전시켰으며, 프랑스는 일반 행정관료가 큰 권한을 행사하는 관료중심제도로 발전되었다(김신일, 1993 : 132-133). 2003년부터 영국은 공립학교를 학생, 교사, 학부모, 교직원, 지역사회 각각의 대표들이 이사회를 구성하여 협동조합학교(cooperative school)로 운영하고 있으며 2015년 현재 850곳을 넘어 영국 교육개혁의 새로운 주자로 떠오르고 있다.

우리나라에서는 1991년부터 교육자치제를 실시하면서 중앙정부가 장악하고 있던 권한의 일부를 시 · 도 교육청에 이양하였지만 여전히 중앙정부가 막강한 권한을 행사하고 있으며, 권력의 분립과 균형화를 통한 상호 견제체제의 확립이 과제로 남아 있다.

미래학자 앨빈 토플러(A. Toeffler)는 산업시대형, 공장형 교육제도의 부적절성을 지적하고 관료제적 교육을 철폐할 것을 제안하고 있다.

(6) 진로 · 직업 교육의 부실

다소간의 변화는 있었지만 최근까지 우리나라에서는 실업고교(특정 분야의 직업교육을 실시하는 현행법상의 특성화고교로 이전에는 전문계고교로도 불림)보다 일반고교를 선호하는 경향이 더 강하게 나타났다. 정부는 1960년대와 1970년대 동안 산업화를 위하여 당시 실업고교 출신 학생 중 70% 정도를 공장의 근로자로 활용하는 한편 이를 통하여 '졸업장 병'을 없애고자 하였다. 그러나 학부모와 학생들은 실업고교 졸업을 통하여 상대적으로 더 쉽게 취업을 할 수 있음에도 불구하고 실업고 교육을 일반고 교육의 차선책으로 여기고 있다.

(7) 해외 의존적 학문풍토

교육의 국제관계에서 우리나라는 주변적 위치에 있으며, 특히 학문 상황이 선진국에 종속적 위치에 있어 고등교육의 해외 의존성을 심화시키고 있다. 예컨대 대학교수의 공급과 그들이 가르치는 교육내용이 모두 해외 이론과 지식에 지나치게 의존되어 있다(이종각, 1989).

(8) 진보와 보수 간 이견과 갈등

우리나라의 교육현상에는 우리 사회에 깊이 뿌리내린 이념적 대립과 갈등이 지속적으로 표출되어 왔다. 교육 관련 문제들에 대하여 정치권, 교직단체, 학부모, 시민사회, 교원, 언론 등이 그 이념적 지향에 따라 진보와 보수로 나뉘어 치열한 이념 논쟁을 벌여 왔다. 그것은 우리 사회에서 교육이 자원 분배의 핵심 변수로 기능해 왔기 때문이다. 우리 사회의 구성원을 포함한 교육 관련 집단들이 서민과 기득권층, 개혁세력과 수구세력, 진보교육감과 교총, 교과부와 전교조, 경제주의자와 평등주의자, 신자유주의자와 반(反) 신자유주의자 등으로 갈라져 교육문제에 대하여 찬반으로 대립해 왔다. 학교 내 체벌 금지, 교원평가 실시, 무상급식, 사립학교법 개정, 교장공모제, 고교평준화, 국가수준 학업성취도 평가, 대학입시제도 등 최근의 교육정책을 포함한 교육문제들에도 진보와 보수 간의 이견과 갈등이 내재되어 있음을 볼 수 있다.

(9) 교육의 갈등구조와 공동체적 협력구조의 지향

우리 교육계에서는 교육정책의 집행 및 교육활동 수행 과정에서 교사, 학생, 학부모, 교원단체, 시민단체, 교육행정 당국 등 교육주체 및 관련 집단 간에 이견과 대립, 분쟁, 긴장관계와 충돌이 끊임없이 빚어졌다. 교육갈등은 개인간, 개인과 조직, 조직과 조직 등 교육조직과 그를 둘러싼 교육 내·외적인 상황에서 발생한다. 최근 교육갈등을 야기하는 요인에 대해 교육 외적인 것으로는 신자유주의적 경쟁, 참여민주주의에 대한 욕구 분출, 열악한 교육환경이 지적된다(김홍원 · 김갑성, 2005). 반면 교육 내적 변수로는 교육공동체 구성원 간 교육관 차이, 교육공동체 구성원의 권익 확보를 위한 이익 갈등, 비합리적인 교육정책의 결정과 집행 등이 거론된다. 교육주체들이 야기하는 갈등은 학교갈등, 교직사회 갈등, 교육정책 관련 갈등으로 구분될 수 있는데, 그러한 갈등유형들이 서로 연계되어 중층구조를 이루며 발생된다. 교육공동체에서 교육주체와 관련 집단들이 극심한 갈등구조에 놓여 있을 경우 정상적인 교육활동의 수행과 교육문제의 합리적인 해결에 도움이 되지 않는다. 교육공동체가 갈등구조 대신 협력구조를 이루고 교육활동을 수행하는 일이 필요하다. 그를 위해서는 교육갈등 예방을 위한 프로그램과 갈등 조정 및 해결을 위한 방안들이 다양하게 강구되어야 하는 동시에 교육주체 및 관련 집단 모두의 변화가 선행되어야 한다. 모든 개인과 집단이 공동 운명체 의식을 공유하는 가운데 깊이 대화하고 고민하면서 상호 수용 가능한 대안을 제시할 수 있어야 한다.

(10) 공정교육 혹은 정의교육의 추구

'공정교육' 담론은 최근에 새롭게 부상된 것이지만 역사적 연속성을 가지고 있다. 1980년대 이후 공정교육과 관련된 거대담론은 불평등 논의, 차별시정 논의, 양극화 논의를 거쳐 최근 공정성 논의로 변화되어 왔다. 1980년대 교육민주화 운동 전개 이후 교육에 대한 갈등의 표출과 함께 억압적 교육과 교육불평등에 관한 논의가 증가되었다. 논의의 방향은 억압적 교육으로부터 자율적 교육으로, 불평등한 교육으로부터 평등한 교육이었다. 불평등 담론이나 양극화 담론, 사회 · 경제적 약자와 강자 간 격차의 크기에 대한 관심, 약자에 대한 지원과 복지에 대한 관심에 초점을 두었다. 그에 비하여 교육공정성 담론은 격차의 크기보다는 격차발생의 조건과 과정에 적용되는 규칙(rule)에 대한 관심에 더 초점을 두고 있다. 예컨대 정당한 자기 몫에 합당한 차이인가, 게임의 룰과 경쟁과정이 공정한가, 인간다운 삶에 필요한 몫은 공정하게 분배되었는가 등의 원칙과 과정에 더 관심이 많다.

3. 교육사회학의 과제 : 위기 진단 과학으로서의 교육사회학

우리나라 교육사회학의 과제 중 가장 중요한 것은 한국의 교육상황을 정확하고 합당하게 파악하고 그 대안을 모색하는 일이다. 한국의 교육사회학은 한쪽 발은 우리 교육현실에 두고 다른 한쪽 발은 정교한 이론적 탐구에 두어 두 발을 균형 있게 디딤으로써 보다 나은 한국교육 현실을 구축하는 데 밑거름이 되어야 한다.

교육사회학에 관심을 두고 있다면 교육사회학적 문제의식의 출발점을 '우리 교육의 현실에 대해 어떤 문제의식을 갖고 그것을 어떻게 인식할 것인가'에서 찾아야 할 것이다. 그러한 문제의식으로부터 출발할 때, 우리교육의 현실에 대한 이해, 분석, 대안 탐색이 교육사회학 내용과 깊이 관련되어 있음을 명확히 알 수 있다. 이것이 교육사회학 학습의 참다운 동기체제이다.

교육학과 교육사회학은 '교육위기 진단의 과학'으로서의 기능도 충실히 해야 한다. 칼 만하임(K. Mannheim)은 사회학을 '위기 진단의 과학'이라고 규정한 바 있다. 한국교육 현실에 애(愛)와 증(憎)을 동시에 가지고 있는 한국의 교육사회학도인 저자 역시 칼 만하임과 같은 학문적 관심을 갖고 있다. 교육사회학도의 임무는 한국교육의 실상을 정당하게 파악하고 적절한 대안을 모색하는 것이어야 한다.

지금 세계는 격변을 맞고 있다. 산업사회는 빠른 속도로 지식정보사회로 변하면서 교육환경도 격변하고 있지만 막상 교육혁신은 더디다. 그에 따라 사회변화와 교육 사이의 격차도 커지고 있다. 21세기 미래사회로 진입하면서 교육은 새로운 위기에 직면해 있다.

이런 점에서 칼 만하임이 말한 것을 적용하면, 교육사회학은 '미래교육 위기 진단'의 역할을 충실히 수행해야 할 필요가 있다.

제 2 장

교육의 사회적 전개과정

1. 교육의 형성 및 발달
2. 우리나라 교육제도의 전개

본 장에서는 역사적으로 교육기관과 제도가 어떻게 형성 · 발달되어 왔는지를 살펴보고자 한다. 특히 염두에 두어야 할 것은 사회가 분화됨에 따라 교육기관, 교육제도, 교육내용도 분화되어 왔음을 인식하는 것이다. 정치조직, 사회계층구조, 각종 기술을 포함한 사회의 변화는 교육제도와 내용 및 방법의 변화를 초래하기 때문이다.

사회변화와 교육변화의 주요 흐름을 연관시켜 파악할 수 있는 안목을 가지는 것은 교육사회학을 연구하는 데 있어 매우 중요하다. 사회체제가 변화하면 교육도 당연히 변화한다. 특히 정치체제와 경제체제의 변화는 교육의 변화에 매우 큰 영향을 미친다. 예컨대 농업사회에서의 교육, 산업사회에서의 교육, 탈산업사회에서의 교육이 서로 다르고, 종교가 지배하던 중세사회에서의 교육과 민족국가 성립 후 공교육체제에서의 교육 또한 서로 다름이 그러하다. 시대의 변화에 따라 교육기관과 교육제도가 어떻게 발전되어 왔는지에 대하여 원시사회, 고대사회, 중세사회, 근대사회로 나누어 살펴보고자 한다. 그리고 우리나라에서는 교육기관과 교육제도가 어떻게 형성되어 왔는지에 대해서도 비교적 관점에서 검토해 본다.

1. 교육의 형성 및 발달

학교는 아동을 계획적 · 체계적 · 조직적 · 전문적으로 교육시키기 위한 사회화기관이다. 현대사회에서는 교육이라고 하면 학교가 떠오를 정도로 교육에 있어서 학교는 매우 중요한 위치를 차지하고 있다. 그러나 배움의 장소로서 근대 학교가 등장한 것은 서양에서도 19세기 이후의 일이다. 오늘날과 같은 학교교육제도는 산업화의 과정을 통해서 사회구조가 복잡하게 분화한 결과 대략 19세기 후반에 이르러 정비되었다. 현대적 의미에서의 학교의 역사는 약 200년 정도밖에 되지 않는다. 이와 같은 학교는 사회화 담당기관의 분화 결과 탄생된 것으로 사회의 기능적 분화의 결과이다. 자연발생적으로 행해졌던 교육이 어떻게 현재와 같이 조직적이고 계획적인 교육기관 중심 교육으로 변모되어 왔는지 살펴본다.

1) 원시사회의 성년식

자연발생적이던 교육이 조직적이고 계획적인 교육의 성격을 갖게 된 기원은 원시미개사회까지 거슬러 올라간다. 많은 원시사회에서 성년식(또는 입사식(入社式), initiation)이 행해졌다. 성년식은 사춘기에 달한 청소년들이 자신들이 속한 사회의 성숙한 성원이 되기 위하여 그 사회 특유의 규범이나 생활양식을 전달받는 강제적이고 계획적인 의식으로서 주술적 성격을 가졌다. 이런 의식은 사회생활이나 일상생활에서 자연적 기회만으로는 아이들이 어른으로 되기에 불충분하다고 보았기 때문에 발생된 것이다. 즉 성년식의 성립은 아이들의 교육이 부모와 친족에 의한 자연적인 형태에서 집단적 · 계획적인 형태로 변화되었음을 의미한다.

이러한 성년식의 교육적 의의를 아래와 같이 정리할 수 있다(진원중, 1969 : 304).

- 일정한 연령에 도달한 자를 주로 했는데, 이것은 학령(學齡)의 싹이다.
- 일정한 소년 · 소녀들에게만 하였는데, 이것은 피교육자의 싹이다.
- 일정한 고로(古老, 또는 원로) · 추장 등이 이 의식을 주재하였는데, 이것은 교육자의 싹이다.
- 마을 아무 데서나 올린 의식이 아니라 일정한 성소(聖所)를 택했는데, 이것은 도장 · 교실의 싹이다.
- 다른 때에는 접할 수 없던 성인사회의 비밀이 전달되고 그 사회의 어른으로서 알아야 할 모든 뜻이 전달되는 식이었는데, 이는 교육내용의 싹이다.

2) 고대사회의 교육

고대사회에서 인간은 점차 생산기술을 발달시키고 농업을 진흥시켰다. 그 결과 생산량이 증가하고 식량도 확보되어 종교 · 정치 · 학문 · 예술 같은 분야에도 많은 관심을 갖게 되었고 각 분야마다 상당한 전문인도 배출되었다.

고대문명의 성립은 문화발전을 촉진하고 문화전달을 의도적으로 행하는 노력을 필요로 하였고, 특정계급이 그것을 담당하였다. 그리고 국가가 형성되고 대규모화되어 감에 따라 우수한 관료가 필요하게 되었고, 관료의 양성을 위해 지식전달 전문기관인 학교가 필요하게 되었다. 왕을 중심으로 하는 제국에서는 귀족 · 행정관 · 서기 등과 같은 직업에 높은 수준의 지식이 필요하였으므로 그들을 의도적으로 양성하지 않으면 안 되었다. 이처럼 고대사회의 학교는 소수 지배계급을 위하여 조직되어 일반 시민계급과는 대체로 무관한 것이었다.

3) 중세 봉건사회의 교육

서양의 중세사회는 종교지배사회이자 정교일치(政敎一致)의 사회였다. 그 영향으로 중세 유럽 대부분의 학교는 종교적인 사원학교였으며 그 외에 소수 신학 중심의 대학이 있었다. 기독교를 사회의 근간으로 삼고 있었으므로 학문도 기독교의 교리에 관한 연구가 주를 이루었고 주 담당자들은 성직자들이었다. 이러한 사회적 배경 속에서 학교교육은 승려계층의 특권이었고, 그 외에는 극히 제한된 사람에게만 3R's(독 · 서 · 산 : Reading, wRiting, aRithmetics) 교육의 기회가 주어졌다.

12세기 말 주로 교황의 칙허장에 의하여 설립된 대학들도 초기에는 대개 기독교에 관한 연구와 교육에 중점을 두었다. 이러한 교육기관들은 '교회지도자 양성을 위한 고전교육'에 치중했다. 한편 봉건귀족들은 전쟁과 토지 확장 및 궁정생활을 일삼았으므로 그들에게는 고전교육을 포함한 학교교육이 필요하지 않았다.

한편 십자군 전쟁 결과 종교집단이 붕괴되고, 상공업과 도시의 발달에 따라 상인들을 중심으로 한 시민계층이 형성되기 시작하면서 중세는 서서히 막을 내리게 되었다. 문예부흥기를 거쳐 근대사회가 형성되면서 상황은 매우 달라졌다. 상업이나 교역이 활발해지고 그 범위도 세계로 확산되면서 교육에 대한 욕구에 변화가 일어났다. 12~13세기 이후 유럽에서는 상업도시가 발달하였고, 귀족이 아닌 시민계급이 대두되었다. 이러한 사회변화는 다음과 같은 새로운 교육적 요구를 낳았다.

첫째, 읽기에 있어 성서 대신 상업상의 편지 읽기가 필요하게 되었다.

둘째, 쓰기에 있어 성서필사 대신 상업용 편지 쓰기가 필요하게 되었다.

셋째, 셈하기에 있어 교회의 축제일 계산이 아니라 화폐의 계산이 필요하게 되었다.

이와 같은 새로운 요구와 필요는 종교교육이 아닌 세속적 생활교육을 주로 하는 근대적 학교의 발달을 촉진시켰다. 시민들의 도시생활은 문자를 읽고 쓸 수 있는 능력을 점점 더 필요로 하게 되었고 학교의 서민화가 촉진되었다.

대학을 중심으로 하는 학원도시인 이탈리아의 볼로냐, 프랑스의 파리, 영국의 옥스포드 등에서도 신학 외에 법학 또는 의학에까지 그 전문성을 확대하고 교양부문을 확충함으로써 보다 많은 시민들에게 교육기회를 개방하게 되었다.

4) 근대 시민사회와 교육

사회나 국가가 다양한 인재들을 필요로 하듯이 사람들도 근대사회에서 살아가는 데 필요한 지식과 기술을 습득해야 할 필요성을 느끼고 그 기회를 요구하게 되었다. 이와 같은 배경으로부터 근대학교제도가 성립되었다. 프랑스에서는 1867년, 영국에서는 1876년에 각각 공교육제도가 처음 적용되었으며 20세기 초에는 많은 나라에서 초등의무교육이 실현되었다. 이렇듯 공교육제도의 역사는 대략 150년 정도밖에 되지 않는다. 그 후 초·중등 단계의 학교교육제도의 계통화(系統化)가 곳곳에서 본격적으로 추진되었다.

중세가 붕괴되고 근대사회로 이행하는 과정에서 특히 다음과 같은 네 가지의 중요한 역사적 사건들에 주목할 수 있는데, 그것들은 근대교육의 발달에 커다란 영향을 미쳤다.

(1) 근대산업의 발달

근대적 산업이 발달하면서 여러 분야에 유능한 산업인력이 대량으로 필요하였기 때문에 학교에 의한 조직적이고도 집약적인 교육이 요청되었다. 근대 이전의 사회가 행하였던 것처럼 종교제도인 교회나 경제제도인 직능집단, 또는 군사부문이 부차적으로 제공해 온 교육기회로서 불충분하였으므로 교육적 기능을 전문적으로 수행하여 인재를 대량으로 양성할 수 있는 기관이 필요하였다. 이러한 사회적 요구가 근대학교 출현의 중요한 계기가 되었다.

(2) 문예부흥

문예부흥운동이 발생한 후 교육은 신학적 경향으로부터 인문주의(humanism)에 더 많은 근거를 두게 되었고 그에 따른 사상의 변화도 수반되었다. 그 결과 자연주의, 이성주의, 개인주의적 색채가 강하게 나타났다. 교육에서 사용되는 언어도 라틴어보다는 국어가 강조되었고 국민주의적 경향 및 성질을 띠게 되었다. 즉 사상의 변화는 교육내용에 큰 변화를 초래했으며, 교육방법에도 일부 변화를 가져왔다.

(3) 종교개혁과 정교분리

루터(M. Luther, 1483-1546)를 중심으로 한 종교개혁 운동(1517년 10월 31일 시작)은 의무교육사상의 대두와 초등교육 보편화의 계기가 되었다. 그리고 산업혁명의 진행과 함께 시민계급의 성장은 국가와 교회가 각기 독립(정교분리, 政敎分離)하는 계기가 되었다. 이후 교회의 요청과 감독을 받던 교육은 국가의 요청과 감독을 받는 공교육으로 바뀌게 되었다.

(4) 민족국가의 형성

정교분리는 민족국가의 형성에 촉진제가 되었고 민족국가의 형성은 국민의 일체화와 획일화를 요청하였다. 각 민족국가들은 부국강병의 수단으로 교육을 활용하려고 하였다. 교육은 '교회의 요청'에서 '국가의 요청'을 받는 것으로 변화하였고, 19세기에 학교의 국가관리가 확립되었다. 근대학교는 근대국가의 통제를 받고 운영되는 시설이었으며 근대국가의 목표에 적응하도록 구성되는 역사적 과정을 거쳤다. 이러한 역사적 과정을 거치면서 교육을 국가가 관리하고 책임지는 오늘날과 같은 공교육제도가 확립되었다.

절대주의국가 또는 봉건국가로부터 민족국가를 성립시키는 데는 국가의 통일과 발전을 바라는 국민의식의 확립과 그러한 국가의 의무를 담당할 관료의 양성이 필요하였다. 즉 개인을 존중하면서 국가의 통일과 독립을 지향하는 국가주의에는 국가에 충성하는 국민과 우수한 관료가 꼭 필요하였다. 또 법 앞에서의 평등을 주장하며 시민들이 교육기회의 평등을 권리로서 요구하였는데, 이는 아래로부터의 요구로서 근대학교와 공교육제도를 실현시키는 힘이 되었다. 경제성장과 시민계급의 대두 또는 부와 여가 획득에 따른 학교의 서민화는 민주주의 사상의 영향을 받아 권리로서 자리잡게 되었다.

공교육제도를 법제화한 최초의 규정은 고타교육령(Gotha, 1642)이었다. 고타교육령은 5~12세 남녀 아이들의 취학의무를 규정하는 등 획기적인 것이었으나, 당시에는 충분히 실현되지 못하였다. 100년 후 독일의 계몽군주 프리드리히(1740-1786)가 의무교육제도를 정비하였는데 이것이 실질적인 근대학교의 시작이었다.

공교육제도가 확립되면서 두 가지 커다란 변화가 일어났다. 하나는 의무교육제도가 널리 채택되고 그에 따른 교육기회가 대폭 확장된 점이고, 다른 하나는 이 때부터 교원양성제도가 확립되기 시작한 점이다.

중세에도 의무교육이 시도되기는 했지만 공식적 의무교육은 근대에 이루어졌다. 여기에는 종교개혁의 영향이 컸다. 종교개혁은 서양 교육사에서 매우 중요한 사건이었다. 루터(M. Luther)는 종교개혁의 불가결한 요소로서 교육개혁을 주장한 바 있는데, 그 중심은 의무교육제도의 기본적 원리였다.

루터는 교육을 인간이 신 앞에 봉사할 수 있도록 하는 훈련으로 보았다. 신에 대한 봉사는 교회에서는 예배 행위로 표현되고 세상에서는 각자에게 주어진 위치와 직업을 신이 주신 과제로 알고 성실히 수행하는 것으로 표현된다고 하였다. 교육은 이렇듯 인간이 복음(성서)을 읽고 바르게 이해할 수 있도록 하고 세상의 삶을 통하여 신에게 바르게 봉사함으로써 구원에 이르도록 돕는 실용적이고 기능적인 차원의 과업으로 간주되었다. 그러므로 특권 계층에게만 허용되었던 교육의 기회가 누구에게나 평등하게 제공되어야 한다는 주장이 제기되었고, 특히 6~12세의 모든 아동에게 취학의 의무를 갖게 해야 한다는 의무교육론이 주창되었다.

종교개혁이 도시단위에서 국가단위로 진행됨에 따라 마침내 국가단위에서 루터주의에 입각한 교육개혁이 이루어져 국가에 의한 교육제도가 탄생되었다. 코메니우스(J. A. Comenius)는 이 시기의 사상가로서, 17세기 전반의 저서 「대교수학」에서 근대학교제도의 기본개념을 공교육의 입장에서 전개하였다. 그는 국가나 왕 또는 신분이나 계급에 의해서 교육내용을 구별할 것이 아니라 모든 사람들에게 공통적으로 필요한 내용을 똑같이 제공하는 것이 교육이라는 범애주의 교육을 주장하였다. 이는 만인이 평등하게 교육기회를 가지고 인간성이 풍부한 교육을 받아야 한다는 이상을 선언한 것이었다.

5) 학교발달의 제 특징

(1) 학교의 탄생은 사회화 담당기관이 분화된 것이며 이러한 분화는 다른 분야, 즉 가족 · 정치 · 경제 · 종교 등에서의 분화와 더불어 이루어졌다. 사회화 담당기관의 분화는 사회의 기능적 분화의 결과로서 오늘날과 같은 학교교육제도는 산업화의 과정을 통해서 19세기 후반에 이르러 대체로 정비되었다.

(2) 교육에 대한 통제 주체는 역사적으로 변화되어 왔다. 고대사회에서는 부족이, 중세사회에서는 교회나 사원이, 그리고 근대사회 이후에는 국가가 통제주체가 되어 학교를 조직화하였다. 그리고 그 통제 주체가 바라는 가치를 지향하여 아이들을 가르치고 학교를 운영하고자 하였다.

(3) 학교발달의 역사에는 계층성이 반영되어 왔다. 계층의 분화는 학교의 분화에 영향을 미쳤다. 학교가 계층적으로 시작된 이래 학교는 오래도록 계층적 발달형태를 유지하면서, 즉 해당 사회의 계층구조를 그대로 반영하면서 확장되어 왔다. 고대사회에서는 귀족을 위한 교육, 중세사회에서는 승려계층의 교회지도자 양성을 위한 고전교육에 치중하였고, 종교개혁 및 민족국가의 등장, 산업혁명 등의 사회변화와 함께 시민계급이 성장하면서 시민을 위한 학교가 보급되고 서서히 교육기회의 평등이 이루어지게 되었다.

(4) 문예부흥 · 산업혁명 · 종교개혁 · 민족국가의 형성 등과 같은 사회의 주요 변화는 학교의 형태, 내용, 기능을 변화시켰다. 초기학교는 인문학 중심, 유한계층(승려 · 귀족) 위주의 교육을 담당하였다. 문예부흥 후 신학적 교육 경향에서 인문학(humanities)에 근거를 둔 자연주의 · 이성주의 · 개인주의적 색채가 강하게 되었고, 교육내용도 라틴어 강조에서 모국어의 강조로(국민주의적 경향) 변화했는데 이러한 변화는 상류층에서 먼저 일어났다.

종교개혁은 의무교육사상의 대두와 초등교육 보편화의 계기가 되었다. 민족국가의 형성은 국민의 일체화 · 획일화를 요청하였고, 부국강병의 수단으로서의 교육에 대한 인식을 확대시켰다. 민족국가가 형성되던 19세기에 근대학교가 형성되었고, 학교에 대한 국가관리(공교육제도)의 확립, 의무교육제도의 채택, 교원양성제도의 수립 등이 이루어졌다.

(5) 기술의 발달이 학교의 발달에 영향을 미쳤다. 문자의 발명은 구비전통에서 문서의 형태로 지식을 축적하게 하였고 전달방법에 있어서도 혁명을 일으켰다. 인쇄술의 발명으로 종래 필사본을 통해 극소수만이 접근할 수 있던 지식이 다수에게 개방되었으며, 인쇄술의 발달은 이를 더욱 가속화했다. 오늘날 컴퓨터 등 정보통신매체의 발달은 교육 상황을 한층 더 변화시킬 것이다.

이상에서 살펴본 학교발달의 제 측면을 다음과 같이 요약할 수 있다(진원중, 1969 : 315-316).

① 학교제도는 계층적인 것으로부터 대중적인 것으로 발달했다.

② 교육목적은 비직업적인 것으로부터 실리적인 방향으로 변화했다.

③ 교육내용은 고전 · 신학 · 형이상학적인 것으로부터 실제적 · 현실적 · 실용적인 것을 중시하는 방향으로 변화했다.

④ 교육방법은 비합리적 · 압제적인 것으로부터 합리적 · 능동적인 것으로 변화했다.

⑤ 학교관리는 가정이나 교회로부터 점차 국가관리의 방향으로 변화했다.

2. 우리나라 교육제도의 전개

앞에서 현대의 교육제도가 형성되고 전개되어 온 과정과 현대교육의 포괄적인 쟁점들을 살펴보았다. 지금부터는 우리나라의 교육제도가 어떻게 전개되어 왔으며 어떤 쟁점을 안고 있는지를 살펴보자.

1) 한국교육의 형성 및 발달

(1) 해방 이전의 교육

우리나라에서도 전통사회의 교육은 기본적으로 계층적이었으며 국가의 관료양성 필요에 의해 형성되었다. 조선시대의 성균관과 4부 학당, 서원 등이 그러한 교육기관들이었다. 서당은 일반 서민을 위한 민간 사립학교라고 볼 수 있으나 상대적으로 매우 취약하였다.

19세기 후반에 이르러 한국은 서양의 산업문명에 접하게 되고 개화의 과정을 겪게 된다. 우리나라에 근대적 의미의 학교가 설립된 것은 갑오경장 이후로 민간 사립학교인 원산학사(1883년 설립)가 최초의 근대적 학교로 알려져 있다. 그러나 이 때까지도 학교제도의 초 · 중 · 고등교육의 계통화는 이루어지지 않았다.

1905년 을사늑약(한일협상조약) 체결 이후 우리나라는 일제 식민통치를 받게 되면서 일본의 학제가 이식되어 6-4-3의 교육제도를 갖추게 되었다. 이 제도 하에서는 인문교육보다는 실업교육에 치중하였고, 중등교사 양성기관이 없었으며, 한국인 특히 여자에게는 고등교육의 기회가 제한되었다.

일제 식민통치하의 교육은 일본인에 의해 일본어로 이루어졌는데, 초등교육은 한국인을 일본인에 동화시키는 데 중점을 두었고, 중등교육은 일본인 대상의 중학교와 구분하여 5년제 고등보통학교나 기술학교에서 소수의 한국인 학생을 대상으로 실시되었다. 1919년의 3 · 1운동 실패 이후 한국의 민족주의자들은 조국의 독립에 있어서 근대교육의 필요성을 더욱 절감한 반면 일본은 학교교육에 대한 통제를 한층 강화하여 민족교육의 움직임을 막았다. 1942년 초등학교에 다니는 한국 학생의 수는 전체 취학 대상 아동의 40%에 불과하였으며, 이 중 중학교 진학자는 5%에 지나지 않았다. 또 1924년에 설립된 경성제국대학의 재학생도 설립 취지와는 달리 일본인 학생들이 대부분이었다.

(2) 해방기의 교육

1945년 한국은 해방을 맞았지만, 36년간의 일제 지배로 인한 높은 문맹률(78%), 교원 수 부족, 근대학문을 습득한 자들의 외국어 구사능력 부족, 이원화된 학제에 대한 국민의 불만 등 수많은 문제들을 안고 있었다. 8 · 15 해방 직후 미군정하에서 조선교육위원회와 조선교육심의회가 조직되었고 교육의 재건을 위한 당면과제 설정과 장기발전 구상이 이루어졌다.

1949년에 제정 · 공포된 '교육법'은 학교중심 공교육제도의 확립을 명백히 하였다. 모든 종류의 학교 및 교육기관은 국가의 공기(公器)이며, 교육이 공공의 사업이지 개인이나 민간단체의 사적 활동이 아님을 분명히 하였다. 따라서 교육기관이 공공권력의 지도와 감독을 받는 국가 관리의 교육제도가 채택되었고, 그 책임을 국가가 맡도록 하였다. 교육법 제정으로 학제, 의무교육제도, 교육자치제, 지방교육재정제도 등은 물론 교육제도 운영의 기본요강이 정비되었다. 초등의무교육은 1950년 6월 1일을 기하여 시행키로 하였으나 6 · 25 전쟁으로 인하여 지연되다가 1952년 '교육법시행령'이 공포되면서 본격적으로 시행되었다. 또 교육법은 문맹퇴치를 위한 공민학교 설립 등의 내용을 담고 있었는데, 이러한 노력의 결과로 1960년대 들어서 문맹률은 매우 낮아졌다.

(3) 1950년대의 교육

1950년의 6 · 25전쟁은 국민교육의 재건을 향한 신생 한국의 국가재건 노력에 커다란 타격을 주었다. 문교예산은 정부재정의 2%선으로 떨어지고 교육은 피난지의 노천교실, 생벽돌교실, 전시연합대학 등으로 그 명목을 유지해 나갈 수밖에 없었다. 다부제(多部制) 수업이 다반사였고 교육조건은 비참할 정도로 열악했다. 동란 중 인명과 시설의 손실 또한 막심하였다.

전시 중인 1951년 3월에 교육법의 개정을 통하여 제도화된 6-3-3-4의 학제는 한국교육의 제도적 기틀이 되었으며 1952년에 발족된 시 · 군 단위의 지방교육자치제는 새로운 이정표를 기록하였다.

1953년 휴전이 성립되자 1954~1959년에 의무교육 완성 6개년 계획의 추진과 함께 중등 및 고등교육의 기회 확충, 실업교육의 진흥 등이 촉진되었고, 범국민적 문맹퇴치사업도 재개되었다.

(4) 1960~1970년대의 교육

1960년대에 접어들어 4 · 19혁명(1960)과 5 · 16군사정변(1961)을 거치면서 한국교육은 새로운 정치 · 사회 환경 속에 처하게 되었다. 1960년대의 세계적 동향이었던 개발열기를 배경으로 국가발전계획이 강력히 추진되었고, 이러한 상황에서 교육사업에 대한 국가의 통제가 강화된 한편, 교육이 국가발전의 수단적 역할을 충실히 해 줄 것을 요청받았다. 경제개발 5개년 계획의 추진과 함께 교육계획이 수립되었다. 장기종합교육계획법(1972-1986)이 수립되었고, 경제개발계획에 맞추어 교육발전계획도 5개년 기간으로 수립 · 추진되었다. 제2차 경제개발 5개년 계획(1967-1971) 이후에는 의무교육시설 및 실업교육시설의 확충 등이 경제개발 특별회계 속에 포함되었고 교육재정도 크게 늘어났다.

취학률은 1960년대와 1970년대를 거치면서 각급 학교마다 90% 이상을 기록하게 되었다. 그러나 이러한 성장 과정에서 정부지원 부족, 교사 부족, 교육의 질적 수준 문제(다인수 학급 · 다부제 수업 · 입시경쟁 과열화) 등이 발생하였고, 교육의 질적 문제 해소 방안으로 중 · 고등학교 입시제도 개편과 대학입학 시험제도 개편 등이 단행되었다.

1960~70년대에는 경제제일주의 국가발전 정책이 강력히 추진되었다. 제2

의 개발연대로 불리는 1970년대에도 교육에 대한 국가의 통제와 조성은 지속적으로 강화되었다. 1972년 유신체제의 제4공화국 출범과 함께 '국적있는 교육'이 강조되었고, 국민교육헌장(1968년 공포)의 정신 구현을 지향하였다. 이렇듯 1970년대에는 교육이념 면에서 경제제일주의, 국가주의, 복고주의, 체제옹호 이데올로기가 두드러지게 고조되었다. 한편 베이비붐 세대의 취학과 도시화로 인하여 각급 학교의 입시경쟁 심화와 사교육(과외현상) 과열에 대한 비판이 일자, 정부는 전격적으로 '중학교 무시험 추첨배정제'(1969년 실시)와 인문계 고등학교 '고교평준화 정책' 실시(1973년 확정, 1974년부터 시행)를 단행하였다. 경제개발 위주의 교육정책은 이공계 대학교육에서 중화학 공업교육의 실시 및 강화, 산학협동의 시행, 전문대학의 개편 등 다양한 형태로 추진되었다.

(5) 1980년대의 교육

1980년대는 또 한 번의 격동기로 당시 지속되던 군사 독재정권에 대한 투쟁으로 사회혼란이 가중되었다. 교육 분야에서는 군사 독재정권에 대항하는 학생운동으로 대학의 혼란이 극심했고, 유신체제 아래 학교교육에 대한 정치권력의 통제, 입시편중교육, 학교조직의 관료화 등 교육문제가 누적됨에 따라 전국적으로 교사들이 소모임을 만들거나 사회운동 조직과 관련을 맺고 교사교육운동을 전개하였다. 1980년대 교육개혁의 중점은 대학교육으로 옮겨졌다. 이른바 1980년의 '7 · 30교육조치'를 통해서 과외금지, 대학입학전형에서 본고사 폐지, 졸업정원제 도입 등이 추진되었고 아울러 교육세의 제도화와 교육대학의 4년제 승격 등이 이루어졌다. 그밖에 유아교육의 확충과 개선, 중학교 의무교육화의 추진, 평생교육의 제도화 등에 있어서도 새로운 진전이 있었다. 그러나 졸업정원제는 시행착오로 그쳤고 1988년부터는 다시 입학정원제로 환원되었다.

(6) 1990년대의 교육

1990년대는 30여 년에 걸친 군사정권이 종식되고 문민정부(김영삼 정부 1993. 2. 25~1998. 2. 24)가 등장한 시기이다. 국제환경에 있어서도 매우 중요한 변화들이 일어났다. 첫째, 구소련을 시작으로 공산진영이 붕괴되었고 동 · 서 간 이데올로기의 대립이 종식되었다. 둘째, GATT체제가 폐지되고 WTO체제가 새로이 출범(1995년)하였는데, 이는 자유무역을 중심으로 한 무한대의 경쟁상황을 예고한 것이었다. 셋째, 탈산업사회 · 지식기반사회 · 정보사회로의 사회변화가 가속적으로 진행되었다.

1990년을 기점으로 공립 초 · 중등학교교사 선발 및 임용 방식에 변화가 일어났다. 국 · 공립 사범대학과 교육대학 졸업자를 교사로 우선 임용하는 것이 평등권과 직업선택권을 보장하는 헌법에 위배된다는 판결로 인해 1991년 2월 졸업자부터는 모두 공개경쟁 임용시험을 통해 임용후보자를 선발하게 되었다.

민주화의 요구는 교육 부문에서도 지방교육자체에 대한 요구로 제기되어 지방자치제가 복원되는 맥락에서 1991년 '지방교육 자치에 관한 법률'이 제정 · 공포되고 교육위원회가 구성되면서 지방교육자치제도도 부활되었다. 학교운영에서 권위주의적 행정이 도전을 받고 학교운영의 민주화와 자율화 및 학교의 책무성에 대한 요구가 제기되었다.

1990년대 들어서 중학교 의무교육 대상범위가 늘어나 1992년에는 읍 · 면 지역 중학교 1 · 2학년을 대상으로, 1994년에는 읍 · 면 지역 중학교 전 학년을 대상으로 의무교육이 실시되었다.

대통령자문기구인 교육개혁위원회는 1995년 '세계화 · 정보화 시대를 주도하는 신교육체제 수립을 위한 교육개혁방안'(5 · 31 교육개혁안)을 발표하였다. 신교육체제의 특성은 학습자 중심 교육, 교육의 다양화, 학교운영의 자율성과 책무성, 자유와 평등이 조화된 교육, 교육의 정보화, 질 높은 교육으로 규정되었다. 그를 위하여 제도를 개선하고 교육체제 운영에 자율성 부여 및 책무성을 확보하며 평가기제를 활용하는 새로운 운영방법 도입을 제안하였다(교육개혁위원회, 1997). 5 · 31 교육개혁안은 세계화 · 정보화를 통해 국가 경쟁력을 높이기 위한 수단으로 교육을 활용하고자 경제논리를 우위에 두었다. 이후 개혁안은 국민의 정부(김대중 정부 1998. 2. 25~2003. 2. 24)와 참여정부(노무현 정부 2003. 2. 25~2008. 2. 24)에서도 교육개혁의 청사진으로 계승되었으나, 교육정책과 사업을 전개하는 과정에서 정체성은 다소 모호해졌다. 교육개혁위원회는 이후 대학입학제도 개선 방침으로 1997학년도부터 고등학교 생활기록부의 반영과 대학입시에서 국어 · 수학 · 외국어(영어) 위주의 필답고사 폐지를 제안하였다. 또 불법과외에 대한 단속을 강화하고 과외 수요를 흡수 방안의 일환으로 위성교육방송을 실시한다는 방침도 마련하였다.

1997년 IMF 외환 위기 이후 우리나라는 모든 면에서 국가 경쟁력의 확보와 지식기반경제로의 전환을 위한 재구조화를 최대 과제로 설정하여 주력하였다. 1999년에는 '교원의 노동조합 설립 및 운영 등에 관한 법률'이 국회를 통과하여 전국교직원노동조합이 합법화되었고, 교육공무원법을 개정하여 1999년 8월부터 초 · 중등교원의 정년을 65에서 62세로 단축하여 시행하였다.

(7) 2000년 이후의 교육

2000년 이후 한국 교육은 세계화 추세 속에서 국가의 경쟁력 확보를 지원하고 지식기반사회에서 요구되는 인적자원을 개발할 수 있는 교육체제를 수립해야 한다는 양대 과제를 떠안게 되었다. 정부에서는 국가수준의 인적자원 개발정책의 수립 및 총괄 · 조정 기능을 수행하도록 하기 위하여 교육부를 '교육인적자원부'로 개칭하고 장관을 부총리로 승격시켰다. 교육인적자원부에서는 고등교육의 재구조화에 초점을 맞추어 대학의 학술연구비를 증액하고 연구와 교육을 통한 인재육성을 위하여 BK21프로젝트(고등교육 인력양성 사업)와 NURI 프로젝트(지방대학 혁신역량 강화 사업)를 통한 지원체제를 구축하였다(교육인적자원부, 2003).

군 단위 이하 지역에서 부분적으로 시행되어 왔던 중학교의무교육은 2002년부터 광역시를 포함한 모든 도시지역으로 확대되었고, 학년에 따라 순차적으로 의무교육을 적용하여 2004년부터 전국의 모든 중학교 학생들에게 적용되었다.

국민의 정부와 참여정부의 집권기 동안에는 교육평등과 사교육비 경감을 위하여 대학입시에서 3불 정책, 즉 대학 본고사 · 고교등급제 · 기여입학제 금지 정책이 고수되었다. 참여정부의 교육혁신위원회에서는 2008년 이후 대학입시부터 고교 내신을 주요 전형 요소로 하고 수능시험은 등급제로 전환한다는 개혁안을 제시하였는데, 고교 내신의 신뢰성에 대한 문제가 제기되었고 일부 대학에서 본고사 형태의 논술시험 및 면접을 실시하여 논란을 빚었다.

참여정부 기간 동안에는 '사립학교법'의 개정을 둘러싼 문제가 지속되었다. 개방형 이사제 도입을 핵심으로 하는 사학법 개정안에 대하여 사학단체들이 강하게 반발하였고, 정치계뿐만 아니라 국민들의 여론도 분열되었다. 2005년 12월 사학법 개정안이 국회를 통과하였으나 사학재단이 위헌소송을 제기하였고 정치권의 합의로 2007년 재개정이 이루어졌다.

교원의 전문성 신장을 통한 공교육 신뢰 제고를 목적으로 2005년부터 2009년까지 시범운영된 교원능력개발평가(2006년 이전의 명칭은 '교원평가')는 2010년부터 전국의 초 · 중 · 고 · 특수학교 재직 교원을 대상으로 매년 실시되고 있다.

시 · 도교육청에 대한 평가는 지방교육자치제의 본격 시행 이후 대폭 확대된 시 · 도교육청의 교육행정 및 재정에 대한 자율권에 대한 책무성을 높이고 지방교육의 질을 높이기 위하여 1996년부터 시작하여 1999년까지는 매년, 2001년부터 2005년까지는 격년으로, 그리고 2006년 이후에는 매년 시행되고 있다.

2007년 9월에는 연공서열 중심의 폐쇄적 승진구조, 교육비리, 공교육의 질 하락 등 악순환의 고리를 끊고 유능한 교장을 임용하기 위하여 응모자격을 완화하고 공모절차를 적용한 '교장공모제'가 자율학교를 대상으로 제1차 시범 실시되었다. 교장공모제는 자격기준에 따라 내부형, 개방형, 초빙교장형으로 구분된다. 이명박 정부가 들어서고 나서도 교장공모제는 확대 실시되어 2010년 제1학기까지 제6차 시범 실시되었고 제2학기부터는 본격 실시되었다. 교장공모제는 초빙교장형이 우세하게 실시되어 임기 연장 수단으로 악용될 수 있고 내부형 공모제 실시 비율을 낮게 제한하여 기득권 보호로 역행할 수 있다는 우려가 제기되는 가운데 공모를 통해 선출된 교장에 대하여 교과부가 임용제청을 거부한 사례도 발생하였다.

2007년 5월에는 '교육관련기관의 정보 공개에 관한 특례법'이 제정되어 2008년 5월 이후부터 각급 학교, 교육행정기관, 교육연구기관은 각자 보유 · 관리하고 있는 정보를 매년 1회 이상 정보통신망 등에 적극 알리거나 제공하도록 의무화되었다.

2008년 2월 25일 출범한 이명박정부는 세계화와 지식기반사회의 도래에 대한 대응으로 '인재육성'과 '학교교육의 혁신'을 구상하였다. 그 방향에 따라 학교운영의 자율화, 수요자중심 학교선택권 부여, 교육의 책무성 확보를 위한 평가와 정보 공개, 교직단체와의 단체교섭에서 원칙 고수, 학교교육 프로그램의 다양화, 대입전형의 자율화 등을 추진해 왔다(이종재 외, 2009). 2008년 3월 20일 교육과학기술부가 발표한 '2008년 주요 국정과제 실행 계획'에서는 단위교육기관 운영의 자율화, 다양화된 교육체제 구축, 대학입학전형의 3단계 자율화 방안을 제시하였다. 학교 운영의 자율화는 학교와 교육청이 중앙정부의 획일적 규제에서 벗어나 교육기관의 자율과 교육수요자의 선택에 의해 학생과 학부모, 지역사회의 실정과 수요에 맞는 다양하고 유연한 학교를 운영하도록 하기 위한 조치이다. 첫째, 학교 자율화 추진의 가장 핵심적인 내용은 교육과정과 학사 운영에 대한 단위학교의 자율성을 대폭 확대하는 것이다. 둘째, 고교교육 다양화 정책은 학생과 학부모의 선택을 통하여 중등교육을 특성화하기 위해 고교를 다양하게 발전시킨다는 계획으로 기숙형고 150개, 마이스터고 50개, 자율형 사립고 100개 설립 및 고교특색 살리기 사업으로 구성되었다. 셋째, 대학입시 3단계 자율화 정책은 학생 선발방법에 대한 정부의 규제를 풀고 신입생 선발권을 대학에 완전히 돌려줌으로써 입시부담을 줄이겠다는 정책이다. 제1단계는 학생부 및 수능성적 반영방법의 자율화, 제2단계는 수능시험 과목의 축소, 제3단계는 대학의 학생 선발 능력과 제도가 온전히 구축되는 시기에의 대학입시 완전 자율화를 포함한다.

한편 대학진학률이 높아져 대부분의 가정에 대학생 자녀를 두게 된 상황은 또 다른 문제점을 야기했다. 대학자녀의 학비부담으로 중산층 이하 가정은 저축 여력이 부족해지고 가계부채가 증가하였으며, 학자금대출지원을 받는 경우에도 상환 부담이 부모에게 돌아가거나 학생이 졸업 후 취업하지 못하면 금융채무 불이행자가 되는 문제점 등이 그것이다. 2010년부터는 정부에서 재학 중에 받은 학자금 대출을 졸업 후 소득이 일정수준 이상 발생하면 상환하는 '취업 후 상환 학자금 대출제도'를 전격 실행하였다. 그러나 교육 효과에 비하여 매우 비싸다고 인식된 대학 등록금 수준의 적정성에 대한 문제 제기가 정치권에서 '반값 등록금' 논란으로 회자되었고, 대학생들은 집단적으로 등록금 인하 시위를 벌였으며, 교육과학기술부는 대학등록금 문제를 대학 구조조정, 부실대학 퇴출, 대학 적립금 규제 강화 등의 측면에서 해법을 모색하고 있다.

2) 한국 교육제도의 특징

국가 교육제도의 중심은 '학교 교육기능의 독립성'을 제도적으로 보장할 수 있는 학교제도, 즉 학제(學制)이다. 해방 이후 우리나라는 민주적인 교육제도의 수립을 통하여 교육발전의 계기를 마련하였다. 미군정기에는 6-6-4제와 6-3-3제를 병행시킨 제도가 운영되었는데, 대한민국 정부수립 이후 교육법(1949)이 제정되면서 6-3-3-4제로 학제개편(1951)이 이루어졌다. 이 제도는 ① 국민 각인의 능력을 최고로 발휘할 수 있을 것, ② 교육기회가 균등하게 제공될 수 있을 것, ③ 교육보급과 향상을 신속하게 달성할 수 있도록 발전적 내용을 담을 것, ④ 우리의 국가사정에 적절할 것, ⑤ 국제교육 수준에 대응할 수 있을 것 등의 원칙에 의거 수립된 것이다.

이와 같이 복잡한 교육제도를 이해하기 위해서 몇 가지 중추적 개념을 이해할 필요가 있다. 우선 정규학교와 비정규학교의 개념이다. 정규학교는 학력(學力)을 법적으로 인정받는 각급 학교를 말하고, 비정규학교는 법적으로 학력인정을 받지 못하는 학교를 말한다. 비정규학교의 예를 들면, 지금은 정규학교의 발달로 많이 사라졌지만, 초·중등교육법상의 공민학교, 고등공민학교, 기술학교, 그리고 각종학교가 그것이다.

정규학교와 비정규학교의 구분에 따라 학제(學制)는 기간학제(基幹學制)와 방계학제(傍系學制)로 나뉜다. 즉 학제가 정규학교 체계를 중심으로 이루어져 있는 경우 이를 기간학제라고 부르고, 비정규학교의 체계를 방계학제라고 부른다. 방계학제는 기간학제에서 수용하지 못하는 교육 요구를 수용하기 위한 제도이다. 그런데 방계학제의 학교에서는 학력인정을 받지 못할 뿐만 아니라 기간학제의 학교로 이동이 불가능한 장벽이 있다. 따라서 학력인정을 받으려면 학력인정 검정고시라는 절차를 한 번 더 거쳐야 한다. 방계학제를 구성하고 있는 비정규학교들은 사회교육기관이라고 볼 수 있다.

학제의 특성을 나타내기 위하여 사용하는 개념으로 단선형 학제(또는 단선제)와 복선형 학제(또는 복선제)라는 용어가 사용된다. 이 두 개념은 교육평등 의식의 성장과 함께 발달한 것으로, 학생들이 밟아갈 학교계통이 단선으로 같은가 아니면 복선으로 분리되어 있는가와 그 사이의 이동 장벽의 높이를 지적하기 위한 용어이다. 우리나라의 기간학제는 단선형이다. 고등학교 수준에서는 실업계 학교와 인문계 학교가 분리되어 있으나 어느 쪽을 졸업하든 대학진학의 길이 열려 있으므로 모든 학생이 크게 하나의 학교계통을 밟을 수 있다.

전형적인 복선형 학제는 유럽 여러 나라의 과거 학제에서 찾아볼 수 있다. 유럽의 복선형 학제에서는 초등학교를 졸업할 때, 진로를 선택·결정하는

11세시험(11+exam)을 치르고, 인문계와 실업계 중등학교 중 어느 곳으로 진학할 것인가를 결정했다. 뿐만 아니라 일단 실업계에 진학하면 그 학교계통만 밟아야 하며 인문계 학교계통으로 이동할 수 없었다. 이처럼 학생들이 밟을 수 있는 학교계통이 두 개의 노선으로 구분되어 있기 때문에 복선제라고 부른다. 더구나 11세에 이런 결정적인 시험을 치르기 때문에 조기선발(早期選拔)의 특징을 지닌다.

이러한 복선형 학제는 비민주적이고 교육평등의 저해요인으로 비판받아 왔으므로 세계 각국에서 학제의 복선형적 요소를 폐지하거나 새로운 유형의 학교를 만들어 평등적 요소를 강화해 왔다. 1980년대 후반부터 다시 축소된 경향이 있지만, 우리나라에도 도입되어 한때 널리 장려된 바 있는 종합학교(comprehensive school)는 인문계와 실업계를 통합한 것이다. 이것은 서양 사회에서 중등교육 단계에서 계열의 엄격한 구분에 따른 불평등적 요소를 줄이기 위한 방안으로 설립되었던 것이다.

우리나라의 학제는 6-3-3-4제의 기본적인 골격을 계속 유지하면서 부분적인 제도의 수정 · 보완을 통하여 발전되어 왔다. 즉, 교육법 제정 이후의 학제 변화로는 사범학교의 교육대학 승격(1962), 실업고등전문학교 설립(1963), 중학교 무시험 추첨배정제 실시(1969), 대입예비고사제 실시(1969), 방송통신대학(1972)과 방송통신고등학교 설립(1973), 고교평준화제도 실시(1974), 그리고 전문대학의 설립(1979) 및 교육대학의 4년제 대학 승격(1981~1984), 사회교육법 통과(1982. 12), 교원대학 설립(1984, 1985학년도부터 모집), 교육대학을 교육대학교로 개칭(1993), 한국예술종합학교 설치(1993), 국민학교의 명칭을 초등학교로 변경(1996), 중학교 의무교육 완성(2004) 등을 지적할 수 있다.

이와 같이 다양한 종류의 학교가 설치 · 운영되고 있으며 여러 학교들의 체계가 학제(學制)이다. 다양한 종류의 학교가 필요한 이유는 다양한 상황에 처해있는 국민의 다양한 교육적 요구와 교육에 대한 다양한 사회적 요구를 수용해야 하는 국가적 필요 때문이다.

현재는 학교설립준칙주의가 적용 · 실시되고 있다. 이는 1996학년도부터 시행된 대학설립 준칙주의가 시초이다. 그 이전까지 대학설립에는 '인가제'가 적용되었다. '준칙주의'란 학교의 설립목적과 학교의 특성에 따라 학교설립기준(시설 · 설비, 교원 및 적정 재정규모 등)을 다양하게 규정하여 일정 기준을 충족시키면 자유롭게 학교를 설립할 수 있도록 하는 제도이다. 학교설립기준은 모든 학교가 충족시켜야 할 최소 기준에 불과하다. 이 제도의 시행시 정부는 각 학교로 하여금 '학교헌장'을 자율적으로 제정하여 제출하도록 하고 '학교헌장'의 이행 여부를 학교평가의 대상으로 삼으려고 했으나 제대로 시행되지 못하였다.

'학교헌장'은 교육서비스 공급자로서의 대학이 수요자에게 제시하는 일종의 '표준약관'의 성격을 가진다. 학교헌장이 포함하는 내용은 설립이념, 교육목표, 교육프로그램의 내용과 특징, 학교운영의 원칙과 기준(교수채용, 정원관리, 재정운영과 공개 등), 학생선발의 방식과 기준, 교수진의 내용과 주요 학문적 업적, 학사관리의 기본방침 등이다.

제 3 장

교육과 사회 : 교육의 형식, 목적, 기능

1. 개인과 사회와 인간형성
2. 인간형성(교육)과 사회의 관계
3. 교육과 사회화 기능
4. 교육의 형식
5. 교육의 목적
6. 교육의 기능과 그 변화
7. 교육의 역할(기능)과 시대별 목표

본 장에서는 인간과 사회와 교육과의 기본적 관계를 살펴보고자 한다. 사회에서 교육은 어떤 형식으로 존재하는지, 교육의 개인적 혹은 사회적 기능과 목적은 무엇인지, 그리고 교육의 사회적 기능은 어떻게 변해 왔는지에 대하여 기초적이고 개괄적으로 안내한다.

1. 개인과 사회와 인간형성

인간은 태어나는 순간에는 핏덩이이며 거의 '동물적 존재'이다. 그 핏덩이 '동물적 존재'가 인간 또는 '사회적 존재'로 형성되어 간다. 이 '인간되어감'의 과정에는 가정교육 · 사회화 · 학교교육 · 평생교육 · 문화화 등과 같은 용어로 표현되는 '사회적 힘(social forces)'이나 현상이 작용한다.

우리의 목적은 이러한 '인간되어 감의 현실(現實)'로부터 '인간되어 감의 이상(理想)'을 향해 어떻게 나아갈 수 있는가에 있다. 이러한 목적의 하위 목적으로 인간되어 감의 현실에 대한 분석과 비판적 이해가 요구된다. 교육이 그 인간되어 감의 현실에 어떻게 작용하고 있으며, 인간되어 감의 이상(理想)을 위해 어떻게 존재해야 할 것인가를 알아보는 것이 이 책에서 추구하는 주된 관심이자 목적이다.

2. 인간형성(교육)과 사회의 관계

사회학의 아버지로 불리는 프랑스의 실증주의 철학자 오귀스트 콩트(Auguste Comte)는 인간의 집단(socius)을 뜻하는 라틴어와 연구(logos)라는 말을 합쳐 1843년 사회학(sociology)이라는 용어를 최초로 사용하였다. 그 어원이 암시하듯 사회학은 기본적으로 인간(개인)과 집단(사회)과의 관계에 대하여 문제의식을 갖고 연구하는 학문이다.

개인은 사회의 산물인 동시에 그 사회를 구성하기도 하는 쌍방적 관계에 있다. 유명한 인간주의 사회학자 피터 버거(Peter Berger)의 사회학적 관점을 통하여 인간과 사회와의 관계에 대하여 살펴본다.

1) 인간과 사회의 관계 : 포로, 꼭두각시, 주체적 인간

피터 버거는 인간과 사회의 관계를 피구속성과 자유의지의 대립관계로 파악하면서도 인간의 자유의지 측면을 강조한다. 그에 의하면 인간은 일차적으로 사회의 포로이자 꼭두각시이다. 인간은 사회의 통제를 벗어날 수 없다. 사회규범은 개인이 출생하기 전부터 그의 외부에 존재하고 있으며, 개인의 의지와는 관계없이 그의 행동을 강제한다. 이런 점에서 인간은 사회의 포로와 같은 존재이다.

또 인간은 '사회라는 무대 위의 꼭두각시와 같은 존재'이기도 하다. 인간이 자유롭게 활동하는 것처럼 보이지만 그 활동은 사회적으로 미리 구성된 역할에 따른 행동들로 이루어진다는 점에서 무대 위의 꼭두각시에 비유될 수 있다는 것이다.

그럼에도 불구하고 왜 사람들은 포로나 꼭두각시 같다는 느낌을 별로 갖지 않고 생활하는가? 피터 버거에 의하면, 대부분의 경우 개인은 이미 자기의 역할을 '내면화(內面化, internalization)'하고 있기 때문에 행동을 강제 당한다고 생각하지 않는다. 개인은 어떤 가치를 내면화하고 있기 때문에 스스로 판단하고 선택하여 행동한다고 믿으며 그러한 역할이 형성된 사회적 기제(社會的 機制, social mechanism), 즉 사회의 각본을 의식하지 못한다.

그럼에도 불구하고 피터 버거는 주체적 인간의 모습을 강조한다. 이 부분이 바로 '현실로부터 이상을 향한' 인간의 선택이자 노력이며 자유의지이다. '주체적 인간'은 인간이 사회적 포로와 무대 위 꼭두각시의 단계를 넘어서는 존재이다. 피터 버거는, 일상생활에서 당연하게 받아들여지는 것들을 흔들어 인간으로 하여금 특정 방식으로 행동하게 하는 사회적 기제(機制, 메카니즘)를 이해하는 의식을 가질 것을 강조한다. 이는 개인이 '내면화된 내용에 대한 각성'을 해야 한다는 것을 의미한다. 피터 버거는 이러한 의식의 각성을 '의식화'의 길이자 '인간화'의 길, 즉 '주체적 삶의 길'로 보았다.

주체적 인간은 사회적 통제의 단계를 벗어나 자유스럽게 인간의 의미와 역할을 스스로 형성해 나가는 인간존재의 모습을 지닌다. 그는 또 자신의 행동을 이끄는 메카니즘 자체를 의식하거나 그에 참여하고 저항하며 변혁하려는 단계의 인간존재이다. 그는 의사결정 과정에 참여할 뿐만 아니라 의사결정의 기초가 되는 상황정의(狀況定義, definition of situation)에도 참여(인지적 참여)한다. 이 단계에서 인간은 사회로부터 제약받는 모순을 인식하고 그것을 변혁시켜 극복함으로써 스스로 새로운 사회 환경과 역사를 창조해 나가는 주체적 인간으로 상승한다. 교사도, 학생도, 학부모도 각자의 처지에서 주체적 행위자로 성장하길 바란다.

2) 교육과 사회의 관계 : 피구속성 vs 자율성

인간형성 과정으로서의 교육과 사회의 관계도 위에서 살펴본 인간과 사회의 관계와 유사하게 설명할 수 있다. 교육이 사회에 대하여 갖는 관계는 다음과 같이 요약될 수 있다.

- **기본적 관계**(교육의 사회적 본질) : 교육은 본질적으로 사회적 속성을 지닌다.
- **수동적 관계** : 교육은 사회(정치 · 경제 · 문화 · 사회)로부터 영향을 받는다.
- **능동적 관계** : 교육은 사회에 적극적으로 영향을 미친다.

교육도 우선은 사회의 포로나 꼭두각시와 같은 피구속적인 활동이다. 이는 교육의 수동적 기능을 의미한다. 즉 교육은 사회가 만들어 놓은 각본대로 이루어지는 측면이 강하다. 교사든 학생이든 학부모든 이미 사회에 의해 만들어진 제도와 내용과 방식에 따라 교육에 관여한다.

반면 교육은 사회를 변화시키는 능동적 기능 또한 갖고 있다. 그것은 주체적 인간형성을 추구하는 교육을 통하여 이루어질 수 있다. 교육은 사회의 다른 부문에 대하여 완전히 구속적인 것이 아니라 상대적 자율성을 가진 하위부문이다. 교육제도와 관행 그리고 교육행위자들(교사, 학생, 교육행정가, 학부모 등)이 익숙하게 하는 교육행동(교육과 관련된 행동)의 의미와 메카니즘을 이해하고 의사결정 과정에 참여할 때 주체적 교육행위자가 될 수 있다. 또 그러한 주체적 교육행위자들에 의해 교육이 운영될 때 주체적 교육이 될 것이다.

교육은 사회 속에서, 사회에 의해서, 사회를 위해서 수행되는 하나의 사회적 현상이다. 교육의 목적과 내용도 사회적인 성격을 가지며 교육의 방법도 사회와의 관계로부터 영향을 받는다.

따라서 교육의 모든 과정은 사회적인 것이다. 교육사회학이라는 학문이 존재하는 근본적 이유는 바로 교육의 본질뿐만 아니라 교육의 과정(過程, process)과 결과도 사회적인 것이라는 데 있다.

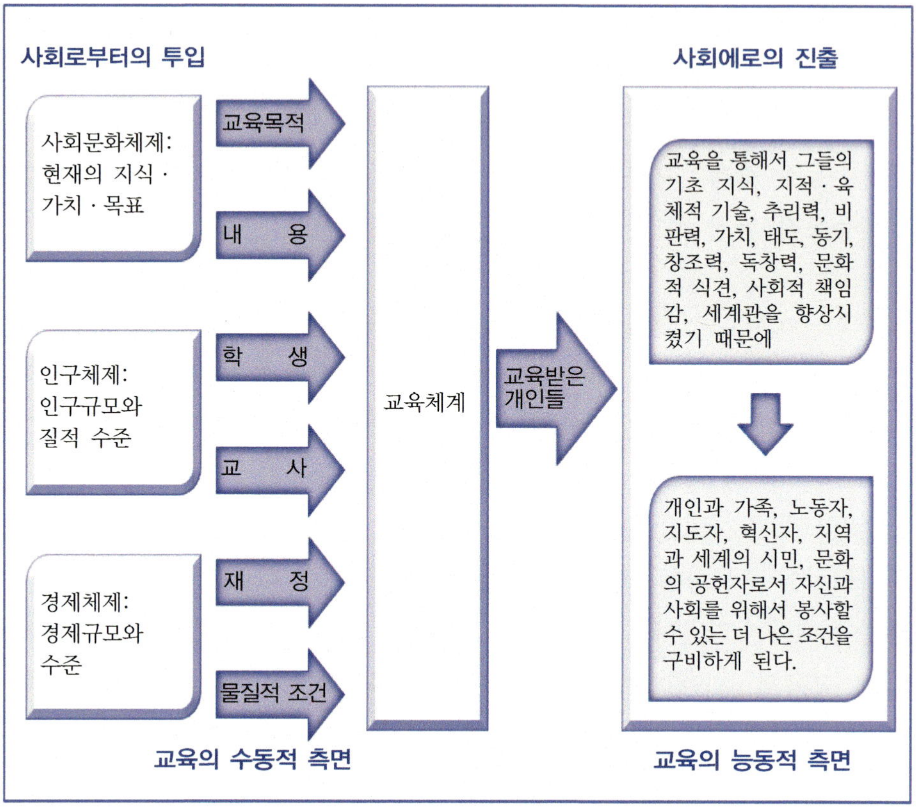

[그림 3-1] 교육체제와 환경과의 상호작용

* 출처 : Coombs, 1968 : 12의 모델을 일부 수정한 것임.

3. 교육과 사회화 기능

사회화란 인간이 그가 태어난 사회나 집단의 삶의 방식을 배우는 과정을 말한다. 즉 인간이 그 사회가 옳다고 보는 사고방식과 행동, 가치 및 태도를 배워 자신의 것으로 내면화함으로써 그 사회가 요구하는 생활양식에 따라 행동하게 되는 과정이다. 따라서 교육의 사회화 기능은 교육의 사회적 수동성의 대표적 기능이다.

사회화에는 개인적 측면과 사회적 측면이 있다. 개인적 측면에서 사회화는 그 사회의 지배적 신념, 규범 및 가치를 내면화하고 학습하는 과정이다. 어떤 의미에서 보면 어린 아이에서부터 노인에 이르기까지 인생의 전 과정이 사회화의 과정이라고 볼 수 있다. 한편 사회적 측면에서 사회화는 집단적 신념체제를 그 사회의 성원들에게 내면화시킴으로써 사회를 결속시켜 유지해 가는 것이다.

1) 교육의 사회적 본질과 사회화

인간을 인간답게 하는 독특한 속성은 사회적인 것이며, 그 속성은 사회를 통해 사회의 영향을 받음으로써 계승할 수 있다. 뒤르케임에 의하면, 교육은 아직 사회생활에 대한 준비를 하지 못한 어린 세대들에 대한 성인 세대들의 영향력 행사이며, 그 본질은 사회화이다. 즉 교육은 그 기원에 있어서나 그 기능에 있어서 절대로 '사회적인' 것이다. 교육목적은 전체 사회와 아동이 속하게 될 직업세계와 같은 특수환경 양쪽에서 요구하는 지적 · 도덕적 · 신체적 제 특성을 육성 · 계발하는 데 있다. 즉 뒤르케임의 교육목적은 사회체제를 내면화시키는 일이다. 전체사회(예 : 국가)는 사회구성원들의 동질성을 유지하고, 각 직업집단은 다양한 기능(예 : 분화와 협동)을 수행한다. 전자를 위해 보편적 사회화가, 후자를 위해 특수적 사회화가 각각 필요하다.

2) 예기적 사회화 · 재사회화 · 탈사회화

일생경험으로서의 사회화를 설명하기 위해 몇 가지 개념이 발달되었다. 예기적 사회화(anticipatory socialization)는 아동이 성인이 되었을 때 필요하다고 생각되는 생활방식과 가치관을 미리 사회화시키는 것을 말한다. 아동을 성인 생활에 준비시키기 위하여 교육한다면 그 내용의 상당 부분은 예기적 사회화를 위한 내용이 될 것이다. 또 아동을 미래사회에 적응시키기 위한 교육을 현재 실시한다면 그것도 예기적 사회화에 해당된다.

재사회화(resocialization)는 이미 이루어진 사회화가 잘못된 것일 경우 그것을 바람직한 방향으로 다시 사회화시키는 것을 말한다. 재교육과 유사한 용어이다. 예를 들면, 교정 교육이나 새 생활교육 등은 과거의 잘못된 것을 버리고 새로운 생활세계로 들어가기 위한 재사회화나 재교육에 해당한다.

그런데 재사회화가 성공적으로 이루어지기 위해서는 탈사회화(desocialization)가 먼저 이루어져야 한다. 즉 과거에 이루어졌던 사회화로부터 이탈하거나 그것을 망각하는 과정인 탈사회화가 선정되어야 재사회화가 가능하다는 의미이다.

따라서 일생동안의 사회화는 예기적 사회화, 탈사회화, 재사회화의 연속이다. 낡고 잘못된 것을 버리고 새롭고 더 좋은 것으로 지속적으로 사회화되는 것이다. 오늘날과 같이 사회변화가 빠를수록 이러한 필요는 더욱 커진다.

3) 사회화기관

사회화를 담당하는 기관을 사회화기관이라고 한다. 사회화기관으로는 가족, 학교, 또래집단, 대중매체 등이 있다. 이들 사회화기관은 사회가 변화함에 따라 더 큰 중요성을 띠게 되었고 사회의 변화와 함께 달라져 왔다. 인류의 역사에서 가족과 또래집단이 가장 오랫동안 제일 중요한 사회화기관의 기능을 해 왔지만 사회가 분화함에 따라 학교가 사회화의 핵심기관으로서의 역할을 담당하게 되었다.

4) 학교에서의 사회화

학교는 다음과 같은 측면에서 사회화 기능을 수행한다.

첫째, 학교에서는 다수인이 집단생활을 하므로 개인의 행동은 집단의 규범에 의하여 통제되며 따라서 일탈된 행동은 제재받는다. 학교에는 지켜야 할 여러 가지 규칙들이 있다. 이 규칙들은 학교에서 집단생활을 영위하는 데 필요한 것도 있지만 대부분은 사회에서 필요로 하는 것들이다. 또 이러한 규칙 외에도 학교는 교사라는 중요한 타자(significant other)와 동료집단이라는 일반화된 타자(generalized other)를 통하여 학생들의 사회화를 촉진시킨다.

일반화된 타자 generalized other, 一般化他者

옳고 틀린 것, 좋은 것과 나쁜 것에 관한 일반적인 관념의식을 계발하는 데 준거가 되는 것을 통칭하는 개념이다.
미드(G. H. Mead)의 이론이다. 이때 일반화된 타자란 어떤 특정한 사람의 구체적인 행위 하나 하나라기보다는 자기 자신이 타인들로부터 받는 기대로써 설명된다. 즉, 조직된 사회 속에서 일반적인 타인들이 자기에게 무엇을 어떻게 행위하기를 기대하는 것이라고 자신이 이해하는 것을 뜻하는 것이다. 미드는 일반화된 타자를 통하여 비로소 사회화된다고 한다. 특히 일반화된 타자에 대한 개인의 태도가 바로 그가 속해 있는 지역사회에 대한 태도를 결정하는 것이라고 미드는 주장하고 있다. 지역사회에 대한 태도란 구체적으로 개인의 역할인식과 역할수행 방법과 능력을 의미하는 것이므로 인간의 사회화와 일반화된 타자는 불가분의 관계에 있다는 것이다.

출처 : 교육학 용어사전, 서울대학교교육연구소, 1995, 하우동설

둘째, 학교는 사회인에게 필요한 기초적 능력과 태도를 가르치는데, 그것은 초·중등교육법에도 나타나 있다. 현행 초·중등교육법에서 초등학교의 교육 목적은 기초적인 초등교육으로, 중학교는 중등교육으로, 고등학교는 중등교육 및 기초적인 전문교육으로 규정하여 국민 누구나가 갖추어야 할 기본적인 능력과 태도 및 가치관 함양을 강조하고 있다.

셋째, 학교는 아동들이 장차 사회에서의 활동을 준비(예기적 사회화)하는데 있어 가정과 사회 사이의 교량 기능을 수행한다. 현대 산업사회에 있어서 가정교육만으로는 사회에 진출하는 데 한계가 있다. 따라서 학생들은 학교라는 전문적 기관을 통하여 장차 진로에 필요한 지식·기술·태도 등을 배우게 된다.

사회질서 유지를 강조하는 사람들은 교육을 체계적 사회화(systematic socialization)로 생각한다. 뒤르케임, 파슨스, 드리벤 등과 같은 학자들이 이러한 입장을 대표한다. 학교를 개인에게 도덕과 기술을 습득케 하는 곳으로 보는 파슨스는 학교가 사회화의 대행기관으로서 어떻게 전체사회에 이바지하는가를 설명한다. 그는 또 학교뿐만 아니라 학급 내에도 사회적 도덕과 규범들이 그대로 반영되고 있음을 지적한다(Parsons, 1959). 또 학교는 사회질서 유지를 위한 도덕과 규범뿐만 아니라 직업세계에서 요구하는 기술도 획득하게 하는 기능도 수행한다.

5) 학교의 사회화 기능과 불평등 쟁점: 억압적 · 차별적 · 희생적 사회화

지금까지 사회의 유지 존속을 위하여 새로운 세대에게 사회화가 필요하며 그 임무를 학교가 전문적으로 수행하고 있다고 제시하였다. 그런데 이러한 주장에 문제점이 없는가를 생각해 볼 필요가 있다.

학교의 사회화 기능에 대하여 문제점으로 제기되는 부분은 기존 사회체제의 유지 존속을 위한 사회화가 기존 사회체제의 모순까지도 유지 존속시키는 것은 아닌가 하는 점이다. 기존 사회의 불평등 구조나 억압적 구조를 정당화하고 내면화시키는 규범으로서 사회화가 일어난다면 그것은 바람직하지 못하다는 것이다. 예를 들면 미풍양속을 계승한다면서 남존여비사상을 사회화시킨다면 그것은 바람직하지 못하다는 것이다. 또 지배층에는 독립심 · 자율성 · 창의성을 강조하고 피지배층에는 순종과 규칙준수를 강조하는 방향으로 사회화시킨다면 이러한 사회화는 기존의 지배구조를 강화하고 유지하는 장치로서 기능할 것이다.

이와 같이 사회화에 의해 어느 집단의 희생과 순종을 정당화하게 되는 경우를 희생적 사회화(victim socialization)라고 부른다. 조선시대의 여성사회화는 오늘날의 시각에서 보면 명백히 희생적 사회화이며, 일제강점기의 황국신민(皇

國臣民)화 또한 명백히 희생적 사회화이다. 희생적 사회화는 이렇게 분명히 보이는 곳에서만 발생하는 것은 아니다. 희생적 사회화는 매우 미묘하고 은폐된 형태로도 발생할 수도 있으므로 그에 대한 감시에 있어 예리한 통찰력이 요구된다. 성차별에 대한 논의를 살펴보면 성차별이 차별적 사회화의 결과임을 잘 나타내 준다.

이와 같은 의문의 제기는 그 바탕에 더 나은 사회를 위하여 교육이 봉사해야 한다는 전제를 깔고 있다. 이와 같이 볼 때 학교의 사회화 기능은 단순히 기존 사회체제의 유지 존속을 위한 사회화의 수준을 넘어선 것이 되어야 한다. 학교의 사회화 기능에 대한 고민이 여기에 있다. 유지 존속을 위한 사회화와 미래지향적 사회화 사이의 마찰과 갈등을 줄이는 일과 그 사이의 균형점을 발견하는 일이 학교가 추구해야 하는 사회화의 방향일 것이다.

우리나라에서 종래의 교육을 희생적 사회화라고 간주하여 강력하게 저항하는 집단 중 대표적 집단이 여성 집단이다. 여성들은 여성학(女性學)을 만들고 여성개발원을 중심으로 여성에 대한 연구와 문제제기도 하고 양성평등교육을 주장하며, 호주제 폐지 운동에도 적극 참여하여 제도의 변화를 이끌어 냈다.

4. 교육의 형식

교육은 사회화의 과정이자, '인간형성 과정'이다. 이와 같은 넓은 의미에서의 교육은 다양한 사회상황에서 다양한 형태로 나타난다. 사회의 분화에 따라 교육도 분화되었고, 교육이 이루어지는 형식도 매우 다양해졌다.

교육이 발생하는 장면에 따라 교육의 형식을 살펴보면, 학교, 가정, 직장, 교회, 놀이집단이나 클럽, TV 등 사회의 거의 모든 장면에서 교육, 즉 '인간형성 과정'이 존재한다. 이렇게 여러 상황에서 이루어지는 교육의 형식들을 가정교육, 사회교육 및 학교교육으로 구분한다. 한 사회의 교육이 제대로 이루어지려면 이 세 형식의 교육이 모두 제대로 이루어져야 할 뿐만 아니라 유기적으로 연결되어야 한다.

교육의 형식에 관한 또 다른 구분으로는 그 제도화와 형식화된 정도에 따라 형식(제도) 교육(formal education), 무형식 교육(informal education), 비형식 교육(nonformal education)을 들 수 있다.

형식 교육은 제도교육이라고도 부르며 대표적인 것이 기존의 전통적 학교와 대학이다. 이들은 폐쇄적이고 엄격한 선발과정을 두고 있으며 경쟁을 유발하고 형식적인 교육내용을 가진다. 또 국가나 교육당국의 기준설정 및 통제를 받으며 자격인정을 받는다.

반면 무형식 교육은 매우 개방적이고 개인의 선택에 따르며 비경쟁적이다. 교육내용도 지극히 비형식적이다. 그러나 그 내용들은 직접적 · 즉시적 유용성을 가진다. 공식적인 자격인정보다는 자기만족을 위한 것이며 참여자의 관심과 동기가 중요하다. 이러한 무형식 교육으로는 TV, 신문이나 잡지, 도서관, 정보센터, 청소년단체, 정치단체, 노동조합, 협동조합, 종교단체, 봉사단체를 통한 교육 등을 들 수 있다.

형식 교육과 무형식 교육의 중간 수준의 형식을 갖춘 교육을 생각해 볼 수 있다. 예를 들면 소비자 교육, 인구 교육, 지역사회센터의 교육, 방송통신교육 등이다. 이런 교육의 형식을 비형식 교육으로 분류할 수 있다.

오늘날에는 학교교육이 비대해지고 교육체제를 독점하는 경향을 보이므로 학교교육을 빼놓고는 교육을 생각하기 어려운 상황이 되었다. 그래서 교육의 형식을 학교교육과 학교 외 교육으로 구분하기도 한다. 학교 외 교육은 가정교육, 사회교육, 무형식 교육, 비형식 교육을 포괄하는 용어이다.

한 사회에서 바람직한 교육은 학교교육뿐만 아니라 가정교육과 사회교육도 함께 이루어질 때 가능하다. 동시에 학교교육과 학교 외 교육의 연계성이 확립되어 그 사회의 구성원들에게 양질의 교육을 일생 동안 장벽 없이 잘 제공할 수 있는 체제, 즉 평생교육체제(life-long education system)를 구축하는 방향으로 나아가야 한다. 1995년 발표된 '신교육체제 수립을 위한 교육개혁방안(5 · 31교육개혁안)'에서는 교육복지국가(Edutopia) 건설이 개혁목표로 제시되었는데 그것은 평생교육체제 확립을 의미하는 것이었다.

이상에서 교육의 여러 형식에 대하여 살펴보았다. 교육의 형식에 관한 분류는 단순한 것 같지만 중요한 의미가 있다. 첫째, 교육에 관한 전체 모습을 그려 줌으로써 교육의 윤곽을 쉽게 파악하게 해 준다. 둘째, 어떤 교육에 어떤 정책을 세울 것인지에 대한 정책 안내 기능을 한다. 셋째, 교육인 것과 교육이 아닌 것의 차이 및 특정 형식의 교육과 다른 형식의 교육의 차이를 밝혀 줌으로써 교육의 형식들 간 경계와 연속성을 설명해 준다.

5. 교육의 목적

교육은 인간과 사회에 대하여 어떤 의미를 갖는가? 이것은 교육의 목적과 기능에 관하여 의문을 던지는 것이다. 교육의 목적에 관해서는 다양한 의견들이 있다. 데어(R. L. Derr)는 학교교육의 사회적 목적에 관한 분류체계를 작성하기 위하여 각급 학교에서 교육목적에 대해 질문지 조사를 실시하고 논리적 분석을 하여 유목화한 후 교육철학자들이 제시한 교육목적론들과 비교 · 분석하였다. 그가 정리한 교육목적 분류체계의 주요 내용은 다음에 보는 바와 같다(이종각 역, 1985). 교육의 목적은 개인수준과 사회수준 모두에서 발견된다. 이를 각각 교육에 대한 개인적 목적과 사회적 목적이라고 부른다. 학교교육의 목적 역시 개인적 목적과 사회적 목적으로 분류될 수 있다.

1) 개인적 목적

데어는 교육의 개인적 목적을 서로 다른 두 가지 속성으로 재분류할 수 있다고 보았다. 즉 '개인의 문제해결 능력을 향상시킨다'는 교육목적과 '개인을 건전한 시민이나 직업인으로 양성한다'는 교육목적은 모두 교육의 개인적 목적이지만 동시에 다른 속성을 지닌다. 그는 전자와 같은 개인적 목적을 '개체적 목적'으로, 후자와 같은 개인적 목적을 '사회적 존재로서의 개인목적'으로 분류하였다.

그러한 분류가 필요한 이유는 다음과 같은 질문을 해 보면 쉽게 파악할 수 있다. 즉 학교가 행사하는 영향력의 대상으로서 개인을 사회의 구성원으로 볼 것인가 아니면 사회와 고립시켜 볼 것인가? 조금 더 구체적인 예를 들어 보면, 학교는 개개인의 잠재능력을 개발하는 데 역점을 두어야 하는가? 또는 학교는 학생들에게 현재 사회에서 행복하고 성공적인 삶을 살아가는 데 필요한 기술, 신념 및 가치를 가르치는 데 역점을 두어야 하는가? 이 둘은 모두 교육의 개인적 목적을 염두에 두고 제기된 질문들이다. 그러나 전자의 질문과 후자의 질문은 성격을 달리 하고 있다. 만약 전자에 역점을 둔다면 학교가 개체적 목적의 실현에 노력하는 것이며, 후자에 역점을 둔다면 사회적 존재로서의 개인목적의 실현에 노력하는 것이 된다.

블룸(Bloom) 등에 의해 체계화되고 널리 알려진 교육목적 분류학은 교육의 개체적 목적을 중심으로 한 교육목적론이다. 그런데 모든 사회 특히 민주주의적 통치형태를 취하는 사회에서 개인과 사회라는 상충되는 가치의 타협은 매우 중요한 관심사이다. 개체적 목적과 사회적 존재로서의 개인목적의 차이를 구분하는 것은 바로 개인과 사회의 상충과 타협점에 관심을 두는 것이므로 매우 중요하다. 데어는 블룸 등과는 달리 사회적 존재로서의 개인목적도 제시하였다. 즉 교육은 개인을 훌륭한 시민, 노동자, 가족의 일원으로 성장시키고 여가시간을 유효하게 활용할 수 있는 능력을 함양시켜 주어야 한다는 것이다.

교육의 목적에 대한 분류체계를 도식화하면 [그림 3-2]와 같다.

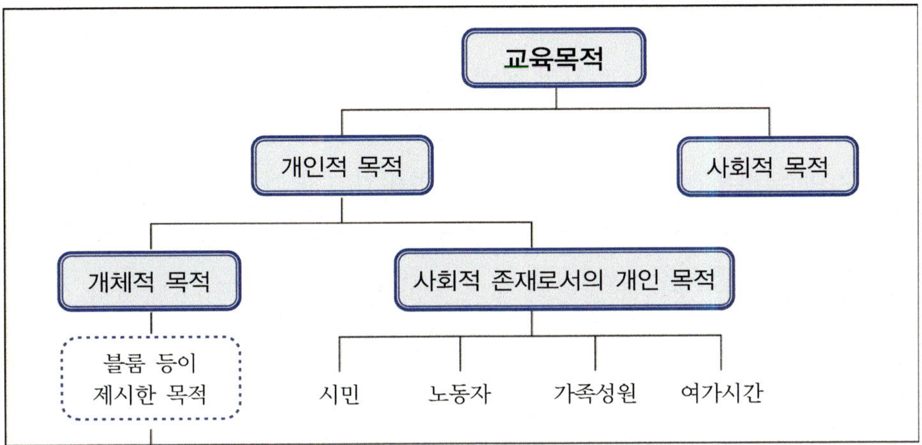

[그림 3-2] 교육의 목적

- **블룸(Bloom) 등의 교육목표의 지적영역 분류의 개요**
  ① 지식
  ② 이해
  ③ 적용
  ④ 분석
  ⑤ 종합
  ⑥ 평가
- **크라스울(Krathwohl) 등의 교육목표의 정의적 영역 분류의 개요**
  ① 감수
  ② 반응
  ③ 가치화
  ④ 조직화
  ⑤ 가치 또는 복합가치의 인격화
- **심프슨(Simpson)과 하로우(Harrow) 등의 교육목표의 심리운동적 영역 분류의 개요**
  ① 반사적 운동
  ② 초보적 기초동작
  ③ 운동지각능력
  ④ 신체기능
  ⑤ 숙련된 운동기능
  ⑥ 동작적 의사소통

2) 사회적 목적

교육의 사회적 목적은 사회를 유지시키려는 목적과 사회를 개선시키려는 목적으로 나눌 수 있다. 유지의 목적은 안정화(stabilization)와 재생산(reproduction)으로, 개선의 목적은 수정과 대체로 재분류할 수 있다.

유지의 목적은 지역사회나 전체사회의 바람직한 가치, 규범, 신념을 계속 활용할 수 있도록 그 조건들을 영속화시키기 위해 학교가 추구하는 목적이다. 예를 들자면, 민주주의를 하나의 삶의 방식으로 보존한다거나 국가가 전통적이고 가치 있는 신념들을 영속화하는 것이다. 한편 개선의 목적은 지역사회나 전체사회의 바람직한 가치, 규범 및 신념에 대한 유용성을 증가시키고 반대로 바람직하지 못한 사회적 조건들을 감소시키기 위해 학교가 추구하는 목적이다. 예컨대 사회에 만연하는 편견이나 지역주의를 근절한다거나 민주주의를 더 좋은 삶의 방식으로 개선하는 것이다. 교육의 사회적 목적에 대한 분류체계는 [그림 3-3]과 같다.

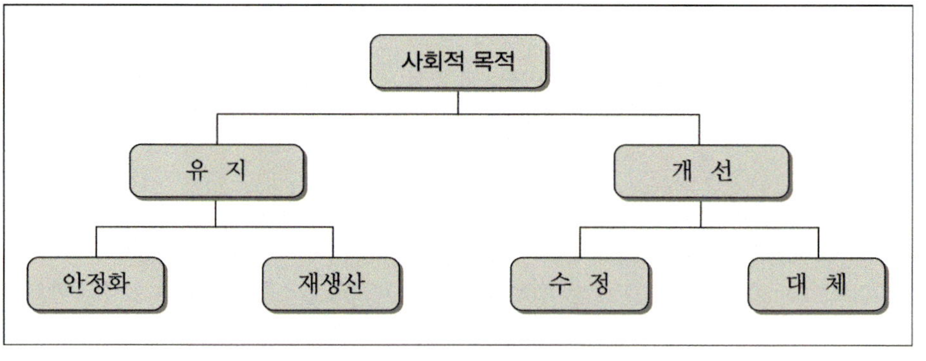

[그림 3-3] 교육의 사회적 목적

6. 교육의 기능과 그 변화

1) 교육의 사회적 기능: 일반론

교육의 목적에 관한 논의처럼 교육의 기능에 관한 논의 역시 교육의 개인에 대한 기능(개인적 기능)과 사회에 대한 기능(사회적 기능)으로 나눌 수 있다. 교육의 개인적 기능은 교육이 개인의 성장과 발달 및 자아실현에 공헌하는 측면을 의미한다. 교육의 사회적 기능은 제도로서의 교육이 사회에 미치는 영향을 말한다. 교육사회학은 학문의 성격상 교육의 개인적 목적이나 기능보다는 사회적 목적이나 기능에 더 큰 관심을 갖는다.

교육의 사회적 기능을 크게 분류하면 사회유지적 기능과 사회개선(또는 개혁)적 기능으로 나누어 볼 수 있다. 이는 보수적 기능과 혁신적 기능으로 불리기도 한다. 교육의 이러한 기능은 위에서 살펴본 교육의 사회적 목적에 상응하는 것이다.

교육의 사회적 기능을 좀 더 구체적으로 설명하기 위하여 다음과 같이 다섯 가지로 구분하여 살펴본다.

(1) 교육은 문화유산 전달의 기능을 수행한다. 교육의 이러한 기능을 통하여 사회가 유지되고 개인은 그 사회에 사회화된다. 문화유산 전달의 기능은 모든 사회의 존재 조건에 있어 가장 기본적인 것이다. 즉 한 사회가 존재하려면 사회제도 중 가장 중요한 것이 교육제도이다. 그러나 과거 문화유산의 전달 기능을 지나치게 강조하면 교육은 과거 지향적이거나 보수적인 경향으로 흐를 위험성이 있다.

(2) 교육은 사회통합의 기능을 수행한다. 사회는 다양한 구성원들을 지적 · 정서적으로 일체화시켜 하나의 통합된 집단으로 형성할 필요가 있는데 교육

제도가 주로 그러한 기능을 수행한다. 국가에는 국민형성(nation building)과 통합이 반드시 필요한데 국민교육제도를 통하여 그를 보다 효과적으로 달성시켜 왔다. 만일 학교가 존재하지 않는다면 국민 누구나가 지녀야 할 문화적 공통요인의 층이 얇아지는 반면 계층문화나 지역문화의 층은 두터워지므로 사회의 안정과 통합을 도모하는 데는 불안요인으로 작용할 수 있다. 그러나 사회통합을 지나치게 강조하면 사회구성원의 다양성이나 자유를 억제하는 경향성을 띠게 되는 위험도 있다.

(3) 교육은 사회충원(社會充員)의 기능을 담당한다. 어느 사회에나 나름대로의 전문성과 그에 따른 분화가 이루어져 있다. 교육은 사회의 각 분야에서 요구하는 전문적 능력을 갖춘 인력을 양성하여 공급하고 충원시키는 기능을 수행한다.

(4) 교육은 사회선발 및 이동의 기능을 수행한다. 민주사회에서는 능력과 업적에 따라 사회에 진출하고 승진하는 보상을 받아야 할 것이다. 교육은 능력을 갖춘 인재를 평가하여 선발하는 사회이동의 기능을 수행한다. 교육이 사회선발 및 이동의 기능을 제대로 수행하는 사회는 교육평등과 사회평등 실현에 좀 더 다가갈 수 있을 것이다. 오늘날 학력주의 사회라는 말이 있을 정도로 교육이 갖는 사회선발 및 이동의 기능이 크다. 그러나 이러한 기능이 공정하게 또는 평등하게 이루어지고 있는가에 대해서는 논쟁이 치열하다.

(5) 교육은 사회개혁적 기능과 사회발전적 기능을 한다. 교육은 사회의 문제점을 해결하고, 국가사회의 발전을 도모하며, 미래의 문제점에 대한 대책을 세움으로써 사회개혁적 기능을 수행한다.

현대사회의 문제점을 발견하고 지역사회 주민과 협력하여 이를 시정하고 개발하는 일이 학교의 기능 중 하나라는 기대치가 높아지고 있다. 학교가 중심이 되어 성인교육을 실시하는 일, 학교의 시설과 설비를 지역사회 주민에게 개방하여 그들의 활동을 돕는 일, 학생과 교사들이 지역사회개발 사업에 직접 참여하여 봉사활동을 하는 일 등이 그러한 예이다.

1950~60년대는 교육의 발전적 기능에 대한 기대가 높고 그에 대한 이론이 세계적으로 가장 팽배한 시기였다. 교육의 발전적 기능은 오늘날과 같이 급변하는 사회에서 더욱 요구된다.

교육은 위에 제시된 다섯 가지 기능을 모두 수행한다. 그러나 교육 수준별로 보면 낮은 수준의 교육기관일수록(초등학교) 사회유지적 · 보수적 기능이 강조되고, 높은 수준의 교육기관일수록(대학교) 변화 지향적 · 혁신적 기능이 강조된다. 또 시대의 상황에 따라 다양한 기능들 중 특정 기능이 강조되기도 한다. 예를 들면 혼란기에는 교육의 문화전달 및 사회통합 기능이 강조되고 발전기에는 교육의 개혁적 · 발전적 기능이 강조된다.

2) 교육의 양적 발전과 교육 기능의 변화

교육의 사회적 기능은 취학규모에 따라 달라진다. 소수만이 취학할 수밖에 없는 교육규모를 가지는 시기의 교육은 불가피하게 엘리트 양성기능을 수행한다. 그러나 대부분의 아동이 취학하게 되는 교육규모를 가지게 되면 그 교육은 대중교육의 기능을 수행한다.

취학규모와 교육의 사회적 기능 변화에 대한 분석을 한 트로우(Trow, 1961)는 미국 중등교육의 변천과정을 취학규모의 변화에 따라 세 단계로 구분하였다. 그에 따르면, 취학규모가 늘어남에 따라 미국의 중등교육은 소수에 대한 대학준비 기능(elite preparation function), 대중에 대한 직업교육 기능(mass terminal function), 대중에 대한 대학준비 기능(mass preparation function)을 수행하는 것으로 변해 왔다.

우리나라의 중등교육의 발전이 미국과 역사적 발전단계를 달리하고 있지만, 트로우의 분석은 우리나라의 중등교육과 고등교육을 이해하는 데 여러 가지 시사점을 준다(김신일, 1993 ; 147-149).

교육의 양적 지표만 본다면 한국의 교육사회는 이미 교육선진국이다. 우리나라의 고등교육 이수 인구는 꾸준히 증가해 왔다. 우리나라 고등교육 이수율은 2000년 24%에서 2015년 45%로 증가하였다. 교육년수에 있어서도 2014년 현재 17.5년으로 OECD 국가 중 핀란드(19.7년)와 호주(19.3년)의 뒤를 이어 3위를 차지하였다. 이처럼 우리 대학은 적어도 양적으로는 선진국 못지않게 고급인력을 배출하고 있다.

한국의 급격한 교육팽창에서 두 가지 중요한 특징을 발견할 수 있다. 첫째, 교육팽창이 낮은 학교급부터 높은 학교급으로 순차적으로 진행되었다는 사실이다. 1960년대에는 초등교육이 1970년대에는 중등교육이 그리고 1980년대에는 고등교육이 급격히 팽창하였다. 둘째, 성별 교육 격차의 현저한 감소 현상이다. 1960년대 초 · 중등교육 수준에서 여학생의 취학률은 남학생의 절반 수준이었다. 그러나 교육부 통계에 의하면 2016년 현재 각급 학교에서 전체 학생 수 대비 여학생이 차지하는 비율은 초등학교 48.4%, 중학교 47.8%, 고등학교 47.7%로 나타났다. 이러한 교육팽창과 함께 국민들의 교육관도 대체로 '선발주의적 교육관'으로부터 '대중주의적 교육관'으로 많이 변화되었다.

한국에서 교육기회 확대와 교육의 양적 성장은 1950년대의 '초등의무교육 완성계획'으로부터 출발하여 1960년대와 1970년대의 중등교육 확대, 1980년대의 고등교육 확대를 통해 이루어졌다. 세계적으로 유례를 찾기 어려울 정도로 단기간에 높은 성취를 이루어 낸 한국교육의 양적 성장에 기여한 핵심요인으로는 초등교육의 조기 완성, 저비용 접근, 평등주의 접근 등을 들 수 있다. 이 외에도 교육의 순차적인 양적 확대방식 채택, 중등학교 단계에서 사립학교 확충을 통한 수용능력 확대, 지방교육재정교부금법을 통한 재원 확보, 학부모의 자녀교육에 대한 높은 수요 창출, 한국경제의 고도성장 등이 한국교육의 양적 성장에 기여하였다. 한국교육의 양적 성장에 기여한 핵심 요인을 정리해 보면 다음과 같다(이종재, 2009).

- 교육성장의 초기 단계에 5년이라는 단기간 내에 초등의무교육의 보편화를 달성하였는데 이는 중등교육의 수요를 형성하는 데 기여하였다.

- 초등교육부터 중학교 교육, 고등학교 교육으로 아래로부터의 '순차적인 양적 확대 방식'을 취하였다.
- 학교교육의 질적 조건의 희생하에 '취학기회의 양적 확대'를 추구하는 '저비용 접근 방식'을 취하였다.
- 중등학교 단계에서는 사립학교의 확충을 통하여 공립학교만으로는 부족한 수용능력을 확대하였다.
- 상급 중등학교 진학을 위한 입학시험제도를 폐지하고 추첨에 의해 학생들을 인근 중등학교에 배치하였는데, 이는 한국교육의 평등주의 접근에 중요한 역할을 담당하였다.
- 지방교육재정교부금법을 통해 초·중등교육을 위한 법정 재원을 안정적으로 확보하였다.
- 학부모들의 자녀들에 대한 '교육열'은 교육에 대한 높은 수요를 낳아 한국교육의 성장 동인으로 작용하였다.
- 한국경제의 고도성장은 법정 교육 재원의 확충과 직업 기회 제공을 통해 교육의 양적 성장에 기여하였다.

3) 시대 변화에 따른 교육의 기능 변화[1)]

교육의 기능과 역할 및 목표를 통시대적으로 변화를 살펴보기 적절한 분류가 있어 소개하면 아래와 같다.

현대 교육시스템은 농경시대(여름 동안 학생들이 들에서 일할 수 있도록 허용)와 산업시대(종소리에 맞춰 50분 수업)의 달력에 맞춰져 있다. 교육과정은 중세시대에 고안된 교육과정(언어, 수학, 과학, 예능)을 따르고 있다. 과거에는 교육의 역할이 어떠했으며 왜 이러한 현상이 나타났는지를 간단히 정리해 보자.

1) 이 항목은 Trilling & Fadel 공저, 한국교육개발원 역. 2012의 52-60에 의존하여 작성한 것임.

교육은 사회의 발전 단계에서 네 가지 공통적인 역할을 수행한다. 교육은 개인을 ① 직장과 사회에 공헌하도록 하고, ② 개인의 재능을 발휘하고 계발하도록 하며, ③ 시민으로서의 의무를 다하게 하고, ④ 우리의 전통과 가치를 후대에 전달하도록 한다. 이 네 가지는 우리가 자녀를 교육함으로써 달성하고자 하는 공통목표이며, 시대와 관계없이 불변한다. 이 네 가지 기능이 각 시대별로 어떻게 변화해 왔는지를 간단히 정리하면 〈표 3-1〉과 같다(Trilling & Fadel, 한국교육개발원 역, 2012: 53-54).

표 3-1

시대 변화에 따른 교육의 목표

교육의 목표	농업시대	산업시대	지식시대
직장과 사회에 기여	• 가족과 다른 사람을 위해 식량 생산 - 기초생활을 위해 도구와 물품을 생산 - 지역 움막 경제 참여	- 전문화된 직업을 통해 사회 공헌 - 산업 발전에 기여하기 위해 공학과 과학을 적용 - 생산과 분배의 긴 사슬의 한 부분을 차지	- 세계적 정보와 지식 업무에 기여 - 사람들의 요구에 부응하고 문제를 해결하기 위한 서비스 혁신 - 세계경제에 참여
개인의 재능 발휘 및 계발	• 교육을 받을 경우 기초 3과목 학습(읽기, 쓰기, 산수) - 농업 및 수공업 스킬 학습 - 유용한 물건을 만들기 위해 도구 이용	- 가능한 한 많은 사람을 대상으로 기초적인 문해력과 산술능력 교육 - 대부분의 사람이 상공업과 산업 관련 스킬 학습 - 최상위 몇 명의 경우 관리 및 행정능력, 공학, 과학 학습	- 기술 기반 지식 및 생산성 향상 도구를 이용한 개인의 자기 계발 증가 - 중산층의 성장으로 인한 지식 기반 직업 및 기업의 세계적 진출 확대 - 평생 재능 계발 및 학습을 위해 지식 및 기술 도구 활용

교육의 목표	농업시대	산업시대	지식시대
시민의 의무 완수	• 상부상조 - 마을 공동체의 필요에 기여 - 마을에 꼭 필요한 서비스 및 공동체 행사 지원	- 공동체에 이익이 되도록 사회 및 시민 단체 참여 - 조직화된 노동 및 정치 활동 참여 - 자원봉사 및 자선활동을 통해 지역의 시민 활동 발전에 기여	- 지역사회의 의사결정 과정에 참여하며 온라인 및 개인적으로 정치적 활동 참여 - 온라인 커뮤니티와 소셜 네트워크를 통해 세계적 이슈에 관여 - 소셜 네트워크 및 통신 도구를 이용하여 지역 및 세계적 문제에 시간과 자원 사용
전통과 가치 전수	• 농업 지식과 전통을 다음 세대에 전달 - 부모와 조상의 윤리, 종교, 문화적 전통 속에서 자녀 양육	- 과거의 상업, 수공업, 전문기술 등에 관한 지식을 배워 다음 세대로 전달 - 다양한 문화와 전통이 도시에 공존하는 가운데 자신의 고유 문화와 가치 보존 - 교통 및 통신의 발달에 따라 다양한 문화권과 상호교류 가능	- 한 분야에서 전통적인 지식을 빠르게 습득하여 그 원리를 다른 영역에 적용함으로써 새로운 지식과 혁신을 창조해 냄 - 광범위한 문화와 전통에 대해 공감하고 또 그로부터 정체성을 찾음 - 다양한 문화와 전통에의 참여 및 관용 - 전통과 세계 시민의식이 혼합되어 새로운 전통과 가치가 창조·전승됨

제 4 장

교육사회학에의 초대

1. 교육질서에 대한 관심 : 교육과 사회와의 올바른 관계에 대한 관심
2. 사회문제의 증가와 교육사회학에 대한 요구
3. 교육사회학적 질문과 분석
4. 교육사회학의 주요 관심분야
5. 교육사회학 분석의 개념적 도구
6. 교육사회학의 역할과 가치

학문은 세상사에 관한 체계적인 이해방식이다. 교육사회학은 교육에 관한 사회학적 이해이다. 본 장에서는 여러분을 교육사회학이라는 이해방식으로 초대하려고 한다.

교육사회학이란 무엇인가를 간단하고 정확하게 규정하기란 매우 어려우나 교육사회학에 입문하는 학도에게 기본적 정의는 도움이 된다. 이러한 필요를 충족시키기 위한 정의는 다음과 같이 제시될 수 있다.

교육사회학은 사회적 상황 속에서 개개인의 교육적 경험에 관하여 연구하는 학문이다. 이 때의 사회적 상황은 집단 · 조직 · 문화 및 사회를 포함하므로 교육사회학은 교육과 개인 · 집단 · 조직 · 문화 · 사회와의 관련성에 대한 탐구가 된다. 즉 개인과 교육과 사회와의 상호관련성에 관한 연구인 것이다. 교육사회학은 교육학과 사회학을 접합한 학문이므로 두 학문에 대한 이해를 요구한다.

1. 교육질서에 대한 관심 : 교육과 사회와의 올바른 관계에 대한 관심

교육에 대한 관심은 곧 인간형성과 인간의 삶과 앎에 대한 관심이다. 따라서 교육에 대한 관심은 곧 공동체적인 삶의 모습에 대한 관심이며, 사회학적인 속성을 지닌 것이다.

교육의 모든 과정은 사회적인 과정이다. 교육의 목적, 내용, 방법 모두 그 사회의 사회관계로부터 영향을 받는다. 교육사회학이라는 학문이 존재하는 근본적 이유는 바로 교육의 본질(本質)뿐만 아니라 교육의 과정(過程)과 결과(結果) 모두 사회적인 것이라는 데 있다.

한 사회에서 통용되는 인간과 사회와의 관계를 사회질서(社會秩序, social order)

라고 한다. 사회질서란 인간집합체에서 그 성원들의 행동이 유형화된 모습을 뜻한다. 이러한 사회질서에 대하여 관심을 갖고 탐구하는 일이 곧 사회학이다 (김경동, 1978 : 3-4).

사회질서에 대한 논의를 연장하여 교육질서에 대한 학문적 관심과 탐구를 규정하는 것도 유용할 것이다. 교육질서는 넓은 의미에서 사회질서의 한 측면이다. 교육질서는 인간의 공동체적 삶에 있어서 성원들의 교육과 관련된 행동이 유형화된 모습을 뜻한다. 즉 교육에 깊은 관련을 갖는 다양한 요소들이 관계를 맺는 방식이다.

이와 같은 교육질서에 대한 관심은 인간적 관심으로부터 출발한다. 기존 교육질서의 모순을 인식하고 보다 새롭고 정의로운 교육질서를 추구하려는 학문이 교육사회학이다. 따라서 교육사회학은 교육현실에 직면하는 동시에 미래와 이상을 지향한다. 달리 말하면 기존의 교육질서에 대한 탐구를 바탕으로 정의로운 교육질서에 대하여 탐구하는 일이다. 예를 들면, 현재의 불평등한 교육질서에 대한 탐구를 바탕으로 미래의 평등한 교육질서를 추구하는 일이다.

교육사회학은 기본적으로 이러한 교육질서가 어떻게 형성되고, 유지 또는 변화되는가에 관심을 갖는다. 이러한 관심은 현상을 이해하고 설명하려는 과학적 가치의 추구와 그를 통해 보다 나은 교육질서와 사회질서, 즉 사회정의를 추구하려는 규범적 가치의 추구에까지 이어진다.

교육사회학은 교육과 사회와의 관계, 그리고 교육체제 내부의 사회학적 성격분석을 통하여 3가지 주요 관심을 충족시키고자 한다. 그 관심은 인간에 대한 '해방적 관심', '평등적 관심', 그리고 교육체제의 '능률적 관심'이다. 이는 곧 사회질서 또는 인간의 집단적 삶의 바람직한 형식에 대한 끊임없는 추구이다. 이러한 관심에 대한 학문적 추구는 현실적이어야 하고(비현실적 · 현학적이어서는 안 됨), 방향감각이 있어야 하며(객관적 · 과학적 · 몰가치적 · 중립적 추구가 학문적 관심의 방향감각 부재를 의미하지는 않음), 경험적 추구이고 논리적이어야 한다.

2. 사회문제의 증가와 교육사회학에 대한 요구

자본주의 경제의 발전에 따라 미국에서는 19세기 말부터 20세기 초에 걸쳐 이농현상, 도시화, 이민 증가, 지역사회 해체 및 개인의 사회부적응 증가 등과 관련된 사회문제들을 해결해야 할 필요에 직면하였다. 교육계에서도 이러한 사회적 요청에 부응하여 교육의 재편성과 확대에 힘쓰게 되었는데, 그 결과 교사교육이 확충되었고, 종래의 교육철학과 교육심리학 대신 교육사회학이 교사교육의 주요 교과로 급격히 보급되었다. 즉 사회분화 및 사회문제의 증가와 함께 교육사회학의 필요성에 대한 인식이 높아졌다.

3. 교육사회학적 질문과 분석

올바른 질문을 하지 않고는 올바른 해답을 찾을 수 없다. 학문을 하는 일은 옳은 답을 찾기보다는 옳은 질문을 끊임없이 추구해 나가는 과정이다.

심리학이 개인을 연구하는데 비해 사회학은 개인행위를 집단과정과 관료조직 내의 행위와 결부시켜 연구한다. 문화인류학이 문화적 상징에 관심을 집중하는데 비해 사회학자들은 그러한 상징체계를 사회제도 및 그 사회 속의 제도화된 유형들과 관련시키고 있다. 〈표 4-1〉에 제시된 바와 같이, 사회학자들은 인간행위를 모두 5개 차원에서 연구하는데, 특히 집단과정(차원 3)과 사회체제(차원 4)에 더 큰 관심을 집중한다.

표 4-1

사회분석의 차원

차 원	각 차원에서의 사회학적 관심	각 차원에 참여하는 다른 사회과학들
1. 행위의 생물학적 및 물리적 기반	인종과 출산의 생물학, 인구의 지리적 분포	심리학, 생태학
2. 개인적 행위	개인적 인격에 미치는 사회의 영향, 집단과 사회체제에 미치는 개인의 영향	심리학, 사회심리학
3. 집단과정	소집단과 그 성원들에게 미치는 집단의 영향, 그리고 더 큰 사회체제들	사회심리학
4. 사회체제	사회와 사회제도(가족, 교육, 종교, 경제, 정부)	인류학, 경제학, 정치과학
5. 문화	지식, 신앙체제, 가치, 행위의 규범	인류학

* 출처 : 이효재 · 장하진 역, 1979 : 18

1) 사회학적 분석과 질문

'사회학은 사회적 행동의 체계와 그들의 상호관계에 관한 탐구'(Inkeles, 1977 : 16)로 규정될 수 있다. 베버(Weber, 1947 : 88)도 '사회학은 사회행동을 그에 대한 인과적 설명에 도달하기 위해 해석적으로 이해하려는 과학'이라고 하였다. 베버는 특히 사회적 행동을 행위자가 거기에 주관적 의미를 부여한 경우로 규정하였다.

사회학적 질문의 기본은 인간의 집단(사회)관계를 파악하는 데 있다. 사회학적 질문은 인간의 집단생활과 그러한 집단생활의 산물과 연관된다. 그러므로 사회학도들은 관습 · 제도 · 전통 · 가치체제들이 어떻게 형성되어 왔고 또 그것들이 집단생활에 어떤 영향을 미치는가에 관심을 갖는다.

사회학적 질문은 사람들이 만들어 낸(형성해 낸, constructed) '사회적 세계'(social world)에 관한 질문이다. 피터 버거(Berger, 1963)에 의하면 사회학자들의 질문은 기본적으로 항상 다음과 같은 기본적이고 전형적인 사회학적 질문들로 회귀

하거나 또는 그들로부터 파생된 것이다.

- 이 사람들은 여기서 서로 무엇을 하고 있는가?
- 그들은 서로 어떤 관계를 유지하고 있는가?
- 사회제도 속에 그러한 관계들이 어떻게 조직되어 있는가?
- 사람들과 제도들을 움직이게 하는 집단이념은 무엇인가?

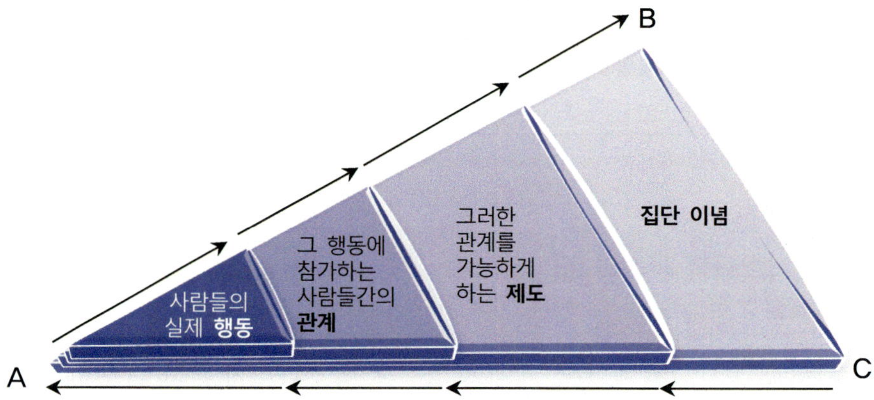

[그림 4-1] 사회학적 설명의 단계

피터 버거가 제시한 질문의 단계를 다른 측면에서 보면 [그림 4-1]에서 보는 바와 같이 사회학적 설명의 단계가 된다. 그림에서 보는 것처럼 사회학적 탐구는 양파의 껍질을 차례로 벗겨가는 과정에 비유할 수 있는데, A→B형의 설명논리 또는 C→A형의 설명논리를 취할 수 있다.

교육사회학자들은 사회와 교육과 인간형성의 세 측면을 꿰뚫는 질문을 해야 한다. 그 질문은 교육을 중심으로 이루어진다. 교육행위자들(교사 · 학생 · 학부모 · 교육행정가들)은 어떤 교육적 행동을 하고 있는가? 그 사람들은 서로 어떤 관계에 있는가? 교육제도는 그들의 행동과 관계에 어떤 영향을 미치는가? 그 사람들과 제도들은 집단이념과 어떻게 관련되어 있는가? 교육사회학은 교육에 관한 관습 · 의식 · 전통 · 제도 · 가치에 특히 많은 관심을 둔다. 그것들은 집단생활 속에서 발생된 것인데 집단생활은 또 그것들로부터 크게 영향을 받는다. 따라서 집단관계와 집단과정이 중시된다. [그림 4-2]는 교육사회학적 질문과 탐구의 과정을 나타낸 것이다.

사회적 맥락 속 개인의 교육행위에 관한 탐구
(예 : 과외하기 · 체벌하기 · 촌지주기 · 자율학습하기 등)

교육과 관련된 사회 · 문화 · 제도 · 조직 · 집단에 관한 탐구
(예 : 과열과외 현상 · 입시산업 · 입시제도 · 학교제도 등)

교육과 개인 · 집단 · 조직 · 문화 · 사회 간의 상호관련성에 관한 탐구
(예 : 학력과 취업 · 계층배분과 교육의 관계, 가정환경과 학업성취와의 관계 등)

[그림 4-2] 교육사회학의 여러 측면들

2) 사회학적 질문의 유형

사회학적 탐구를 위해서 어떤 유형의 질문들을 할 수 있는가에 대하여 밀스(Mills, 1959)는 구조적 접근과 질문, 역사적 접근과 질문, 행동과학적 접근과 질문으로 분류하였다. 또 기든스(Giddens, 1982)는 사실적 질문, 비교적 질문, 역사적 · 발달론적 질문, 이론적 질문으로 그 유형을 제시하였다. 여기서는 기든스가 제시한 질문의 유형에 대해서만 구체적으로 살펴본다.

(1) 사실적 질문

사회학자들이 던지는 질문들 또는 답을 구하고자 하는 문제들 중에는 사실

적인(factual) 것들이 있다. 우리는 한 사회의 성원이므로 이미 사회에 대한 사실적 지식을 어느 정도 가지고 있다. 예를 들면, 우리나라 사람들은 자신들이 지켜야 하는 법이 있으며 그를 어길 경우 처벌의 위험이 따른다는 사실을 알고 있다. 범죄 및 판결과 관련된 여러 측면들은 직접적이고도 체계적인 사회학적 연구를 필요로 한다. 예를 들어, 우리는 다음과 같은 사실적 질문들을 제기할 수 있다. '어떤 형태의 범죄가 가장 흔한가?', '범죄를 저지른 사람들 중에서 경찰에 실제로 체포되는 비율은 얼마인가?', '체포된 사람들 중 몇 명이 궁극적으로 유죄판결을 받고 수감되는가?' 그런데 사실적 질문들은 우리가 흔히 생각하는 것보다 훨씬 더 복잡하고 대답하기 어렵다. 따라서 사실적 질문에도 엄격한 개념적 검토와 방법적 검토가 요구된다.

(2) 비교적 질문

한 사회에 대한 사실적 정보만 가지고는 그것이 보편적 사례인지 아니면 특수한 사례인지를 알 수 없다. 사회학자들은 한 사회의 사회적 맥락을 다른 사회의 맥락과 견주어 보거나 서로 다른 사회에서 뽑은 사례들을 대비시키는 방식으로 비교적 질문(comparative questions)을 제기할 수 있다. 한 예로 한국의 교육경쟁구조와 미국의 교육경쟁구조를 대비시켜 공통점과 차이점을 찾아볼 수 있다.

(3) 역사적 · 발달론적 질문

사회학에 있어서 우리는 현재 존재하는 사회들을 서로 비교할 뿐만 아니라, 현재의 사회와 과거의 사회를 비교해 볼 필요 또한 갖게 된다. 이러한 질문들은 역사적 · 발달론적(developmental)인 것들이다. 현대사회의 성격을 이해하기 위해서는 과거 사회들을 살펴보아야 하고 또 어떤 형태의 변동 과정을 겪어 왔는지를 연구해야 한다. 우리는 최초의 학교가 어떻게 발생하였으며 이후 어떤 변천과정을 겪어 왔는지와 같은 질문을 제기할 수 있다.

(4) 이론적 질문

사회학자들이 경험적(empirical) 연구로 부르는 사실적 연구들은 사건들이 어떻게 발생하였는가에 관심을 둔다. 하지만 사실들이 아무리 그 자체로서 중요하고 흥미있는 것이라 할지라도 사회학은 단순히 그것들을 수집하는 데 그치지 않는다. 우리는 어떤 사건들에 대해 그 본질이 무엇이고 왜 발생하였는지를 알기 위하여 이론적 질문들을 제기할 수 있다.

이론적 질문들은 우리로 하여금 특정한 연구의 초점을 정확하게 찾아내어 원인들을 발견하도록 함으로써 사실들을 적절하게 해석할 수 있도록 해 준다. 우리는 공교육제도가 현대사회에 커다란 영향을 끼쳤음을 알고 있다. 그러나 '공교육의 기원과 전제조건은 무엇인가?', '여러 사회에서 공교육의 전개과정은 서로 어떤 차이를 보이는가' 등의 질문에 대답하기 위해서는 이론적(theoretical) 사고가 필요하다. 이론은 다양한 경험적 상황들을 설명하기 위해 사용되는 추상적인 해석 작업을 포함한다. 물론 사실적 질문과 이론적 질문이 완전하게 분리될 수는 없다. 이론적 접근은 경험적 연구를 통해 검증될 수 있는 범위 내에서만 타당성을 갖는다.

표 4-2

사회학적 분석의 4가지 유형

분석유형	기본질문	기본적 측면
구조분석	특정 교육사회현상은 어떤 모습으로 존재하고 있는가?	특정 교육사회현상의 구조적 특징에 관한 기술
과정분석	특정 교육사회현상은 어떻게 발생 · 전개되는가?	특정 교육사회현상이 발생하고 진행되어지는 사회적 과정에 대한 탐구
인과분석	무엇이 특정 교육사회현상을 발생시키는가?	특정 교육사회현상을 산출하는 사회적 요인들을 밝힘
기능분석	특정 교육사회현상이 초래하는 사회적 결과는 무엇인가?	특정 교육사회현상이 해당 조직에 미치는 결과와 영향에 대한 탐구

4. 교육사회학의 주요 관심분야

교육사회학이 어떤 학문인가를 잘 이해하기 위해서는 교육사회학의 연구대상이 무엇인지를 파악하고 관련 주요 쟁점들을 분석해 보아야 한다. 교육과 사회와의 관계를 살펴보는 학문인 교육사회학은 첫째, 사회가 교육에 미치는 영향에 대한 연구(교육의 사회적 수동성 탐구)여야 하고 둘째, 교육이 사회에 미치는 영향에 대한 연구(교육의 사회적 능동성 탐구)여야 하며 셋째, 교육체제 내부에 대한 사회학적 연구(교육체제의 사회학적 탐구)여야 한다.

뒤르케임은 교육사회학의 연구영역을 아래와 같이 제시한다.

① 교육에 관한 사회적 사실들과 그것들의 사회적 기능을 밝히는 일
② 교육과 사회 및 문화변화간의 관계를 밝히는 일
③ 교육체제의 여러 유형을 비교문화적으로 연구하는 일
④ 살아있는 사회체제로서 학교와 학급을 탐구하는 일

교육사회학의 주요 연구과제와 성격을 미국의 교육사회학자 브루코버(W. B. Brookover)는 5가지로 요약하였다(김병성, 1988 : 15-16).

1) 사회진보 수단으로서의 교육사회학

초기의 실천지향적 교육사회학자들은, 교육사회학을 사회진보와 사회악 제거의 기본영역으로 간주하고, 사회개선의 중요한 기능 수행을 강조하였다.

2) 교육목표 설정의 기초를 연구하는 교육사회학

교육사회학이 교육목적이나 목표설정에 있어서 사회적 결정요소를 분석하

는 데 관심을 가지고 사회와 인간의 필요에 기초하여 교육의 사회철학적 측면에 접근하고자 하였다.

3) 사회화 과정을 분석하는 교육사회학

교육사회학자들은 아동의 사회화 과정에 관심을 갖고 특히 사회적 환경으로서의 집단과 상호작용 과정이 개인에게 주는 영향에 관한 분석을 시도하였다.

4) 사회에서의 교육의 위치를 분석하는 교육사회학

이전보다 더 새로운 접근으로서 교육사회학은 사회 또는 지역사회 안에서 교육기관의 기능과 학교와 지역사회 환경의 사회학적 관계를 규명하고자 하였다.

5) 학교 안에서의 사회적 관계와 학교와 지역사회 관계를 분석하는 교육사회학

교육사회학은 학교 사회 내에서의 사회적 상호작용 관계와 역할 등을 분석하는 한편 학교 내 구성원들과 지역사회와의 관계를 분석하고자 하였다.

5. 교육사회학 분석의 개념적 도구

우리가 어떤 일을 할 때와 마찬가지로 학문을 할 때에도 도구가 필요하다.

학문을 하는데 필요한 도구는 개념적 도구와 방법론적 도구이다. 학문은 각기 고유한 개념들을 통하여 논의를 진행한다. 따라서 기본 개념을 배우고 그 개념들의 의미를 파악하게 되면 그것들을 적용하여 자신의 경험을 스스로 분석하고 재조직할 수 있다.

1) 개념의 기능과 의미

개념(概念, concept)은 우리가 관심을 쏟는 대상을 요약 · 정리해 주고 범주화(範疇化, categorize)해 주는 정신적 구성물(mental construction)이다. 우리는 사진 필름을 인화해 봄으로써 그 필름에 어떤 영상이 들어 있는지를 알 수 있다. 사진 필름을 인화하는 것과 같이 우리의 의식세계와 감각세계를 인화시켜 주는 도구가 개념이다. 예를 들면, 프로이드의 '이드'나 '무의식'이라는 개념은 인간의 내면세계를 인화시키고, '지능'이나 '적성'이라는 개념은 인간의 능력세계를 인화시킨다. 그러므로 개념은 '근본적인 인화성 도구'(Blumer, 1954 : 7)이다. 또 개념은 미지의 삼라만상에 대한 우리의 지적 여행(知的 旅行)에 있어 지도(地圖, map)와 같은 구실을 한다.

요약하면 개념의 기능은 ① 환경의 복잡성을 감소시켜 주고, ② 환경적인 대상을 확인하고 동일화시킬 수 있는 수단의 구실을 하며, ③ 지식, 예언, 그리고 활동계획을 예비하게 해 주고, ④ 대상 또는 현상을 구분하거나 관련시킬 수 있게 해 준다(Bruner, Goodnow, & Austin, 1967 : 11-13).

삼라만상에 대한 이해에 있어 인화성 도구의 부족을 느낄 때 우리는 새로운 개념을 만들게 되고, 개념규정(概念規定, conceptualization)을 한다. 즉, 관찰된 사실에 이름을 붙이고 그 이름의 정확한 의미와 용도를 밝히는 것이다.

2) 개념의 종류

과학적 연구의 주목적은 한 변인의 속성들이 어떻게 분포되어 있는지를 기술(記述)하는 일과, 변인(또는 변수)과 변인 사이의 상호관계를 밝혀냄으로써 사상(事象, 사실과 현상)을 설명(說明)하는 일이다. 예를 들어 설명해 보자.

(예 1) 학력이 높은 사람일수록 교육문제에 대해 진보적 견해를 갖는다.
이 진술에는 '학력', '높은 사람', '진보적' 등의 개념이 포함되어 있는데 그 개념의 속성은 다르다.

(예 2) <u>도시인보다 농촌인이</u> <u>정치적 보수성이</u> 강하다.

↓ 출신지방이라는 변인의 속성

↓ 정치적 성향이라는 변인의 속성

(예 2)의 진술은 출신지방과 정치적 성향이라는 두 변인 간의 상호관계를 설명하고자 하는 명제(命題, proposition)이다.

위의 예에서 알 수 있듯이 개념들에도 구분이 있다. 즉 개념에는 속성(적) 개념과 변인개념이 있는데, 그것들은 각각 속성(屬性)과 변인(變因)이라고 흔히 불린다.

3) 사회학의 기본 개념

'사회학은 사회 속의 사람(people in society)과 사람 속의 사회(society in people)에 관한 연구이다. 또 사회학은 사회적 조건들 사이에 개재되어 있는 상호관련성(의존성)에 관한 연구이며, 사회구조 속에서 사회적 조건들이 어떤 방식으로 의존하고 있는가에 관한 연구이다'(Edgar, 1980 : xiv-xv). 이러한 사회학을 구성하고 있는 기본 개념구조를 다음과 같이 제시할 수 있다.

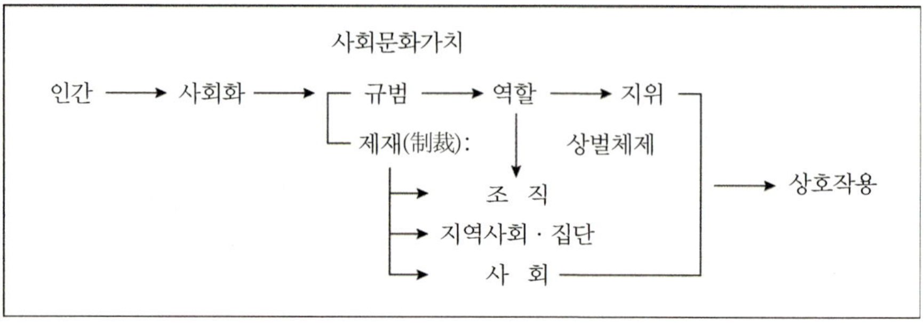

[그림 4-3] 사회학의 기본 개념구조

4) 이론

이론은 사상(事象)들을 설명하고자 하는 사고의 체계적 형태로서, '왜?'라는 질문에 대답하려 한다. 유용한 이론은 분명하게 정의된 개념들로 구성된다. 개념들은 사상들을 지적하고 분류할 뿐이다. 즉 개념들은 사상들을 포착하기는 하지만, 개념들 간의 관련성을 제시해 주지는 못한다. 반면 이론적 진술은 개념들을 서로 연결시켜 준다. 이론을 구성하고 있는 요소들 간의 관계를 요약하면 아래 [그림 4-4]와 같다.

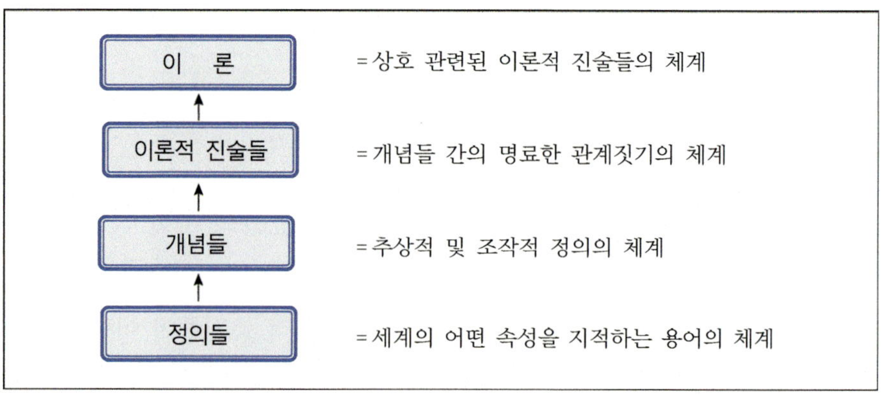

[그림 4-4] 이론의 요소들

* 출처 : 김진균 외 역, 1985 : 28을 참조하여 개선

과학에서 이론적 진술의 특징은 그것의 오류를 입증할 수 있어야, 즉 검증 가능해야 한다는 데 있다. 이를 칼 포퍼(K. Popper)는 '반증가능성(falsifiability)'이라고 한다. 원칙적으로 오류를 입증할 수 없는 이론은 그다지 유용하지 못하다. 그것은 오직 신념에 의거하여 수용되는 하나의 자기도취적 도그마가 될 뿐이다. 이론은 사상을 이해하는 데 도움이 되어야 하므로, 현실세계의 사실에 의거하여 검증될 수 있어야 한다.

6. 교육사회학의 역할과 가치

교육사회학 연구는 왜 그리고 어떻게 하는가? 혹은 연구에 또 다른 상위의 목적이 있는가? 교육에 대한 사회학적 탐구의 실제적 가치는 아래와 같이 구체적인 측면에서 요약될 수 있다.

① 교육사회학은 학생의 학습을 강화하거나 방해하는 집단적 특성을 확인하고 상세히 설명해 줄 수 있다. 예를 들면, 학급에서 이루어지는 구체적 행위들이 교육기회의 불평등과 어떻게 연관되는지를 알아볼 수 있다. 우리나라에서도 사회적 불평등과 교육이 어떤 관련이 있는 계급(또는 계층), 성, 도 · 농 간 격차 등의 요인들을 중심으로 밝혀 보려는 노력들이 이루어졌다(집단적 특성의 차이 → 학업성취의 차이 → 지위분배의 차이 → 계층 차이).

② 교육사회학은 사상(事象, 사실과 현상)들이 겉으로 나타나 보이는 것과는 다르다는 이해를 갖게 해 준다. 즉 사회적 맥락 속에서 지식전달(즉 광범한 의미의 교육)의 본질이 매우 복잡하다는 것을 나타내 준다. 예컨대 교육상황에서 지식이 어떻게 선택 · 조직화되는가에 대한 교육사회학적 탐구

결과는 지배계층과 피지배계층의 관계를 반영할 수 있다. 또 학습의 상호작용에 대한 탐구의 결과는 교사가 수업 내용 및 학습 진도를 결정하거나 수업에서 자신의 역할을 결정하는 등의 수업전략 수립에 있어 많은 시사점을 제공한다.

③ 교육사회학은 교육실천가들에게 교직업무의 총체적 의미를 지속적으로 반성해 볼 수 있는 이론적 · 방법론적 공헌을 한다. 예를 들면, 교사들은 학급관리 과정에서 자유와 통제의 문제와 같은 교직세계의 근본적 딜레마들에 봉착하게 된다. 교사들은 '나는 학생들을 미래 직업세계에서 실패하도록 교육시키고 있지 않는가?' 또는 '나는 내 학급 학생들의 계층적 다양성에 어떻게 대처하고 있는가?'를 자문해 볼 필요가 있다.

④ 교육사회학은 정책의 수립과 정책결과에 대한 평가를 통해서 실제적인 기여를 할 수 있다. 교육사회학은 정책수립에 있어서 교육심리학 및 교육철학과 더불어 수용될 정책이 어떤 집단에 적용 가능하거나 가능하지 않은지에 대한 판단의 준거를 제공한다. 또 정책수립에 있어서 학교와 지역사회가 성취하기 바라는 목적과 목표와 정책수행을 위한 구체적 프로그램의 결과로 생기는 사회적 행위를 판단하는 데도 도움을 준다. 교육심리학이 개인의 학습행동을 판단하는 데 유용한 반면 교육사회학은 모든 교육 프로그램에 포함되는 집단행동을 판단하는 데 유용하다. 또 교육사회학은 정책수립에 참여하는 교육자들이 교육에 영향을 주는 사회적 압력과 그것이 교육체제에 작용하는 방식에 대하여 알게 해 준다. 지역사회 내 특정 집단 구성원들이 어떻게 행동하고 어떤 태도를 갖고 있는지 이해하는 일은 학교체제로부터 사회로 이행되는 사회변동의 과정을 원활하게 이끄는데 도움이 된다.

제2부

교육사회학의 이론

제5장 교육현상과 인식 : 인식의 역사성과 다양성
제6장 교육현상과 기능론적 설명
제7장 교육현상과 갈등론적 설명
제8장 상호작용과 해석적 설명

제 5 장

교육현상과 인식 : 인식의 역사성과 다양성

1. 한국에서의 교육사회학의 전개과정
2. 미국과 유럽의 교육사회학의 전개과정 및 탐구내용
3. 복수패러다임적 학문(Multiple paradigm discipline)

학문의 역사에는 인식의 역사적 흔적이 담겨 있다. 교육사회학은 복수패러다임적 학문으로서 다양한 접근법들로 여러 쟁점에 대해 많은 논쟁이 경쟁적으로 진행되어 왔다. 사회의 변화와 함께 각 이론의 지위도 다르게 변화되어 왔다. 본 장에서는 교육사회학의 발달 과정과 사회변천에 따른 교육사회학의 학문적 성격 변화에 대하여 살펴보고자 한다.

1. 한국에서의 교육사회학의 전개과정

우리나라에서 교육사회학은 1952년 서울대학교에 교육사회학 강좌가 처음 개설되면서 시작되었다. 초기에는 일본서적을 통하여 도입된 교육사회학으로 출발하였으나 점차 미국서적과 장단기 미국유학을 통해 도입된 지식을 중심으로 하는 교육사회학으로 변화되었다. 이와 같이 해외 의존적으로 출발한 교육사회학은 강좌 개설 증가에 따라 많은 비전공자들이 공부하는 교과목이 되었다. 교육사회학은 1955년 교육공무원 자격검정령에 따라 교직과목으로 지정되었고, 1960년대에는 교사양성 대학들에서 필수과목으로 지정되면서 급격한 양적 성장을 보였다. 교육사회학이 질적 발전을 꾀하기 이전에 양적 발전을 보게 된 것이다. 이와 같은 급속한 양적 발전은 교육사회학의 발전에 공헌한 점도 있으나, 기초가 미약한 학문의 확산, 문제의식의 미성숙, 분석능력의 결핍 등의 문제점도 남겼다.

우리나라의 교육사회학이 지향해 온 내용을 대별해 보면 다음과 같다. 초기에는 교육과 사회에 관한 연구를 종합적으로 소개하는 형태였는데, 이러한 경향은 1960년대 중반까지 지배적이었다. 이 때까지는 교육사회학이 아직 많은 대학에 개설되어 있지 않았다.

1960년대 후반부터 1970년대의 교육사회학에서는 '발전교육론'과 '학교와 지역사회론'이 지배적 흐름을 이루었다. 그러한 형태의 교육사회학 발달은 당시 박정희 정부의 경제개발정책과 새마을운동 정책의 영향을 크게 받은 것이었다. 1967년에는 한국교육학회의 분과회로서 '교육사회학연구회'가 발족되었다.

우리나라에서 교육사회학은 국가정책의 영향을 크게 받아 그 관심영역이나 학문의 성격이 형성되었다. 첫째, '발전교육론'은 국가발전에 대한 교육의 긍정적 기능을 경제적 · 정치적 · 사회적 측면으로 나누어 설명하려는 논의였다. 세계적으로 이런 연구 경향은 2차대전 후 냉전체제 속에서 많은 신생국들(제3세계 국가들)을 서구식으로 발전시키려는 노력의 일환으로 미국을 중심으로 1950년대부터 시작되어 1960년대에 절정에 달하였고 1970년대까지 매우 우세하게 나타났다. 우리나라에서는 정부가 제2차 경제개발 5개년 계획(1967년~1971년)을 세우면서 1960년대 후반부터 정부가 이 영역에 관심을 갖게 되어 교육사회학을 포함한 교육학계가 전반적으로 관심을 집중하였다.

둘째, '학교와 지역사회론'은 지역사회의 문제해결에 학교가 적극적으로 참여해야 한다는 논의였다. 한국전쟁이 끝날 무렵인 1954년 유네스코 한국부흥위원단(UNKRA)의 권유에 따라 학교단위 또는 교육자치구 단위로 지역사회학교운동이 진행되었다. 이 운동은 4 · 19혁명(1960년 4월) 후 제2공화국 내각(1960. 8. 19~1961. 5. 17)이 들어서면서 문교부의 차원에서 강화하고자 하였으나 추진력을 잃었다. 이후 5 · 16 혁명 정권이 들어서고 '향토학교운동'이 전개되었다.

이후 새마을운동의 추진과 함께 지역사회학교론은 전성기를 맞는다. '근대화론', '경제성장론', '국가발전론' 등이 1970년대의 사회과학의 주류 이론이었고, '발전교육론', '교육과 경제발전', '성취동기와 발전', '지역사회학교론' 등이 교육이론의 주류를 이루었다.

셋째, 교육사회학의 발달은 '교직과정으로서의 교육사회학'의 지정에 힘입은 바 컸으며, 실천지향적 성격이 주류를 이루었다. 특히 1972년 새마을운동과 보조를 맞추기 위하여 문교부령을 개정하여 '학교와 지역사회'를 교직과정 필수과목으로 지정한 정책은 두 가지 다른 결과를 초래하였다. 하나는 교육사회학 연구자들의 양적 증가로 인하여 학문의 발달을 촉진시켰다는 점이고, 다른 하나는 교육사회학의 영역들 중 '학교와 지역사회'만 강화함으로써 다른 영역들은 약화 또는 제외되었다는 점이다. 이 시기의 '새마을학교운영'과 같은 지역사회 학교운동은 극히 실천적 · 응용적 · 구안적이었다.

그러나 1983년 초 교직과정안 개편에 따라 '학교와 지역사회'가 선택과목으로 변경되고, 교과목 명칭도 '교육사회학'으로 바뀌어 1984년 입학생부터 적용되었으나, 정부에서는 여전히 지역사회학교를 강조하도록 권유했다.

1980년대에는 당시 사회 전반적인 민주화 운동 물결과 병행하여 교육민주화 운동이 전개되었으며, 교육사회학도들이 주도적 역할을 했다.

1980년대에는 한국 교육사회학계에 중요한 변화의 계기가 생겼다. 그것은 오랜 군사 독재정치의 여파와 광주민주화운동으로 민주화에 대한 열망이 팽배해 있던 국내적 여건과 서구의 비판적 교육사회학의 영향이 맞물려 일어났다. 이러한 움직임은 기성 제도권 학자들은 대체로 냉담한 상황에서 젊은 교육사회학도들을 주축으로 진행되었다. 그러나 이러한 제도권 밖의 교육연구 경향과 주장도 80년대 말부터는 제도권 학자들에게도 서서히 새로운 자극으로 받아들여지게 되었다.

1970년대 말부터 소개된 갈등론적 · 신교육사회학적 · 비판적 · 개혁지향적 교육사회학은 격변의 10년대로 불리는 1980년대를 풍미했으며 특히 많은 젊은 학도들을 교육사회학으로 끌어 들였다.

1990년대 후반~2000년대는 비판적 논의의 강세 속에서도 교육사회학이 온고(溫故)와 지신(知新)으로 미래의 준비를 하는 학문으로 전환해 가는 시기라고 볼 수 있다. 1990년대에는 국내적으로는 군사통치가 종식되었고 국외적으로는 독일의 통일 · 구소련의 해체 · 중국의 자본주의 시장원리 도입으로 학문적 논의에 있어서도 이념적 한계나 대결구도에서 탈피하게 됨으로써 매우 다양한 관점이 표출되었다. 포스트모더니즘, 세계화, 정보화, 신자유주의 등을 교육과 연결시켜 활발하게 논의하였고, 특히 정부의 교육개혁방안을 둘러싼 논쟁이 가속화되었다. 그러나 한국 교육현상에 좀 더 가까이 접근한 근거이론(grounded theory) 혹은 토착화된 이론을 구축하려는 노력이 더 강화되어야 한다는 과제를 남겼다.

2010년대는 세계화의 심화와 과학기술의 발달 및 사회의 폭발적 변화, 저출산 고령사회의 도래, 청년실업 등등의 새로운 변화를 적극적으로 진단하고 대응하는 미래지향적 교육사회학의 모색이 필요하다.

2. 미국과 유럽의 교육사회학의 전개과정 및 탐구내용

1) 실천적 · 규범적 · 응용적 교육사회학 전통의 형성(1920년대~1940년대)

1920년대부터 1940년대까지의 교육사회학은 사회문제의 해결, 사회개선과 진보에 이바지한다는 뚜렷한 가치를 전제로 한 응용과학적 학문이었다. 응용과학적 교육사회학은 그 대상을 학교에 한정하지 않고 가족 · 또래집단 · 이웃 · 지역사회 · 국가 · 직장 · 매스미디어 등 각종 사회집단과 조직 및 생활양식 전반으로 설정하였다.

19세기 말부터 교육사회학의 초기모습이 나타나기 시작하여 사회문제의 증가와 함께 교육사회학에 대한 관심도 증가해 갔다.

2) 과학(이론) 지향적 교육사회학(1950년대 이후)

1950년대부터는 학교를 실천의 장소가 아니라 연구를 위한 정보의 원천으로 대상화하여 연구해야 한다는 주장(R. C. Angell, 1928)이 대체로 설득력을 얻기 시작하였다. 로이터(E. B. Reuter)는 '제도를 제도로서' 철저하게 분석해야 한다고 하면서, 종래 대부분의 교육사회학자가 사회학의 연구대상으로 부적합한 사회적 · 실천적 · 도덕적 주제를 다루고 교육목적과 커리큘럼 내용까지 취급한 데 대해 반성을 촉구하였다. 그는 교육사회학이 학교에서의 교육의 과정(敎育過程, educational process) 자체를 과학적으로 분석하는 특수사회학이 되어야 한다고 주장하였다. 과학지향적 교육사회학은 교육현실에 대한 정확한 진단과 설명을 위한 가치중립적인 이론적 탐구를 지향한다. 과학지향적 교육사회학은 기능주의적 시각에서 주로 교육체제 내의 문제와 현상 분석, 학교교육의 사회적 기능, 사회적 선발, 교육의 기회균등, 교육의 효율성 등을 탐구했다.

2차 세계대전 직후 미국 교육사회학의 대체적 연구경향은 학생의 학업성취와 태도 형성에 미치는 가족 · 이웃 · 사회의 영향을 규명하는 데 집중되었다. 즉, 사회심리학적 접근을 통하여 학생의 자아개념 · 가치관 · 세계관의 형성과정을 설명하고자 하였다. 브루코버(Brookover, 1949)는 '교육의 사회학'을 교육체제에서의 인간관계를 과학적으로 분석하는 학문으로 규정하고, 그 윤곽을 네 가지 영역으로 나누었다. 교육체제와 다른 사회영역과의 관계, 학교내부의 인간관계, 학교와 지역사회와의 관계, 학교가 그 구성원의 행동과 인성에 미치는 영향이 그것이다.

1950년대와 1960년대 초에는 발전교육론에 기초하여 교육이 갖는 사회적 기능을 전체적으로 또는 경제 · 정치 · 사회발전 측면으로 나누어 분석하려는 연구가 성행하였다. 1960년대에는 사회조직체로서의 학교에 관하여 학교 내의 인간관계, 역할, 사회적 풍토, 학교문화, 학교의 관료제적 성격 등에 관한 연구가 주로 이루어졌다.

3) 갈등론적 교육사회학(1960년대 중반 이후)과 신교육사회학의 대두(1970년대 이후)

1970년대 들어 교육의 역기능적 측면에 대한 관심이 증가하고, 교육의 사회적 기능에 대해서도 비관론이 강하게 대두되었다. 갈등이론가들은 당시의 교육문제가 기능상의 부조화보다는 구조상의 결함 또는 사회체제의 모순에 있다고 지적하였다. 한편 다른 일각에서는 종래의 교육사회학이 수행해 온 '교육기능 분석'의 한계성을 지적하고 '교육과정(내용) 분석'의 필요성을 제기하였다.

이런 문제제기들은 패러다임의 전환을 요구하게 되었고, 그것은 두 가지 모습으로 나타났다. 당시까지 구조기능주의를 지탱해 온 '실증적 패러다임'에서 '해석적 패러다임'으로, 또 '합의론적 패러다임'에서 '갈등론적 패러다임'으로의 변화가 그것이다.

해석적 패러다임은 사람들 간의 상호작용 과정에서 형성된 현실로서의 사회적 세계를 행위자의 의미부여, 동기, 가치 등에 준거하여 해석하고 이해하려는 관점과 방법을 중시한다. 이들은 새로운 시각에서 학교를 '문화의 전달과 통제의 기관'으로 정의하였으며, 학교 내부에서 발견되는 교육적 지식의 구성과 전달, 교수법과 평가의 범주 및 학급에서의 교사와 학생 간 상호작용을 중심으로 교육적 과정의 관찰과 설명에 주력하였다.

이러한 경향은 신교육사회학(new sociology of education)에 잘 반영되어 나타났다. 신교육사회학은 1960년대 말부터 1970년대 초에, 1960년대 중반까지 이어져온 구조기능주의적 관점에서의 교육사회학 연구에 대한 비판과 함께 등장하였다. 신교육사회학은 마이클 영(M. F. D. Young, 1971)이 편집한 「지식과 통제 : 교육사회학의 새로운 방향」의 발간을 기점으로 본격화되었다. 이 책은 종래의 교육사회학이 잘못 선택된 연구 과제를 연구해 왔다고 비판하였다.

신교육사회학의 기본 입장은 영(M. F. D. Young)이 강조한 것처럼 '문제를 이미 주어진 것으로 받아들이기보다는 오히려 새롭게 만드는 것'이며, '교육

(학)자들에게 자명한 것으로 인식되었던 지금까지의 여러 전제를 사회학자가 새로이 문제시하는' 방법적 태도에 있다. 예컨대 지금까지 교육계에서 일반적으로 자명한 것으로 간주되어 온 '잘하는 아이'와 '못하는 아이'의 범주, 지능, 창의성, 교과 등의 제 관념은 '특정한 제도적 맥락에서 창출되고 구성된 것'이므로 지식에 대한 상대주의적 관점에서 다시 정의될 필요가 있다는 것이다.

신교육사회학의 주 관심은 교육적 지식(또는 학교지식, educational knowledge)의 본질과 분배과정 및 사회적 기능에 있다. 교육적 지식은 학교에서 교육과정, 교수-학습과정, 그리고 평가를 통해 전달된다. 신교육사회학은, 이러한 교육적 지식이 누구에 의해 구성되었고, 어떤 이유에서 선택되었으며, 어떻게 학생들에게 분배되는가에 대해 문제를 제기한다.

이러한 문제의 분석을 통하여 신교육사회학은 교육과정 속에 숨겨져 있는 이데올로기를 분석한다. 학교 교육내용의 중립성(정치적 · 계층적 · 인종적)과 객관성에 대해 의문을 제기하는 것이다. 신교육사회학은 학교에서 다루어지는 지식을 주어진 것으로 보고 효과적 전달방법이나 학업성취에 집중해 온 종래의 관점을 비판하고, 학교지식 자체를 탐구대상으로 한다. 즉 '어떤 지식이, 왜, 어떤 과정에 의해 선정되어' 교육과정으로 제시되는가를 분석한다. 신교육사회학의 대두로 교육사회학은 종래의 '교육기능의 사회학'에서 '교육과정(教育課程)의 사회학'으로 그 초점이 크게 바뀌게 되었다.

3. 복수패러다임적 학문(Multiple paradigm discipline)

교육사회학의 역사를 통해서 살펴보면, 그것은 한 가지 속성만을 지닌 학문이 아니며 시대적 상황에 따라 강조되는 속성도 달라져 왔다. 그 이유는 학문도 시대적 사명을 함께 수행해야 하기 때문일 것이다.

1) 패러다임

토마스 쿤(Thomas Kuhn)은 과학의 발달사를 검토한 후 과학이 특정 기간 동안 그 탐구 문제뿐만 아니라 신념 등에서 유사한 유형을 보이고 있음을 발견하였다. 그는 일정한 과학자 공동체를 지배하는 일련의 사유유형을 패러다임이라고 명명하였다. 패러다임은 근본적으로 규범적 속성을 가지고 있다. 즉 존재론적 · 인식론적 검토 없이 어떤 것을 당연히 해야 한다고 생각하는 관점이다. 패러다임은 일종의 세계관이고, 일반적 전망이며, 현실세계의 복잡성을 단순화시켜서 보는 하나의 방법이다. 패러다임은 과학자에게 무엇을 강조하고, 어떤 대상을 탐구하며, 어떤 질문을 하고, 어떤 기준을 적용할 것인가를 안내해 준다(Patton, 1975 : 18).

쿤에 따르면, 학문의 초보자는 그 패러다임을 습득하게 되고, 대부분의 골치 아픈 문제들에 대한 해답을 그 패러다임의 틀 안에서 얻는다. 과학자들은 그들이 과학자로 사회화되면서 무엇이 중요하고, 무엇이 정당하며, 무엇이 합리적인가에 대하여 하나의 패러다임에 깊이 관여하게 된다. 그러나 과학자들은 그 패러다임으로 도저히 풀 수 없는 현상들을 발견하게 되면 새로운 패러다임을 창출함으로써 과학의 발전을 주도하게 된다. 쿤은 이와 같은 패러다임의 변화를 '과학의 혁명'이라고 규정한다.

매스터맨(Masterman, 1970)에 의하면, 쿤(T. Kuhn)의 패러다임 개념은 크게 세 가지 개념적 수준을 갖는다. 첫째, 형이상학적 수준의 패러다임(metaparadigm) 둘째, 분과 학문적 패러다임(disciplinary matrix) 셋째, 하나의 본보기(example)로서의 패러다임이 그것이다. 형이상학적 패러다임은 가장 일반적이고 기본적인 선행가설(先行假說)을 뜻하고, 분과 학문적 패러다임은 각 분과 학문의 탐구 공동체가 공유하는 상징적 일반화 · 신념 · 가치관 등에 해당되며, 본보기로서의 패러다임은 공동사회가 탐구문제의 선정, 지식획득 기법, 지식의 체계화 등에서 제공해 준 선행사례를 뜻한다.

학문의 세계에는 대부분 여러 개의 패러다임이 공존한다. 각 패러다임은 다음과 같은 측면에서 각기 고유한 측면들, 즉 서로 다른 사유유형을 가지고 있다.

① 학문의 탐구대상에 대한 관점
② 가장 전형적인 연구 업적이나 연구자
③ 학문 탐구대상 범위 내의 사상(事象)들이 어떻게 운동(작용)하는지에 관한 이론들
④ 대상에 대한 탐구방법

2) 복수패러다임적 학문

사회학과 마찬가지로 교육사회학도 복수패러다임적 학문(multiple paradigm discipline)이다. 서로 다른 패러다임으로 이해한 교육현실은 서로 다른 모습으로 존재하는 것으로 이해된다. 예를 들면, 우리는 보수적 교육관료가 인식하는 한국의 교육현실과 진보적 교사들이 인식한 그것이 매우 다르게 존재하였음을 1980년대 후반 경험했다. 이와 같이 교육현실은 하나로만 존재하는 것이 아니라 슈츠(A. Schutz)의 표현처럼 복수적 현실(複數的 現實, multiple reality)로 존재할 수 있다.

교육사회학에서 교육현상의 복수적 현실들을 체계적으로 설명해 주는 패러다임들을 기능론, 갈등론, 해석학으로 대별해 볼 수 있다. 우리는 이 세 가지 패러다임을 통해 교육현실을 통찰하면서 서로 다른 방식으로 존재하는 복수적 현실을 발견하게 될 것이다. 예컨대 기능론자들은 학생들이 사회제도에 적응하도록 사회화되고 있다고 볼 것이고, 갈등론자들은 권력집단이 자신들의 지배를 확보하기 위해 교육을 이용하고 있다고 볼 것이며, 해석론자들은

학생 · 교사 · 행정가 · 학부모들 간에 나름대로 의미를 부여하면서 상호작용을 하고 있다고 볼 것이다. 이들 각 관점들은 교육과 사회의 관계에 관한 논쟁에 있어 각기 독특한 통찰력을 제공하며 차이점과 함께 유사성도 갖고 있다.

3) 학습의 유의점: 다양성 · 지적 혼돈 · 비판적 독서

교육사회학 이론들은 그 어떤 이론도 완벽할 수 없고 각기 장단점을 지니고 있으며, 주요 강조점을 달리 한다. 교육사회학 이론들을 살펴볼 때 유의해야 할 측면을 몇 가지 제시하면 다음과 같다.

① 어떤 이론은 거시적 분석에 강조점을 두고, 어떤 이론은 미시적 분석에 치중한다. 거시적 이론은 사회구조 분석에 강조점을 두고, 미시적 이론은 일상생활 세계의 분석에 치중하므로 각기 서로 다른 측면들은 보지 못하는 맹점을 안고 있다.
② 각 이론마다 규범적 요소 혹은 가치를 반영하는 방식이 다르다. 기능이론은 질서와 능률을 강조하고, 갈등이론은 평등과 인간해방을 중시한다. 기능이론에서는 사회의 합의적인 측면에 주목하고, 갈등이론에서는 억압적인 측면에 관심을 가진다. 이처럼 각 이론들은 어느 한 측면은 작게 또는 소홀히 취급하고 다른 측면은 크게 강조한다.
③ 기능이론이 개혁성을 전혀 갖지 않는 것도 아니고, 갈등이론이 과학성을 무시하는 것도 아니다. 개혁지향적 교육사회학은 당연히 이미 누적된 과학적 교육사회학의 토대를 충분히 활용할 수 있을 때 원활히 추구된다.
④ 각 이론마다 선호하는 연구방법이 있으며, 이론에 따라 서로 다른 연구전략과 방법을 사용하고 있다.

⑤ 각 이론은 시대적 상황과 사회의 역사적 배경에 민감하게 반응하면서 발생하고, 수정되며, 그 지위도 부침(浮沈)한다. 따라서 이론을 검토할 때는, 그 논리뿐만 아니라 그것이 발생된 시대배경과 그 후의 변화까지 살펴볼 필요가 있다.

이론의 이와 같은 다양한 측면은 때로 혼돈을 가져다 주고, 교육사회학적 탐구를 어렵게 하기도 하며, 외골수로 만들기도 하고, 기계론적으로 만들기도 한다. 따라서 그 학문의 미로(迷路)를 헤쳐 나가기 위해서는 교육사회학도에게 광범한 기초지식과 비판적 학문 태도가 필요하다. 모든 종류의 학습에 원칙적으로 비판적 학습이 필요하다. 특히 교육사회학도는 비판적 독서와 지적 장인 정신을 학습하지 않으면 안 된다.

제 6 장

교육현상과 기능론적 설명

1. 기능론적 패러다임의 개요
2. 뒤르케임의 교육과 사회학론
3. 기능론적 사회화 이론 : 파슨스와 드리벤
4. 기능론적 인력양성 이론
5. 인적자원개발(HRD) 이론
6. 교육의 기능론적 모형 : 종합
7. 기능론적 이론의 약점

사회과학 일반에서와 마찬가지로 교육사회학에서도 인식의 나침반 역할을 해 주는 가장 대표적인 패러다임은 기능이론과 갈등이론이다. 그 중 기능이론은 역사적으로 볼 때 1970년대까지 서양과 한국 모두에서 '사회학과 교육사회학에서' 주도적인 위치를 차지하였다.

기능이론(functional theory) 또는 기능주의(functionalism)는 그 강조점에 따라 구조기능주의 이론(structural-functionalism theory), 합의이론(concensus theory), 균형이론(equilibrium theory), 질서모델(order theory) 등으로도 불린다.

본 장에서는 교육에 관한 기능론적 관점에 대하여 먼저 기능론적 패러다임을 개괄하고, 뒤르케임(E. Durkheim)의 이론을 비교적 상세히 살펴본 다음, 파슨스(T. Parsons) 그리고 드리벤(R. Dreeben)의 학교사회화 이론에 대하여 알아본다. 이어서 인력양성에 관한 이론과 HRD이론에 대하여 살펴본 후 기능론적 설명의 문제점을 제시한다.

1. 기능론적 패러다임의 개요

1) 기능론적 패러다임과 유기체적 비유

사회적 사건이나 제도들을 인식하는 하나의 패러다임으로서 기능이론의 기본 관점은 생물학에 근거를 두고 있다. 기능론자들은 생물학적 유기체를 구성하는 여러 부분들이 각각 다른 생존적 기능을 담당하고 있음을 주목하고, 생물학적인 영역에서 사회적인 영역으로 그 관점을 확대하여 적용한다. 즉, 기능이론의 기본 가정은 사회가 어떤 의미에서 하나의 생물학적 유기체와 같다는 것이다.

유기체의 일례로 인체(人體)는 호흡기 · 소화기 · 사지 등 여러 기관, 즉 요소들로 구성되어 있는데, 그들에게는 각각의 기능이 있고, 그 기능을 제대로 수행함으로써 인체의 생존과 건강유지 및 활동을 보장한다. 그들은 상호의존적 관계에 있으며, 한 요소의 변화는 다른 요소 및 전체에 변화를 초래한다.

기능이론은 이와 같은 유기체와 마찬가지로 사회도 각각 다른 여러 요소들로 구성되어 있으며, 각 요소들은 전체의 존속을 위하여 필요한 기능을 수행한다는 설명 방식을 기본으로 한다. 인체의 각 기관이 인간의 생존 욕구에 부응하기 위해 기능하는 것처럼 한 사회의 풍습이나 제도도 사회의 생존요구, 즉 안정과 질서유지를 위하여 기능한다고 설명한다.

기능이론은 사회를 각기 다른, 질적 우열의 차이는 없고 기능상의 차이만 있는 여러 부분들의 집합으로 보는 사회관을 갖고 있다. 따라서 기능론자들에게는 역할분화와 사회적 연대의식(連帶意識, social solidarity)이 사회생활의 중요한 요건이다.

기능론자들은 그러한 생각에 기반하여 역할분화와 차등적 보상의 원리를 설명한다. 그들은 사회의 생존을 위해서는 사회구성원들이 각기 다른 과업들(예 : 의사, 교사, 판사, 기능인, 군인 등)을 수행할 필요를 인정한다.

사회를 구성하고 있는 각 부분 간에는 우열이 있는 것이 아니라 수행하는 기능상의 차이가 있을 뿐이라고 본다. '직업에는 귀천이 없다'는 생각도 이런 논리의 연장이다. 어떤 사람이 부자가 되거나 권력을 갖는 것은 그가 다른 사람보다 더 어렵고 중요한 기능을 맡고 있으므로 더 많은 사회적 보상과 기능 수행에 필요한 권한을 받기 때문이라는 것이다. 따라서 계층의 차이는 부당한 불평등이 아니라 정당한 차이가 된다. 즉, 계층은 기능의 차이에 바탕을 둔 차등적 보상체제의 결과로 이해된다.

기능이론을 구성하고 있는 주요 개념들은 구조와 기능, 역할, 부분의 전체에 대한 공헌, 상호의존성, 통합성, 안정성, 합의 등이다. 이러한 기능이론은 사회의 어떤 측면은 이론의 중심에 놓고 다른 측면은 주변으로 취급한다. 다음과 같은 사항이 그러한 예들이다. 기능이론은 부분의 전체에 대한 공헌을 강조한다. 이런 입장은 어떤 부분의 긍정적인 기능만을 강조하고, 다른 부분의 파괴적인 효과는 무시하는 폐단이 있다.

기능이론은 각 부분의 상호의존성과 통합을 강조한다. 부분들이 단순히 상호의존적 관계에 있는 것이 아니라, 조정하고 보완하는 균형적 관계에 있다고 본다. 또 기능이론은 안정성을 강조하며, 급진적이거나 갑작스런 변화에 반대한다. 예를 들면, 가족제도와 같은 기본적 제도, 가치관, 생활양식 등의 점진적 변화를 강조한다. 기능이론은 또 합의(consensus)를 강조한다. 중요한 지각, 정서, 가치, 신념에 구성원들이 동의했다고 가정하며, 그러한 동의나 합의는 사회화 과정을 통해서 이루어진다고 본다. 그러나 기능이론은 유사성과 합의를 지나치게 강조하고, 이해관계(利害關係)나 가치와 신념의 차이를 소홀하게 다룬다는 단점을 갖는다.

2) 기능론적 사회관과 교육관

국내외에서 교육제도는 사회학적 탐구의 주요 대상으로 부각되었다. 서구 사회에서는 1960년대 후반까지만 해도 학교가 유능하고 재능 있는 청소년들을 분류·선발하여 그들의 사회·경제적 배경과는 관계없이 그들을 사회적으로 높은 지위와 신분까지 끌어올리는 데 크게 공헌한다고 믿었다. 한국 사회에서도 이러한 믿음이 1970년대 말까지 별다른 의심 없이 유지되었다. 이러한 믿음은 대체로 기능주의적 낙관론에 입각한 이해방식이었다. 교육에 대한 기능론적 이해방식은 사회에 대한 기능론적 이해방식과 일관성을 갖는다.

(1) 기능론적 사회관

앞에서 살펴본 사회에 대한 기능론적 이해방식 중 주요한 몇 가지만 간추려 보면 다음과 같다.

가) 질서유지적 관점

기능론에서는 사회의 질서유지적 측면을 강조하고, 질서는 구성원의 합의된 가치 및 관점에 의해 유지된다고 본다. 사회의 존속과 유지를 위해 교육은 그 사회에 적합한 사회화 기능을 수행해야 한다.

나) 체제적응적 관점

기능론에서는 전체 사회에 대한 교육사회의 기능을 체제적응적 기능으로 파악한다. 따라서 교육사회는 사회의 변화에 따른 적응 기능을 제대로 수행해야 한다. 예를 들면, 사회가 분화될수록 교육도 분화되어 적응한다. 그리고 사회문제의 발생이 증가하면 교육은 그 문제들에 대응하는 교육을 해야 한다.

다) 기회균등과 업적주의 사회관

현대사회는 세습적 지위나 권위보다는 개인의 능력과 업적 및 노력의 정도가 가장 중요하게 간주되는 업적주의 사회(meritocratic society)로 가정된다. 사회적 신분은 세습되지 않아야 하고 개인의 노력에 의해 성취되어야 한다. 따라서 계층, 지역, 인종에 관계없이 누구나 동등한 사회적 성취기회를 가질 수 있어야 한다는 기회균등의 원리가 중시된다. 이 두 원리는 결국 기회는 균등하고 분배는 능력에 따르는 사회를 추구한다. 즉, 가장 능력 있는 자에게 더 많은 보상과 더 높은 지위를 부여한다.

이러한 사회에서 교육은 동등한 기회를 부여하고, 업적을 기준으로 한 공정한 경쟁의 장이며, 유능한 인재를 능력에 따라 선발하고, 적재적소에 배치할 수 있는 합리적 제도로 보인다. 즉 교육의 합리적 선발기능을 강조한다. 특히 오늘날과 같은 전문가 사회(expert society)에서 학교교육의 기능은 중요해지며, 학교에서는 전문적 지식을 효과적으로 배우는 데 필요한 기초적이고 일반적인 학습능력을 가르쳐야 한다고 본다.

라) 개인주의

기능론에서는 교육에 대한 선택 및 성공과 실패, 교육기회의 문제를 사회구조적 측면보다는 개인주의적 측면에서 설명한다. 즉, 개인이 성공하고 실패하는 것은 그 개인의 능력에 달려 있다는 것이다.

마) 점진적 개량주의

기능론에서는 개혁에 대하여 기본적으로 점진적 개량주의 입장을 취한다. 물론 각종 사회악이나 불평등 요소가 있다는 점은 인정하지만, 그것을 일시적이고 부분적인 체제의 부조화로 파악하는 경향이 높다. 따라서 그에 대한 대책도 부분적이고 점진적인 개선책으로 가능하다고 보는 것이다.

(2) 기능론적 교육관

기능론에서는 교육체제를 적응체제의 하나로 보므로 사회화와 인력양성 및 선발의 기능을 강조한다. 기능론적 교육관의 개요를 살펴보면 아래와 같다.

① 학교교육의 목적은 본질적으로 기존사회의 유지와 변화하는 사회에의 적응을 위한 사회화에 있다.

② 학교교육은 재능 있는 사람들을 분류하고 선발하는 합리적인 방법을 사회에 제공하여 업적주의 사회의 기반을 튼튼히 하는 기능을 수행한다. 흔히 교육의 사회적 기능을 ㉠ 문화전달 기능, ㉡ 사회통합 기능, ㉢ 사회충원 기능, ㉣ 사회 선발 및 이동 기능, ㉤ 사회혁신 기능으로 제시하는데, 이는 기능론적 시각에서 도출된 것이다. 특히 ㉠과 ㉡과 관련된 사회화 기능과 ㉢과 관련된 사회적 선발 기능, ㉣과 관련된 평등화 기능이 강조된다.

③ 학교는 지식과 전문적 소양이 중시되는 현대 전문가 사회에서 성원들에게 제반 역할 수행에 필요한 각종 지식 · 기술 · 가치규범을 함양시키고

그들의 사회적응을 돕는다.

④ 학교는 능력 있는 사람을 분류 · 선발하는 합리적인 장치로서 능력 있는 사람들이 높은 사회적 지위를 획득할 수 있도록 해 준다.

⑤ 능력별 분류에 따른 서로 다른 교육적 성취는 장래 성인사회의 직업적 분화에 도움을 준다.

⑥ 교육개혁에 있어서는 점진적 개량주의의 입장을 취하며, 변화하는 사회에의 적응과 기회균등 확보를 기본원리로 삼는다.

* 출처 : Dahrendorf, 1959 : 161–162; 김경동, 1979 : 100

2. 뒤르케임의 교육과 사회학론

1) 생애와 사상

프랑스가 낳은 유명한 기능주의 사회학자이자 교육사회학자인 에밀 뒤르케임(Emile Durkheim, 1857-1917)은 막스 베버(M. Weber)와 함께 현대 사회학의 양거두로 평가받고 있다. 그는 독일 유학 직후에 박사학위 논문으로 「사회분업론」을 썼으며 그 이듬해부터 사회학 교수로 활동하였다. 그는 전 생애를 통해 한결같이 교육에 관한 주제들을 강의했는데, 그것은 「교육과 사회학」(Education and Sociology, 1956), 「도덕교육」(Moral Education, 1961), 「교육사상의 발전」(Evolution of Educational Thought, 1977) 등으로 사후(死後)에 출판되었다.

뒤르케임 생존 당시 프랑스는 농촌사회가 붕괴되고 도시산업사회로 이행해 가는 과정에 있었고, 유럽 전체가 변화와 갈등의 와중에 있었다. 이런 배경 속에서 연대적 질서와 도덕을 강조하는 그의 사회이론이 형성되었다.

그의 교육사상은 그의 사회사상의 일부이므로 그의 교육사회학은 그의 사회학 이론에 근거한다. 그는 자신의 사회학을 구성하는 기본요소의 하나로 교육이론을 다루었으며, 사회학 지향적인 교육사회학의 시조로 평가받고 있다.

2) 교육과학과 사회학의 관련

뒤르케임에 따르면, 교육은 사회가 영구히 그 자체의 존재조건을 재창조하는 수단이다. 교육은 미숙한 인간(생물적 존재)을 새로운 인간(사회적 존재)으로 창조한다. 교육의 목적이 사회적이므로 목적달성 수단도 필연적으로 사회적인 성격을 갖는다. 더욱이 교육목적의 기반인 사회적 조건은 교육방법의 설계에까지 영향을 미친다. 이와 같이 사회학이 교육실천의 핵심이며 교사의 행동에 의미를 부여해 주는 지도이념을 제공하므로 교육자에게 사회학적 접근이 필요하다.

일반시민이나 입법가, 행정가, 부모, 교사들은 교육제도의 개혁이나 기능 등에 관해 늘 합리적인 선택을 해야 한다. 그 과정에서 그들은 임의로 다룰 수 없는 저항적 세력들(사실들), 즉 사회환경, 제도, 관례, 관습, 전통, 집단기풍 등에 직면한다. 뒤르케임에 따르면, 이러한 저항적 세력들에 맞서 합리적 선택을 하는데 있어서 교육학이 얼마나 기여할 수 있는가는 교육학이 사회학에 얼마나 의거하느냐에 달려 있다.

3) 도덕교육

혼란기를 살았던 뒤르케임(E. Durkheim)의 기본적 관심은 '어떻게 사회가 해체되지 않고 계속 유지되는가?'(그의 주저인 「사회분업론」의 주제)였다. 뒤르케임은 사회가 하나의 전체로서 유지되고 있는 방식이 사회질서의 기본이라고 생각하여 그 방식을 해명하려고 했다. 그는 사회행위의 기본요소가 사회적 결합(結合) 또는 유대(紐帶)이며, 그 힘으로 인간은 사회상황에서 서로 협동한다고 생각했다. 따라서 뒤르케임은 전 생애를 통해 사회를 계속 유지시키는 사회적 연대(social solidarity)의 본질에 관해 매우 큰 관심을 가졌다.

그는 사회적 연대가 그 형태에 있어서 기계적 연대(전통사회)에서 유기적 연대(근대사회)로 변화되었다고 보았다. 신념과 감정의 동질성을 특징으로 하는 기계적 연대 속에서 개인은 집합의식, 즉 한 사회의 전통과 신념에 따라 자신의 행동을 결정한다. 반면 대규모 인구로 구성되고 다양한 구조적 단위들에 전문화된 역할이 배분되는 산업사회의 유기적 연대 속에서는 개인 및 집합적 단위들 간에 교환, 법적 계약, 규범에 의해 규제되는 상호의존 관계가 널리 형성되어 있고 집합의식은 약화되거나 추상화된다.

3. 기능론적 사회화 이론 : 파슨스와 드리벤

교육의 사회화 기능에 관한 뒤르케임의 생각은 파슨스와 드리벤에 의해 계승되어 확장되었다. 파슨스는 사회화에 대하여 뒤르케임과 비슷한 견해를 유지하였고, 학교를 학생들이 장래 성인이 되어 담당하게 될 사회적 역할을 수행하는 데 필요한 정신적 자세와 자질을 기르는 곳으로 보았다.

1) 파슨스의 학교사회화 이론

기능이론을 체계화하는 데 가장 큰 공헌을 한 파슨스(T. Parsons)는 구조기능주의적 사회체제이론(social systems theory)을 체계화하였다. 그에 의하면 모든 사회체제는 다음 세 가지 속성을 갖는다. ① 한 체제를 구성하고 있는 요소들은 기능상 상호의존적이다. ② 한 체제의 구성요소들은 그 체제가 계속 작용할 수 있도록 적극적으로 공헌한다. ③ 한 체제는 다른 체제에 영향을 주며, 이 체제들은 한층 높은 수준의 체제, 즉 상위체제(supersystem)의 하위체제(subsystem)이기도 하다.

사회체제(social system)는 사회를 구성하는 각 요소가 일정한 형태의 질서를 유지하고 있는 상태를 뜻한다. 말하자면 각 요소들은 서로 작용과 반작용을 하면서 일정한 균형상태를 유지하는 동적인 상호의존 상태에 있다. 사회체제의 구성요소들은 거시적으로 볼 때는 물론 가변적이지만, 파슨스는 그 중에서 비교적 항상성이 높은 것들을 '구조'(구체적으로는 사회규범이나 제도)로, 가변적인 변수를 인간행동의 '동기'로, 그리고 양자의 상호연관성을 '기능'으로 규정한다.

그는 사회현실을 하나의 사회체제로 보았는데, 사회체제에서는 부분이 전체에 연결되며 부분은 전체를 위한 기능의 관점에서 설명된다. 따라서 학급은 학교를 위한 기능의 관점에서, 학교는 교육체계의 기능의 견지에서 그리고 교육체계는 사회를 위한 기능의 견지에서 설명될 수 있다고 보았다.

파슨스도 뒤르케임과 유사하게 학교가 본질적으로 체계적 사회화를 위한 기구라는 관점을 유지하였다. 그는 학교가 개인들에게 사회 질서유지를 위한 도덕과 규범뿐만 아니라 직업세계에서 요구하는 기술도 획득케 한다고 그 기능을 설명했다. 학생들은 '인지적' 학습으로 지식과 기술을 학습하고, '도덕적 학습'으로 교사에 대한 존경심, 급우들과의 협동, 질서지키기 등을 학습한다. 학교를 사회체제의 하나로 본 파슨스는 기능주의의 입장에서 학교가 사회화의 대행기관으로서 어떻게 전체 사회에 이바지하는가를 설명했다. 그는 학교뿐만 아니라 학급 내에서도 사회의 도덕과 규범들이 어떻게 그대로 반영되고 있는가를 밝혔다(Parsons, 1959).

미국 보스턴 한 공립초등학교의 사회체제에 대한 분석에서 그의 주요 질문은 학급의 사회구조가 보다 큰 사회체제 속에서의 학급의 기능, 즉 사회화와 역할배분 기관으로서의 기능과 어떻게 관련되어 있는가였다. 그의 구체적 질문은, '학생들이 미래에 성인으로서의 역할을 성공적으로 수행하기 위한 태도와 능력을 내면화하는 기능을 학급이 어떻게 수행하고 있는가?'와 '학생과 같은 인간자원을 성인사회의 역할구조에 적절히 배분하는 기능을 학급이 어떻게 수행하고 있는가?'였다. 이 두 질문에 대답하기 위해 그는 학급체제가 어떻게 작용하고 있고 학급체제가 유지 · 작용하기 위한 제반 필수요건이 어떻게 충족되는가를 탐구하였다.

파슨스는 체제의 유지를 위해서는 '동기구조의 재조직'이 필요함과 무엇보다도 동료집단이 이러한 체제적 욕구를 충족시켜 주는 데 의의가 있다고 지적한다. 가정은 성원들 간에 서로 친밀한 관계를 유지하는 가운데 아동을 자연적으로 사회화시키므로 아동에게 도덕과 규범 및 기술을 적절히 가르칠 수 없다. 반면 아동의 동료집단 관계는 이후 성인생활에서의 평등한 지위관계의 모델을 제공하며 동기구조의 변화를 초래한다.

따라서 하나의 제도로서 동료집단은 더 큰 사회체제가 안정된 상태에서 상호작용할 수 있도록 도와준다. 파슨스는 동료집단의 기능은 성인역할을 위하여 아동을 준비시킴으로써 사회질서를 유지하는 데 있다고 결론지었다.

2) 드리벤의 학교사회화 이론

뒤르케임이나 파슨스의 주장은 드리벤에 의해 보다 더 구체적으로 설명되었다. 드리벤(R. Dreeben)은 학교가 무엇보다 중시해야 할 일은 학생들을 산업사회에서 요청되는 사회인으로 만드는 것이라고 보고 규범학습을 강조한다. 학교는 학생에게 산업사회에서 중시되는 4가지 규범(norms), 즉 독립심(independence), 능력에 따른 성취(achievement), 보편성(universalism), 특수성(specificity)을 내면화시킨다.

학교에서 학생들은 각기 독자적으로 해야 할 일이 있다는 것과 다른 사람들이 이러한 독립심을 기대할 정당한 권리를 갖고 있다는 것을 배우게 된다

(Dreeben, 1968 : 544).

특히 교육과 직업의 관계에서 살펴보면 학교가 학생에게 제공해 주는 경험은 크게 보면 직업을 위한 준비라 할 수 있다. 직업세계를 위한 준비에 있어서 독립심을 길러 주는 일은 학생들이 남의 도움 없이 일을 하기보다는 독립적으로 무엇을 해내려는 심리적 성향을 개발하는 것이라 할 수 있다.

성취라는 규범도 학교가 가르치는 사회화의 내용이다. 많은 연구들은 성취동기가 기본적으로 부모의 육아방식으로부터 함양된다고 보고 있으나, 학교 또한 성취의 규범을 중요한 교육내용으로 학생에게 가르친다. 교실 안에서는 학생들에게 문제를 풀게 하거나, 교사의 질문에 대답을 하게 하거나, 또는 시험을 치르게 하여 부단히 그들의 능력을 평가하고 비교한다. 학업을 제대로 수행하지 못하는 학생들도 똑같이 경쟁하고, 실패를 경험하며, 실패와 더불어 살아가는 경험을 한다. 소수의 학생들은 성공 또는 실패의 어느 한쪽만을 계속 경험할 수도 있지만, 대다수 학생들은 성공과 실패를 다 경험한다. 어느 정도의 성공을 경험하면서 성공과 실패에 대처해 가는 방법을 배우게 된다. 요컨대, 학교교육은 교과교육뿐만 아니라 교과외 활동이나 운동 등 다양한 경험을 할 수 있는 기회를 제공해 줌으로써 성취의 규범을 사회화할 수 있게 한다.

보편성과 특수성은 양극으로 대립되는 것처럼 보이지만 보편성의 규범은 같은 연령의 학생들이 동일한 학습내용을 배우면서 내면화된다. 학교는 같은 연령의 학생들에게는 성별, 사회적 지위, 외모 등의 특성과 관계없이 똑같은 규칙이 적용된다는 사실을 가르친다. 요컨대, 학교는 학생들이 장차 성인의 역할을 수행하는 데 필요한 자질들을 가르치므로 학교가 가르치는 내용은 사회의 존립을 위해서 중요하다. 한편 학교는 학생들에게 학년이 높아질수록 흥미와 적성에 맞는 분야를 집중적으로 학습해 가도록 함으로써 그들이 특수성의 규범을 배우도록 한다. 이와 같은 드리벤의 설명은 사회화를 동질성과 다양성의 차원에서 본 뒤르케임의 관점과 기본적으로 같은 선상에 있는 것이다.

3) 기능론적 사회화 이론에 대한 비판

뒤르케임 · 파슨스 · 드리벤 등이 학교가 가르치는 주요 내용을 사회화로 규정한 견해에 대하여 크리스토퍼 헌(C. Hurn)은 그들이 몇 가지 일반적 오류를 범하고 있다고 다음과 같이 비판했다.

첫째, 학교가 학생들에게 가르치려고 하는 도덕적 규범과 가치를 학생들이 실제로 학습한다고 가정한 것은 기능론자들의 오류이다. 왜냐하면 학교는 우리가 싫어하는 것을 가르치는 데는 효과적이나 좋아하는 것을 가르치는 데는 비효과적이기 때문이다. 또 학생들이 학교 밖보다 학교 안에서 독립심 · 성취 · 보편성 · 특수성의 규범들을 더 잘 내면화(內面化, internalization)하는지를 명백히 입증할 수 없다. 따라서 학교가 가르치려고 의도하는 규범과 가치에 의하여 학생들이 효과적으로 사회화되는지 알 수 없다. 결국 학교는 일반적으로 믿는 것과는 달리 학생들에게 바람직한 규범과 가치를 전달하는 효과적 기관이 아니다(Hurn, 1978 : 189).

둘째, 사회가 학교로 하여금 어떤 규범과 가치를 가르치도록 압력을 가하는 것은 사실이지만, 교육과정의 내용이 대부분 사회적 요구나 필요에 의해 결정된다고 생각하는 것 또한 오류이다. 교실상황에서 학생들에게는 복종과 수동성, 또는 깊은 사고보다는 정답 찾아내기 등의 특성이 길러지지만 과연 이런 것들이 사회의 요구 때문에 생겨나는 것인지 분명하지 않다. 즉 헌(C. Hurn)은 학교의 교육과정이 기존의 사회질서를 유지하기 위한 '필요'에 응하는 것으로 보지 않는다.

4. 기능론적 인력양성 이론

파슨스는 뒤르케임과 같이 학교교육의 사회화 기능을 강조하는 동시에 산업사회에서의 인력양성과 배치 기능도 강조하였다. 그는 사회화와 선발을 사회체제로서 학교가 수행하는 본질적 기능으로 간주하였다. 파슨스는 현대와 같은 산업사회에서는 개인의 능력과 소질에 적합한 역할을 담당시키는 것이 중요하므로 학교가 개인에게 능력과 소질에 맞는 교육을 받도록 해 주고 그 결과에 따라 개인을 적합한 직업과 역할에 배치할 수 있다고 보았다. 그는 미국의 초등학교에서 대학입학에 이르기까지 학교가 학생들을 대상으로 수행하는 선발 및 배치 기능을 자세히 제시하였다.

파슨스는 학생들이 학업성취 수준에 따라 사회적으로 배분되는 것, 즉 능력에 따라 사회에 진출하는 것은 사회전체를 통하여 성립된 일반적 합의라고 주장하였다. 따라서 학교는 학생들에게 이러한 기본적인 합의에 기반하여 그들이 업적에 따라 평가된다는 것을 가르쳐야 한다고 하였다. 이처럼, 기능주의적 관점은 사회의 통합 · 안정 · 균형 · 합의를 통하여 사회질서와 사회체제의 유지 · 존속을 강조하고, 학교교육의 주요기능을 사회화와 선발로 간주한다. 기능론에서 기대하는 사회상은 능력이 중시되는 업적주의 사회(meritocracy), 지식과 능률이 중시되는 전문가 사회(expert society), 그리고 기회균등 · 자유 · 다양성이 중시되는 민주적 사회이다.

1) 기술기능이론 : 클라크(1950년대)

산업사회는 그 기술수준이 점점 높아짐에 따라 기술사회가 되었고(1940~50년대의 미국과 영국), 생산체계의 기술적 변화는 교육변화의 추진력을 제공하였다. 기술시대는 숙련된 기술자와 직업적 전문가들을 요구하므로, 교육체계는 그런 사람을 배출하는 데 공헌해야 한다는 주장이 제기되었다.

기술기능이론(technical-functional theory)은 1950년대에 클라크(B. Clark)와 커(C. Kerr)가 제창한 이론이며, 요점은 다음과 같다.

① 산업사회에 있어서 기술의 필요는 기술의 다양화에 따라 점점 높아간다. 여기에는 두 가지 과정이 내포되어 있다. 즉, 낮은 수준의 기술을 필요로 하는 직업의 비율은 줄어들고, 높은 수준의 기술을 필요로 하는 직업의 비율이 점차 증가된다. 또 동일한 직업 내에서도 요구되는 기술의 수준이 점차 높아진다.

② 학교교육은 보다 더 높은 기술을 요하는 직업에 적합하도록 특수한 기술이나 일반능력을 위한 훈련을 제공한다.

③ 직업에 필요한 교육수준은 날로 높아지며 더 많은 사람들이 장기간 학교에 머물러야 한다(Collins, 1971 : 119).

기술기능이론은, 복잡한 산업사회에서 점차 기술수준이 높아짐에 따라 학교가 각 개인에게 사회의 구성원으로서 역할을 다할 수 있도록 인지적 능력, 전문적 기술과 지식을 가르쳐야 한다고 주장한다. 나아가 이렇게 증대되는 필요를 충족시키기 위해서 사회의 기술화 정도에 맞추어 학교가 팽창하게 된다고 주장한다. 기술기능이론에 의하면 산업사회의 직업구조는 특정한 종류의 능력을 필요로 하며 훈련 또는 학교교육이 그와 같은 필요를 충족시키는 한 방법이다. 나아가 산업화에 따른 직업의 변화는 새로운 기술을 필요하게 만들며, 그와 같은 필요를 충족시키기 위해 학교의 교육과정 또한 변할 수밖에 없다고 본다.

그러나 기술기능이론은 기술사회를 향한 발전과정에서의 갈등과 불화에 대한 측면은 외면하고 있다. '학교교육의 팽창은 대중이 교육기회의 확대를 요구했기 때문이기도 하지만 지배계층의 특권을 유지시키는 수단이기도 했다'(Hurn, 1978 : 71)는 비판도 있다.

2) 근대화이론

근대화이론은, 사회는 내 · 외적 요인들이 함께 작용하여 통합 · 분화 · 재통합을 거쳐 진화 · 발전한다고 본다. 근대화이론(modernization theory)은 우리나라의 1960~70년대 학계와 정부정책에 널리 퍼져 있었다. 1950년대부터 미국을 중심으로 발달한 근대화이론은 두 차례의 세계대전 이후 수립된 세계질서인 냉전체제에 대한 전략으로 볼 수 있으며, 신생후진국의 장래에 대하여 낙관적 발전 전망을 제시하였다.

근대화이론에 입각한 많은 연구들은 교육과 고용이 근대적 가치 습득과 직접적으로 관련되어 있음을 강조한다. 근대화이론은 근대화기관, 근대적 가치, 근대적 행위, 근대사회, 경제발전의 다섯 가지 변인 간에 직접적인 인과관계가 있다는 가정에 기초하며, 그 중 학교는 대표적인 근대화기관으로 간주된다([그림 6-1] 참조).

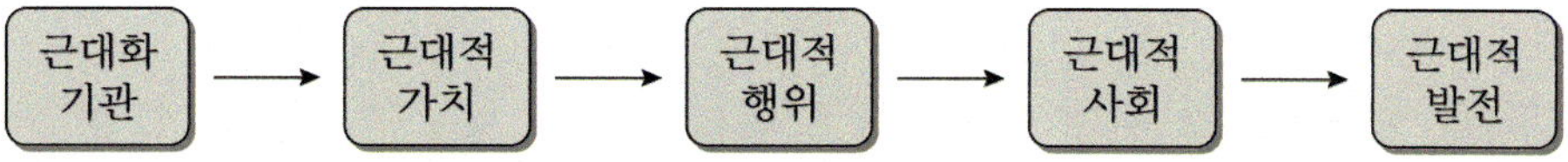

[그림 6-1] 근대화의 과정

* 출처 : Inkeles & Smith, 1974

근대성(modernity)에 관한 초기의 대표적인 연구로 매클러랜드(D. McClelland)의 「성취사회」(The Achieving Society, 1961)가 있다. 매클러랜드에 의하면, 문명의 발생과 쇠퇴는 그 사회 내에 있는 대다수의 사람들이 소유하고 있는 개인적 가치관에서 기인된 것이다. 그는 한 사회의 경제적 · 기술적 발전을 가능케 하는 성취동기라고 하는 성격적 특성이 사회화를 통하여 획득된다고 주장한다.

성취동기의 개념은 '근대성 척도'라는 태도검사를 개발한 미국의 사회학자 인켈리스(A. Inkeles)에 의하여 더욱 발전되었다. 근대성 척도는 한 사회의 구성원들이 무엇을 근대적 가치라고 보느냐를 측정하기 위하여 1960년대부터 널리 사용되어 왔다. 인켈리스와 그 동료들은 근대화하는 것은 발전하는 것이며, 한 사회는 그 사회 대부분의 사람들이 근대적 가치를 갖게 될 때까지는 발전을 기대할 수 없다고 주장한다. 이들 이론가들은 근대적 가치의 창출은 인간의 계획에 의한 결과라고 할 수 있으며, 근대적 가치의 출현에 있어(예를 들면, 가정 · 학교 · 공장에서 발생하는 사회화) 특수한 사회기관이 매우 중요하다고 주장한다.

이와 같은 근대화이론은 근대화 과정의 궁극적인 목표점에 관한 가정이 이상적으로 기울어져 있고 서구 중심적이다. 근대화를 측정하기 위하여 사용되는 준거를 보면 한 사회가 근대화되기 위해서는 그 사회가 곧 서구화되어야 한다는 것을 뜻하기 때문이다.

3) 인간자본론 : 슐츠(1960년대)

인간은 태어나면서부터 천부적으로 일정한 양의 잠재적 자본을 갖고 있다. 인간은 유년기, 학령기 및 초기 직장생활 시기를 지나면서 타고난 자본을 더욱 증가시켜 간다. 반면 학습이나 훈련이 시대에 뒤떨어진 것이 되거나 낡아서 활용하지 못하게 될 때는 그 자본의 약화 또는 퇴화를 맛보게 된다(Juster, 1975 : 8).

인간자본론(human capital theory)을 체계화한 사람은 경제학자 슐츠(T. Schultz)이다. 슐츠는 교육을 '증가된 배당금'(increased dividends)의 형태로 미래에 되돌려받을 수 있는 인간자본에 대한 투자로 보았고, 인간이 교육을 통해 지식과 기술을 갖추면 그 경제적 가치는 증가하게 된다고 주장한다. 이 같은 관점에서 학력에 따른 수입의 차이를 교육에 의한 지식과 기술의 차이, 말하자면 생산성의 차이로 설명한다(Schultz, 1961).

인간자본론은 개인적 측면뿐만 아니라 국가발전에 있어서도 교육에 대한 투자와 국가의 경제적 발전 사이에 높은 상관관계가 있음을 밝히는 데도 적용되었다. 기업가에게는 투자로서의 교육이 매력적인 구호가 되었고, 대학교수나 연구자들에게는 자신들의 활동을 확장시킬 수 있는 정당성이 부여되었다. 정치가들에게는 교육기회의 민주화에 대한 지지로 해석되었고, 교육을 '원하는 자들'에게는 보수 좋은 직업을 얻을 기회가 확대되리라는 기대를 갖게 하였다.

또 인간자본론은 경제적 발전뿐만 아니라, 정치적 측면이나 개인의 성공과 실패에 관한 논의에도 응용되었다. 학교교육은 정보처리능력(information processing skills)을 증진시키며, 기술이 급격히 변화하고 새로운 상황이 계속 생겨나는 환경에서 문제해결 능력을 높여 주는 데도 상당히 유용하다는 것이다. '사람들은 자기 자신에게 투자함으로써 스스로에게 선택의 범위를 넓혀 줄 수 있다. 그것은 자유인들이 자신들의 복지를 향상시킬 수 있는 한 방법이다.' 그리고 장기간에 걸친 폭넓은 학업을 장려하는 데 필요한 유인으로 교육받은 사람에게 더 많은 보상이 주어지는 것을 정당화했다.

이러한 인간자본론은 앞서 살펴본 기술기능이론과 일치되는 점이 많다. 두 이론 모두 교육의 기술적 기능과 인간자원의 효율적 사용을 강조한다. 낭비의 배제에 대한 관심은 기회균등의 자유주의적 개념을 뒷받침해 준다(강순원 역, 1983 : 36).

인간자본론에 입각한 연구들은 헌(Hurn, 1978 : 36)이 지적한 것처럼 나름대로 정치적인 성격을 지니고 있다. 교육적 투자가 개인은 물론 국가발전에 크게 기여한다는 사실을 정치인·정책결정자 등에게 인식시킴으로써 교육에 더 많은 투자를 하도록 설득하기 위해 과학적 뒷받침을 한 것이다. 이러한 인간자본론은 우리나라를 포함하여 여러 나라에 적용되어 '교육과 국가발전'이라는 이름으로 커다란 영향을 미쳤다.

그러나 인간자본론에 대해서는 다음과 같은 측면에서 이론적 및 현실적 문제점도 지적된다.

첫째, 학력과 직업이 당연히 일치된다는 가정은 현실과 거리가 멀다.

둘째, 교육적 투자가 사람들의 인지적 능력을 높인다고 볼 수 있으나, 그러한 인지적 능력이 교육과 직업 또는 교육과 수입 간의 관계를 설명할 수 있는가는 분명하지 않다.

셋째, 인간자본론이 이론적 기초를 제공한 경제 및 사회정책, 예컨대 저소득층에 대한 대규모 교육투자를 통한 1960년대 미국의 '빈곤과의 투쟁'(war on poverty), 1950년대 이후 국제사회로부터 교육원조 제공을 통한 제3세계 국가들의 빈곤 완화 및 경제성장 증진의 실패 등에 의하여 이론으로서의 신뢰가 실추되었다.

5. 인적자원개발(HRD) 이론

사회가 변화함에 따라 경쟁력의 원천도 변화하고 있다. 지식이 곧 경쟁력인 21세기 지식기반사회에서는 무형의 지식을 창의적이고 효율적으로 활용할 수 있는 사람이 핵심자원이다. 사람자원, 즉 인적자원은 '국가 · 사회 발전과 국민 개개인의 삶의 질 향상을 위하여 갖추어야 할 기술력 · 정보력 그리고 도덕적 성숙 등 가치 있는 인간의 제 능력과 품성'으로 규정된다(이종재, 2009 재인용). 인적자원이 개인과 조직의 경쟁력은 물론 지역과 국가성장의 원천이 되면서 인적자원개발(HRD)의 중요성은 더욱 커지고 있다.

1969년에 교육학자인 내들러(L. Nadler)가 '교육, 훈련, 개발을 포함한 학습활동'이라고 정의하면서 처음 사용된 인적자원개발이라는 용어는 후에 미국의 매클레이건 인터내셔널(McClagan International)과 훈련개발협회(American Society of Training and Development : ASTD)에 의해 '개인, 집단, 조직의 효율 향상을 위한 개인개발(훈련 및 개발), 경력개발, 조직개발을 통합한 조직적인 학습활동'이라는 광의의 개념으로 정의되었으며 그 개념이 지금까지 사용되고 있다(최은수 외, 2010).

매클레이건(McClagan, 1983)은 '수월성 모델'(Models for Excellence) 보고서에서 인적자원개발 분야를 개인개발(individual development : ID), 경력개발(career development : CD), 조직개발(organization development : OD)로 구분했으며 그 내용은 다음과 같다(김한별, 2010).

1) 개인개발

개인개발은 조직 구성원들로 하여금 조직 내에서 담당하는 자신들의 역할을 효과적으로 수행하는 데 필요한 새로운 지식, 기술, 태도 등을 습득하게 하여 업무수행 수준을 변화시키는 데 중점을 둔다. 개인개발을 목적으로 하는 교육 및 훈련의 형태로는 액션러닝(action learning)과 코칭(coaching)이 있다.

2) 경력개발

경력개발은 개인과 조직의 상호적인 경력탐색과 개선활동을 가능하게 하는 계획적이고 체계적인 노력이며, 구조화된 과정으로 이루어지는 인적자원개발 활동이다. 대표적인 경력개발 활동으로는 멘토링(mentoring)이 있다.

3) 조직개발

조직개발은 조직의 구조, 운영과정, 전략, 구성원의 특성 및 문화가 잘 조화될 수 있도록 하여 새롭고 독창적인 조직차원의 문제해결 방안을 도출하며 궁극적으로는 조직의 효과적인 문제해결 및 변화 가능성을 개발하는 활동이다.

6. 교육의 기능론적 모형 : 종합

기능론자들은 교육기회의 확대를 교육민주화와 평등화의 길로 본다. 그리고 교육기회의 확대를 성공적으로 이끌기 위해서는 다음과 같은 조치가 따라야 한다고 생각한다.

첫째, 아동은 가정환경을 고려하고 능력에 따라 분류되어야 한다. 왜냐하면 아동들에게 그들의 적성에 맞는 학습기회를 제공해야 하기 때문이다. 둘째, 아동의 적성 · 학습능력에 맞는 교과과정을 제공해야 한다. 학교에서는 적성검사나 지능검사 실시, 상담 등의 활용이 원활하므로 이러한 교과과정 준비는 어렵지 않다. 셋째, 아동의 학습능력에 맞는 학습방법, 반편성이 고려되어야 한다. 넷째, 아동의 능력, 교과과정, 반편성, 교사 배치 간의 연계성이 고려되어야 한다. 다섯째, 서로 다른 아동들의 학업 및 기술습득은 다양한 평가방법으로 판단해야 한다(한준상, 1982 : 35).

결국 이와 같은 논리는 민주사회의 이상인 기회평등으로부터 → 교육기회 평등 → 능력과 환경에 맞는 재능개발 → 효과적인 선발기능 → 업적과 능력에 따른 사회진출 → 업적주의 사회의 건설로 이어진다.

이러한 논리를 알아보기 쉽게 하나의 그림으로 제시하면 [그림 6-2]와 같다.

요약하건대, 1950~60년대의 사회과학자들은 교육과 사회가 지속적으로 진보할 것이라는 들뜬 낙관주의에 젖어 있었다. 기능론적 교육이론의 핵심은 교육기회의 확대와 평등화를 통하여, 학교(교육)가 사회적 목적(민주사회의 기술,

태도의 개발 및 유지)과 개인적 목적(취업, 소득, 위신, 권위 획득의 공정성)을 충족시켜 준다고 설명하는 데 있다.

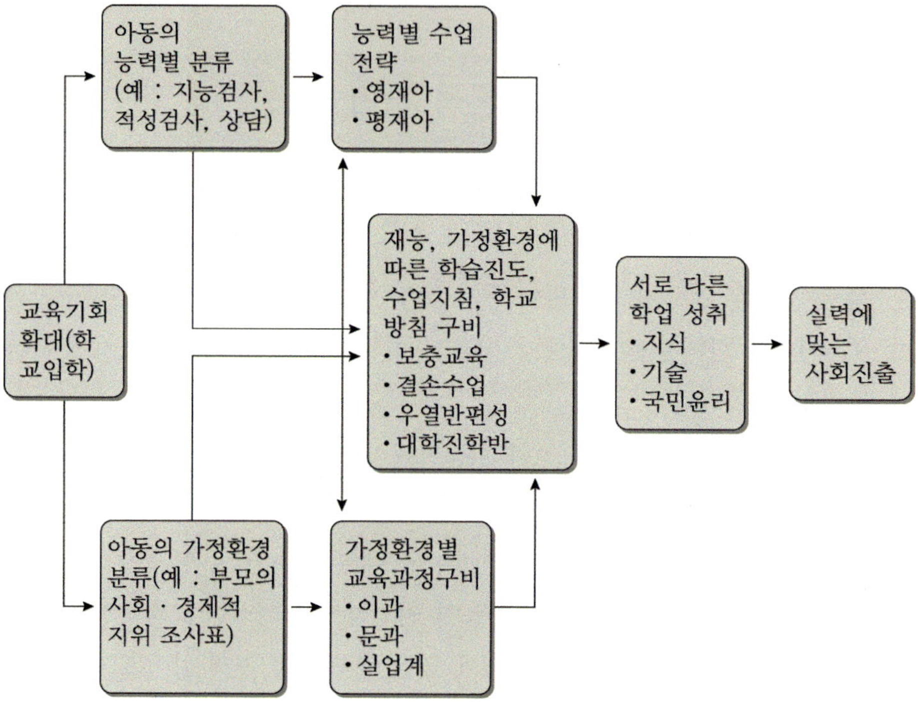

[그림 6-2] 기능론적 교육모형(종합)

* 출처 : 한준상, 1982 : 35

7. 기능론적 이론의 약점

기능론적 교육이론의 주요 비판점을 포괄적으로 묶어 보면 크게 다음 세 가지로 볼 수 있다.

첫째, 가치의 합의에 대한 가정이다. 실제로 사회에는 성질이 상반되는 가치들이 존재한다. 예를 들면 집단에 대한 개인의 책임을 강조하는 사람들이 있는가 하면 개인의 자유를 지지하는 사람들도 있다. 기능론은 사회의 통합성과 합의싱을 지나치게 강조함으로써 학교교육의 규격화, 형식화, 획일화를 부채질하였다.

둘째, 기능론적 설명은 그 설명방식의 약점 때문에 보수적인 편향성과 정치적 편견의 문제를 갖는다.

기능론적 설명방식의 약점은 다음과 같은 것들이다.

① 교육에 있어서 집단 간의 갈등을 외면함으로써 교육과정과 교육선발을 비롯한 교육정책의 결정과정에 대한 분석을 소홀히 하였다.

② 업적(또는 능력)주의 사회에 대한 전제와 교육선발이 능력본위로 이루어진다는 전제에 의하여 선발과정의 귀속적 측면에 대한 관심이 소홀했다.

③ 여러 교육문제들이 일시적 병리현상 또는 부분적 기능장애 정도로만 간주되므로 부분적이고 점진적인 개선책의 개발에만 집중했다. '사회문제'라는 말이 너무 자주 정치 · 사회적 이해관계들 간의 본질적인 갈등을 은폐해 왔었다'(강순원 역, 1983 : 27).

셋째, 기능론의 핵심 용어인 '기능'이란 말의 의미가 분명하지 않다. 기능이란 말로써 어떤 일을 설명하는 것은 그것의 원인을 설명하지는 못한다는 약점이 있으며, 또 '어떻게 기능의 확인이 가능한가?'라는 의문도 제기된다.

제 7 장

교육현상과 갈등론적 설명

1. 갈등론적 사회관과 교육관
2. 칼 마르크스의 계급갈등론
3. 학교교육에 대한 갈등론적 이론
4. 갈등론적 교육이론의 한계와 비판
5. 기능론과 갈등론의 비교

기능론과 갈등론은 여러 측면에서 대조적이다. 기능론은 기본적으로 사회가 어떻게 유지 · 존속되는가에 관심을 갖는 반면 갈등론은 사회가 어떤 동력에 의해 변화되는가에 관심을 갖는다. 교육에 있어서 기능론은 학생들을 기존의 사회제도에 적응하도록 사회화시키고 있다는 관점을 취하는데 반하여 갈등론은 지배계급(혹은 권력집단)이 자신들의 지배를 확보하기 위해 교육을 이용한다고 본다.

기능론이 정치적 보수성을 띠고 있다면, 갈등론은 정치적 급진성을 띠고 있다. 갈등론적 교육이론은 비판적이다. 학교는 현대 산업사회에서 필요한 지적 기술을 가르치기보다는 교육자격증을 발급해 주는 곳으로 간주된다. 교육확대를 통해 기회균등이 이루어지기보다는 오히려 특수계층의 이익을 유지하는 수단이 된다고 본다. 학교는 아동의 지적 · 정의적 성장을 실현시키는 데 그다지 공헌하지 못하며, 오히려 억압하고 비인간화시키는 도구로 이해된다. 학교는 재능 있는 사람들의 사회적 이동을 촉진시켜 주는 제도라기보다는 특정 엘리트들의 권력을 영속화시켜 주는 도구에 불과하다는 것이다.

본 장에서는 이러한 급진론적 패러다임(radical paradigm)에 속하는 학교교육에 대한 비관론적인 관점을 중심으로 그 근거와 형성배경을 살펴보고자 한다. 즉 갈등이론에서 보는 교육설명의 기본적 시각, 쟁점, 특징 및 한계를 파악해 본다.

1. 갈등론적 사회관과 교육관

갈등론(conflict theory)을 대표하는 학자로는 마르크스(K. Marx), 베버(M. Weber), 짐멜(G. Simmel), 코저(L. Coser) 등을 들 수 있으나, 갈등론의 전통은

마르크스와 베버의 두 가지 서로 다른 뿌리에서 시작되었다. 이 두 사람에 의해 구축된 이론적 뿌리는 이후 아주 복잡하고 다양한 양상으로 뻗어나갔다. 여기에서는 이들이 대체로 공통적으로 지적하는 사항들을 중심으로 살펴본다.

1) 갈등론적 사회관

갈등론은 사회의 재화는 일정한데 비해 인간의 욕망은 무한하므로, 모든 사회는 이를 둘러싼 갈등과 긴장관계에 놓여 있다고 전제한다. 갈등론은 기능이론이 변화를 제대로 설명하지 못하고 권력투쟁 · 계층갈등 · 일탈행위 등을 소홀히 다루었다고 비판하면서, 사회의 강제적 속성과 사회변동의 편재성(遍在性, ubiquity)에 초점을 맞춘다. 그리고 한 집단의 목표는 다른 집단의 목표와 일치하지 않으며, 이러한 부조화 현상은 외적으로는 잔잔하게 보일지 모르나 내적으로는 활기차게 용틀임하며 때로는 그 갈등이 표면화되거나 폭력화되기도 한다고 본다.

갈등론자들은 지배집단은 모든 사회가치의 중심체 역할을 하며 현 상태가 계속 유지되기를 바란다고 본다. 지배집단은 피지배집단을 체제안정의 위협요소로 보고 설득 · 교화 · 선전 등의 방법으로 피지배집단에게 자신들의 입장을 정당화시키려 한다는 것이다.

지배집단과 피지배집단의 대립적 관계는 새로운 형태의 사회를 창출하려는 사회변동의 원인이 된다. 지배집단은 피지배집단을 강제적으로 억압하고, 동시에 정신적 교화를 통해 지배체제를 효과적으로 통제하고자 한다. 지배집단은 자신의 위치가 위협받지 않도록 계속적으로 새로운 사회질서를 창출하는 반면, 피지배집단은 자신들의 불리한 위치를 극복하기 위해 지배집단에 대항할 수 있는 물리적 · 이념적 수단을 동원하여 자신들에게 유리한 사회편성이 되도록 노력한다. 결국 지배집단과 피지배집단은 계속되는 긴장과 갈등상태에 직면하게 된다.

칼 마르크스(K. Marx)는 역사의 발전과정을 유산계급과 무산계급의 경제적 이해관계를 둘러싼 갈등관계로 파악한다. 즉 생산수단을 소유한 유산계급은 무산계급의 잉여가치를 착취한다. 유산계급은 생산력과 생산관계를 통해 무산계급을 철저히 소외시키고 그들이 현 사회질서에 순응하게 하여 불평등한 사회구조를 정당화한다. 무산계급은 유산계급이 경제적 이익을 독점하는 것을 막고 자신들도 정당한 보상을 얻기 위해 유산계급에 대해 적대적 입장을 취한다.

베버는 마르크스와 달리 사회갈등의 원인을 물적 생산관계에서만 찾지 않는다. 베버 역시 경제가 사회에 중요한 영향을 미친다는 점을 인정하나, 경제적 요인이 사회성격을 결정하는 구조적 결정변수는 아니라고 본다. 베버는 사회구조가 경제와 같은 단일변수에 의해 규정되는 것이 아니라 지위 · 권력 · 부 같은 다양한 사회적 변인에 의해 영향을 받는다고 본다. 이러한 베버의 입장은 콜린스(R. Collins)나 헌(C. Hurn) 등에게 영향을 미쳤다. 이들은 경제적 요인보다 문화의 화폐적 가치를 강조함으로써, 학교교육에 대한 새로운 이해의 틀을 제공하기도 하였다.

이러한 갈등론의 사회관을 정리하면 다음과 같다.

① 사회의 모든 요소는 긴장 · 경쟁 · 갈등을 일으키는 힘이며 원인이다.
② 갈등의 원인은 사회계급 간의 권력의 차이에서 비롯된다.
③ 지배집단은 피지배집단과 언제나 불일치와 갈등을 보이며, 이것은 사회분열과 사회변동을 초래하기도 한다.
④ 사회질서 유지는 지배집단의 강제에 바탕을 두고 있다.

2) 갈등론적 교육관

갈등론적 교육관이 대두되기 시작한 것은 그리 오래되지 않았다. 제2차

세계대전(1939-1945)이 끝난 후 미국과 소련은 이념적 경쟁관계에 돌입하게 되어 동서갈등이 표면화되기 시작하였다. 서구는 체제경쟁의 우위를 위해 사회안정과 효과적인 사회발전을 강조하게 되었고, 이를 지지하는 발전론적 관점이나 기능주의 사회학이 주류를 형성하였다. 1950년대와 60년대의 학교교육론 역시 사회발전과 기능적 효율성에 초점을 두고 있었다. 따라서 교육의 사회적 기능에 관한 설명에서 사회안정과 질서유지 및 발전에 관심이 집중되었고, 교육을 통해 사회평등화를 실현할 수 있다는 관점이 지배적이었다.

그러나 미국은 1960년대에 들면서 심각한 인종문제 · 사회불평등 문제에 직면하였다. 특히 기존사회의 부조리에 대해 회의를 느낀 학생들에 의해 뉴레프트 운동(New Left Movement)과 흑인 민권운동이 확산되기 시작하였다. 보수적 관점을 지향하는 기능주의 사회학은 사회불평등이나 갈등문제 해결에 한계를 보이기 시작하였다. 갈등론은 이러한 사회적 요청에 의한 이론적 대안으로 등장하였다.

이러한 사회적 요청은 교육에 관한 질문의 방식에 변화를 가져왔다. 1960년대 중반부터 학교교육이 인간의 삶을 풍요롭게 하고 있는가, 학교교육이 사회구조적 모순을 해결하고 사회평등화를 도모하고 있는가, 학교교육이 요구하는 사회적 질서는 누구를 위한 것인가 등의 문제에 대해 근본적 의문이 제기되었다.

기능론과 마찬가지로 갈등론도 학교와 사회가 밀접하게 관련되어 있다고 본다. 그러나 갈등론은 학교와 전체 사회의 요구 간의 관계보다는, 학교와 엘리트 혹은 지배집단 간의 관계를 강조한다. 학교는 재능 있는 사람들의 사회이동을 촉진시키고 사회평등화에 기여하는 제도라기보다는, 특정 엘리트 집단들의 권력을 영속시키고 기존 계층질서를 유지시키는 도구라고 본다. 또 학교는 기존의 불평등 구조를 영속화 또는 심화시키고 피지배집단에게 현 사회구조에 순응하는 태도를 갖게 함으로써 지배 엘리트의 이익을 대변한다. 학교는 현대적이고 자유주의적이며, 민주적인 정책운영에 필요한 가치나

태도를 가르치지 않고, 오히려 중간계층의 도덕성, 맹목적 애국심, 바람직한 노동습관, 순종적 예법 등을 가르치는 제도로 간주된다. 학교는 자율적 사고를 고무시키기보다는 상업적 가치에 동조하는 태도를 주입시키며 또 현대사회의 복잡한 직업특성에 필요한 인지기술을 가르치기보다는 편협한 기술적인 가치관을 가르친다(Illich, 1970).

학교에서 배운 지식과 기술이 직업신분이나 직무수행 능력과는 크게 관계가 없다는 증거가 제시됨으로써, 학교는 현대 산업사회에서 필요한 지식과 기술을 가르치기보다는 교육자격증을 발급해 주는 곳이다. 학업성취에 있어서도 계급간 · 인종간의 차이가 지속적으로 나타남으로써, 교육확대를 통한 기회균등이 이루어지기보다는 특수계층의 권위를 유지하는 데 학교가 이용되고 있다. 학교는 아동의 지적 · 정의적 성장을 실현시키는 데는 별로 공헌하지 못하고 억압적이고 비인간적인 사회를 형성시키는 도구로 간주된다. 예컨대, 학교에서 중시하고 있는 것은 인지적 · 지적인 기술이 아니라 계층에서 연유한 가치와 태도를 강화시키는 일이다. 즉, 학교는 독립적인 사고와 인간적인 가치를 길러 주기보다는 순종과 예속성을 가르치는 기관이라는 것이다(Bowles & Gintis, 1976 ; Carnoy, ed., 1975).

이와 같이 갈등론적 교육관은 비판적인데, 그것을 몇 가지로 정리하면 다음과 같다.

① 학교는 객관적이고 중립적인 기관이 아니며 지배집단과 관련을 맺고 있다.
② 학교는 지배집단의 이데올로기를 전수하는 곳으로, 불평등한 사회구조를 심화시키는 역할을 한다.
③ 학교는 업적주의 이념으로 공정성을 위장하고 있으며, 실패의 원인을 사회구조적인 측면보다 개인의 능력과 노력 부족으로 돌리고 있다.
④ 학교는 지적 능력의 함양보다는 지배집단이 선호하는 가치 · 태도 · 규범 등의 주입에 치중하고 있다.

⑤ 결국 학교는 기존의 불평등한 사회질서에 개인을 편입시키며, 결과적으로 지배집단의 이익에 기여하는 도구적 장치로 기능한다.

2. 칼 마르크스의 계급갈등론

갈등이론은 사회관계의 본질을 집단 간의 갈등으로 파악하고, 그 갈등의 결과로 일어나는 변화에 관심을 집중한다. 기능이론에서는 변화가 부차적인 관심사이지만, 갈등이론에서는 일차적인 관심사이다. 사회학에서는 갈등이론을 흔히 크게 두 가지 종류로 나눈다. 하나는 칼 마르크스 이론이고, 다른 하나는 막스 베버적 갈등이론이다. 흔히 갈등이론이라고 하면 전자를 가리키며, 특별히 후자를 언급할 때는 '지위경쟁이론'으로 부른다. 그 이유는 베버가 강조한 갈등이 계급 간의 갈등이 아니라 지위집단 간의 경쟁이기 때문이다. 여기서는 갈등이론의 중심을 이루며 흔히 '정치경제학'으로도 불리는 마르크스이론을 먼저 살펴본다.

칼 마르크스(Karl Marx, 1818-1883)는 현대사회에 큰 영향을 미친 사회사상가였음에도 불구하고 미국 사회학계와 교육학계에서는 그의 중요성이 오랫동안 인정되지 않았다. 일제 암흑기와 해방기에는 마르크스 이론이 한국에서도 그리 낯선 이론이 아니었다. 그러나 미국 이론의 집중적 영향과 분단 상황이라는 특수한 조건하에 있던 우리나라에서는 6 · 25 이후부터 1980년대 이전까지는 마르크스에 대한 언급자체가 금기시되었다. 따라서 사회와 교육을 이해하는 시각이 80년대 이전까지는 기능론에 일방적으로 치우쳤으므로, 교육사회학의 비판적 기능은 한계가 있었다.

마르크스 이론에 대하여 사회계급론, 사회변동론, 이데올로기론을 축으로 살펴본 후 네오마르크시즘에 대해서도 소개한다.

1) 사회계급론과 사회변동론

마르크스는 근대사회의 변화, 특히 자본주의 경제체제의 변화에 대한 비판적 분석에 집중했다. 마르크스에 의하면, 근대 시기에 일어난 가장 중요한 변동은 자본주의(capitalism)의 발전과 관련되어 있다. 자본주의는 역사적으로 그 이전의 경제질서와는 근본적으로 대조되는 하나의 생산체계이다. 자본주의에서 재화와 용역의 생산은 광범한 소비자에게 판매하기 위한 것(상품생산체제)이다. 자본(공장 · 기계 · 막대한 양의 돈)을 소유하고 있는 사람들은 지배계급을 형성한다. 인구의 대부분이 생계수단을 소유하지 못한 임금노동자계급 혹은 노동자계급을 구성하는데, 그들은 자본 소유자들에 의해 제공되는 고용을 찾아야 한다. 그래서 자본주의는 하나의 계급체계이며, 계급 간의 갈등은 일반적인 사건이다.

마르크스가 사회를 분석하는 기본단위는 '사회계급(social class)'이다. 어떤 사람의 사회계급은 생산수단(생산도구 · 기계설비 · 원료)에 대한 그의 관계에 의하여 결정된다. 마르크스는 생산수단을 가진 집단과 갖지 못한 집단을 구분하고, 가진 집단을 '유산계급'(자본가계급, 부르조아, capitalist class), 갖지 못한 집단을 '무산계급'(프로레타리아, proletariat)으로 각각 규정했다. 무산계급은 임금을 받기 위하여 자신들의 노동력을 팔아야만 한다. 두 계급 사이에는 본질적인 이익갈등이 개재해 있는데 그것이 계급갈등이다.

계급갈등은 사회변화를 일으키는데, 역사상 모든 사회는 다양한 형태의 계급갈등을 겪어 왔다. 마르크스는 이런 시각에서 역사가 변증법적으로 발전해 가는 단계를 원시 공산사회 → 고대 노예사회 → 중세 봉건사회 → 자본주의사회 → 공산주의 사회로 분석하였다. 마르크스의 관점은 이러한 역사적 유물론(materialist conception of history)에 기초를 두고 있다.

마르크스는 사회변동의 주요 원천을 인간이 가지고 있는 관념이나 가치가 아니라 경제적 영향에서 찾았다. 경제적 영향은 역사 발전의 원동력을 제공하는 계급 간의 갈등과 연관되어 있다. 마르크스에 따르면, '지금까지의 모든 인간의 역사는 계급투쟁의 역사이다'(Marx and Engels, 1968 : 35). 그는 자본주의 시대의 계급갈등이 가장 강렬하기 때문에 가장 극심한 사회변화가 초래될 것으로 보았다.

마르크스에 의하면, 자본가와 무산자 사이의 본래적인 갈등은 두 계급 사이의 모순된 이해관계에 의해서 발생한다. 자본가계급은 자본주의의 체제적 속성에 따라 이윤을 극대화하고 그것을 유지하도록 행동하게 된다. 그러한 행동은 바로 노동자에 대한 착취로 귀결된다. 노동자에 대한 착취는 생산과정의 속도 증진, 근무일수와 근무시간의 증가, 최저수준의 임금 유지, 열악한 근무조건의 방치 등을 통하여 이루어진다. 이와 같은 행동들은 자본가들의 이윤을 높이는 데 공헌하는 한편 그 반대의 효과도 초래하게 된다. 즉, 자본가들이 살찔수록 노동자들은 더욱 핍박해져 부익부와 빈익빈 현상이 격심해진다. 그리하여 노동자들의 노동과 생활조건을 점점 더 악화시킴으로써 노동계급의 이해관계의식(利害關係意識)을 자극하여 계급투쟁이 강화된다.

마르크스가 지적하듯, 자본주의의 이러한 특성은 자본가들의 숫자를 점점 줄이게 된다. 이윤 쟁취를 위한 경쟁의 강도가 심해질수록 노동자로 전락하는 자본가들의 숫자가 늘어나기 때문이다. 이리하여 노동자계급은 점점 늘어나게 된다. 마르크스에 의하면, 결국 사회는 소수의 엘리트 자본가 집단과 빈곤상태에서 허덕이는 다수의 노동자계급 집단으로 확연히 나누어지며, 자본가들의 이해관계와 직접적으로 갈등을 빚는 노동계급의 이해관계가 점차 분명해지고 증대된다. 이와 같이 마르크스는 '계급의 분리성'을 강조하였다.

마르크스는 노동계급이 자신들의 이해관계가 사유재산 제도를 붕괴시키고, 자본가들을 소멸시키며, 생산수단에 대한 통제권을 갖고, 궁극적으로는 자본가계급 그 자체를 붕괴시키는 것임을 인식하게 될 것이라고 여겼다. 그는 노동자들이 자신들의 계급의식으로 말미암아 자본주의 체제를 붕괴시키고 그것을 공산주의 사회로 대체시키려는 행동, 특히 혁명적 행동을 실천할 것이라고 믿었다.

마르크스에 따르면, 자본주의는 미래에 사회주의 혹은 공산주의에 의하여 대체될 것이고, 사회주의 사회에는 아무런 계급이 존재하지 않는다. 경제체계는 공동 소유 하에 있게 될 것이며, 더 평등주의적이고 참여적인 사회질서가 건설될 것이라고 주장한다.

요컨대 마르크스가 말하는 사회구조는 경제구조의 성격에 의해 결정되며, 경제구조에 의해 노동의 위계적 관계가 형성된다. 지배집단인 유산계급은 경제적 부를 독점하고 지배적 질서를 창출하여 무산계급의 경제적 이익을 착취한다. 무산계급은 유산계급의 불평등한 지배질서에 대항하게 되며 이 두 계급은 적대적 위치에서 심각한 갈등관계를 표출한다. 이런 의미에서 마르크스의 갈등론은 계급갈등론이나 경제갈등론으로도 불린다. 이러한 마르크스의 전통은 교육사회학에 많은 영향을 주었다. 1970년대부터 대두되기 시작한 '재생산론'이나 '국가론'적 관점도 마르크스 이론에 기초를 두고 있다. 마르크스의 입장을 취하지 않는 교육사회학의 다른 이론들도 그의 방법론으로부터 많은 영향을 받고 있다.

2) 의식과 이데올로기의 문제

마르크스(K. Marx)는 이데올로기를 인간사회에 대한 허위적인 추상적 생각, 즉 허위의식(false consciousness)으로 보았다. 일반적으로 참된의식(true consciousness)은 역사성과 과학성을 지닌 것으로 간주되고, 허위의식과 같은 사회적 사상은 이데올로기로 받아들여진다.

마르크스에게 있어 이데올로기는 개인들의 의식과 존재 간 불일치에 관한 표현이기도 하다. 소수의 지배자들은 그럴듯한 논리(거짓일 수도 있고, 순진한 환상일 수도 있는)로 민중들의 사고와 의식세계까지 지배한다. 결과적으로 민중들은 자신들의 실제 존재 모습을 정확하게 인식하지 못하고 소수 지배층이 제시한 환상적 · 허위적 논리, 즉 지배이데올로기에 따라 인식하게 된다.

마르크스이론에서 이데올로기 문제가 강조되는 것은 이데올로기가 계급적 지배나 정치적 지배와 밀접한 관련을 갖기 때문이다. 즉, 지배자나 자본가의 논리를 피지배자가 인정하고 따라 줄 때에는, 지배가 매우 용이해지고 나아가 계속적인 지배가 가능해진다. 일례로, 어떤 가난한 자가 가난의 이유를 자신의 무능과 게으름 때문이라고만 인식한다면, 지배자는 가난한 자를 훈계하면서 지배할 수 있게 된다. 이런 경우, 무력이나 강제력을 동원하지 않고도 지배가 가능하게 된다.

한편, 이데올로기의 허위성을 깨닫고 비판적으로 이해하고, 자신의 존재조건과 의식과의 관계를 일치시키려는 움직임을 의식화라고 한다. 의식화는 흔히 대항 이데올로기(counter ideology)의 성격을 가지는 비판적인 세계관으로 사회의 모순과 갈등을 폭로하는 경향이 있다.

이데올로기의 존재양식은 매우 다양하다. 그것은 이론이나 지식, 문학이나 예술, 관습이나 법, 그리고 선언문이나 이념 등의 형태로 사회 내에 존재한다. 교육은 이러한 것들과 불가피하게 관계를 맺고 있기 때문에 이데올로기적 관련성을 갖게 된다. 학교도 어떤 의미에서는 '지식을 통하여 인간을 처리하는' 기관이며, 이데올로기적 기능을 갖고 있는 기관이다.

3) 네오마르크시즘의 비판적 기능

우리가 편의상 마르크스이론이라고 부르기는 하지만, 오늘날 마르크스이론의 주창자들은 매우 다양하게 마르크스적 시각을 반영하고 있다. 그들 중 정통파 마르크스주의자들의 명제 일부를 포기(또는 수정)하고, 마르크스이론의 비판적 기능을 확장하려는 노력을 하는 학자들이 있다. 그들의 이론을 네오마르크시즘이라고 부른다.

네오마르크시즘의 변증법적 비판이론은 프랑크푸르트 학파의 영향을 크게 받았다. 프랑크푸르트 학파는 이미 형성되어 있는 기존의 제도를 비판적으로 보는 관점을 제시하고 과학적 실증주의에 대하여 비판한다.

프랑크푸르트 학파는 과학적 실증주의에 대하여 다음과 같이 비판한다.

① 정밀성과 계량화의 추구로 사회현상의 의미를 무시하고, 현상의 이면에 있는 현실의 본질을 캐는데 도움을 주지 못한다.

② 지식을 윤리로부터 격리시키고 가치중립성을 주장함으로써 권력층의 지배와 조작에 필요한 수단으로 전락시켰다.

③ 제한된 경험적 조사와 사회문제에 관심을 집중함으로써 역사성과 총체성을 상실했다.

프랑크푸르트 학파는 종래의 연구 패러다임을 규범적 모형으로 간주하면서 새로운 연구 패러다임에서는 가치 그 자체를 분석해야 한다는 관점을 제시하였다. 이런 관점은 사회학의 방법론적 전환(역사적 · 사회적 · 내적 의미의 이해)에 타당성을 제공하였다.

네오마르크시즘은 마르크스의 주요 명제 중 다음 두 가지에 중요한 변화를 수용하였다.

첫째, 계급지배를 여전히 중요하게 간주한다. 그러나 생산수단의 사적 소유 철폐가 곧 계급지배의 해소는 아니라고 생각한다.

둘째, 부정 · 불평등의 원인이 항상 같은 곳에서 일어난다는 전제, 즉 유물론적 결정론을 포기한다. 모든 지배 상황을 있는 그대로 비판적으로 분석할 필요가 있다고 본다.

마르크스적 교육이론과 신마르크스적 교육이론은 모두 본질적으로 구조적 분석이다. 마르크스적 교육이론은 교육과 경제구조와의 관계에 집중한다. 그리고 신마르크스적 교육이론은 교육과 경제구조와의 관계뿐만 아니라 교육과 지식과 권력과의 관계에 대한 깊이 있는 분석을 제공하는 한편 교육과 관련된 일체의 지배관계를 분석해 내려고 한다.

3. 학교교육에 대한 갈등론적 이론

학교교육에 대한 갈등론적 이론은 몇 가지 유형으로 나뉜다.

첫째, 교육이 사회계급(또는 계층)을 재생산시킨다는 주장을 재생산이론이라고 하는데, 재생산이론에는 경제적 재생산이론과 문화적 재생산이론이 있다.

둘째, 학교에서 저항문화가 어떻게 생산되는가에 초점을 맞춘 저항이론이 있다. 재생산이론과 저항이론은 대체로 마르크스적 전통을 따른 것이다.

셋째, 학교의 팽창을 부 · 지위 · 권력 등을 둘러싼 경쟁의 결과로 보는 지위경쟁이론이 있는데, 지위경쟁이론은 베버적 갈등이론의 전통을 이은 것이다.

1) 경제적 재생산론

경제적 재생산론(economic reproduction theory)의 주장자들은 학교교육의 사회적 기능을 자본주의 사회체제, 즉 경제적 관계와 분리하여 이해할 수 없다고 본다. 즉, 자본가계급은 노동 생산력의 축적과 계급통제를 통해 자신들의 경제적 이점을 증대시키려고 노력한다는 것이다.

그들의 주장에 의하면, 자본주의 체제에서의 학교교육은 경제적 모순을 은폐하고, 불평등한 구조를 유지 · 존속 · 심화시키며, 아울러 지배계급의 위치를 정당화하는 도구적 기관의 역할을 한다. 요컨대, 학교교육은 경제적 불평등을 정당화 · 합법화함으로써 지배계급의 위치를 재생산하는 기능을 담당한다.

학교교육의 이러한 기능에 대해 호간(D. Hogan)은 다음과 같이 설명한다.

① 학교교육은 객관적이고 표면적으로 누구나 공정하게 참여할 수 있는 능력주의 메커니즘을 통해 개인을 계급적 지위에 배치시킴으로써 경제

적 불평등을 정당화한다.

② 학교교육은 은밀히 계급 분절의식을 유도하고 있으며, 사회질서의 재생산을 이끄는 인종차별, 성차별, 생산수단의 사적 소유권, 노동의 사회관계 등과 같은 의식의 형태를 재생산한다(Hogan, 1981 : 32).

자본가계급이 학교교육을 통해 경제적 불평등을 정당화 · 합법화함으로써 지배계급의 위치를 재생산한다는 경제적 재생산론은 학자마다 약간씩 상이한 관점을 취한다. 보올즈와 긴티스(S. Bowles & H. Gintis)는 경제적 재생산이라는 개념을 사용하여 학교교육이 자본주의 경제체제의 재생산에 어떻게 기여하는지를 설명하고자 하였다.

보올즈와 긴티스는 「자본주의 미국사회에서의 학교교육」(Schooling in Capitalist America, 1976)에서 학교에서는 일반적으로 알려진 바와 달리 인지적 요소가 아닌 비인지적 요소, 즉 자본주의 체제에 적합한 가치 · 태도 · 규범 · 퍼스낼리티 등을 중시하며 가르친다고 밝혔다. 즉, 학교는 자본가계급의 이데올로기를 정당화하기 위해 그들 계급이 선호하는 가치를 아동들에게 은밀히 내면화시킴으로써 현 사회의 불평등적 위계관계를 자연스럽게 받아들이게 한다는 것이다.

보올즈와 긴티스는 자본주의 체제의 사회적 위계관계를 정당화하는 학교교육의 역할을 명확하게 설명하기 위해 대응원리(correspondence principle)를 제시하였다. 대응원리는 노동의 사회적 관계와 교육의 사회적 관계가 서로 대응하고 있다는 것이다. 즉 자본주의의 사회적 위계관계를 학교교육의 수준별 위계구조와 대응시킴으로써 자본주의 사회체제에 필요한 가치체계를 가르친다는 것이다. 그리하여 초등학교에서는 하위직에 적합한 복종 · 순응 · 시간엄수 등을, 중등학교에서는 중간직에 적합한 지식 · 가치 · 규범 등을, 그리고 고등교육에서는 최고 경영자에 적합한 인성체계인 독립심 · 창조력 · 리더십 등을 은밀히 전수한다.

대응원리는 자본주의의 위계적 생산관계를 학교교육에 그대로 반영하여 자본주의 지배체제를 정당화한다는 것인데, 교육의 사회적 관계와 노동의 사회적 관계가 대응하는 측면은 다음과 같이 4가지에 해당한다.

첫째, 학생은 노동자처럼 권한이 없다.

둘째, 교육은 목적이 아닌 수단으로 기능한다.

셋째, 분업을 통하여 노동자의 임무가 제한되고 단결이 저해되는 것처럼 지식의 전문화, 단편화 및 과도한 경쟁을 통하여 학생의 임무가 제한되고 단결이 저하된다.

넷째, 교육수준은 직업구조의 수준에 그대로 대응된다.

이와 같이 보울즈와 긴티스는 교육제도 분석의 핵심으로 사회적 생산관계와 생산력의 성격에 주목한다. 그들에 의하면, 교육체제가 속해 있는 계급구조에 대한 분석 없이 교육체제만을 분리시켜 그 활동을 이해하는 것은 어려운 일이다. 교육체제는 계급과 관련된 학업성취의 불평등이나 사회계급에 의한 차별적 사회화를 통하여 불평등을 강화한다. 특히 비인지적 요소가 계급구조에서의 각 지위에 개인을 배치하는 데 중요한 역할을 한다. 그들의 주장을 단순화시켜 보면, 학교교육은 자본주의 경제체제의 필요에 따라 발전해 왔고, 자본가 계급의 이익을 위한 도구적 성격을 가지므로 학교는 사회계급을 결정짓는 기관으로 기능한다.

경제적 재생산이론은, 자본주의 사회에서 학교교육의 역할이 공정한 사회적 기관이라기보다는 사회적 위계관계, 즉 불평등 구조를 정당화 · 합법화 · 강화하는 재생산적 도구라는 새로운 해석을 해 주었다는 점에서 의의가 있다. 경제적 재생산론은 학교교육과 경제구조의 관계를 비교적 구체적으로 지적했다는 점에서 1970년대부터 지속적인 관심을 끌고 있다.

그럼에도 불구하고 경제적 재생산론에 대한 다음과 같은 비판은 의미 있는 것이다.

① 경제적 재생산론은 학교교육의 역할을 경제구조에 국한시킴으로써 다른 사회적 변인, 예컨대 문화구조의 역할을 간과하였다.

② 경제구조의 성격이 학교에 중요한 영향을 미치기 때문에 결국 학생들은

자본가 계급이 요구하는 인간으로 형성된다고 봄으로써 학생들을 수동적인 존재로 이해했다.

③ 학교 외부구조인 경제구조가 학교 내부구조의 모습을 결정한다고 가정함으로써 교수 · 학습장면에서 일어나는 복잡한 관계를 단순화시키거나 간과하는 경향이 있다

2) 문화적 재생산론

문화적 재생산론(cultural reproduction theory)의 주장자들은 학교교육의 문화적 역할을 강조한다. 이들은 자본주의 사회가 경제적 모순에도 불구하고 자연스럽게 유지되는 이유를 지배계급이 선호하는 문화를 학교교육에 투입시켜 불평등한 사회적 관계를 정당화하고 있다는 데서 찾는다. 즉, 학교교육은 지배계급이 선호하는 문화영역을 통해 계급적 불평등을 유지 · 심화시키는 재생산적 기구라는 것이다. 문화적 재생산론자들은 ① 문화영역과 계급구조와의 관계를 밝히고, ② 이를 통해 계급적 문화의 법칙을 제시함으로써 그것이 정당화 · 합법화되는 사회적 이유를 설명하며, ③ 주로 학교와 지배계급 문화와의 사회적 관계에 관심을 집중한다.

프랑스의 사회학자 부르디외(P. Bourdieu, 1930-2002)를 중심으로 문화재생산이론에 대해 살펴보기로 한다.

부르디외에 의하면, 자본은 사회적 · 문화적 · 경제적 유형을 취하고 있는데, 문화는 특정계급과 관련되어 있으며 계급적 이해관계를 반영한다.

그는 상징적 폭력이라는 개념을 도입하여 기존의 사회질서가 물리적 강제의 결과가 아니라 상징적 폭력(symbolic violence)의 결과라고 규정한다. 달리 말하면, 지배계급은 언어나 신분 · 지위 · 위신 · 관습과 같은 상징을 가지고 있는데, 그러한 상징을 통해서 그들의 사고방식이나 지배유형 또는 문화양식이 마치 자연스러운 질서를 가진 것처럼 보이게 한다는 것이다.

부르디외는 문화도 경제적 자본이 생산 · 분배 · 소비되는 것과 유사한 운동원리를 지니고 문화시장을 형성할 뿐만 아니라 소유한 문화는 화폐적 가치를 지닌다고 하였다. 이것이 문화자본(cultural capital)이다.

문화자본은 크게 세 가지 형태로 구분할 수 있다. ① 어렸을 때부터 계급적 배경에서 자연스럽게 체득된 지속적 성향인 아비투스(habitus)적 문화자본, ② 객관화된 상태로서의 문화자본, 즉 책이나 예술작품, ③ 제도화된 상태로서의 문화자본인 졸업장 · 자격증 등이 그것이다.

부르디외는 이 중 아비투스적 문화자본을 가장 중요하게 취급한다. 그가 구안한 개념인 아비투스(habitus)는 객관적인 계급구조와 개인의 특정 행동 및 의식을 연결하기 위한 개념적 도구로서 초기 사회화의 결과이다. 아비투스는 같은 집단이나 계급 구성원 모두에게 공통적인 인지 · 개념 · 행위의 도식 또는 구조의 주관적이되 개인적이지 않은 체계이며, 내면화된 문화자본으로서 계급적 행동유형과 가치체계를 반영한다. 아비투스는 취향을 통해 드러나며, 객관적인 계급구조에 따라 구별될 수 있으므로 지배와 피지배의 관계를 포함한다. 그런데 지배계급은 자신들의 아비투스를 매개로 피지배계급에게 상징적 폭력을 행사함으로써 문화적 지배를 정당화하고 지배질서를 유지하고자 한다. 그러한 상징적 폭력이 가장 강력하고 은밀하게 일어나는 곳이 학교이므로 학교에서 사회적 불평등이 생산된다고 본 것이다. 즉 지배계급의 문화가 강조되는 학교에서 계급적 배경이 다른 문화자본을 가진 아동들은 학업성취에 있어서 열등할 수밖에 없고 더 나아가 미래의 직업적 지위 또한 낮을 수밖에 없다고 본다.

부르디외는 학력증서(學歷證書 : 졸업장 · 학위 · 자격증 등)를 제도화된 문화자본이라고 분류한다. 교육체제는 중립적인 것처럼 보이므로 학위 · 졸업장 · 자격증 등의 증가가 곧 기회의 증가라는 생각을 갖게 한다. 객관적인 시험들은 지배계층 내에서 이미 탈락했던 사람들에게는 다음 단계에 성공할 수 있도록 기회를 허용하고, 어떤 사람에게는 실패하도록 하는 문지기(gatekeeper)와 같은 역할을 한다. 학교는 특히 졸업증서와 학위를 수여하는 메커니즘을 통해 기존의 질서를 유지시키는 중요한 장(場)이다(Bourdieu, 1966).

부르디외는 나아가 교육과정(教育課程)을 사회질서와 개인 간의 의사전달 체계로 보았다. 교육체계는 지배계급의 세계관을 반영하는 지식, 즉 문화자본을 전수함으로써 사회질서를 재생산하고 합법화한다(안인희 역, 1987 : 151). 학교교육은 지배계층의 문화자본을 채택하여 교육과정에 반영하므로 노동계층 아동에게는 불리하게 작용한다.

부르디외는 학교가 지배집단의 문화에 의해서 경영된다고 간주한다. 학교에서 교사들이 사용하는 언어 · 가치 · 가정(假定) 그리고 성공과 실패에 대한 묵시적인 모델들은 지배집단의 것이다. 그러므로 피지배계층은 자신들의 질서가 아닌 지배집단의 질서를 배운다.

부르디외의 이러한 입장은 학교교육에서 문화의 역할을 강조함으로써 학교교육에 대한 학문적 이해의 폭을 넓혔다는 점에서 높이 평가받고 있지만, 그의 분석에서 몇 가지 문제점을 발견할 수 있다(손직수 역, 1992 : 63-66).

첫째, 부르디외는 사회 내부에서 비판의식이 어떻게 출현하는가를 설명하지 못한다. 그는 문화구조가 학교교육의 모습에 영향을 주고, 이런 문화형태에 따라 학생들이 일방적으로 영향을 받는 수동적인 존재로 분석하고 있다.

둘째, 부르디외의 이론은 구조결정론을 회피하고자 하지만 사회구조-문화-사회구조로 이루어지는 도식으로 환원되어 문화는 사회구조에 대하여 독립적이고 창조적인 역할을 수행하지 못하고 기존의 사회구조를 정당화하고 재생산하는 데 기여하게 된다.

셋째, 학교교육에서 문화의 역할을 강조함으로써 다른 사회적 변인, 예컨대 경제적 영향력 정도를 간과하는 경향이 있고, 학교내부 현상을 문화구조의 논리에 따라 그 성격을 규정함으로써 실제적인 복잡한 역동적 관계에 대해서는 관심이 부족하다.

3) 저항이론

학교교육이 자본주의 체제의 질서를 확인해 주는 도구적 장치라고 간주하는 재생산이론은 학교교육의 특성을 구조적 측면에서 해석함으로써 학교교육의 역할을 축소시키는 경향을 보였다. 학교교육은 지배체제에 의해 그 역할과 성격이 규정되며, 학교내부 현장은 사회구조의 반영물에 지나지 않는다. 결국 학교에서 배우는 사람들도 사회구조의 영향력에 따라 그 모습이 형성되는 수동적인 존재에 불과하다.

윌리스는 재생산이론에 대한 대안으로 문화적 저항이론을 제시하였다. 그는 노동계층 학생들이 구조적 상황과 어쩔 수 없는 힘 때문에 노동직을 택하는 것이 아니고, 자신들의 문화와는 이질적인 학교문화에 적극 저항하는 과정에서 스스로 노동직을 택한다고 주장하였다. 즉 학교가 자본주의 사회구조를 충실하게 재생산한다는 점에는 동의하지만 상대적 자율성 또한 갖고 있는 것으로 보았다. 그는 학생들이 학교생활을 통해 자본주의의 모순을 간파하지만 이데올로기가 그들의 계급을 재생산하게 하는 제약 조건으로 작용한다고 보았다.

저항이론(resistance theory)은, 학교교육이 사회계급 구조의 불평등을 그대로 보존하거나 이행하는 단순한 반영물이 아니라 오히려 학교교육을 통해 사회모순과 불평등에 도전할 수 있다는 점을 부각시킨다. 저항이론에서 인간은 사회구조가 요구하는 대로 그 성격이 규정되는 수동적 존재가 아니라, 주체적 의지를 지니고 사회의 불평등한 구조에 저항 · 도전 · 비판하는 능동적 존재이다. 즉, 인간은 불평등한 사회구조를 인식할 수 있으며, 이 구조를 개혁할 수 있는 의지를 지니고 있다는 것이다. 이러한 능동적 의지의 강조는 학교교육을 통해 사회모순을 극복할 수 있다는 낙관적 전망을 가능하게 해 준다.

윌리스(P. Willis)는 1970년대 영국의 산업도시에 소재한 한 종합고등학교의 노동계층 가정 출신 남학생들을 대상으로 고교 졸업 전 2년간의 학교생활과 졸업 후 직장생활 초기까지를 문화기술적으로 연구하여 그들이 어떻게 노동직을 선택하게 되는가를 분석하였다.

노동계층의 남학생들은 학교라는 공식집단 내에서 비공식집단을 형성하여 학교의 권위에 저항하고 학업활동을 거부하는 태도 및 행동을 취한다. 그들은 자신들의 집단을 '사나이들'(lads)로 칭하며 교사에게 저항하는 한편 교사의 권위에 순응적인 학생들의 집단을 '범생이들'(earoles)로 부르며 자신들로부터 분리시켜 거부하며 상대적 우월감마저 갖는다. 학교에 대한 그들의 저항은 제도와 규율로부터 자유로운 상징적·물리적 공간을 확보하기 위한 싸움과 학교가 가장 중시하는 목적인 공부시키는 일을 타파하려는 데서 극명하게 나타난다. 그들은 학교가 공식적으로 정해 놓은 시간표를 무시하고 자기들 나름의 일과를 구성하여 행한다. 수업에 대해서도 시간 빼먹기, 딴전피우기, 엉뚱한 반에 들어가 앉아 있기, 장난거리를 찾아 복도 배회하기, 몰래 잠자기 등의 행동으로 저항한다.

학교에 정착된 사나이 문화는 계급문화의 일부로서 비공식적인 기준을 제공하는데, 사나이들은 그것을 근거로 하여 각자 어떤 종류의 노동환경이 자신들에게 가장 적합한 지를 판단한다.

사나이들은 자신들이 학교에서 순응하고 복종함으로써 얻을 수 있는 대가가 공평하지 못하고, 학교에서 강조하는 것과 달리 지식노동과 육체노동의 가치가 같으며, 학교에서 강조하는 순응의 논리가 계급이 서로 다른 개인들 모두의 성공을 보장할 수 있다는 것은 허구임을 간파(penetration)한다. 그러나 사나이들은 몇 가지 분리의식을 갖고 있다. 즉 육체노동과 정신노동의 분리, 남성과 여성의 분리, 백인종과 유색인종의 분리 등이 그것이다. 그러한 분리의식은 그들의 간파가 순수하게 발전하지 못하도록 가로막는 이데올로기적 장애요소, 즉 제약(limitation)으로 작용하여 분절적 간파에 그치도록 한다. 즉 윌리스는 이데올로기와 재생산의 문제를 간파, 제약, 분절적 간파라는 변증법적 틀로 설명한다.

또 다른 저항이론가인 지루(H. Giroux)에 의하면, 저항은 폭로의 기능을 가져야 하며, 이것은 지배에 대한 비판을 내포하고 자기성찰을 위해 그리고 자기해방과 사회해방의 투쟁을 이론적으로 설명하여야 한다(최명선 역, 1990 : 133).

그러나 저항이론에 대한 비판들은 다음과 같은 단점을 지적하고 있다.

① 피지배집단의 저항과 투쟁의 요인에 대한 역사적 발달과정에 대한 분석이 결핍되어 있다.

② 학생들의 표면적인 저항행위에만 초점을 두고, 드러나지 않는 이면적인 행위에 대해서는 간과하는 경향이 있다.

③ 저항행위의 실체를 설득력 있게 제시할 수 있는 객관적이고 실증적인 연구가 부족하다.

4) 지위경쟁이론

막스 베버(Max Weber)의 전통에 따라 학교교육의 팽창과정을 지위, 권력 및 명예를 위한 집단 간 경쟁의 결과로 설명하는 데 중요한 역할을 한 사람은 콜린스(R. Collins)와 헌(C. Hurn)이다. 오늘날에는 말할 것도 없고 과거에도 학력과 사회적 지위는 불평등하게 배분되었다. 교육은 더 높은 지위와 연결되어 있고 모든 집단들이 교육을 통해 그들의 자녀들이 높은 지위를 얻도록 노력했다. 콜린스에 의하면, 학교의 주된 활동은 교실 안팎에서 특정 지위문화를 가르치는 것이다. 학교는 기술적 지식의 전달보다 어휘 · 억양 · 의상 · 심미적 취향 · 가치와 예술 등의 지위문화를 중요시한다는 것이다.

콜린스는, 교육체제의 형성이 '체제의 요구'보다는 갈등하는 이해관계에 의해 이루어진다고 본다. 즉, 우월한 지위집단이 그들의 특권적 지위를 강화하기 위해 교육적 요구를 한층 더 상승시키면 낮은 사회적 지위집단은 더 많은 교육기회를 요구하게 된다는 것이다. 학력은 높은 지위를 획득하는 수단이며, 학력이 부족하여 낮은 계층에 남아 있던 집단은 보다 높은 학력을 획득하여 높은 지위를 얻으려 할 것이다. 그렇게 되면 기존의 높은 지위를 점유하고 있던 집단은 그에 위협을 느끼고 자신들의 학력을 더 높일 것이다. 이것은 다시 낮은 지위집단에게는 보다 높은 학력을 요구하는 환경으로 작용하여 학력상승과 교육팽창을 부채질하게 된다는 것이다.

콜린스는 '지위문화'라는 개념을 고안해 냈다. 그는 교육의 역사를 통해 볼 때 학교는 특정한 지위문화가 전달되는 곳이라는 점을 사립학교의 예를 들어 밝히고 있다. 사립학교들은 대부분 종교적 신념 또는 설립자의 정신을 보급시킬 목적으로 세워졌다. 이런 측면에서 보면 학교는 권력 있는 지위집단이 그들의 자녀들에게 특정한 문화적 가치를 전수시키기 위해 설립한 것이라 할 수 있다.

이와 같은 맥락에서 기업들이 대학졸업자들을 선호하는 이유는, 그들이 월등한 기술을 지니고 있다고 생각하기 때문이 아니고 대학교육이 기업주들이 갖고 있는 것과 흡사한 동기와 사회적 경험을 제공한다고 판단하기 때문이다(Collins, 1971 : 128). 이렇게 보면 학교가 가르치는 문화가 고용집단의 문화와 일치할 때 비로소 학교교육이 직업획득에 중요한 역할을 하게 된다고 볼 수 있다. 이리하여 학교는 지배문화를 전수하게 되고, 하류계층의 학생들도 지배문화를 갖기 위해 학교교육을 중시할 수밖에 없으며 그 결과 학교교육은 날로 팽창될 수밖에 없다는 설명이다.

학교가 지배문화를 전수한다는 콜린스의 관점에 따르면 학교교육의 팽창은 지배문화 또는 엘리트문화의 요청에 대한 일반 대중의 반응으로 해석될 수 있다.

학교교육을 받은 사람들이 늘어나면 직업획득을 위한 수단으로서의 학교교육에 대한 요구가 더 커지므로 학교교육의 팽창이 가속화된다. 대기업 및 인기 회사들은 기업의 상대적 존경과 위신을 위해 직원을 채용할 때 제시할 학력조건을 높인다. 이제 학교교육은 직업획득을 위한 합법적 기준이 되는 것이다. 또 이미 직업을 갖고 있는 많은 사람들도 승진이나 상대적으로 위신이 높은 지위를 얻기 위해 더 높은 수준의 학교교육을 필요로 하게 된다. 이처럼 조직 내에서의 지위를 위한 경쟁은 결과적으로 학교교육에 대한 수요의 증가를 부채질한다. 그 결과 학교교육은 날로 팽창하고 학력 또한 계속 상승일로에 있게 된다. 이것이 바로 지위경쟁이론이 학교교육을 보는 시각이다. 이 같은 시각에서 보면 앞으로도 학력은 더 높아질 것으로 전망할 수 있다(Hurn, 1978 : 74).

4. 갈등론적 교육이론의 한계와 비판

갈등론적 교육이론이 등장하면서 학교교육의 모순적 현실에 대한 비판이 날카롭게 지적되었다. 이 관점은 학교교육이 인간을 풍요롭게 해 주고 사회문제를 효과적으로 개혁하도록 도모하는가에 대하여 회의적인 반응으로부터 출발한다. 즉 오늘날 학교교육은 사회문제를 해결해 주기보다는 사회불평등을 더욱 심화시키며 인간을 억압하고 있다고 주장한다. 갈등론은 현실적으로 나타나고 있는 학교교육의 역기능에 대해 다양한 사회학적 해석을 시도함으로써 학교교육의 사회적 성격을 새롭게 인식하도록 하는 계기를 마련해 주었다. 갈등론적 교육이론이 기여한 점을 살펴보면 다음과 같다.

① 학교와 사회와의 관계에 대한 기본적 문제, 특히 학교제도의 근본적인 문제를 극명하게 드러내 준다. 학교교육을 통한 사회적 불평등의 재생산이나 특정문화와 이념의 표준화 등에 대하여 비판함으로써 새로운 시각을 제공해 주었다.

② 현행 학교제도의 문제점을 학교제도 내에서만 찾기보다 사회구조적 문제와 연결시켜 파악하였다.

③ 기존에 당연시되어 오던 문제들(예컨대, 능력주의 이념 등)에 대해 근본적인 의문을 제기하고 그 허구적 측면을 지적하였다.

④ 학교교육의 사회적 성격을 해석하는 데 있어서 비판적 해석틀을 제공해 주었다.

반면 이와 같은 공헌에도 불구하고 갈등론적 교육이론이 제공한 새로운 해석은 이론적 한계를 갖고 있으며, 학교교육의 본질적 모습을 왜곡하거나 해석에 오류가 있다는 비판을 받고 있다. 갈등론적 교육이론의 한계점 또는 비판점들을 정리하면 다음과 같다.

① 구조결정론에 빠져 교육이 경제구조나 문화구조에 의해 일방적으로 그 성격이 결정된다고 봄으로써 교육행위의 설명에 있어서 인간의 의지를 무시하고 사회조건만을 지나치게 강조하였다.

② 사회구조를 단순히 이분법에 따라 나누고 사회성원도 지배자와 피지배자, 가진 자와 못 가진 자 등으로 양분하였다. 여기에 교육을 지배자와 가진 자에게만 봉사하는 장치로 규정함으로써 교육의 본질적 모습을 왜곡하거나 과장하였다.

③ 전통사회의 구속적인 신분세습제도를 약화시키고 업적주의적 사회이동을 가능하게 한 학교교육의 공헌을 전적으로 부정하였다. 히콕스(M. S. H. Hicox, 1982)는 특히 노동계층에 대한 교육이 그들의 계층위치를 고착화시킨다는 주장을 입증할 자료가 거의 없다고 비판한다.

④ 갈등과 세력 경쟁을 지나치게 강조한 나머지 교육이 사회적 결속력을 높이고 국가 공동체적 의식을 높이는 데 기여한 점을 과소평가하였다.

⑤ 교육선발의 불평등 요소를 지나치게 강조하여 교육을 통한 능력과 재능의 선별을 인정하지 않았다.

5. 기능론과 갈등론의 비교

기능론과 갈등론이 관점의 차이를 일으키는 두 가지 중요한 대상은 ① 무엇이 사회를 하나의 전체로 묶어 놓는가(합의 대 억압)와 ② 사회에서 교육의 기능이 무엇인가(가치의 사회화 대 계층재생산)이다. 기능이론은 재능활용의 능률과 사회적 통합성을 위한 교육의 기능을 강조한다. 반면 갈등이론은 기존 학교교육에 대한 비판에 주력하여 불평등의 정당화와 지배층 문화의 주입을 부각시킨다.

기능론과 갈등론은 서로 대조적 관점을 취하고 있음에도 불구하고 공통점도 갖고 있다. 헌(Hurn, 1978 : 258-265)이 지적한 바처럼, 교육을 정치 · 경제적 구조의 종속변수로 인식하고 있다는 점이 그것이다. 따라서 두 이론 모두 교육을 설명하는 데 있어서 교육의 본질이 아닌 외적 기능에 초점을 두고 있다. 두 이론이 교육이 봉사하는 대상에 관해서는 설명을 달리 하지만, 교육이 기존 사회구조와 문화를 반영한다는 주장에 있어서는 같다. 또 갈등이론이 지향하는 사회의 최종단계는 기능이론이 상정한 사회세계와 같이 체제통합적이고 평등화된 사회, 즉 사회구성원 누구나 만족하는 이상적인 세계이다. 갈등이론은 비록 학교교육의 모순적 구조에 대해서는 비판하지만, 학교교육이 본래의 모습을 찾길 원하고 있다. 교육을 통한 인간성 회복, 비인간화 극복, 사회구조적 모순에 대한 개혁 등이 그것이다. 결과적으로 이 점에서 보면 기능론적 교육관과 비슷한 입장을 견지하고 있다.

지금까지 살펴본 기능론과 갈등론의 사회관, 교육관, 그리고 선발 및 배치에 대한 관점을 요약 · 비교하면 다음의 표와 같다.

표 7-1

기능론과 갈등론의 사회관

기 능 론	갈 등 론
(1) 사회의 모든 요소는 안정지향적이다. (2) 사회의 각 요소들은 상호의존적이며, 통합적인 기능을 한다. (3) 사회변화는 점진적이고, 누적적으로 진행된다(점진적 개량주의) (4) 사회체제의 유지를 위해 사회구성원들의 공동체 의식을 강조한다.(공민성 개발 중시) (5) 사회의 지위배분은 개인의 성취능력에 의해 달성된다.(업적주의와 기회평등 및 적재적소 배치 강조) (6) 사회의 가치 · 규범 · 관습 등은 구성원들의 합의에 의한 것이며, 보편적이고 객관적인 성격을 지니고 있다.	(1) 모든 사회는 변화지향적이다. (2) 모든 사회는 불일치와 갈등이 일어나고 있다. (3) 사회변화는 급진적이고, 비약적으로 진행된다.(급진적 개혁주의) (4) 사회의 각 집단은 경쟁적이며, 대립적인 관계를 가지고 있다.(의식화 중시) (5) 일반적으로 사회가 선호하는 가치는 지배집단과 관련을 맺고 있다.(이데올로기 주입 비판) (6) 사회의 각 기관들은 지배집단의 이익에 봉사하고 있다. (7) 사회갈등 원인은 재화의 희소성과 불평등한 분배에 기인한다.(평등분배를 위한 재구조화 강조)

표 7-2

기능론과 갈등론의 학교교육에 대한 이해

기 능 론	갈 등 론
(1) 학교는 사회의 안정과 질서에 기여하는 제도이다. (2) 학교는 사회가 요구하는 기술, 지식 등과 공동체 의식을 전수한다. 학교교육이 기술훈련을 통하여 국가의 경제성장과 발전 그리고 인간의 자기실현에 결정적인 역할을 한다고 본다. (3) 학교는 사회구조적 모순을 해결하여 주며, 사회 평등화를 도모한다. 교육기회의 균등화를 통하여 삶의 기회를 공평하게 해 줄 수 있다는 의미에서 교육이 사회적 불평등을 해소할 수 있다고 본다.	(1) 학교는 기존의 위계질서를 공고히 하며, 지배계급의 이익에 종사하는 도구이다. (2) 학교는 기존의 질서를 재생산함으로써 사회불평등을 영속화한다. 학교교육을 자본주의적 위계구조에 대응해서 노동자를 차별적으로 양산하는 계급재생산의 메커니즘이라고 본다. (3) 교육이 이데올로기적 상부구조로서 경제적 토대의 대응체라는 유물론적 해석에 근거하고 있다. 학교에서 가르쳐지는 내용은 지배계급의 문화와 이익에 밀접히 관련되어 있다고 본다.

기 능 론	갈 등 론
(4) 교육은 독립적이며 자율적이라는 자유주의적 이데올로기에 근거하고 있다. 학교에서 전수하는 교과내용은 사회구성원들의 합의에 의한 것이다.	(4) 학교는 피지배계층에게 기존의 불평등 위계구조에 순응하도록 강요하는 이데올로기적 기관이다.
(5) 학교는 개인의 재능과 노력에 따라 공정한 평가를 하며, 아울러 정당한 사회적 보상을 제공한다.	(5) 학교는 인간을 강요하고, 억압함으로써 타율적이고, 수동적인 존재로 전락시키고 있다.
(6) 학교는 지위의 사다리이며, 공정한 사회이동을 촉진한다.	(6) 학교는 지적 기술보다 지배계층이 선호하는 가치관 · 규범 · 태도 등을 은밀히 강조하고 있다.
(7) 학교교육을 통해 각종 사회문제를 해결할 수 있다.	(7) 학교에서 행하는 능력주의 이데올로기는 외형상 공정하게 보이나, 피지배계층의 아동을 효과적으로 탈락시키고, 지배질서의 정당성을 강조하기 위한 위장된 이념에 불과하다.

표 7-3

선발 및 배치 기능에 대한 관점

기 능 론	갈 등 론
(1) 능력에 따른 사회진출이라는 능력주의 규범을 현실화하기 위해서는 인력배치를 효과적으로 해야 한다. 따라서 학교는 능력에 맞는 인력개발 및 훈련을 시켜야 한다. 좋은 인력관리는 교육기회의 균등화를 통해 아동능력의 낭비를 제거하는 데 있다.	(1) 계급에 따른 사회진출이라는 능력주의 규범은 허구적이며, 능력주의 교육관은 자본주의적 질서를 정당화하는 것일 뿐이다.(계급 재생산론)
(2) 아동은 가정환경을 고려, 능력에 따라 분류해야 한다. 왜냐하면 아동들의 적성에 맞는 학습기회를 제공하는 것이 능력계발에 효과적이기 때문이다.	(2) 학교가 일류고, 이류고 또는 우열반 같은 편성을 통해 계급적 선발과 분배과정을 정당화시킨다고 파악하고 있다.
(3) 학습능력에 맞는 학습방법, 반편성이 고려되어야 한다.	(3) 학교교육의 선발과정과 선발기능을 학생과 교사 간의 상호작용에서도 찾고 있다. 교사가 교실에서 행하는 교육활동, 교수활동은 선발과 분배기능을 합리화시키는 과정에 불과하다고 판단한다.
(4) 적성, 학습능력에 맞는 교과과정을 제공한다고 주장한다. 적성검사, 지능검사, 상담 등의 활동으로 이런 목적을 달성할	(4) 사무적 편의를 위한 아동선별, 관료주의적 상담실 운영 등을 비판하고 있다. (5) 잠재적 교육과정에도 많은 관심을 기울이며, 그 속에 내재된 계급성을 찾아내려

기 능 론	갈 등 론
수 있다고 생각 한다. 또한 아동들의 학업성취에 대한 평가도 다양한 평가방법으로 판단해야 한다.(능력평가의 가능성 및 공정성에 대한 신뢰) (5) 아동의 능력 · 교과과정 · 반편성 · 교과 배치간의 연계성이 고려되어야 한다.	한다. 때로는 학교를 교도소에 비유하기도 한다.

제 8 장

상호작용과 해석적 설명

1. 해석적 패러다임의 개요
2. 해석적 연구와 이론
3. 교육연구에서의 해석적 연구

본 장에서는 기능론과 갈등론 외의 사회에 대한 주요 설명방식으로 해석적 접근에 대하여 살펴보고자 한다. 본 장에서 다루고자 하는 내용은 다소 '복합적'인 성격을 갖는다. 그것은 해석적 접근이 해석학, 상징적 상호작용론, 현상학, 지식사회학 등의 하위 이론적 접근들을 포괄하고 있고 나아가서는 기능론이나 갈등론의 사회관 및 교육관도 결합될 수 있기 때문이다. 이론적 뿌리 면에서는 다르지만 사회과학 연구와 교육연구의 실제에 있어서는 매우 유사성이 크므로 특정 연구를 어느 한 접근이라고 명명하기 어려운 경우도 많다. 따라서 그런 연구 경향을 '해석적 설명'으로 구성하여 살펴보고자 한다.

1. 해석적 패러다임의 개요

윌슨(T. P. Wilson)은 사회학을 '법칙적 패러다임'과 '해석적 패러다임'으로 구분하였다. 그에 의하면, 법칙적 패러다임은 전통적 사회학인 구조기능주의 이론으로 대표되며, 다음 두 가지의 기본 전제에 기초하고 있다(조용환 · 황순희 역, 1992 : 56).

첫째, 인간의 사회적 행위는 법칙에 지배를 받는다. 법칙은 일정한 상황에서 상호 행위가 안정되게 이루어질 때 개인에게 내면화되어 욕구 성향을 형성한다. 뿐만 아니라 규칙은 사회체제에 제도화됨으로써 역할기대를 규정하는 형태로 개인의 행위를 지배하는데, 이 때 행위자 상호 간의 인식은 일치한다.

둘째, 인간의 행위패턴에 대한 사회학적 설명은 (자연)과학의 특징을 이루는 연역적 모델에 따라 이루어져야 한다. 그러한 설명은 '과학적' 조사연구와 체계적인 이론의 전개를 촉진한다. 이 전제에 바탕을 둔 전형적인 접근으로 파슨스(T. Parsons)의 사회학과 스키너(B. F. Skinner)의 심리학을 들 수 있다.

반면, 해석적 패러다임은 위와 같은 전제들을 의심한다. 그리하여 인간의 사회적 행위는 일정하게 공유된 법칙에 따라 일관되게 이루어지는 것이 아니라고 본다. 대신 행위자들은 서로의 행동을 의미 있는 것으로 받아들이고, 그것을 해석 또는 상황정의하면서 상호작용 행위를 한다고 본다. 즉 인간의 사회적 행위를 법칙적 과정이라기보다는 본질적으로 해석적 과정으로 파악한다.

해석학(Hermeneutics)은 그리스어로 '해석하다'에 상당하는 말로서 제우스의 의지를 지상의 인간들에게 해석해 주기 위하여 올림푸스산에서 내려온 사자의 이름 'Hermes'에서 유래한 것이다. 이후 기독교 신학자들이 성경을 연구하면서 해석의 기법을 계승 · 발전시켰다.

사회과학에서 해석학은, 19세기 독일의 철학자 딜타이(W. Dilthey)를 중심으로 한 학자들이 인간의 행위와 제도를 포함한 사물을 이해하기 위한 방법으로 해석적 기법을 개발하여 적용한 데서 시작되었다. 그들은 사물을 이해한다는 것은 곧 그것을 해석하는 것이라고 보았다. 즉 우리가 무엇을 이해한다는 것은 그것의 의미 혹은 의의를 파악하는 것이며, 무엇을 해석한다는 것은 어떤 관점이나 상황에 비추어 그것의 의미를 터득하는 것이라고 하였다. 그런데 이해 또는 해석하는 사람은 이미 자신의 기존지식 또는 기존의 이해방식(전이해, 前理解)에 근거하여 마음의 눈으로 대상에 접근한다고 가정된다. 딜타이는 이러한 과정을 '이해'(Verstehen)라고 하였고, 특히 인간을 탐구하는 참된 방법으로 보았다.

인간과 관련된 현상에 대해 자연과학적 탐구를 지양하고 이해론적 접근을 하려는 이유는 인간이 나타내는 현상을 자연물이 나타내는 현상과는 다른 것으로 파악하기 때문이다. 인간은 상징을 사용하고 주체적으로 의사결정을 하므로 인간의 모든 행동에는 상징성과 주체성이 표현된다. 우리가 인간 행동을 이해한다고 할 때 그 대상은 바로 의미 구성체로서의 인간 행동과 그 산물인 것이다.

해석(또는 이해)은 '인간 행동의 의미, 사회적 상호작용의 맥락, 주관적 상태에 대한 명백한 이해, 주관적 상태와 행동 간의 긴밀한 관계'를 강조한다(Patton, 1975 : 7).

사회생활에 대한 기능론과 마르크스이론의 관점은 각각 '사회적 행위 모형'과 '사회적 사실 모형'으로 요약할 수 있다. '사회적 행위 모형'에서는 관찰 결과 보편적 법칙이 있다고 가정하는데, 법칙에 함축된 의미에 대해서는 서로 다른 견해를 가진다(예 : 보수와 지위의 문제). '사회적 사실 모형'에서는 자연과학적 설명방식의 채택에 동의하고 설명의 적합성 여부를 판단하는 기준이 존재한다고 가정한다(자연과학적 이론 · 법칙 · 가설 입증을 위한 모형에서 기준 발견). 이와 같은 기준들의 목적은 어떤 이론이나 주장을 입증할 수 있는 강력한 증거를 제시하기 위한 것이다. 이 두 이론은 모두 이 기준들을 받아들이고 있으나, 상대편의 주장이 이 기준에 부합된다는 것을 부정하는 모순을 보인다. 서로가 자신들의 견해는 과학적이고 상대편의 견해는 이데올로기적이라고 주장하는 것이다.

해석학은 인간의 상호작용 속에서 이루어지는 해석과 의미부여에 관심을 가지고 상호작용을 하나의 해석적 과정으로 파악한다. 그러므로 연구방법에 있어서도 연역적 설명이 아니라 상호작용이 실제 일어나는 일상생활 세계를 구체적으로 이해하기 위한 해석적 기술을 강조한다.

기능이론이나 갈등이론과 마찬가지로 해석적 패러다임도 하나의 계보로 이루어진 것은 아니다. 분류하는 방식에 다소간 차이가 있지만 해석학, 현상학, 상징적 상호작용론, 민속방법론 등이 해석적 사회과학 영역에 해당된다.

해석학, 현상학, 민속방법론은 모두 유럽의 지적 전통을 갖고 있는데 반하여 상징적 상호작용론은 미국에서 발달하였다. 이들 이론들의 주요 특성은 〈표 8-1〉에 제시된 바와 같다.

이들 이론들은 구체적인 측면에서는 차이가 있지만 몇 가지 기본적인 공통점을 갖고 있다. 그것은 해석적 과정으로서 상호작용을 중시하고, 해석적 기술의 방법을 채택하며, 질적 연구방법을 강조하고, 미시적 분석을 강조한다는 점이 그것이다.

해석적 접근의 공통된 특징으로는 내부자 관점의 강조, 총체주의, 맥락화를 들 수 있다.

표 8-1

해석적 접근의 네 가지 연구방법론 비교

연구방법 / 특징	해석학	현상학	상징적 상호작용론	민속방법론
관련학문	철학	사회학	사회학	인류학, 사회학
시　작	중세(16세기)	1920년대	1930년대	1960년대
선구자 및 대표	Dilthey, Habermas Gadamer	Husserl, Schutz Spiegelberg	Mead Blumer	Garfinkel Geertz
주 관심	전(前)이해	주관적 의식작용 (상호주관성)	상호작용	맥락의 이해
주 목적	이해	이해	해석	기술 (description)
연구대상	언어	생활세계 (개방적 공동성)	상징체계	행동
이해의 핵심	의미	의미	의미	의미
방　법	이해, 해석	성찰, 관조	탐색, 검열, 자연적 연구 방법	참여관찰, 통찰
방법체계	없음	있음	있음	있음

* 출처 : 장재천, 2010 : 39

1) 내부자 관점(insider's point of view)의 강조

해석적 접근에서 연구자는 행위자(참여자)들과 같은 방식으로 관찰하고 해석하며, 그로부터 특정한 유형이나 규칙성을 찾으려 한다. 슈츠(A. Schutz)에 의하면 그것은 일상생활에 있어서 '현실'(reality)로 받아들여지는 '상식으로 구성된 개념'과 일치하는 것으로, 이후 '이차적으로 구성된 개념'들을 만들어 낸다. 후자는 과학적 개념으로서 ① 논리적 일관성을 갖고, ② 주관적 의미의 해석과 관련된 것이며, ③ 일상생활을 상식적으로 해석함으로써 이해될 수 있다. 즉 '현실'은 이 세 가지 기준에 의해 '구성'되어야 한다. 이러한 관점을 파이크(K. Pike)는 '에믹' 접근(emic approach)이라고 명명하였는데, 그 반대의 접근, 즉 외부자적 접근 또는 연구자적 접근은 '에틱' 접근(etic approach)이라고 불린다.

2) 총체주의(holistic approach)

연구자가 관심을 갖고 있는 대상 사태가 처한 복잡한 상황 중에서 몇몇 요소들을 발췌하여 분석적으로 탐구하기보다는 문제 상황을 전체적으로 인식하고 탐구하는 방법적 특성을 가리킨다.

3) 맥락화(contextualization)

모든 자료는 그것이 수집된 환경의 맥락 속에서 고려되어야 한다는 측면을 나타내는데, 그 이유는 맥락에 근거한 이해야말로 '해석'의 본질이라고 간주하기 때문이다.

2. 해석적 연구와 이론

1) 거시적 연구의 결함과 미시적 · 해석적 연구

교육에 관한 기능론과 갈등론은 거시적 이론이다. 이들 이론은 교육을 보다 큰 사회 내에 위치시켜 보아야 이해될 수 있는 것으로 생각한다. 또 교사, 학생, 교육행정가의 교수행위들은 기능주의자들이 말하는 사회적 요구나 마르크스주의자들이 말하는 경제체제나 계급체제 및 이데올로기에 의해 지배된다고 본다.

이러한 거시적 접근은 다음과 같은 두 가지 측면에 대하여 비판을 받고 있다. 첫째, 인간존재를 사회화의 산물로 파악함으로써 인간의 창의성을 무시하고 인간에게 자유가 없는 것으로 분석한다. 둘째, 인간생활의 미묘함과 복합성에 대하여 관심을 두지 않고, 학교생활의 실체를 이해하지 못하며, 교사와 학생 간 인간관계 요인을 파악하지 못한다. 거시적 접근은 교육에 대한 일반적 구조를 제공해 주지만, 매일매일 교실에서의 만남을 둘러싼 생생한 사실을 알려주지는 못한다(최정웅 역, 1993 : 235).

거시적 접근이 가진 이러한 결함들이 미시적 · 해석적 접근의 발달을 초래하였다. 다음에 간략히 살펴볼 이해사회학, 해석학, 현상학, 상징적 상호작용론은 모두 실증주의적, 결정론적, 법칙정립적 연구경향에 대해서 비판적이다. 그 대신 일상생활의 상호작용 과정에서 행위자들이 갖는 어느 정도의 자율성과 행동들에 내재된 의미와 규칙들에 관한 탐구를 강조한다.

일반적으로 이런 연구경향을 통틀어 해석적 연구라고 부른다. 미시적 · 해석적 접근은 거대사회에 대한 분석 없이 사회적 행위나 상호작용 및 인간관계를 중심으로 탐구하며, 숲을 보기보다는 나무를 보는 접근방법이라고 할 수 있다.

2) 해석적 연구를 위한 이론들

(1) 이해사회학

사회학의 전통에서는 막스 베버의 이해사회학이 해석학과 유사한 사유체계를 일찍부터 형성하였다. 베버는 사회에 대하여 사회실재론(social realism)이 아닌 사회명목론(social nominalism)적 관점을 견지하였다. 그에 의하면 국가, 법인, 단체, 관료제와 같은 전체적이고 집단주의적 개념은 오직 인간 행위에 의한 조직화의 양식과 결과로서만 분석될 수 있으므로 집단보다는 개체를, 전체보다는 부분을, 사회보다는 개인을 중심으로 사회를 분석해야 한다. 그는 사회과학의 기본 과제가 인간주체를 중심으로 이루어지는 의미부여 행위의 구조로서 사회를 조명하는 데 있다고 보았다. 그러므로 객관적 법칙이나 사회체제를 이루는 여러 외적 요소들 간의 관계에 대한 연구는 그 자체로서는 의미를 지니지 못하고, 오직 사회적 행위를 통해서 행위주체가 행동에 주관적 의미를 부여하는 경우에만 의미의 범주가 발생한다고 하였다.

베버의 사회학은 (객관적) 설명과 (주관적) 이해의 연관을 추구하였다. 즉 자연과학적 방법에 의한 법칙적 설명과 인문사회과학적 방법에 의한 이해를 결합시키고자 하였다. 자연과학은 물리적 · 기계적 · 인과론적 설명 모형에 입각한 반면 사회과학은 그런 모형에만 의존할 수 없다. 만약 자연과학적 설명에만 의존한다면 인간의 특성 및 인간행위를 이끌어 내는 많은 것들, 즉 사회적 상황에 대한 공유된 의미와 이해들을 제대로 포착해 내기 어려울 것이다.

사회적 행위는 역할과 규칙에 의한 일이기는 하지만 행위자가 그에 기계적인 방식으로 참여하는 것은 아니다. 사회적 행위는 주관적인 동시에 객관적이며 확실하기보다는 항상 개연적이다. 이처럼 베버는 사회적 행위를 중심으로 사회체제를 분석하고자 하였다.

(2) 해석학

기능론자와 정통 마르크스주의자들은 물리적 자연세계와 마찬가지로 사회적 행위도 '인식 가능한 법칙'들에 의해서 지배된다고 믿는다. 즉 그들은 과학적 연구를 통한 보편적 법칙의 발견을 목적으로 추구하며, 객관적 증거에 바탕을 둔 자연과학적 설명방식이 사회적 실재에 대한 보편타당한 기술이라고 믿는다.

그러나 해석론자들은 이와 같은 '자연과학적 사회인식 모형'을 부정하고 '해석학적 사회인식 모형'으로 전환할 것을 요구한다. 해석학은 법칙적 설명의 역할을 축소하고 해석의 중요성을 강조한다. 해석학자들에 따르면 설명은 항상 모종의 해석을 기초로 하며, 이 해석은 다소간에 주관성을 반영한다.

해석학에서는 사회적 행위에 있어서 개인의 이성과 문화적 규칙이 일차적 역할을 수행한다고 설명한다. 그리고 규칙에 의해 지배되는 행위, 개인적 자율성의 정도, 지역적 상황의 특수성 등을 강조한다. 또 전후관계의 맥락에 비추어 해석들을 이해하고 인정하는 것이 중요하다고 본다. 우리는 해석, 이해 그리고 협상과 조정이 필요한 융통성 있는 방식으로 사회생활에 참여한다. '사회적 게임'(social game)에 관한 규칙을 배우지 않았다면 결코 사회적 행위를 할 수 없을 것이다.

해석학의 기본논리는 행위 자체에 대한 관찰을 중시하기보다는 규칙성에 대한 해석의 중요성을 강조한다는 데 있다. 즉 사건 자체뿐만 아니라 특정 사회현상이나 행위의 같고 다름이 행위자가 사용하는 규칙에 따라 달라질 수 있음에 유의한다. 따라서 상황의 유사성이나 동일성에 관한 관찰보다는 구성원들이 가진 공통의 이해방식에 기초한 해석에 집중한다(예 : 결혼의 성립 과정). 그리고 행위자체는 사회적 상황들과 연결되어야 정당하게 해석될 수 있다고 본다. 해석학은 모든 현상이 전후관계라는 맥락 속에서만 제대로 이해될 수 있다는 입장을 취한다.

따라서 해석학에서의 주요 연구 과제는 보편법칙을 찾기보다는 특정 집단의 행위규칙과 의미체계를 규정하는 구조를 밝히는 것이다. 즉 사회의 의미체계(공유된 이해방식)에 대한 이해인 것이다.

(3) 현상학

현상학은 람베르트(J. H. Lambert)가 1764년 자신의 철학서 「신기관」(Neues Organon)에서 처음으로 '외관들에 대한 이론'이라는 뜻으로 사용한 용어로, 본체의 본질을 연구하는 본체학과 구별하여 본체의 현상을 다루는 과학을 의미하였다. 현상학은 본질에 대한 연구 즉 지각의 본질과 의식의 본질을 추구하는 학문이다. 하이데거(M. Heidegger)는 현상학을 '스스로 드러나는 것을 그 자신으로부터 드러나는 그대로 보이게 하는 일'로 간주하였다(Stephen, 2005). 현상학의 목적은 우리 일상 경험들의 본성이나 의미를 더 깊이 이해하는 것이며, '체험'의 본질을 포착하여 텍스트로 표현하는 일이다. 그러므로 현상학은 대상의 언어, 신념, 문화, 그리고 사회적 관습 등에 내재된 체험의 의미와 본질을 이해하는 데 매우 유용하다. 현상학은 우리에게 가장 일반적이고 가장 친숙하며 가장 자명한 것을 구조적으로 분석하기 위해 우리의 직접적이고 일반적인 경험에 호소한다. 이는 인간의 행위, 의도, 경험 등을 우리가 생활하는 세계에서 마주치는 그대로 생생하게 되살려내기 위한 기술이다. 그런데 인간의 경험이나 행위는 일반적으로 행위자와 그가 속한 맥락 사이에서 다양하게 나타나는 해석들을 통해 이해될 수 있으므로 현상학은 해석을 필요로 한다.

현상학은 현실에 대해 의미를 부여하는 인간 의식에 관심을 기울인다. 현실에 존재하는 여러 대상은, 인간이 그 대상의 의미를 자신의 의식 속에 구성함으로써 비로소 경험된다고 본다. 현상학에서는 대상의 실제 특성이 아니라 인간 '의식의 현상'으로서 대상을 탐구한다. 그러므로 현상학에서는 과학적·실증주의적 세계관, 즉 독립적 존재로서 객관적인 외부세계가 있고 그것은 미리 만들어진 대상으로 법칙적 설명이 가능한 세계라는 가정에 문제를 제기한다. 현상학에서는 현실이 '주어진 세계'가 아니라 '주관적으로 구성된 세계'라고 보는 입장에서 의미의 본질을 탐구하고자 하며, 흔히 믿고 있는 상식의 세계를 흔들어 재음미하고자 한다.

따라서 현상학적 접근은 상황에 대한 행위자의 인식이 무엇인지 찾아내는 데 관심을 집중한다. 특히 타인이 지각하고 있는 '인식범주'에 주목한다. 타인을 알기 위해서 행위자는 상호적 행위를 이해할 수 있는 범주들을 구성한다. 예를 들면 교사는 학생의 특정 행동을 '지혜로운 행동' 또는 '어리석은 행동'이라고 해석하는 일에 직면한다. 교사는 학생에 대한 그같은 사실판단이나 가치판단의 기초와 과정을 스스로 인식해야 한다. 교수 · 학습의 과정에서 지혜로움 혹은 어리석음 등의 언어는 객관적 언어가 아니라 평가적 언어이다. 그런 언어에 담긴 의미를 현상학적 시각에서 검토하고 논증할 필요가 있다. 그것이 곧 행위참가자가 취할 수 있는 상황정의 방법이라고 볼 수 있다.

현상학에서는 해석학적 현상학(van Manen, 1990)과 초월론적 또는 심리학적 현상학(Moskatas, 1994)의 두 접근이 두각을 나타내고 있다(Creswell, 2007). 밴 매넌(van Manen)은 교육자로서 해석학적 현상학에 대한 책을 저술해 왔는데, 그는 체험을 지향하며 생활의 텍스트를 해석하는 것(해석학)을 현상학적 연구로 간주하였다. 그는 현상학이 현상에 대한 기술일 뿐 아니라 연구자가 체험의 의미를 해석(상이한 의미들 간의 조정)하는 과정이라고 하였다.

이에 반하여 모스카타스(C. D. Moskatas)의 초월론적 또는 심리학적 현상학은 연구자의 해석보다는 연구참여자의 경험을 기술하는 데 더 중점을 두며, 연구자가 연구 중인 현상에 대하여 신선한 관점을 갖게 하기 위하여 가능한 한 자신의 경험을 배제시키는 '판단중지'(epoch)를 강조한다.

(4) 상징적 상호작용론

개인은 세계의 창조자이면서 동시에 그 세계의 산물이다. 미드(G. H. Mead)의 사회적 행동주의는 '상징적 상호작용론'(Blumer의 용어, symbolic interactionism)으로 불리는 하나의 학파로 발전되었다. 상징적 상호작용에서 의사소통과 언어는 두 가지 중요한 기본 개념이다.

상징적 상호작용론의 기본 전제와 특징은 다음과 같이 요약될 수 있다(Meltzer et al., 1975 : 54).

① 인간은 세계에 대해 그들이 지니는 의미에 근거하여 행동한다.

② '의미'는 인간 사회에서 사회적 상호작용의 산물이다. 개인의 자아의식 형성은 사회에서의 상호작용의 결과이며, 각 개인은 일상생활 중 다양한

상황에서 접하는 타인의 눈을 통하여 자신을 알게 된다(영상자아).

③ 인간은 타인과의 상호작용을 통하여 의미를 이해하고, 사회적으로 주어진 의미를 중심으로 생활을 조직하게 된다.

④ 사회관계는 상호작용하는 쌍방이 각각 자신의 행동에 대한 상대방의 대응을 예견하고 상호 용납할 수 있는 방법으로 상황을 정의하여 서로 수용 가능한 행동의 한계를 설정하도록 한다.

⑤ 의미는 대화에 참여하는 사람들이 행하는 해석의 과정을 통해 수정되고 조정된다.

⑥ 사회를 사람들 간의 상호작용 관계로 봄으로써 사회의 정태적 · 구조적 측면 대신 사회의 과정적 측면을 강조한다.

상징적 상호작용론의 관점에서 수행된 연구에는 일탈에 관한 베커(H. S. Becker)의 연구, 전인구속적 기관(total institutions)에 관한 고프만(E. Goffman)의 연구, 학교에 관한 하그리브스(D. H. Hargreaves)의 연구 등이 포함된다.

베커는 그의 에세이 저서 「아웃사이더」(Outsiders : Studies on the Sociology of Deviance, 1963)에서 한 사회에서 특정인들이 어떻게 일탈자로 낙인찍히는지를 마리화나 사용자와 댄스음악인 두 집단을 대상으로 한 연구결과를 통해 보여 주었다.

그는 마리화나 사용자들은 사회적 상호작용 과정에서 그것을 접하고 그 효과를 즐기는 방법을 배우지만, 마리화나 사용을 불법으로 규정하고 단속하는 등의 사회적 통제기제가 마리화나의 사용을 제약하고 사용자들을 일탈자로 규정한다고 보았다. 또 댄스음악인들도 그들의 생활 방식이 법에 저촉되지는 않지만 일반인들 눈에 괴팍하고 관습에 얽매이지 않는 측면이 있으므로 일탈집단으로 낙인찍힌다고 하였다.

그는 일탈자가 처음부터 일탈자로 태어나지도 않고 일탈이라는 것이 특정 행위에 내재된 속성도 아니라고 보았다. 그보다는 사회가 일탈을 구성하는 규칙을 제정하고 그것을 위반하는 행동을 한 사람에게 적용하고 제재를 가하여 나타난 결과물이라고 보았다. 베커는 사람들은 원상복귀가 가능한 여러 단계를 거치며 점진적으로 일탈행위를 학습해 나간다고 하였다. 그러한 과정에서 개인은 일탈행위에 적합한 태도를 습득할 뿐 아니라 자기 행동이 불러올 결과를 인식하고, 새로 부여받은 일탈자로서의 정체성을 수용해 나가는데 그 과정이 '일탈경력'이라는 것이다. 그러나 낙인을 찍는 주체가 사회의 공식기관이므로 개인들은 그에 저항하거나 협상하기 어려우며, 사회에는 자기 이익에 따라 공식적으로 일탈행위의 범주를 정하는 도덕집단이 존재한다고 하였다.

고프만은 정신병원 환자들에 대한 참여관찰 연구 「정신병동」(Asylums: Essays on the Social Situation of Mental Patients and Other Inmates, 1961)에서 그들이 제도화(institutionalization)의 과정을 통하여 정신병자로 사회화되는 과정을 그려냈다. 그가 다루고자 한 중심 과제는 외부 세계에서와는 확연히 다른 정신병원 내에서 개인들의 통제된 삶, 수용된 환자들에게 행해지는 의례적인 굴욕화의 과정, 기존 정체성의 박탈과 수용자(收容者) 역할에 부합되는 자아의 재조직화, 낙인 부여의 결과, 그리고 목표 성취 측면에서의 전인구속적 기관의 효과였다. 그는 환자들이 정신병원에서 매일의 일과를 통하여 탈개인화되고 굴욕감을 느끼며 자아와 자율의 상실을 경험하면서 궁극적으로 정신적 파괴에 이른다고 하였다. 고립과 엄격한 규칙을 특징으로 하는 정신병원 상황에서 환자들은 그들이 이전에 갖고 있던 실체적 정체성(actual identity)을 박탈당하고 제도가 주입하는 가상적 정체성(virtual identity)을 획득함으로써 각종 의료 행위를 포함한 병원의 일률적 관리에 순응하는 인간으로 변화된다는 것이다. 그러나 환자들이 병원에서 사회화되는 일은 그들이 퇴원 후 삶에서 맞닥뜨리게 될 사태들에는 아무 도움이 되지 않는다고 하였다. 고프만은 정신적 문제가 있는 사람을 그의 삶의 맥락에서 분리하여 정신병원에 입원시켰다가 다시 이전 삶의 맥락으로 되돌려 놓는 일은 호수에서 익사하려는 사람을 건져 내어 자전거 타는 방법을 알려준 후 다시 호수에 빠뜨리는 일과 흡사하다고 하였다. 그는 환자들이 병원에 입원하면 사회로부터 버려졌다는 생각을 갖게 되며, 전인구속적 기관 수용자들은 그곳에서 보낸 시간을 자신들의 인생에서 빼앗긴 시간 또는 낭비된 시간으로 여긴다고 보았다. 전인구속적 기관에서 인간의 요구는 비인격적이고 관료적 방식으로 다루어지고 직원과 수용자들 간의 사회적 거리는 멀어지며 서로 비우호적이 된다고 하였다.

하그리브스는 「인간상호관계와 교육」(Interpersonal Relations and Education, 1972)에서 미드(G. H. Mead)의 상호작용이론에 근거하여 학교의 주요 구성원들인 교사와 학생들 간의 상호작용이 어떻게 이루어지고 그 내용은 무엇인지를 묘사하였다. 그는 교사-학생 관계에서 교사가 주도권을 가지고 학급 상황을 규정하므로 교사가 상황을 어떻게 규정하는지가 아주 중요하다고 보았다. 교사들은 그들이 가진 자아개념에 따라 세 가지 유형, 즉 야수조련가, 향응제공자, 낭만주의자 등으로 나뉠 수 있다고 보았다.

한편 교사 유형에 관계없이 모든 교사들은 두 가지 하위역할, 즉 지도적(또는 훈육적, disciplinarian) 역할과 교수-학습자적(instructor) 역할을 수행해야 한다고 하였다. 그러나 그 역할들은 모든 교사들에게 적용됨에도 불구하고 교사들 간에 그것들을 해석하고 실행하는 방식에 큰 차이가 있으며, 실제에 있어서는 서로 합쳐져 나타난다고 보았다. 그는 교사의 입장에서는 교과내용과 학생들이 하나의 제약조건이 되며, 교사의 역할 인식은 학생들의 인식과 행위에 의해서도 영향을 받는다고 파악하였다(더 자세한 내용은 제11장 교사와 학생 간 상호작용 참조).

이러한 연구들은 역사적 · 정치적 상황을 고려하지 않고 개별 행위자의 행위에 초점을 두고 논의한다. 따라서 상징적 상호작용론의 주된 제한점은 행위의 광범한 구조적 배경에 대한 고려가 결여되어 있다는 점이다. 그러므로 상징적 상호작용론의 가장 중요한 과제는, 개별 행위자의 세계에 대한 인식과 그 세계를 포괄하는 구조적 제약 요인들에 대한 인식 양자를 접합하여 경험적 연구로 설명하는 일이다.

(5) 민속방법론

민속방법론(民俗方法論, ethnomethodology)은 일상의 평범한 대화나 매일의 일상적 상호작용을 통하여 사람들이 그들의 세계를 어떻게 구성하는지, 즉 민속방법이 어떻게 구성되는지를 연구하는 방법론이다. 민속방법론은 1960년대 후반 해럴드 가핑클(Herald Garfinkel)이 주창한 사회학의 한 방법론이다. 민속방법론의 이론적 성숙에는 슈츠(A. Schutz)의 현상학, 고프만(E. Goffman)의 연극적 분석론, 블루머(H. G. Blumer)의 상징적 상호작용론이 영향을 미쳤다.

민속방법론에서는 사람들이 사회적 상호작용을 통하여 사회적 현실에 대한 감각을 창출·유지·변화시켜 간다고 보고 그러한 일상적 실천 과정(민속방법, folk methods)에 관심을 갖는다(백승대, 1985; 정용교, 2001). 개인은 언어적 · 상호작용적 능력을 가지고 질서 정연한 일상 세계를 산출하는 능동적 존재이며, 사회질서는 실재(實在)하는 것이 아니라 사람들의 사회적 현실에 대한 감각(인지작용)의 산물로 가정된다. 또 규칙은 사람들이 사회적 상호작용에서 타인의 행동을 관찰하고 이해하는 해석 도구로 간주된다.

민속방법론의 핵심 개념은 설명(account), 지표성(indexicality), 상호구성성(reflexivity)이다(백승대, 1985). 첫째, 설명(account)은 사회구성원들이 사회적 상호작용 속에서 사회적 현실에 대한 감각을 창출해 내는 활동이다. 사회구성원들은 주관적 설명 활동을 통하여 상호주관적이고 사실적 지위가 부여된 사회세계를 창출한다. 둘째, 지표성(indexicality)은 사회구성원들이 일상생활에서 주고받는 담화, 몸짓, 신호, 기타 정보들이 특정 맥락에 의존하여 의미를 지님을 뜻한다. 그런데 그러한 맥락은 사회구성원들이 끊임없이 구성해 내는 것이므로 무한히 상세하게 규정될 수 있다. 셋째, 상호구성성(reflexivity)은 설명과 맥락이 서로를 구성 및 규정하므로 해석의 무한한 순환을 낳는 특성이다. 맥락과 설명의 의미는 상호작용에 참여하는 사람들이 특정한 경우 구성해 낸 해석이며 이후 재구성된다.

민속방법론자들은 평범한 대화나 매일의 일상적 상호작용을 통하여 사람들이 그들의 세계를 어떻게 구성하는지를 연구하는데, 주요 자료수집 방법으로는 관찰을 활용한다. 민속방법론은 인간을 능동적 존재로 규정하고 새로운 의미론과 이해론을 정립하고자 하였다.

민속방법론에 대한 문제점으로는 사회적 현실의 실재성을 무시는 경향, 상호작용적 상황만을 강조함으로써 거시적 사회 현상은 설명하기 어려운 점 등이 지적되고 있다.

3. 해석적 연구의 주요 개념과 내용

1) 주요 개념

해석적 관점에 입각한 교육연구를 실제로 수행할 때 주로 사용되는 몇 가지 중요한 개념들은 다음과 같다(Blackledge & Hunt, 1985 : 234-236 ; 정우현, 1990 : 256).

(1) 일상적 활동(everyday activity)

일상적 활동은 사회적으로 구성된다.

(2) 자유(freedom)

일상적 활동은 개개인의 자율성과 자유에 의해서 이루어진다.

(3) 의미(meaning)

일상적 활동을 이해하기 위해서는 행위자가 그들의 행위에 부여하는 의미를 파악하여야 한다.

(4) 상호작용(interaction)

일상적 활동은 여러 사람들과의 상호작용으로 이루어진다.

(5) 교섭(negotiation)

행위자들은 지속적인 의미교섭(意味交涉)의 과정을 통하여 서로 이해와 해석을 공유하게 된다.

2) 해석적 연구의 주요 내용

해석적 연구는 사회적 맥락에서 인간의 행동을 규제하는 내재적 규칙과 지식을 발견하고 기술한다. 학자가 해석한 것은 이미 참가자(내부자, insider)가 해석한 사건들이다. 참가자가 해석한 것은 특별한 사회적 맥락에서 특정한 방식으로 전달되고 구조화된 메시지이다.

메시지는 의사소통의 가장 간단한 단위이며, 이들이 결합되어 하나의 텍스트를 형성한다. 메시지는 의미전달의 매개물이다. 하나의 메시지는 적어도 세 가지의 다른 의미를 전달한다. 메시지에 대한 완전한 해석은 다음 세 종류의 의미 각각에 대한 이해와 그들이 서로 조합되어 있는 방식에 대한 이해를 요구한다(고형일 · 이두휴 역, 1990 : 152-155).

(1) 명제적 내용

세상의 어떤 측면에 대한 명백한 주장의 기능을 한다.

(2) 관계적 내용

메시지를 전달하는 사람과 전달받는 사람의 관계를 밝혀 준다.

(3) 태도적 내용

메시지를 어떻게 받아들여야 하는가 혹은 우리가 메시지에 대해 어떤 태도를 가져야 하는가를 전달하는 기능을 한다.

메시지의 내용은 흔히 메시지가 전달되는 형식과 상황에 따라 달라진다. '학부모-교사협의회'에서 '순이는 다른 학생과 어울리지 않는다'는 말에는 학교에서의 순이의 행동에 대한 평가뿐만 아니라 다른 의미도 담겨 있다. 또 그 진술은 바람직한 집단의식의 개념을 확인시켜 준다. 즉 '어느 누구든 서로 잘 어울려야 한다'는 집단규범을 전제로 한 메시지이다. 듣는 사람이 그 규범을 모르거나 그 규범에 동의하지 않는 경우 의사소통은 방해를 받게 된다.

제3부

교육실제와 쟁점

제 9장 학업성취의 격차와 학습의 사회적 환경
제10장 교사와 학생 간 상호작용
제11장 교육선발과 입시제도 및 교육경쟁

제 9 장

학업성취의 격차와 학습의 사회적 환경

1. 학업성취의 격차와 교육불평등

2. 학습의 사회적 환경

3. 지능과 환경

4. 가정환경 : 사회 · 경제적 지위의 영향

5. 학업성취에 대한 학교(공교육) 효과

6. 학업성취에 대한 사교육의 효과

1. 학업성취의 격차와 교육불평등

같은 환경에서 같은 공부를 하더라도 어떤 학생은 성적이 좋고 다른 학생은 그렇지 못하다. 이러한 학업성취의 격차는 개인과 집단 간에 모두 나타난다. 또 남녀 간, 학교 간, 도시 · 농촌 간, 계층 간, 인종 간에도 나타난다. 이러한 현상은 우리가 체험하고 있는 것이며 또 연구들을 통하여 확인된 것이다.

학업성취의 격차는 현실적으로 곳곳에 존재하고 있고 또 오래전부터 계속 있어 왔다. 그러한 학업성취의 격차를 문제삼는 이유는 그것이 사회적 격차의 중요한 결정요인으로 작용하기 때문이다. 정당한 학업성취의 격차는 정당한 사회적 격차를 낳지만, 부당한 학업성취의 격차는 부당한 사회적 격차를 낳게 된다. 결국 학업성취의 격차에 대한 논의의 근본은 사회와 교육에 있어서 정당성과 부당성에 대한 문제제기인 것이다. 즉 교육불평등 논의의 중심에 학업성취 격차 문제가 놓여 있다.

한 가지 예를 들면, 20여 년 전까지만 해도 여자가 남자보다 대체로 낮은 학업성취를 보였다. 만일 그 격차가 여자의 선천적 · 생물학적 특성으로 인한 것이라면, 그 격차는 인간이 아닌 신의 영역에서 결정되는 것으로 보아야 한다. 그러나 그러한 격차가 여자에 대한 사회적 억압구조, 불리한 취업기회, 차별적 문화풍토 및 교육풍토 등에 따른 결과라면, 그것은 인간과 사회의 영역에 맡겨진 문제이다. 사람들은 그러한 격차의 정당성과 부당성을 논해야 한다. 이는 학습의 사회적 환경에 대한 논의를 필요로 한다.

2. 학습의 사회적 환경

전통적으로 학습은 선천적 능력, 노력, 좋은 환경의 세 가지가 갖추어지면 완벽하게 이루어진다고 생각되어 왔다. 역사적으로 볼 때, 한국 사람들은 노력을 매우 강조해 온 것 같다. 이 점은 일본과 중국에서도 비슷하게 나타나며, '노력주의'로도 불린다. 동양과는 달리 서양 사람들은 (선천적) 능력을 전통적으로 중시해 왔다. 그러한 측면은 실화로 극화되기도 하였고(한국의 한석봉 이야기), 때로는 이론으로 (서양에서 선천적 · 불변적 능력으로 본 과거의 지능이론) 정당화되기도 했다.

서양에서 지능의 개념이 대두되기 이전에는, 학생들이 학교에서 학업성취에 실패하는 데 대한 책임이 공부를 게을리하는 학생과 부적절한 수업을 하는 교사들에게 있다고 보았다. 그러나 고정적이고 선천적인 것으로 가정된 학습자 내부의 능력, 즉 지능에 대한 이론이 등장한 이후 교사들은 학생들의 학업성취 실패 이유를 특정 지식이나 행동유형의 학습에 필요한 지능의 결핍 때문이라고 설명하였다. 학생들은 교사들과 마찬가지로 학업 실패에 대한 책임을 면제받았다. 사실 지능을 불변적 개념으로 보는 상황에서는 선천적 능력이나 지능을 보유하고 있지 않은 학생에게 지식이나 기술을 가르치는 일은 교사들의 임무와 능력 밖의 일로 간주되었다. 학부모들 역시 유전적으로 형성된 제한된 능력 때문에 책임을 면제받았다. 고정되고 제한된 학습능력에 대한 믿음은 여러 교육프로그램들이 실제로 큰 효과를 발휘하지 못한다는 느낌을 갖게 할 위험성이 있었다.

학생의 학업성취에 대한 근래의 이론적 논의의 쟁점은 학습의 사회적 환경에 모아지고 있다. 인간은 거의 모든 행동을 다른 사람들과의 관계 속에서 학습하는 것으로 밝혀지고 있다. 학업성취에 영향을 미치는 사회적 요인은 매우 많다. 사회 · 경제적 지위, 문화실조, 능력별 반편성, 학생문화, 학교풍토, 자아개념과 자성예언, 포부수준, 의사소통 방법 등이 그것이다. 이러한 의미에서 교육의 전 과정은 사회적 환경 속에서의 개인과 개인, 집단, 그리고 복잡한 사회조직들과의 상호작용을 포함한다.

이와 같이 학습의 선천적 능력과 사회적 환경 요소에 관한 논의들이 중요한 쟁점이 되는 이유는 그 문제들의 사실성 여부 외에 교육적 · 사회적 의미 때문이다.

첫째, 공적 교육기관으로서의 학교의 성공과 실패를 설명하는 방식, 책임을 묻는 방식, 그리고 정책 대안의 방향이 달라지기 때문이다.

둘째, 사회평등과 교육평등에 관한 논의의 근원을 이룬다는 점이다.

3. 지능과 환경

1) 지능검사의 발달과 계층적 관심

역사적으로 볼 때 지능검사는 갈톤(F. Galton, 1822~1911)이 영국의 빅토리안 지배계급 남자들의 지적 능력을 연구한 데서 비롯되었다. 당시의 지배계급은 산업혁명과 도시화에 따른 사회적 혼란과 갈등 속에서 자신들의 지위를 계속 유지해야 할 필요에 직면하였다. 이에 따라 빅토리안 지배계급은 갈톤에게 자신들의 지적 능력의 우월성을 입증해 줄 것을 요구하게 되었다. 갈톤은 빅토리안 통치계급이 사회적으로 유리한 지위를 차지한 것은 적자생존(適者生存) 원리에 따른 자연적 적합성 때문이라는 결론을 내렸다.

이후 서구에서는 산업혁명으로 대량 생산된 상품을 판매할 해외 식민지를 개척하게 되었고, 식민지 경영에 필요한 우수한 인적 자원을 필요로 하게 되었다. 이 같은 상황에서 갈톤은 피어슨(K. Pearson, 1857~1936) 등과 함께 우생학(優生學)이라는 새로운 학문을 개척하였고, 우생학을 토대로 프랑스의 생리학자 비네(A. Binet, 1857~1911)는 정신능력을 측정하기 위한 검사를 고안해 냈다. 비네의 지능검사는 특수교육을 필요로 하는 아동을 분류 · 선별하는데 활용되었고, 지능의 가변성(可變性)을 지지하는 데 일조하였다(Rose & Rose, 1979 : 82 ; 김병성 역, 1991).

지능검사의 주요한 발전은 미국에서 이루어졌다. 그 이유는 미국사회의 전통 속에도 선별적 인종개량을 통해 국민의 질(質)을 통제하려는 우생학적 관심이 깔려 있었기 때문이다. 즉, 미국사회 상류계층(WASP)의 지위유지라는 계층 이익이 반영되어 있었다. 또 미국으로 유입되는 이민 인구가 급증함에 따라 그들을 통제하지 않으면 미국인의 혈통이 약화되리라는 우려(최상급 계층의 지위에 대한 위협)도 작용하였다(Kamin, 1977 : 31).

한편 우리나라의 경우 지능검사가 제작 · 실시된 데에는 서구와는 다른 역사적 배경이 있다. 1950년대 중반 6 · 25전쟁 이후 중 · 고등학교 입학자들의 선별과 상급학교에서의 학습가능성을 예언하기 위한 수단으로 지능검사가 제작되기 시작했다. 물론 지능검사만으로 상급학교 입학자들을 선별한 것은 아니었지만, 당시 혼란한 상황에서 만들어진 지능검사는 이른바 우수한 학생들을 선별하는 데 있어 큰 영향력을 발휘하였다.

위와 같이 초기 지능검사는 우생학적 전통 속에서 지적 능력이 우수한 자를 선별하기 위한 수단으로 활용되었다.

2) 지능의 유전결정론 · 환경결정론 · 문화 차이 모형

(1) 지능의 유전결정론

지능에 관한 유전결정론은 다음과 같은 네 가지 주요한 가정을 포함하고 있다.

① 지능은 유전적(遺傳的)으로 결정된다.
② 학습능력은 고정(固定)되어 변하지 않는다.
③ 집단들 간 학습능력 수준에 차이가 있다.
④ 학습능력은 사회적 환경에 의해 영향을 받지 않는다.

미국의 유전결정론자 젠센(A. R. Jensen)은 인간지능의 약 80% 정도가 유전에 의해 결정되며 인종이나 사회계층 간의 지능수준에 유전적 차이가 있다고 주장하였다. 그 예로 백인 아동의 지능지수가 흑인 아동에 비해 평균 15점 이상 높다고 하였다. 그는 흑인 아동이 백인 아동보다 학교에서 낮은 학업성취 수준을 보이는 것은 미국 사회에서의 흑 · 백간 소득 수준의 차이나 학교 교육과정의 불평등 때문이 아니라 흑인들의 타고난 지적 수준이 상대적으로 낮기 때문이라고 보았다(Jensen, 1969 : 1-2). 따라서 백인과 흑인 간 사회 · 경제적 불평등의 원인은 본래 백인과 흑인 간에 내재하는 지능 차이로 귀착된다.

지능지수와 학업성취 간에는 상관이 높으며 사회 · 경제적 배경을 달리하는 학생집단 간 지능점수의 차이가 크다는 것은 잘 알려져 있다. 예컨대, 젠센(A. R. Jensen)은 사회 · 경제적 배경과 지능지수 사이에 0.35에서 0.40의 상관관계가 있다고 보고했다(Jensen, 1969 : 75).

이러한 유전결정론적 신념들은, 각 개인들은 제한된 학습능력을 가지고 있고, 그 학습능력은 외부의 사회적 요인들로부터 영향을 받지 않으며, 개인의 고정된 능력은 지능검사로 정확히 측정할 수 있다는 가정들을 포함한다. 그러나 지능검사 점수는 경험이나 환경에 따라 변화 가능하다는 과학적인 근거에 비추어 보면 학습능력에 관한 이러한 신념들을 부적절하다고 볼 수 있다.

(2) 지능의 환경결정론과 문화 차이 모형

지능에 대한 환경결정론자들은 유전론자들과는 전혀 다른 입장을 취한다.

즉 유전적 요인보다는 가정과 학교에서 갖는 문화적 경험의 차이가 개인과 집단 간의 지능 차이를 초래한다고 본다. 어린 시절 빈곤한 가정의 문화적 환경 속에서 형성된 개인의 낮은 지적 능력은 성장한 후에도 큰 변화 없이 지속되어 이후 그가 학교교육을 이수하는 데 상당한 어려움을 초래한다는 것이다. 결국, 환경결정론자들은 지능보다는 구조화된 사회적 불평등이 학습 능력의 차이를 낳고, 그것은 다시 학업성취의 차이를 낳으며, 종국에는 사회·경제적 불평등으로 연계된다고 보는 것이다.

지능에 대한 환경결정론에는 또 다른 유형의 논의가 포함된다. 시카고학파에 속하는 일련의 인류학자와 사회학자들은 사회계층 간에 지적 능력의 차이가 나는 것처럼 보이는 것은 유전이나 환경의 차이가 아닌 사회계층에 존재하는 문화양식의 차이 때문이라고 주장하였다.

그들은 오스트레일리아 북부 마이크로네시아의 프로워트(Puluwat)섬 주민들의 항해술에 대한 문화인류학적 연구결과를 문화양식의 차이 모형의 논리로 제시하였다. 프로워트섬 주민들은 아무런 계측 장비 없이 하늘과 바다의 변화에만 의존하여 수천마일을 항해하고 귀환하는 능력을 보여주었고 그 과정에서 고도의 논리체계를 활용하였다. 그러나 추상적이고 이론적 지식 내용을 기초로 제작된 서구의 검사도구로 그들의 지적 능력을 측정해 본 결과 매우 낮은 점수를 보였다. 이러한 결과는 지능에 대한 유전결정론과 환경결정론에 대한 의심을 초래하였다. 즉, 하류 계층이나 흑인 혹은 농촌지역의 학생들이 낮은 지능지수를 보이는 것은 그들 나름의 논리체계가 없다거나 타고난 지적 능력이 낮기 때문이라고 보기 어렵다는 것이다. 그보다는 계층·인종·지역 간에 나타나는 지적 능력의 차이는 문화양식 혹은 사고양식(思考樣式)의 차이에 불과하다는 것이다. 따라서 그들은 어떤 지능검사 결과에서 '갑' 집단은 높게 나오고 '을' 집단은 낮은 점수를 받았다면 그 이유는 해당 지능검사가 '갑' 집단의 문화양식을 많이 반영하고 있기 때문이라고 파악한다.

3) 지능검사의 문화적 편파성과 사회적 재생산

지능검사의 문항 내용과 사회계층 간의 관계에 관한 일련의 연구들이 이루어져 왔다. 일례로 데이비스(W. A. Davis, 1902~1983)의 연구에 따르면, 지능검사의 문항내용은 사회계층간 문화적 경험 차이를 차별적으로 반영하고 있다(Charters, 1963). 예컨대 검사문항의 용어들 중 심포니 · 조각가 · 책 등에는 중류층 중심의 문화적 가치가 내포되어 있고, 질문형태도 중류층 가정의 언어유형에 가깝게 고도의 추상성을 지니고 있다. 따라서 일반지능검사는 하류층 학생들에게 이미 불리하도록 문화적 편파성을 띠고 있다는 것이다.

한국에서 통용되는 지능검사의 문항 내용을 살펴보아도 바이올린, 전화, 피아노, 클라리넷, 우표, 중절모자 등 도시 중류층 학생들이 일상생활과 학습을 통해 비교적 쉽게 경험할 수 있는 것들이 주류를 이루고 있다(정범모의 간편지능검사, 김호권의 일반지능검사). 더구나 충성, 사랑, 야릇하다 등과 같이 추상적 개념을 묻거나 언어 · 수 · 도형들 간의 고도의 추상적 관계를 묻는 문항들도 상당수 있다. 또 역마차, 카누, 중절모자, 펭귄 등과 같이 우리 사회에서 직접 경험하거나 관찰하기 어려운 용어를 담고 있는 문항들도 있다. 이러한 문항 내용은 결국 TV나 그림책 등과 같은 간접경험을 통해 이해될 수밖에 없다고 한다면, 상대적으로 간접경험의 기회마저 제한된 하류층 학생들은 이중의 문화적 편파성을 겪고 있는 셈이다(이해성, 1990).

4. 가정환경 : 사회 · 경제적 지위의 영향

1) 학업성취에 영향을 미치는 다양한 요인들

학업성취와 관련된 변인들은 모두 망라하기 어려울 정도로 많으며, 관련 연구 또한 연구자들의 학문적 배경에 따라 다양하다. 심리학적 배경을 가진 연구자들은 학습자의 개인적 특성변인(지능 · 성격 · 인지양식 · 귀인 · 동기 등)과 같은 심리적 가정환경 변인에 초점을 두고 연구해 왔다. 반면, 사회학적 배경을 가진 연구자들은 대체로 학습과 관련된 부모의 사회 · 경제적 지위(Coleman, 1966 ; Jencks, 1972 등)와 사회적 자본(Coleman, 1988)과 같은 거시적인 환경적 변인에 주로 관심을 가져왔다.

월버그 등(Walberg et al., 1986)은 약 2000여 개의 학업성취 관련 연구들에 대한 메타분석을 통해 학업성취와 관련된 9개의 주요 변인을 발견하였다. ① 학습자의 능력, ② 학습자의 나이 혹은 성숙도, ③ 학습동기 및 자아개념, ④ 교수(수업)의 양, ⑤ 교수(수업)의 질, ⑥ 가정의 심리적 환경, ⑦ 교실 혹은 학교환경, ⑧ 동료의 특성, ⑨ 과외활동이 포함된다.

정원식(1986)은 아동의 학업성적에 긍정적인 영향을 주는 환경을 자극적 교육환경(stimulating educational environment)으로, 부정적인 영향을 주는 환경을 취약적 교육환경(deprived educational environment)으로 구분하였다. 이 두 환경의 차이는 ① 부모가 학교학습에 대해 부여하는 가치, ② 학교학습에 대한 부모의 기대와 강화, ③ 학교교육을 받음으로써 기대되는 장래의 보상, ④ 학교교사의 사기와 능력에 달려 있다고 하였다.

우리나라에서 자녀의 학습에 대한 부모의 기대, 압력, 지원은 학교교육의 연합적 경쟁구조 속에서 더욱 강화된다. 한국의 학력경쟁은 개인적이라기보다는 연합적 · 집단적 경쟁의 양상으로 나타난다(이종각, 1988). 학습자 개인 간의 경쟁구조보다는 그 학습자를 둘러싼 학부모 · 교사 · 교육행정가 등 다양한 인적 자원들이 서로 연합하여 벌이는 집단적 경쟁구조라는 것이다. 따라서 학습자를 둘러싼 사회적 조건들은 학업성취와 밀접히 관련되어 있다.

2) 사회 · 경제적 지위

관련 연구 결과들에 의하면 교육에 대한 접근기회에 가장 큰 영향을 주는 요인은 학업성취 수준과 가정의 사회 · 경제적 지위(SES : Socio Economic Status)이다. 즉, 부모의 소득수준, 직업지위, 교육수준 등이 높으면 자녀의 학업성취 수준도 높은 경향을 보인다. 사회 · 경제적 지위와 학업성취 사이에는 높은 상관관계가 있다. 이 두 변인 사이의 관계에 대한 관심과 논쟁은 콜만보고서(Coleman Report, 1966)에 의해 촉발된 이래 지속되었다. 젠크스(C. Jencks)도 아버지의 사회 · 경제적 지위와 자녀의 학업성취 사이에 0.55의 상관관계가 있다고 보고하였다(Jencks, 1972 : 138). 지능이 높더라도 사회 · 경제적 지위가 낮은 학생들은 대학교육을 열망하지 않았다(Sewell, 1964 : 24-25)는 연구결과도 있다.

대학에서의 학업성취, 학생의 지능, 그리고 사회 · 경제적 지위 간의 관계를 알아보기 위하여 미국 위스콘신 고등학교 3학년생을 졸업 후 7년간 추적한 한 연구에서는 학생의 사회 · 경제적 지위가 지능과 함께 대학학업 수행에 절대적으로 중요한 역할을 하는 것으로 밝혀졌다(Sewell and Shah, 1967). 연구결과를 정리하면 다음과 같다. 첫째, 사회 · 경제적 배경이 높을수록 남녀에 관계없이 대학입학 계획, 학업성취 및 졸업 비율이 높았다. 둘째, 지능이 높을수록 대학입학 계획, 학업성취 및 졸업 비율이 높았다. 셋째, 대학입학 계획은 사회 · 경제적 배경에 의해, 학업성취는 지능에 의해 보다 더 많은 영향을 받았다. 넷째, 대체적으로 사회 · 경제적 배경은 여학생들에게, 지능은 남학생들에게 학업성취에 영향을 주었다.

사회 · 경제적 배경이 학업성취에 영향을 주는 경로는 매우 다양하다. 연구에 의해 밝혀진 경로들로는 포부수준(抱負水準), 문화실조(文化失調, cultural deprivation), 언어상호작용 과정 등이다. 영국의 번슈타인(Bernstein, 1973)은 계층 간의 언어 차이가 학업성취에 영향을 미친다는 사실을 밝히고 있다. 또 다른 중요한 연구결과로 학교 자체가 문화적으로 편중되어 있다는 지적도 있다. 즉 학교의 교육내용과 전반적 풍토가 중상류층의 문화를 반영하고 있다는 것이다. 학교에서 사용되는 언어모형, 교육내용, 학교풍토 등이 중상류 계층의 문화를 반영한다면 하류계층 아동들은 자신들의 문화가 아닌 다른 문화를 학습해야 하므로 학업성취에서 불리한 위치에 놓일 수밖에 없을 것이다.

3) 경제적 자본 및 인간자본과 학업성취

종전의 교육사회학적 연구에서는 부모의 교육수준이나 소득수준에 따른 자녀의 학업성취도의 차이를 규명하는 데 주안점을 두었다. 반면 최근의 연구에서는 부모의 사회계급과 자녀의 학업성취도 사이를 매개하는 추가적인 요인을 밝히는 데 더 중점을 두는 추세를 보인다. 따라서 단순히 부모의 교육수준이나 계급이 높아질수록 자녀의 학업성취도가 높아진다고 설명하는 데서 한 걸음 더 나아가 자녀교육의 보다 구체적인 기제를 밝히고자 한다. 예컨대, 상층계급 출신이거나 교육수준이 높은 부모일수록 자녀교육에 대한 금전적인 지원을 더 많이 할 수 있거나(Meyer & Garasky, 1993), 대학교육의 필요성을 강조해서 심리적으로 자녀의 학업동기(즉, 포부수준 향상)를 고취시키거나(Willis, 1977 ; Gorman, 1998), 또는 교사와 더 원만한 관계를 유지하거나 학부모의 사회적 연결망을 통하여 후원(Coleman, 1988 ; Morgan & Sorensen, 1999)할 수 있는 것으로 나타났다.

콜만(Coleman, 1988)은 자녀의 성장과 학업성취에 영향을 미치는 가정환경 배경을 경제적 자본(financial capital), 인간자본(human capital), 그리고 사회적 자본(social capital)의 세 가지 요소로 구성된 것으로 보았다. 경제적 자본은 가족의 소득수준에 의하여 결정되는 자녀에 대한 부모의 물질적 지원 능력을 가리킨다. 인간자본은 부모의 교육수준에 의하여 측정될 수 있으며, 자녀의 학업에 도움을 줄 수 있는 인지적 환경에 영향을 미친다. 그리고 사회적 자본은 부모와 자녀 사이의 사회적 관계 속에 형성되는 자녀교육에 대한 부모의 관심 및 시간의 투입이라는 형태로 나타난다.

가정배경을 구성하는 여러 가지 요소들 가운데 학업성취와 관련하여 그동안 주로 논의되어 온 것은 경제적 자본과 인간자본이었다. 다른 조건이

동일하다면, 부모가 자녀에게 보다 많은 물질적 자원을 투입할수록, 그리고 부모의 지적 수준이 높을수록 자녀의 학업성취는 높아진다는 것이 일반적인 결론이었다.

4) 사회적 자본과 학업성취

최근의 연구결과들은 부모의 경제력(경제적 자본)이나 교육수준(인간자본)과는 별개로 가족 내의 사회적 자본이 아동의 학업성취에 중요한 영향을 미칠 수 있음을 보여 준다(Ho & Willms, 1996; 김경근, 2000; 안우환, 2003). 만일 사회적 자본이 경제적 자본이나 인간자본과는 독립적으로 학업성취에 영향력을 발휘한다면, 그것은 부모의 낮은 사회 · 경제적 지위로 인하여 발생할 수 있는 교육적 불평등이 다소 완화될 수 있는 가능성을 시사해 준다. 비록 부모가 학력이 낮아 경제적으로 궁핍하고 학업에 직접적으로 도움을 주지 못하더라도 자녀에 대하여 보다 많은 관심과 격려를 제공한다면 그러한 불리함이 어느 정도 극복될 수 있기 때문이다(김경근, 2000 : 22).

부모의 사회 · 경제적 지위와 관련된 요인들과는 별개로 가족 내 사회적 자본도 아동의 학업성취에 의미 있는 결정요인으로 작용한다. 특히 아동에 대한 부모의 기대수준이나 학습활동에 대한 지원이 그러하다. 콜만에 따르면, 가족이나 지역사회로부터 사회적 자본이라는 자원을 얻게 될 때 교육적 성취를 제고시키는 데 도움을 받을 수 있다. 사회적 자본은 다양한 형태로 나타난다. 아동의 발달에 대한 부모의 관심, 부모나 지역사회가 고수하는 사회적 규범, 부모 외의 가족 내 다른 성인들의 존재 및 그들과의 유대, 주변 사람들의 아동에 대한 신뢰감 등이 포함된다. 따라서 기본적으로 사회적 자본은 아동과 그를 둘러싼 주위의 여러 성인들 간, 그리고 그 성인들 간 관계구조에 내재해 있는 것으로 볼 수 있다(김경근, 2000 : 24).

사회적 자본은 그것이 충분하게 존재할 때 비로소 부모의 경제적 자본이나 인간자본이 아동에게 제대로 전달되어 활용될 수 있다는 점에서 아동의 교육적 성취에 중요한 의미를 갖는다. 부모가 아무리 경제적으로 여유가 있어도 물질적 자원을 아동의 발달을 위하여 투입하도록 하는 부모와 아동 사이의 관계가 형성되어 있지 않다면 교육적 성취의 제고에 기여할 수 있는 가능성은 높지 않다. 마찬가지로 부모의 교육수준이 높고 지적 능력이 뛰어나더라도 아동의 발달에 대한 관심이 미미하다면 부모가 가진 인간자본은 아동에게 온전히 전달되어 활용되기 어렵다. 따라서 만일 경제적 자본이나 인적 자본이 사회적 자본에 의하여 보완되지 않는다면, 부모가 갖고 있는 풍부한 경제적 자본이나 인간자본도 아동의 교육적 성취와 무관할 수 있는 것이다(Coleman, 1997).

가족 내 사회적 자본의 주종을 이루는 아동의 발달에 대한 부모의 관심은 매우 다양한 양상으로 학업성취에 영향을 미치는 것으로 알려져 있다. 부모의 관심과 자녀의 학업성취 간의 관계에 대하여 대체로 일치하는 미국의 연구결과 몇 가지를 살펴보면 다음과 같다.

① 부모의 자녀교육에 대한 포부, 즉 부모의 높은 포부는 초등 및 중등학교 아동들의 성취수준에 긍정적인 효과를 나타냈다.
② 아동의 학습활동에 대한 부모의 적절한 관여는 아동의 학업성취 및 학습동기 수준에 긍정적인 영향을 주었다.
③ 아동의 학업진척에 대한 부모의 전반적이고 적정한 감시 및 감독이 학업성취에 긍정적인 효과를 초래하였다.
④ 부모의 관여가 아동의 학업성취에 미치는 영향은 아동의 연령에 따라 달라지며 일반적으로 초등학교 아동들에게서 가장 강하게 나타났다.

한편 가족 내 사회적 자본과 학업성취와의 관련성에 대한 국내 연구 중 안우환(2003)과 이정선(2001)의 연구는 부모와 자녀 간 상호작용이 매우 중요함을 시사하고 있다. 안우환(2003)은 가족 내 사회적 자본은 가족 배경에 의한 사회적 자본과 부모-자녀 간 관계에 의한 사회적 자본 등을 포함하는 데, 이 중 학생의 학업성취에는 부모와 자녀 간 관계에서 비롯되는 사회적 자본이 더 영향력을 매개한다고 지적하였다.

이정선(2001)의 연구에서도 유사한 결과를 보였다. 그는 가정의 구조적 환경이나 사회 · 경제적 지위보다는 자녀교육에 대한 부모의 관심과 열정, 교육과 관련된 부모의 가치체계, 자녀에게 부과하는 교육적 기대, 행동양식, 부모 자녀 간의 상호작용과 자녀의 학업에 대한 부모의 개입과 압력, 그리고 학습과 관련된 지역사회 내 중요한 타자들의 교육적 정보교류, 밀접한 관계 및 유대 그리고 상호 지지의 중요성을 지적하였다.

5) 문화자본과 학업성취

아동의 초기 경험은 학교학습에 중요한 기초를 제공하므로 아동의 가정에서의 초기 경험을 문화자본(cultural capital)이라고 부른다. '문화자본'은 1970년대에 부르디외(P. Bourdieu)와 빠스롱(J. C. Passeron)이 「Reproduction in Education, Society and Culture」(1977)에서 처음 사용한 말이다. '문화자본'은 상징적 표현이 화폐나 재산과 마찬가지로 사회의 지배계급에 의하여 결정된 교환가치라는 주장에 근거하여 성립된 개념이다. 즉 한 사회의 구성원은 그 사회의 지배계급이 가장 중시하는 언어를 이해하고 활용하는 능력이 클수록 문화자본을 많이 소유할 수 있을 뿐 아니라 문화자본의 분배와 전수방법도 많이 통제할 수 있다는 것이다.

부르디외와 빠스롱의 주장을 살펴보면 국가교육이 사회를 구성하는 각 계급에게 문자소양을 공평하게 배분하는 일에 왜 자주 실패하는가에 대한 설명을 얻을 수 있다. 즉, 자본주의적 민주정치체제 아래 공립학교 교육에서 성적이 가장 좋은 학생은 반드시 재능이 가장 뛰어난 학생이 아니라, 사회적 · 경제적 · 문화적 지위가 높은 학생 다시 말하면 문화자본을 가장 많이 소유한 계층의 학생이라는 것이다.

사실 학교와 마찬가지로 가정은 학생들의 교육에 대한 열망이나 학습능력을 개발해 내는 중요한 장이다(Gorman, 1998 : 11). 그럼에도 불구하고 가정 내에서의 학습동기 고취 방식이나 사교육기회 제공 형태 등과 같은 구체적인 사회화 과정이 부모의 계급에 따라 얼마나 차이가 나는지에 대해서 충분히 연구되지 않은 면이 있다.

부모의 예술적 취향과 지적 능력을 경제학적 의미의 자본으로 전환시킨 문화자본이란 개념은, 가정 내에서의 사회화 과정이 한 개인의 학교에서의 교육적 성취와 나아가 세대 간 계급이동 과정에 영향을 미친다는 것을 보여주기 위해 고안된 것이다. 그런 의미에서 문화자본에 대한 연구는 그동안 공백으로 남아 있던 출신계급과 자녀의 교육성취도 사이의 보다 구체적인 인과기제를 밝힘으로써 가족적 배경과 학생들의 학업성취도 간의 관계에 대한 '오래된 의문에 대해 새로운 해답'(Kalmijn & Kraaykamp, 1996 : 23)을 제시한다.

현실적으로 나타나는 자녀교육에 대한 후원의 정도는 계급에 따라서 차이를 보인다. 일반적으로 자녀교육을 가장 적극적으로 후원하는 계급분파는 '학교에 따라 즉각 사회적 지위가 상승하거나 과거와 미래가 달라지는 중간계급분파'(Bourdieu and Passeron, 2000 : 50)로 알려져 있는데, 그들은 '학위가 사회적 신분증명서로 기능하는 데 대해 아주 민감하게 반응'하는 경향을 보인다. 그들은 상속받은 재산이 아니라 스스로 노력하여 성취한 학력에 의존하여 계급이동을 해 왔으며, 대학졸업이라는 학력자격의 상대적 희소성이 하락하는 데 가장 큰 위기의식을 느끼는 계급이다. 그들은 학력 인플레이션 현상에 대한 위기의식으로 인하여 현재 자신들이 계급구조 내에서 차지하는 위치를 자녀들에게 세습시키기 위해 자녀교육에 대한 투자를 강화한다. 자녀교육에 대한 투자는 학력 인플레이션 현상 속에서도 여전히 희소성이 보장되는 명문대학에의 입학을 바라는 중간계급 부모들의 열망이 반영된 것이다. 그들 중간계급 가정 내에서는 자녀들에게 학교의 교육과정에서 습득될 수 있는 다양한 문화적 취향들을 습득 · 개발할 수 있는 기회를 부여하는데, 그것이 다시 자녀의 학업성취도에 중요한 영향을 미친다. 이처럼 문화자본의 효과는 모든 사회계급에게서 균등하게 나타나지 않고 계급 간에 편차를 보인다고 할 수 있다(장미혜, 2002).

부르디외는 부모로부터 물려받아 가정 내 사회화 과정에서 습득된 상속자본의 성격을 띤 문화자본과 학교교육을 통해 습득된 획득자본의 성격을 띤 문화자본이 공존할 때, 계급을 사회적으로 구별하는 문화자본의 본래적 기능을 수행하는 것은 전자임을 강조하였다. 그 이유는 학생들의 학업성취도에 긍정적 영향을 미치는 문화적 소양은 학교교육보다는 오히려 어린 시절 가정에서 성장하면서 무의식적으로 고급문화와 친숙해지면서 습득되는 것으로 보았기 때문이다. 이처럼 문화자본을 고급문화와 친숙해질 수 있는 성향으로 보는 것은 문화자본에 대한 가장 고전적인 정의(classical operationalization of cultural capital)에 속한다(Lareau & Horvat, 1999).

그렇다면 문화자본은 앞서 살펴본 인적 자본과 어떻게 다른가? 언뜻 보기에는 문화자본과 인적자본은 모두 교육과정을 통해 획득된 지식이라는 점에서 표면상 유사점을 지닌다. 그러나 인적자본은 교육과정을 통해서 획득된 모든 형태의 지식이나 기술이라기보다는 '생산적인 노동을 할 수 있는 인간의 특별한 능력에 영향을 미치는 기술과 지식 및 그와 유사한 속성을 지닌 것(Schultz, 1961)'에 국한된다. 린(Lin, 2001 : 3)은 인적자본에서 말하는 이윤이 임금의 형태로 주어지는 개별노동자에 대한 경제적 보상이라면, 문화자본에서 말하는 이윤은 지배문화의 재생산을 의미한다고 구분한다.

교육과정을 통해서 습득된 다양한 인지적 능력을 포함한 부모의 문화자본은 학생들의 학업성취도에 어떤 영향을 미치는가? 장미혜의 연구(2002)는 한국사회에서 아버지의 교육수준이 자녀의 학업성취도에 미치는 영향력 중 15~20%가 문화자본의 효과임을 밝혔다. 미국의 연구결과에서는 아버지의 교육수준이 자녀의 학업성취도에 미치는 영향 중 14% 정도가 문화자본의 효과로 설명되었다(DiMaggio & Morh, 1985). 이러한 수치에 입각해 본다면, 한국 사회에서 학업성취도에 미치는 부모의 문화자본의 영향력은 외국에 비하여 작지 않다고 말할 수 있다(장미혜, 2002).

이만우(2002)의 연구에서도 부모와 아동 간의 대화정도, 독서, 체험활동, 취미활동 등과 같은 기본학습활동은 아동의 국어, 수학성적, 학업성취도에 큰 영향력을 보였으며, 특히 대화빈도는 창의력과 인성에 가장 큰 영향력을 갖는 것으로 나타났다.

한편 한국적 맥락에서 문화자본이 학업성취에 미치는 영향을 분석한 국내의 한 연구에 의하면, 부모의 사회경제적 특성이 자녀의 독서향유 형태의 문화자본에 매우 큰 영향을 미치며 이는 다시 학업성취에 직·간접적인 영향을 미친다. 그러나 독서향유가 자녀의 학업성취에 긍정적인 영향을 미치는 것과는 달리 문화활동 참여는 학업성취에 오히려 부정적인 영향을 초래하는데, 이는 학생의 사교육 참여도가 높은 한국사회에서 문화활동 참여는 공부에 투입하는 절대시간을 축소시킴으로써 학업성취에 불리하게 작용할 개연성이 있기 때문인 것으로 해석된다(김경근·변수용, 2007).

5. 학업성취에 대한 학교(공교육) 효과

학생들의 성적을 학교 간에 균등하게 만드는 것은 가능한가? 만일 어느 학생이 그 학교가 아닌 다른 학교를 다녔다면 그의 성적은 달라졌을까? 만일 학교가 학생들의 성적에 차이를 만들 수 있다면 어떤 학교 요인들이 그에 작용하여 역할을 하며 얼마만큼의 차이를 만들 수 있는가?

이러한 질문들은 교육의 사회적 평등성 문제, 교육자원의 배분정책에 관한 문제 등과 관련하여 연구되어 왔는데, '학교의 학습풍토' 연구와 '학교효과 연구'를 살펴보자.

1) 학교의 학습풍토

학업성취에 영향을 미치는 과정변인의 하나로서 학교풍토는 학생들의 학업성취를 향상시키거나 저해하는 학교의 집합적 규범, 학교의 형식 · 비형식적 조직구조, 그리고 교사-학생 간의 수업실천 행위에 반영된 기대 · 지각 · 태도 등에 관한 것으로 규정된다(Brookover, 1980 : 4).

모든 학교는 각각 독특한 학습풍토(learning climate)를 갖고 있다. 학교의 학습풍토는 학생의 학업성취를 촉진시키기도 하고 저해하기도 한다. 따라서 효과적인 학습풍토를 가진 학교는 높은 수준의 학업성취를 달성하는 반면 그 반대의 경우 낮은 학업성취를 보인다. 학교의 학습풍토는 학교의 사회적 · 심리적 · 교육적 분위기라고 할 수 있다(김병성, 1994 : 231).

트로우(Trow, 1962)는 학교풍토를 네 개의 하위문화로 구분하였다.

① '사교 문화'로서 지적인 면보다 사회적 · 사교적인 면이 강조되고, 스포츠나 오락에 대한 관심이 크게 지배하는 풍토에 해당된다.
② '직업지향 문화'로서 학교가 학생들의 직업적 배치 기능에 주력하여 직업진로의 중심역할을 하는 곳으로 인식되는 경우다.
③ '학문지향 문화'로서 지적인 탐구를 중시하는 문화이다.
④ '저항적 문화'로 학교당국에 대해 적대적 경향을 갖는 분위기가 짙은 학교의 학습풍토를 가리킨다(김병성, 1994 : 231).

(1) 학구적 자아개념

각 개인은 타인(他人)과의 상호작용을 통하여 자신에게 적절하고 정당한 행동을 학습한다. 뿐만 아니라 자신과 관련된 다른 사람과의 상호작용을 통해서 다양한 상황하에서 무엇을 배워야 하는가에 대한 개념을 발전시킨다. 또 자신에게 중요한 평가를 해 주는 타인(중요한 타자 ; significant other)과의 상호작용을 통해서 다양한 행동유형들을 학습하게 된다. 만약 한 개인이 어떠한 행동유형을 학습할 수 없다고 지각한다면, 이러한 학구적(學究的) 자아개념은 그가 그러한 행동을 학습하는 데 장애가 될 것이다. 예를 들어, 자신에게 수학을 학습할 능력이 없다고 믿는 학생은 수학 학습에 지장을 받을 것이다.

요약하면, 학생의 학습은 학습을 하고자 하는 그의 결정에 달려 있다. 이러한 결정은 자신에게 적절한 학습 능력이 있다고 생각하는 학구적 자아개념에 의해 좌우된다. 학생의 학구적 자아개념은 그가 속한 사회체제, 즉 지역사회 환경과 학교풍토 속에서 다른 사람들과의 상호작용을 통해 획득된다.

(2) 준거집단

학습에 있어서 각 개인은 적절한 행동지각(行動知覺)과 의미 있는 타자(他者), 혹은 중요한 타자와의 상호작용을 통하여 학습능력을 획득하므로 사회적 상호작용이론(社會的 相互作用理論)이 중요하다. 집단의 모든 구성원들에게 똑같이 중요한 것은 아무것도 없다. 어떤 개인이나 집단은 다른 사람들보다도 우리 자신의 지각에 영향을 미치게 된다. 그런 집단이 준거집단(準據集團, reference group)의 기능을 한다. 준거집단과 의미 있는 타자와의 상호작용은 학생의 학업성취의 변화를 충분히 예언해 준다.

2) 학교효과 연구

학교효과(school effect) 연구는 학교 간의 질적 차이로 생기는 학생들의 학업성취의 차이에 관한 연구를 말한다. 미국의 학교효과에 대한 대표적 연구는 콜만(J. S. Coleman)과 그의 동료들에 의한 「교육기회의 평등」(Equality of Educational Opportunity) 보고서(1966), 이른바 콜만보고서이다. 이 연구의 주된 연구 문제는 학교의 사회계층적 · 인종적 배경에 따라 학생들의 교육기회가 어떻게 배분되는가를 측정하는 것이었지만, 실제로는 학생들의 학업성취에 대한 사회적 배경(계층, 인종/민족)과 학교교육의 영향을 비교하는 것이었다. 연구 결과, 학업성취에 대한 사회적 배경의 영향력은 상대적으로 매우 큰 반면 학교의 영향력은 아주 미미한 것으로 나타났다. 그러한 결과는 이후 매우 영향력 있는 것이 되었고, 후속 연구에서도 크게 달라지지 않았다(한대동 외, 2000 : 28).

그런데 콜만보고서와 그 후속 연구들에서 다음과 같은 두 가지 결점이 발견되어 새로운 연구들을 자극시켰다. 첫째, 그 연구들이 투입-산출모형(input-output model)에 입각하여 이루어졌다는 점이다. [그림 9-1]에서 보는 바와 같이 투입-산출모형에서는 학교를 하나의 '검은 상자(black box)'로 간주하므로 학교 안에서 일어나는 일이나 학생들에게 행해지는 교육적 작용들이 그들의 학습이나 학업성취에 중요한 요인임에도 불구하고 충분히 고려되지 못했다는 문제점이 있다.

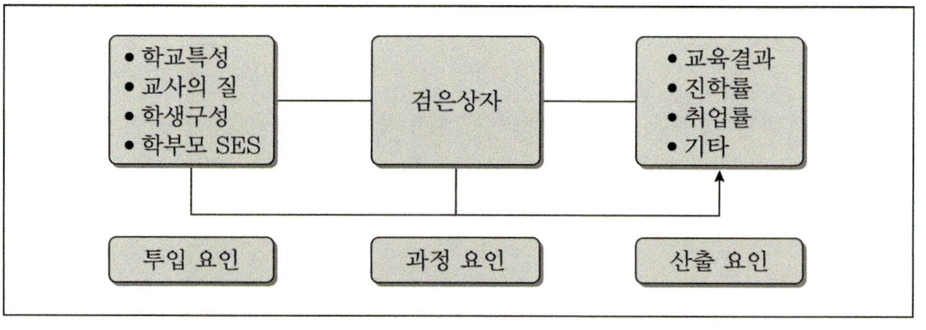

[그림 9-1] 콜만의 투입-산출모형

* 출처 : 김영화, 2010 : 423

이러한 문제점을 보완하기 위하여 '과정변인'(process variables)들이 학업성취와 어떤 관련성이 있는지를 밝혀 보려는 연구들이 진행되었다. 과정변인이란 학교 안에서 일어나는 운영과정이나 교수-학습과정에 관련된 변인이다. 이러한 변인들은 학교의 구성원들이 조성하는 학교의 사회-심리적 풍토, 능력별 반편성(ability grouping)이나 진로별 반편성(curriculum tracking or streaming)과 운영, 수업 중 실제 교수-학습에 사용된 시간 등을 포함한다.

학교 안 과정변인과 학업성취 간 상관성을 다룬 최근의 국내 연구로는 능력별 집단편성이 중학생의 학업성취에 미치는 영향을 분석한 황여정(2010)의 연구가 있다. 연구에 의하면 능력별 집단편성은 상위반에 배치된 학생들에게는 긍정적인 효과를 발휘하지만, 중 · 하위반에 배치되는 학생들에게는 부정적인 효과를 야기할 가능성이 큰 것으로 나타난다. 이 연구는 능력별 집단편성 제도가 시간이 흐름에 따라 상위반과 하위반 학생 간의 학업성취 격차를 확대시키는 기제로 작동할 가능성을 지적한다.

OECD에서 3년 주기로 실시하는 학업성취도 국제비교연구에서는 [그림 10-2]에 보는 바와 같이 학교 및 학급과 학생수준의 투입 그리고 과정변인을 광범위하게 포함시킨 학업성취 모형을 구축하여 학업성취도에 영향을 미치는 요인을 분석한다(김영화, 2010 : 424).

이러한 과정 변인들은 학교수준의 것들도 있지만, 교실수준 혹은 학급단위에서 발생하는 것들도 다수 있다. 그들은 대부분 수업에 관련된 것들로, 예를 들면 수업준비, 학습조직 방법, 교사-학생 상호작용, 교수-학습 방법, 수업통제와 분위기, 학생들의 수업태도, 평가방식, 숙제부여 방식 등이 학업성취와 관계가 있는 것으로 보고되었다(한대동 외, 2000 : 29).

둘째, 콜만보고서는 학교효과가 학교 간에 차이가 있다는 점을 소홀히 취급하였다. 즉 더 효과적인 학교와 덜 효과적인 학교가 있을 수 있는데 그것을 무시했다는 것이다. 그리하여 '효과적인 학교 연구(effective school research)' 경향이 형성되었다. '효과적인 학교'란 입학한 학생들의 가정배경이나 학업성취 수준이 다른 학교와 비슷하거나 낮음에도 불구하고 나름대로 보유하고 있는 교육력으로 학생들의 성취를 많이 향상시켜 주는 학교를 말한다. 효과적인 학교 연구는 1970년대 초반 특히 미국에서 학교효율성 연구의 새로운 경향으로 나타났다. 효과적인 학교의 성공을 결정하는 요인들로 물적 투입요인과는 다른 측면, 즉 학교관리 방식과 학교 내 교수-학습과정에서 형성되는 문화적 풍토에 관심이 모아졌다.

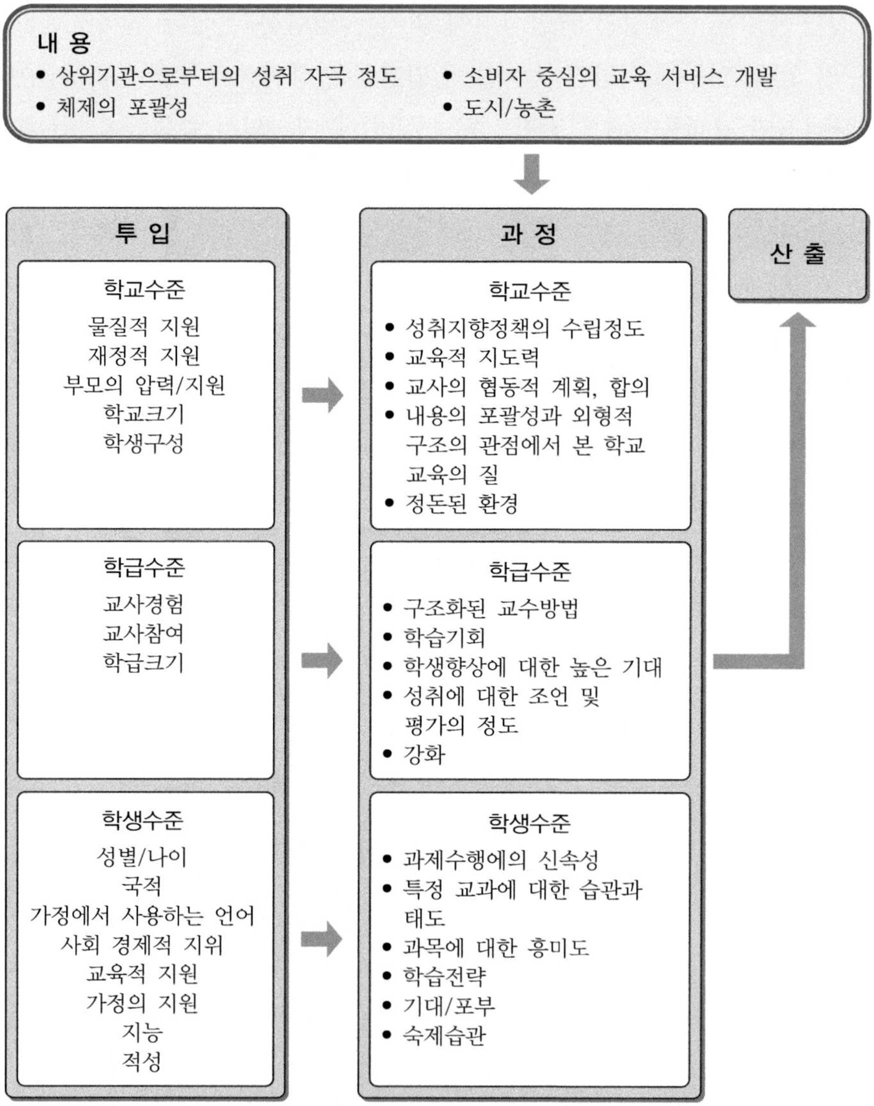

[그림 9-2] PISA의 학업성취 모형

* 출처 : 김영화, 2010 : 425

효과적인 학교 연구의 개념적 틀을 사용하여 학교 내적 과정변인들의 인과 관계를 탐색한 국내의 한 연구는 '효과적인 학교'와 '비효과적인' 학교 간 학교 내 교육과정 변인은 차이가 있으며, 이러한 변인들은 학교의 자체 내적 특성에 따라 학업성취의 차이를 가져온다(곽수란, 2003)고 보았다.

그 동안 여러 연구에서 밝혀진 '효과적인 학교'의 특징을 정리하면 다음과 같다.

① 학교조직의 특성 및 운영방식에서 학교장의 리더십 특히 수업지도력이 강하고 구성원들 간 공동체의식이 다른 학교보다 강하게 형성되어 있다.
② 학구적인 면학 분위기가 형성되어 있다. 학교장은 학생들이나 교사들에게 학업과 학업성취의 중요성을 강조하고 교사들은 학생들에게 성취에 대한 긍정적 기대를 많이 하는 경향이 있다.
③ 교육과정 중에서 학문적인 과목이 차지하는 비율이 높다.
④ 교사의 질이 높다.
⑤ 학교와 교실에 질서가 수립되어 있고, 일탈 및 비행 학생들에 대한 규율이 엄격하며 일관성이 있다.
⑥ 외부기관과 학부모로부터 많은 지원과 협조를 받는다.

위와 같은 특성들로 인하여 효과적인 학교에서의 학업성취는 다른 학교에서보다 높다는 것이다. 그러나 이러한 연구들은 소수의 효과적인 학교들을 대상으로 관찰한 사례연구의 경우가 많다(한대동 외, 2000 : 30).

한편, 제3세계권의 많은 개발도상국들을 대상으로 실시된 '학교효과 연구'들에서는 학교의 물적 자원도 학생들의 학업성적에 강한 영향력을 미치는 것으로 나타났다.

관련 연구들의 결과를 종합적으로 판단할 때, 학생들의 가정배경 요인이 학업성적에 미치는 효과는 범세계적인 반면, 국가 경제가 선진적일수록 학교의 물적 자원이 학생들의 학업성적에 미치는 영향력은 상대적으로 작아지는 것으로 보인다.

6. 학업성취에 대한 사교육의 효과

우리나라 초 · 중등 학생 대부분이 과외나 학원수강과 같은 사교육을 받고 있으며, 엄청난 비용을 지출하고 있다. 사교육과 학업성취 간 상관성을 분석한 국내 연구들은 상이한 표본을 대상으로 서로 다른 연구방법을 적용하고 있어 연구결과에 다소 차이가 있지만, 대체로 사교육이 어느 정도 효과가 있다는 연구가 주로 보고되고 있다(성기선 · 김준엽, 2010). 그러나 그 효과가 어느 정도인가에 대해서는 충분한 연구가 이루어지지 않았다. 이 문제는 한국 교육에서 매우 중요한 연구과제이므로 여러 상황에서 여러 방법으로 많은 연구가 진행될 필요가 있다.

한대동 외(2000)의 연구에서는 학생들의 학업성취에 대한 학원 및 과외수강의 순수한 효과를 중다회귀분석 방법으로 추정한 결과, 수학 및 영어 성적에는 별 효과를 나타내지 않았다. 그러나 학원이나 과외교육의 실태와 효과에 관한 질문지 문항을 분석해 본 결과 학원이나 과외교육이 교사의 질, 교육서비스, 학생에 대한 태도, 교재, 시설 등에서 학교보다 더 나았고, 학생들도 학교보다 학원이나 과외교육에 더 열심히 참여하였으며, 결과적으로 자신의 성적향상에 도움이 되었다는 반응이 80% 정도 되는 것으로 나타났다(한대동 외, 2000 : 51).

최근 우리 교육계에서는 선행학습의 폐해가 심각하다는 지적이 제기되고 있다. 그럼에도 불구하고 학부모와 학생들은 선행학습에 대한 욕구를 쉽게 포기하지 못하고 있다. 선행학습은 특히 정규 고등학교에서도 심하다. 선행학습은 불가피하게 반복 혹은 중복학습을 하게 되고 그 결과 학습에 대한 학생들의 흥미는 줄어든다. 더구나 선행학습과 후속학습 모두 타인(과외교사나 교사)의 지시에 따른 것일 경우 자발적인 학습 혹은 자기주도적 학습의 여지는 매우 줄어들게 된다.

성기선(2003)에 따르면 사교육의 독특한 현상 중 하나인 선행학습은 자기 학년 수준의 교과진도보다 짧게는 1~3개월, 길게는 3년 이상을 앞서서 공부하는 학습방식으로 학생들의 기초학습 능력을 부실하게 할 뿐만 아니라 학교 공부에 대한 흥미도와 관심을 잃게 하며 궁극적으로는 공교육의 부실로 이어지는 부작용을 낳는다. 이러한 선행학습은 장기적으로는 학업성취도 향상에 대단히 부정적 효과를 초래한다는 결과가 제시되었다. 고등학교 1~2학년을 대상으로 분석한 이 연구는 선행학습이나 사교육 참여도보다 자기주도적 학습태도가 학업성취도 결정에 더 큰 영향력을 지닌다고 밝혔다.

한편 사교육 참여 시간과 효과에 대한 최근의 연구결과에 의하면, 우리나라 초·중등 학생들의 사교육 참여율은 90%에 육박하고 있으며 주당 사교육에 참여하는 시간이 과중함에도 불구하고 사교육에 투입한 시간 대비 그 효과는 비례적으로 나타나지 않는다. 또한 스스로 공부할 수 있는 시간을 확보하지 못한 수동적이고 타율적인 학습은 교과에 대한 즐거움을 떨어뜨리고 그것이 결과적으로는 성적하락으로 이어질 수 있다(성기선·김준엽, 2010).

제 10 장

교사와 학생 간 상호작용

1. 교사와 학생의 관계
2. 교사와 학생의 상호작용

1. 교사와 학생의 관계

> **가르침의 관계적 의미**
>
> 어느 교사는 이렇게 말한다.
> "가르친다는 것이 내가 가진 지식을 전수하는 것이라는 생각을 버려야 했다. 반대로 가르치는 것은 학생의 사고와 학생의 스킬에 관한 것임을 배워야 했다."(Trilling & Fadel, 한국교육개발원 역, 2012 : 82)

교사와 학생의 관계는 학생의 학교 적응과 학업 수행에 직·간접적인 영향을 미치기 때문에 교육장면에서 매우 중요한 의미를 갖는다. 학교 공간에는 본질적으로 두 문화가 존재한다. 교사 문화와 학생 문화가 그것이다. 이질적인 주체들로 구성된 두 문화 간에는 필연적으로 문화적 갈등과 마찰이 내재되어 있으며 변화의 속도가 빠른 사회일수록 두 문화 간 갈등의 가능성은 높아진다.

1) 학교문화 : 교사문화와 학생문화

학교문화는 단일 개념이기보다는 다양한 하위 문화들을 포괄하고 있는 복합적인 개념이다. 여기서는 학교라는 공간 안에서 상호작용하는 관계에 있지만 이질적인 특성을 보이는 교사와 학생의 문화를 살펴보고자 한다.

(1) 교사문화

교사문화는 교직문화 또는 교원문화 등으로 혼용되어 왔다. Hargreaves (1992)는 교사문화를 '특정한 교사집단 혹은 보다 광범위한 교직사회에서 공유되고 있는 태도, 가치, 신념, 습관 가정 및 행동양식'으로, 황기우(1992)는 '교사 특유의 독특한 생활양식, 규범, 가치관'으로, 정병호(2006)는 '교사가 교직에 종사하게 되면서 교육조직 생활 속에서 나타나게 된 생활양식의 총체, 즉 교사의 가치, 신념, 지식, 관습, 언어, 규범, 제도 등'으로 정의했다.

교사라는 직업 집단은 성, 연령, 학력, 경력 등 개인적 배경 요인과 학교수준, 학교계열, 학교 설립 주체, 학교 소재 지역 등 근무조건 측면에서 다양한 구성을 이루고 있기 때문에 특정 배경 변인에 따른 하위문화를 규정하는 데 어려움이 있을 수 있다.

교사문화를 다룬 선행연구들을 분석 · 정리하여 교사 집단 전체를 포괄하는 문화적 특성을 제시한 김용정(2009)은 교사문화를 개인주의, 보수주의, 현재주의, 침묵문화, 승진문화, 인간관계중심문화 등으로 보았다. 구체적인 내용을 살펴보면 다음과 같다.

첫째, 개인주의이다. Lortie(1975)에 의하면 교사들은 혼자서 독립적으로 일하는 것을 선호하며, 여유시간이 있더라도 동료들과 함께 지내기보다는 혼자 있는 것을 선호한다. 교사들은 교직 수행에 필요한 전문적 기술체계를 발전시키기 위해 동료들과 협동하는 것에 관심을 보이지 않으며, 협동을 하더라도 교사 개개인의 자유를 침해하지 않는 한도 내에서 한다. 한편, 황기우(1992)와 정병호(2006)에 의하면, 우리나라 교사들은 교사의 개별적인 차원에서는 개인주의적인 특성을 보이지만 조직 전체의 차원에서 볼 때는 관계중심적인 특성을 보인다. 이는 우리나라의 교사문화에 나타나는 개인주의는 서구의 그것과는 다소 다른 맥락에서 해석해야 함을 시사한다.

둘째, 보수주의이다. Lortie에 의하면 교사들은 새로운 교수방법을 모색하고 시도하기보다는 전통적인 방법과 자신이 학생시절에 경험한 방법에 집착하며 미래를 위한 활동에 노력을 기울이지 않는다. 이는 가르치는 일의 목표가 불분명하고 성과도 불확실한 교직 특유의 불확실성에서 기인하는 것으로써 교사들로 하여금 혁신적 변화보다는 보수적 성향을 조장한다.

셋째, 현재주의이다. Lortie에 의하면 현재주의는 능력과 노력의 정도에 부응하지 못하는 교직의 보상체계와 관련이 있다. 교직은 다른 전문직에 비하여 수입이 많지 않고 경력에 따른 변화가 비교적 적기 때문에 노력과 성취 그리고 보상간의 불일치가 나타난다. 한편, 황기우(1992)는 현재주의를 정해진 하루 일과 속에서 모든 업무를 즉각적으로 처리해야 하는 즉시성과 장기적인 목표 없이 이루어지는 교육정책의 잦은 변화에 기인하는 것으로 보았다. 이는 우리나라의 교직사회에 나타나는 현재주의는 서구의 그것과는 다른 맥락의 문화적 의미를 지님을 시사한다.

넷째, 침묵문화이다. 장흥재(1999)는 교사들의 침묵문화가 교육에 대한 위로부터의 국가적인 통제구조와 한국사회의 학력주의에 연관되어 있다고 보았다. 한편 교사들의 침묵문화는 관리자의 일방적 학교운영 방식과도 얽혀 있다. 즉 교사들의 침묵은 학교장의 일방적 독주를 하도록 하는 요인이지만 역으로 학교장의 일방적 지시와 평가가 교사들로 하여금 적극적인 교육활동을 하는데 저해요인이 되기도 한다.

다섯째, 승진문화이다. 학교사회의 승진구조는 소수에게만 허용되는 것으로 교사들 간 경쟁을 조장한다. 승진문화는 승진의 문이 좁은 승진제도의 구조적 문제에 의해 교사들에게 형성되는 문화이며, 그로 인해 침묵문화와 보신주의, 관계중심 문화 등을 파생시키는 한국 교사문화의 근원적이고 대표적인 특성이다.

여섯째, 인간관계중심문화이다. 이러한 문화는 두 차원에서 비롯된다. 하나는 학생과의 관계 차원으로 학생들을 수업에 참여시키기 위한 전략에서 비롯된다. 교사들은 학생들과의 인간적인 관계형성을 통해 학생들을 통제하려는 경향을 보인다. 다른 하나는 동료 간, 상 · 하급자 간 관계의 차원으로 교사들은 교육관의 차이나 교육방식의 차이에 따른 갈등을 드러내기보다는 인간적인 친밀감을 우선시하며 동료 사이에서 튀지 않아야 한다고 생각하는 경향을 보인다. 이러한 관계중심문화는 특히 초임교사의 생존전략 선택에 가장 중요한 요인으로 작용한다.

(2) 학생문화

조용환(2000)은 학생문화를 교사문화와 상호대립적이면서 동시에 상호보완적인 관계로 바라보았다. 그는 학생문화를 '학교제도의 한 구성원으로서 학생들이 공유하는 학습에 대한 의식, 지식, 가치, 기술, 전략으로 구성되며 그들이 학교 안팎에서 살아가는 모습과 원리를 포함'한다고 정의하였다. 박삼철(2007)은 학생문화를 '특정 학교의 삶 속에서 학생들이 경험하는 충족감과 교사 및 동료 학생과의 관계에서 형성되는 사회 · 정의적 특성'으로 정의하였다.

학생문화에 대한 연구는 대체로 학급문화 속에서 학생들이 지각하는 문화를 탐색한 연구나 학교 공동체로서 학생이 지각하는 상대적 문화에 초점을 둔 연구들이 대부분이다. 학생문화와 관련한 국내의 선행 연구에 의하면 학생문화의 특징은 다음과 같다.

한준상(2001)은 학생문화가 대체로 학업적 성향과 학우에 대한 친화/집착 성향으로 양분화되어 있다고 보았다. 최외선(2009)은 학급문화가 가지는 면학지향문화, 놀이지향문화, 일탈지향문화, 대중지향문화, 나태지향문화 등의 특징이 학급 구성원들인 학생들로 하여금 교육활동이나 다른 집단과의 유대관계에 표출하도록 한다고 설명한다. 한편 박삼철(2007)은 '역동적 존재로서 학생들은 학교 경영자와 교사들의 문화를 수동적으로 받아들이지 않으며, 학생들은 가정과 또래집단, 지역사회 문화 등을 간직한 채 학교에 오며 교사들과의 갈등 속에서 역동적으로 그들의 문화를 창조해 나가는 특성을 보인다'고 지적하며 학생문화를 역동적인 측면에서 발전시킬 필요가 있음을 제안한다(이병준 외, 2016).

2) 교사-학생 관계의 유형

교사와 학생의 인간관계 유형은 아래와 같이 여러 가지 형태로 나타날 수 있다(Cunningham et al., 1951).

① 교사가 일방적으로 지시 · 감독하고 학생은 복종하는 지배 · 복종적 관계
② 교사가 학생들에 대하여 전혀 관심을 갖지 않는 자유방임적 관계
③ 교사와 학생이 서로 협동하는 상호협동적 관계
④ 교사가 학생들의 학습활동을 계획하고 지시하는 교사중심적 관계
⑤ 학생 스스로가 학습활동을 계획하고 수행하는 학생중심적 관계

이 중에서 어떤 유형이 지배적인 것이 되는가에 결정적 영향을 미치는 것은 교사 개인의 성격과 행동이다. 그 이유는 교사-학생 관계에서 교사가 우위에 있으며 주도권을 가질 수 있기 때문이다. 이러한 주도권의 주요 원천은 교육조직의 목적에 따른 규칙, 문화적 전통, 연령상의 차이, 지적 능력의 차이 등이다. 그러나 학습효과를 높이는 유능한 교사는 위에 제시된 어느 한 유형에 집착하기보다는 상황의 필요에 따라 여러 유형들을 적절히 활용할 줄 안다는 점을 지적할 필요가 있다.

한편, 교사-학생 관계에 대한 비판적인 견해도 오래전부터 제시되어 왔다. 월러(Waller, 1932)는 교사-학생 관계를 지배-복종 관계라고 지적하고, 학생들은 학급의 역할구조 속에 확립되어 있는 '제도화된 지배와 복종'에 대처하기 위한 '전략'을 발전시킨다고 간파하였다. 홀트(Holt, 1964 ; 1967)도 학교(학급)는 아동들의 자연스런 욕구를 억누르고 있다고 비판하였다. 그는 학생들의 행위 목적에는 교사들이 원하는 올바른 정답을 산출함으로써 당황스러움이나 고통을 피하려는 일종의 게임행위가 포함되어 있다고 보았다.

2) 교사의 행동양식과 학생의 학업성취

학생의 학업성취는 학급당 학생 수나 교사의 경력, 교사의 직전교육 연한보다는 '교사의 행동양식'에 달려 있다. 정범모는 약 30여 년 전부터 '국제교육성

과 비교연구'의 일환으로 학생들의 학업성취에 미치는 요인을 연구해 왔는데, 그 결과 이러한 결론을 얻었다고 밝혔다. 즉, 교사가 잘 알아듣게 설명하는가, 학생 개개인을 살피는가, 못 알아듣는 학생을 파악하고 다시 가르쳐 주는가, 학습하면서 규율을 세우는가 등의 행동 여부에 따라 학생들의 교육성과가 좌우된다는 것이다. 그는 교육비나 학급당 학생 수 등의 다른 조건들은 교사의 이런 행동이 전제되어야 그 효과가 나타난다고 하였다.

3) 교사-학생 관계와 언어소통

학급 내 상호작용에서 가장 중요한 매체인 언어를 분석한 연구들을 살펴보면 교사-학생 관계의 또 다른 독특한 측면을 알 수 있다. 미국에서 학급 내 언어에 관한 분석은 주로 교사와 소수민족집단 아동과의 언어적 상호작용에 집중하여 이루어졌다(Cazden, John, & Hymes, 1972; Cicourel et al., 1974). 언어분석 연구자들은 번슈타인(Bernstein, 1972)에 의해 명료화된 수업에 있어서의 의사전달 문제에 관한 명제를 긍정한다. 그것은 '만약 교사의 문화가 아동의 의식세계 속에 있어야 한다면 아동의 문화도 교사의 의식세계 속에 있어야 한다'(Bernstein, 1972 : 149)는 것이다.

메한과 그 동료들(Mehan, et al., 1976) 역시 번슈타인과 유사한 문제의식을 가지고 학급에서의 의사전달 과정을 상세히 분석하여 다음과 같은 결과를 제시하였다.

학급에서의 상호작용은 학업성취에 대한 요구 외에도 다른 두 가지 유형의 규범적 요구(학생이 준수해야 할 사회적 규칙)를 갖고 있다. 하나는 의사전달 능력에 대한 요구이고 다른 하나는 학급 상황에 대한 해석 기술에 대한 요구이다. 의사전달 능력은 특정한 형태로 말하고 행동하는 것이 적절하다는 것을 알고 그렇게 하는 것을 가리킨다. 그리고 학급 상황에 대한 해석 기술은 명백하게 말로 규정되진 않았지만 암암리에 깔려있는 학급의 규칙을 학생이 체득하는 것을 말한다. 이 연구가 암시하는 것을 번슈타인의 용어로 말하면 이 두 가지의 능력은 교사문화의 중요한 부분이지만, 교사는 학생의 능력에 대해 의식하지 못할 수도 있다는 점이다. 즉 앞서 인용한 번슈타인의 전제가 학교에서 통용되기 어렵고 학생이 교사의 문화에 일방적으로 동조해야 하므로, 교사가 학생의 능력을 충분히 의식하지 못하는 불평등한 의사전달 상황이 설정된다는 것이다.

4) 교실환경에 대한 상황정의와 교사-학생 관계

하그리브스(D. H. Hargreaves, 1972)는 교사가 교사-학생 관계에 대한 상황정의에 결정적 영향력을 행사한다는 데 착안하여 교사가 교실환경을 어떻게 정의하는가를 이해함으로써 교실에서의 학습활동을 분석할 수 있다고 보았다.

하그리브스에 의하면 모든 교사는 두 가지 하위역할을 수행해야 한다. 즉 지도적(또는 훈육적, disciplinarian) 역할과 교수-학습자적 역할(instructor)이 그것이다. 지도적 역할에는 학급을 소집단으로 분류하고, 교실규칙을 규정하고 강화하며, 실내 활동시간과 운동시간을 준수하도록 하고, 학생들의 교실 내 제반활동에 대해 책임을 지는 일이 포함된다. 교수-학습자적 역할은 어떻게 학습하는가(학습방법)와 무엇을 학습하는가(학습내용)를 결정하는 일에 해당된다.

이와 같은 교사의 역할을 수행하는 데 있어 교사의 자아개념은 매우 중요하다. 하그리브스는 교사의 자아개념을 세 가지 유형으로 전형화하였다. 야수조련사적 자아개념(liontamer), 향응제공자적 자아개념(entertainer), 그리고 낭만주의적 자아개념(romantics)이 그것이다. 첫째, 야수조련사적 자아개념을 가진 교사들은 아이들을 버릇없고 난폭스러운 존재라고 간주하므로 그들을 세련되고 교양 있는 인간으로 훈련시키는 과정을 학습활동이라고 간주한다. 이 때 교사는 학생들을 요구수준에 도달하도록 훈련시키는 전문가로 자신의 역할을 개념화한다. 둘째, 향응제공자적 자아개념을 가진 교사들은 학생들의 주요 학습동기가 흥미에 있다고 생각하며 발견학습법이나 다양한 시청각적 교수법을 활용한다. 교사는 많은 시간을 학생들의 학습과제에 전념하며, 교사와 학생들은 친절하고 비형식적인 관계를 유지한다. 셋째, 낭만주의적 자아개념을 가진 교사들은, 학생들은 알고 싶어 하는 자연적 경향성을 소유하고 있다고 보고 학생들 스스로 학습내용을 선택하도록 자유를 보장하는 가운데 학습이 원활히 일어나도록 돕는 역할을 한다. 교사들은 학생들과 신뢰와 애정을 바탕으로 한 관계를 유지하고, 학생들과 함께 참여하여 교육과정을 구성하며, 학생들이 자율적으로 학습하는 것을 중시한다(최정웅 편역, 1993 : 247-248).

한편 볼프강과 글릭만(Wolfgang & Glickman, 1986)은 학생과 교사가 가지고 있는 권한(power)의 정도에 따라 교사의 훈육유형을 세 가지로 구분하였다. 개입주의자, 비개입주의자, 그리고 상호주의자이다. 개입주의자는 보상과 벌을 주로 사용하며, 교사가 가장 중요한 위치에 있는 것으로 간주한다. 비개입주의자는 학생들은 내적 동기를 갖고 있으며, 통제되지 않을 경우 내적 동기가 발전할 것으로 믿는다. 그리고 상호주의자는 교사와 학생의 공유된 책임감과 갈등에 참여하는 모두에 의한 의사결정 없이는 갈등이 해결될 수 없다고 믿는다(김달효, 2006).

2. 교사와 학생의 상호작용

교실에서의 상호작용에 대한 연구물들은 주로 학교 구성원들 간의 언어적 상호작용에 관한 연구와 교실 내에서 학생에 대한 교사의 범주화 과정에 대한 연구, 그리고 교사의 기대에 관한 연구 등에 집중되어 있다. 관련 연구들의 결과를 개괄하면 다음과 같다.

첫째, 교실 수업에서 교사와 학생, 학생과 학생 간의 언어적 상호작용은 학습에 매우 중요한 변인이다. 교사와 학생의 언어를 사회계층에 따라 언어사회학적으로 분석해 보면 각기 서로 다른 언어모형을 사용한다는 외국의 연구도 있다.

둘째, 교사는 학생들을 여러 집단으로 분류(또는 범주화)하는데, 학생들은 이 분류에 따라 수업 과정에서 다른 대우를 받는다. 이런 차별적 대우는 자아개념과 성적에 영향을 준다. 교사의 범주화 준거는 학생의 가정배경, 옷차림, 외모, 언어 사용능력 등이다.

셋째, 교사의 기대가 학생들에게 전달되어 자기충족예언으로 나타난다. 예컨대 교사는 자신이 낮은 학업성취를 기대한 학생들을 높게 기대한 쪽에 비하여 학습에 불리한 방식(언어와 행동)으로 대함으로써 결국 그들에게 낮은 학업성취를 초래한다.

1) 언어적 상호작용

교수-학습 과정은 의사소통의 과정으로 언어적 상호작용에 의해 수행되며, 언어적 상호작용에 관해서는 많은 학자들에 의하여 연구가 이루어졌다.

교실 내 언어적 상호작용에 대한 메한(Mehan, 1979)의 연구는 수업을 시작(initiative)-응답(reply)-평가(evaluation)의 연속적 과정으로 보고 수업에서 교사와 학생의 사회계층에 따라 각기 다른 언어모형들이 사용되고 있음을 밝혔다.

조문현(1987)은 학급이라는 특수한 장면에서 아동의 언어적 표현이 어떻게 사회 귀속적 요인의 차이, 특히 사회계층적 차이를 교육적 성취의 차이로 변형시키는지를 밝히고자 초등학교 6학년 2개 학급을 대상으로 문화기술적 연구를 수행하였다. 연구결과 학급에서 언어는 사회적 상호작용의 내적 과정을 나타내는데, 학급 장면에서의 아동의 언어적 표현 자체가 계층의 반영이자 산물이며, 언어는 학교학습을 위한 자본으로 해석되었다. 또 교사는 아동의 언어적 표현에 따라 차별적 기대를 하고 그에 따라 거의 무의식적으로 아동을 달리 대하는데 예컨대 발표기회의 배분, 아동 발달에 대한 평가, 통제

방식 등에 있어서 차별을 함으로써 결국 아동의 지위를 심화시키는 것으로 나타났다.

2) 교사의 학생 분류

교사가 학생을 평가하고 유형화하는 일은 그 범주화의 결과에 따라 교사 자신의 수업행동이나 반응이 달라지고 학생의 학습활동에 큰 영향을 주므로 매우 중요하다. 교사는 학생들의 학습 수준에 따른 수업 목표를 설정하고 그에 알맞은 수업 방법을 강구하기 위하여 수업에서 학생을 평가하고 분류한다. 이는 모든 아동에게 학습기회를 고루 부여하기 위한 고려이다. 그러나 실제 교실에서 수업의 과정을 분석한 여러 연구들은 교사의 아동 분류가 수업 이론적 차원에서 행해지는 것이 아님을 지적한다(김정원, 1999 : 66).

예컨대 학생들의 수준에 맞는 교육을 한다는 목적에서 학업수준별로 계열화한 학교에서 낮은 계열의 학생들은 오히려 학습기회를 더 잃는 상황에 처한다는 연구결과가 제시되었다(Keddie, 1979). 또 계열화되지 않은 학교에서도 교사는 일정한 기준으로 학생들을 분류하고 그에 따라 각 학생에 대해 차별적 기대를 하며, 그것이 학생들 간의 학습기회의 차이로 연결된다는 결과도 있다(Rist, 1971 ; Robinson, 1987).

영국에서는 중등학교의 계열화에 따른 학생의 유형화에 대하여 레이시(Lacey, 1977)와 하그리브스(Hargreaves, 1977)가 분석적 연구를 시도한 바 있다. 연구결과 학내에서 학생집단의 분류화는 학생의 성적이나 성격에 의한 분화(differentiation)와 학생의 문화에 의한 양극화(polarization)의 두 가지 방식으로 이루어지는 것으로 나타났다.

한편 미국의 흑인 학생이 다니는 초등학교를 대상으로 수행한 리스트(R. C. Rist)의 연구에서 교사는 가정 배경 · 옷차림 · 외모 및 언어사용 능력에 따라 학생을 분류하였고, 그 분류 결과가 학생의 학업성적 성패에 결정적인 영향을 준 것으로 나타났다(Rist, 1970).

교사가 학생을 유형화하는 과정을 3단계로 나누어 학생의 일탈행동이 형성되는 과정을 연구한 하그리브스 등(Hargreaves, Hester & Mellor, 1975)은 학생의 일탈행동에 대한 판단이 해당 학교규칙의 위반여부에 의한 것이기보다는 교사가 학생의 행동을 일탈로 규정하는 태도에 의한 것임을 발견하였다. 학생에 대한 유형화 과정의 제1단계는 교사가 학생들을 처음 만나 그들에 대해 가정하는 모색(speculation) 단계, 제2단계는 교사가 학생들에 대한 인상을 명료화하는(elaboration) 단계, 그리고 제3단계는 교사가 학생들을 범주화하여 공고화(stabilization)하는 단계로 제시되었다.

케디(Keddie, 1971)는 학교에서 가르쳐지는 지식이 교사에 의한 학생의 범주화와 상당한 관련이 있음을 밝혔다. 그녀는 영국의 한 종합학교를 대상으로 관찰, 녹음, 설문지법을 사용하여 학업 실패에 내포되어 있는 교실의 수업과정을 밝히고자 하였다. 연구결과 교사-학생 간 상호작용에 있어서 교사는 학생들의 질문에 대하여 그 학생들이 어느 범주에 속해 있는지에 따라 각기 다른 의미를 부여하고 반응하였다. 예컨대 능력이 높다고 범주화된 학생이 말했을 때는 지식으로 간주되던 것이 능력이 낮다고 범주화된 다른 학생이 말했을 때는 묵살되기도 하였다.

우리나라 초등학교를 대상으로 사회적 유형화(social typing) 모형을 검증한 로빈슨(Robinson, 1987)의 연구에서는 교사가 자신이 담임하는 아동들에 대하여 그들의 사회·경제적 배경에 따라 각기 다른 성취기대를 형성하였고, 그것이 교사와 아동들 간의 상호작용에 반영된 것으로 나타났다. 그에 따르면 교사의 각기 다른 기대에 의해 사회·경제적 배경이 높은 아동은 '호명'을 많이 받았고, 그 반대의 경우 '통제'를 많이 받았다. 이는 학생들 간의 상호작용에도 영향을 미쳐 결국 교사는 사회·경제적 지위가 높은 학생들이 또래들 사이에서 주도권을 차지하도록 강화하는 역할을 수행하였다.

이혜숙(1993)의 연구도 학생에 대한 범주화에 따라 교사가 아동들을 차별적으로 다룬다는 결과를 제시하였다. 이 연구에서는 서양 연구에서와는 달리 교사가 학생을 범주화하는 가장 주된 기준이 성적이었고, 가정 배경은 부차적으로 고려되었다. 한편, 초등학교를 대상으로 한 김정원(1999)의 연구에서는 교사가 아동을 분류하는 양대 기준이 '학업능력'과 '수업참여도'로 나타났다. 아동들은 수업의 과정을 통하여 '공부를 하려는 아이'와 '공부를 하지 않으려는 아이'로 분류되었다. 그는 이런 발견이 교사가 자신이 처한 사회적 조건에 대응해 나가는 과정에서 의도하지 않은 교사-학생 사이의 상호작용 기회에 차이가 나타나게 된다는 점을 지적한 샤프와 그린(Sharp & Green, 1975)의 시사점과 상통한다고 보았다.

한편 교사가 학생들을 분류하고 특정 호칭을 사용함으로써 학생들에게 영향을 줄 수 있다는 것을 설명하는 체계로 낙인이론이 있다. 사회학자 고프만(E. Goffman)에 의하면, 어떤 학생에게 부정적으로 한번 낙인이 찍히면 그는 자신을 아무것도 할 수 없는 바보라고 생각하고 행동한다. 학생들은 교사와의 언어적 상호작용을 통하여 자신들의 사회적 정체성을 형성하고 변화시켜 간다. 교실에서 교사들은 은유적이거나 점잖은 농담의 형식으로 예컨대 바보나 백치 등의 치명적인 말을 쓰기 쉽다. 그러나 교사의 이러한 언어사용이 학생들에게는 낙인이 될 수 있다.

이런 현상을 로젠탈과 제이콥슨(Rosenthal & Jacobson, 1968)은 피그말리온 효과(Pygmalion effect)로, 머턴(Merton, 1968)은 자기충족예언(self-fulfilling prophecy) 혹은 자성예언으로 칭하였다.

3) 교사의 기대효과와 전달기제

사회학자 머턴(R. K. Merton)은 어떤 예언이 형성되면 그것이 인간행동에 구속력을 가하여 그의 실현을 위한 강력한 수단 기능을 하게 되는 사회 · 심리적 메카니즘을 일컬어 자기충족예언(또는 자성예언, self-fulfilling prophecy)으로 개념화하였다. 이와 같은 자기충족예언의 심리기제는 학습실험, 의약치료, 사업경영, 국제관계 등에 있어서도 작용하는 것으로 알려져 있다(Rosenthal & Jacobson,

1968 : 11-30).

관련 교육연구로는 로젠탈과 제이콥슨(Rosenthal & Jacobson, 1968)이 초등학교에서 실시한 실험연구가 대표적이다. 그들은 한 교실에서 '공부 잘하는 학생'이라는 표식을 붙여 놓은 학생들의 지능이 다른 학생들보다 향상된 것을 발견하였다. 실제 그들은 공부를 잘 하는 학생들이 아닌 무선표집된 학생들일 뿐이었다. 그런데도 그들의 지능이 분명히 향상된 것은 교사들이 그들을 우수한 학생들로 생각하고 특별히 취급했기 때문이다. 실험결과 교사가 학업성취에 향상을 보일 것이라고 기대하는 학생에게서 실제로 학업성취의 향상이 있었고, 이 기대 효과는 저학년과 하류계층 학생들에게 더 뚜렷하게 나타났다.

교사기대의 원천은 대부분 점수체제(the grading system)로부터 나온다(Gordon, 1957). 점수는 학생의 능력을 판정하고 그가 또래 학생들과 같은 학년에 속할 수 있는지의 여부를 결정하므로 학생들은 교사의 기대에 매우 민감하다. 교사의 기대에 대한 동조가 또래사회에서의 지위(peer social status)에 영향을 미친다는 측면은 매우 중요하다. 그러나 역설적으로 학생들이 하위문화와 교과 외 활동에 참여하는 일이 학업성취의 의미를 재정의하여 수정시킨다. 학생들은 하위문화에 사회화되어 가면서 자신들이 적당한 점수를 받을 수 있도록 교사를 움직이는 방법을 터득한다. 교사가 특정 교과의 활동을 지도하는 위치에 있는 경우, 교사는 그 교과의 활동과 그에 참여하는 학생들을 특수한 관계로 보아 점수를 매기는 보편적 기준을 수정하는 경향이 있다. 이렇게 학생사회는 교사의 권위에 동화하고 재정의하며 학교의 수업효과에 영향을 미친다.

퍼셀(Persell, 1977)도 교사의 대인지각이 성적 격차의 중요한 요인이라고 지적하고, 교사기대의 근원과 그 결과에 대한 분석 모형을 제시하였다. 이러한 기대차는 교사 자신의 경험, 교육의 구조, 그리고 학생의 가정배경, 용모, 성격, 우열반 소속 등에 따라 유발된다고 하였다. 이와 같이 형성된 기대차는 의식적 · 무의식적으로 학생에게 전달되고, 더 나아가 학급 내 상호작용 및 수업실천, 평가방식 등에 반영되어 결과적으로 학생 간 학업성취의 격차를 초래하게 된다는 것이다.

교사의 기대가 학생에게 전달되는 사회심리학적 기제는 다음의 다섯 가지로 구분될 수 있다(김병성, 1988 : 235).

① 학급의 일반적인 대인지각(對人知覺)이나 관계에서 교사의 기대차가 나타난다. 교사는 높은 기대를 하는 학생에게는 낮은 기대를 하는 학생에 비하여 많은 온정을 베푼다.

② 학생 행동에 대한 반응에서 더 적극적인 칭찬이나 격려 정도에 따라 교사의 기대수준이 표출된다.

③ 학생 개개인에게 투입되는 시간의 양에 차이가 있다.

④ 학생에게 주어지는 반응기회(反應機會)에 차이가 있다.

⑤ 교사는 자신이 지각한 학생의 능력수준에 따라 학습자료나 내용구성의 난이도 수준을 달리 정한다. 따라서 교사의 기대수준에 따라 과제부과와 자료준비 및 제공되는 양에 차이가 난다.

교사의 기대와 학생의 행동을 설명하는 기대이론은 교사가 학생에 대해서 갖게 되는 기대에 따라서 그와 비슷한 실재를 만들어 낸다는 것을 기본 전제로 삼고 있다(황기우, 1996). 앞서 언급한 로젠탈과 제이콥슨의 실험은 교사의 기대가 학생의 학업성취와 관계가 있다는 점을 시사하였다. 이러한 실험 결과는 교육사회학자들, 특히 학교 안에서 일어나는 교사와 학생 간 상호작용과 교육의 과정에 관심을 둔 신교육사회학자들의 관심을 촉발시켰다. 교사가 학생들의 귀속적 특성, 특히 사회경제적 배경에 따라 차별적인 기대를 형성하고 그에 따른 편파적 행동이 계층 간 교육 불평등으로 이어질 수 있다는 가능성을 배제할 수 없기 때문이다.

그 동안 우리나라에서도 교사의 기대가 학생의 학업성취에 미치는 영향을 입증하는 연구들이 지속적으로 이루어져 왔다(곽수란, 2005, 2013; 김경식, 2006; 김병욱, 2007). 교사의 기대와 학생의 학업성취에 관한 최근의 한 연구에 의하면,

교사의 학생에 대한 기대는 교사의 교수활동에 영향을 미쳐 학생의 학습활동 및 학업성취에 차이를 가져온다. 또한 학생의 학업성취는 교사기대의 원천이며 교사기대는 학생의 학업적응에 영향을 미치는 중요한 매개요인으로 작용하기도 한다(곽수란, 2012). 이러한 결과는 교육 장면에서 교사와 학생 간 긍정적인 상호작용이 매우 중요하다는 점은 다시 한 번 상기시킨다.

(1) 교사의 기대 형성 · 전달 · 효과

교실에서 교사의 기대가 어떻게 형성 · 전달되고, 자기충족예언으로 실현되는지에 대해 굿과 브로피(Good & Brophy, 1984 : 99)는 다음과 같은 다섯 개의 과정을 통하여 설명하였다(Good & Brophy, 1984 : 104-105).

① 교사는 특정 학생에 대하여 어떤 특별한 행동이나 성취를 할 것으로 기대한다.

② 교사는 특정 학생에게 기대를 했기 때문에 그에게 각별한 행동을 하게 된다.

③ 교사의 각별한 행동은 학생에게 교사가 기대하는 행동이나 성취가 어떤 것인지를 알게 해 주고, 학생의 자아개념 · 성취동기 · 포부수준 등에 영향을 주게 된다.

④ 이러한 행동이 반복되고, 학생이 이에 반대하거나 거부하지 않을 경우 학생의 행동이나 성취는 교사가 기대한 방향대로 높거나 낮게 형성될 것이다.

⑤ 시간이 지날수록 학생의 행동이나 성취는 더 강하게 형성되고, 결국 처음에 교사가 기대했던 것과 매우 가깝게 된다.

(2) 교사의 학생에 대한 편견의 원천과 행동 사례

교사의 기대를 왜곡시키는 편견의 원천과 행동 사례에 대하여 살펴보면 다음과 같다.

가) 교사의 학생에 대한 편견의 원천

- **성** : 초등학교의 나이 어린 소년과 나이든 소녀들에 대해서는 대체로 기대 수준이 낮다.
- **경제적 배경** : 사회 · 경제적 지위(부모의 교육수준 · 직업의 종류 · 거주지 등 포함)가 낮은 학생에 대해서는 낮은 기대를 갖는다.
- **인종** : 소수민족에 대하여 낮은 기대를 갖는다.
- **검사점수 결과**(영구기록) : '고정된 능력'에 대한 믿음으로 인하여, 검사(IQ · 적성검사 등)점수가 낮은 아동에게서 발전 가능성과 더 높은 기대를 배제시키는 경향이 있다.
- **학생에 대한 부정적 언질** : 휴게실에서의 대화, 다른 교사나 교장의 질책 등을 통하여 부정적 언질을 받으면, 그 학생에 대해 낮은 기대를 갖게 되는 경향이 있다.
- **학교형태** : 시골, 도심 혹은 교외 학교 중에서 시골학교는 낮은 기대를 받는 경향이 있다.
- **외모** : 유행에 뒤떨어지고 값싼 옷이나 몸차림은 낮은 기대를 받는 경향이 있다.
- **말투** : 표준말을 쓰지 않는 경우 그것이 부정적 단서가 되어 낮은 기대를 유발시킨다.
- **단조성** : 비조직적인 문장을 쓰거나 글씨를 형편없이 쓰면 낮은 기대를 유발시킨다.
- **후광효과**(halo effect) : 한 가지 특징에 근거하여 아동의 전체적인 능력을 평가하는 경향이 있다(예컨대 공부 잘하는 것이 전반적으로 긍정적인 평가의 근거가 되는 경향).
- **준비도** : 성장속도나 이전의 지식과 경험은 불변하므로 향상될 수 없다고

부정적으로 가정해 버리는 경향이 있다.

- **좌석 위치** : 교실의 양 측면이나 뒷좌석에 대해서 낮은 기대를 갖는 경향이 있다.
- **경험 있는 교사에 의한 사회화** : 새로 부임한 교사에게 전임교사가 학생의 단점이나 한계를 전달하는 경우 부정적 편견을 갖게 된다.
- **능력별 학급편성과 진단분류** : 학생들의 능력에 단정적 등급을 매기는 것과 학생들의 개인차를 강조하는 경향은 낮은 기대를 초래한다.

나) 학생들에 대한 교사의 행동 사례들

학생들에 대하여 교사가 낮은 기대를 갖고 있을 경우 교사는 다음과 같은 행동을 보이는 경향이 있다.

- 어떤 단서를 주거나 다시 대답해서 정답을 맞힐 수 있도록 배려하지 않고 다른 학생들에게 기회를 준다.
- 정답을 맞히지 못하거나 틀린 행동을 할 때 적절한 강화방법을 사용하지 않는다.
- 학습에 실패하였을 때 더 많이 야단친다.
- 학습에 성공했을 때 높은 기대를 갖는 학생들에 비하여 적게 칭찬한다.
- 평범한 반응에 대해서는 피드백을 전혀 주지 않는다.
- 관심을 적게 기울이고 상호작용도 부족하다.
- 질문에 응답할 기회를 적게 준다.
- 교사로부터 멀리 떨어진 뒤쪽에 앉힌다.
- 학습활동에서 별다른 요구를 하지 않고 구체적으로 설명해 주지 않으며 부연 설명이나 보충 설명도 적게 해 준다.
- 비공식적인 상호작용을 유지하며, 행동에 대하여 더 철저하게 감독하고 제재를 가한다.
- 행정적인 면에서도 더 까다롭게 대우하며, 애매모호할 경우 불리하게 대한다.

- 미소와 같은 온정적이고 격려하는 비언어적 상호작용을 적게 한다.
- 질문에 대하여 짧고 간단하게 응답해 준다.
- 눈길을 덜 주고 고개를 끄덕여 준다거나 따뜻한 눈길 등 비언어적 의사소통을 적게 한다.
- 주어진 시간 내에 비효과적이고 시간만 소모하는 교수방법을 사용한다.

제 11장

교육선발과 입시제도 및 교육경쟁

1. 사회이동과 교육선발
2. 교육제도와 선발
3. 교육선발 이론
4. 교육의 선발 기능에 대한 상반된 관점
5. 교육선발제도와 교육평등
6. 입시제도
7. 교육경쟁

1. 사회이동과 교육선발

1) 사회이동

전통사회는 신분사회였고 사회이동도 거의 없었다. 신분사회에서 교육은 대체로 신분유지적 · 신분장식적 기능을 수행하였으며 교육을 통한 사회이동은 쉽지 않았다. 그러나 신분사회가 붕괴되고 개방사회가 전개되면서 사회이동이 허용되고 가능해졌다. 상업화 · 산업화와 함께 진행된 개방사회화는 교육의 대중화와 팽창을 수반하였다. 신분에 의한 지위분배는 약화되고 능력에 따른 지위분배가 확대되었다. 이 과정에서 교육제도는 능력을 배양하고 능력에 따라 선발할 뿐 아니라 능력을 보증하는 기능까지 수행하게 되었다. 현대교육의 많은 쟁점들이 학교교육의 이러한 기능과 관련되어 있다.

사회이동이란 개인 또는 집단의 사회적 지위에 변화가 일어나는 현상을 설명하기 위한 개념으로 하나의 사회적 지위로부터 다른 지위로의 변화를 의미한다(예 : 여성의 사회이동, 하류층의 사회이동, 농촌출신의 사회이동 등). 사회학은 개개인보다는 집단적으로 이러한 변화가 일어나는 것에 더 큰 관심을 보인다. 사회이동은 분류방식에 따라 수직적 이동과 수평적 이동으로 구분되기도 하고, 세대 간 이동과 세대 내 이동 등으로도 구분되기도 한다.

수직적 이동은 개인이나 집단의 사회적 상승 또는 하락으로 사회적 지위의 변화를 수반하는 것을 의미한다. 이때 사회적 지위가 떨어지면 하강이동이라고 하고 지위가 올라가면 상승이동이라고 한다. 수평적 이동은 사회적 지위의 변화 없이 지역적으로 위치를 바꾸거나 기능 면에 변화가 있는 것을 의미한다. 이농현상, 전근, 근무지역 이동 등이 그 전형적 예이다.

세대 간에 발생하는 사회적 지위의 변화를 세대 간 이동(inter-generational

mobility)이라고 한다. 세대 간 이동의 가장 전형적인 형태는 부자 간 직업(사회적 위치)의 변화이다. 한편 동일 세대 내에서의 사회적 지위 변화는 세대 내 이동(intra-generational mobility)이라고 한다.

사회이동은 해당 사회의 성격에 따라 다르게 나타난다. 귀속적(歸屬的, ascribed) 기준에 의해 인간의 능력을 평가하는 사회에서는 개인의 사회이동이 극히 제약을 받게 된다. 그 전형적인 예가 인도사회이다. 인도에서 개인은 자신이 속해 있는 카스트의 지위가 바뀌지 않는 한 사회이동은 불가능하다. 반면, 업적적(業績的, meritocratic) 기준에 의해 인간의 능력을 평가하는 사회에서는 개인의 사회이동이 매우 활발히 일어난다. 능력이 있다고 평가되면 사회적 상승의 기회가 열리는 것이 개방사회 · 산업사회의 특징이다. 한편 사회가 점차 개방화되고 있기는 하지만 전통적인 귀속적 유제(遺制)가 아직 완전히 사라지지 않은 경우 새로운 신분계승 형태가 발생하기도 한다.

2) 선발과 분배

부, 권력, 위신, 기술(技術) 등과 같은 사회적 자원의 보유량은 사회적 지위를 결정한다. 여기서 교육은 이들 자원 중에서 주로 지식과 기능의 분배와 관련이 있다. 현대 산업사회에서는 대부분의 지식과 기능이 학교교육을 통해서 획득되기 때문이다. 학교교육이 제도로서 확립되고 양적으로 발전하여 장기간 학교에서 교육을 받게 된 오늘날 학교교육이 차지하는 비중은 매우 크다. 따라서 학교교육의 수료증서인 학력은 과거에 획득한 지식과 기능뿐만 아니라 장래에 그것을 획득할 수 있는 능력을 시사해 준다.

산업사회에서 학력은 조직 내부에서의 사회적 자원의 분배구조와 아주 밀접한 관련이 있다. 학력이 사회적 자원의 분배와 높은 상관성이 있다고 하는 것은 학력 그 자체가 자원인 동시에 학력획득이 다른 자원의 획득을 위한 수단적 기능을 한다는 것을 의미한다. 즉 사람들이 장차 어느 정도의 사회적 자원을 분배받는가는 그가 어떤 교육을 받고 어떤 학력을 획득하는가의 문제와 관련된다. 사회적 측면에서 볼 때 사회적 지위획득의 과정은 사회적 지위에 사람들을 분배하는 과정이다. 그 획득과 분배의 과정은 곧 경쟁과 선발의 과정이며 이러한 일련의 과정들이 학교를 통해 이루어진다. 따라서 현대사회의 학교는 흔히 선별장치 또는 사회적 선발과 분배 기구라고 불린다.

일반적으로 이러한 선발과 분배 기구로서의 학교는 두 가지의 상반된 기능을 한다. 첫째는 능력과 자질에 따른 적절한 분배를 위해 가능한 한 많은 사람들이 더 높은 지위와 역할을 획득하도록 경쟁에 대한 동기를 부여하는 가열(warm up) 기능이다. 둘째는 지위체계의 위계성에 따라 사람들의 수를 준비된 지위와 역할의 수에 맞게 적절한 수준까지 감소시키는 냉각(cool down) 기능이다.

산업사회의 선발과 분배 기구는 이런 가열과 냉각이라는 상반된 과정의 미묘한 균형 위에서 성립된다. 여러 가지 제도와 힘이 선발과 분배의 과정에 작용한다. 그러한 제도와 힘이 선발과 분배의 기구이며 그 대표적인 것으로 계급구조, 학교교육제도, 시험제도, 자격제도, 직업구조, 조직구조, 사회규범 등이 있다. 특히 학교교육제도는 산업사회에서의 선발 및 분배 과정에 있어 중심적 역할을 한다.

학교가 선발 및 분배 과정에서 중심적 역할을 하는 이유는 다음과 같다.

첫째, 산업화의 진전은 지식과 기술중심의 산업 · 경제의 발전을 가져왔고, 그 결과 고도의 지식과 기능을 필요로 하는 직업이 증가하였다. 이러한 변화는 학교의 역할을 중요하게 만들었다.

둘째, 학교는 그 자체로 하나의 선발 기제(selection mechanism)이다. 제도로서의 학교는 초 · 중 · 고 · 대학의 위계적 계통구조를 가지고 있고, 또 수반되는 상벌제도는 포부를 가열 또는 냉각시킨다.

셋째, 학교는 '교육자격', 이른바 학력증서의 발행을 통하여 사회의 자격제도와 시험제도를 결합시킴으로써 선발 및 분배 기능을 수행한다.

학교교육은 선발과 분배에 관계되는 다른 제도 및 힘과 밀접하게 관련되므로 그 과정 전체를 좌우하는 전략적 위치를 차지한다. 학교교육은 선발과 분배에 관한 그 사회의 이데올로기와 사회규범을 반영한다.

학교교육이 발달할수록 시험이 수행하는 사회적 선발 기능도 강화된다. 학교교육제도에서 이루어지는 선발을 교육선발이라고 할 때, 그것은 사회적 선발의 전 과정에서 매우 큰 비중을 차지하며 후에 올 직업 선발의 예비적 기능을 수행한다.

2. 교육제도와 선발

한 사회에 교육적 의도를 가지고 조직적 · 계획적으로 교육기능을 담당하는 기구가 짜여질 때 그 짜임을 교육제도라고 한다. 교육제도는 그 사회의 유형과 지배적 규범의 종류에 따라 달리 운영된다.

호퍼(E. Hopper)에 의하면 교육제도는 세 가지 근본적 기능을 수행한다. 즉 능력의 형태와 수준에 따라 아동을 선발하는 기능, 선발과정을 통해 형성된 여러 범주의 아동들에게 적절한 형태의 교육을 제공하는 기능, 그리고 직업과 사회적 역할을 분배하는 기능이 그것이다.

교육제도의 주요 골격은 학교제도(학제)로 나타난다. 학교제도는 기간학제와 방계학제로 구성되는데, 다음과 같은 원리가 보장될 수 있어야 한다.

첫째, '학교 교육기능의 독립성'을 제도적으로 보장할 수 있는 제도가 형성되어야 한다. 즉 교육받는 자의 학습의 자유를 보장하고 그것을 방해하는 것들을 배제하는 제도적 장치를 마련해야 한다.

둘째, 교육받는 자의 권리를 보장하는 제도적 장치로서 교육 기회균등의 원리를 실현하도록 조직되어야 한다.

선발과 분배는 현대 산업사회에서 사회 존속과 발전을 위한 기본적인 기능적 요건이다. 산업화 이전의 사회에서는 신분제도라는 사회구조로 인해 경쟁적 선발을 정당화하는 사회규범은 존재하지 않았다.

기든스(A. Giddens)가 지적하듯 산업화의 과정은 '교육상 · 기술상의 자격', 즉 학력을 시장 능력으로 하는 계급이나 집단의 등장과 발전, 나아가서는 학력주의의 성립과 발전의 과정이다. 이와 같이 학력주의는 산업사회에 공통되는 기본적 구조에 뿌리를 두고 있다. 여기서 가장 중요한 쟁점이 되는 것은 사회적인 선발 메카니즘이다. 산업사회는 그 이전의 사회와는 매우 다른 선발 및 분배의 규범과 제도, 기구를 가지고 발전했기 때문이다. 산업사회에서 선발 메카니즘의 가장 중요한 특징은 선발의 전체 과정에서 차지하는 학교교육의 위치 또는 학교교육에 부과된 역할의 비중이다. 학력주의 문제는 산업화와 공교육제도의 성장과 더불어 등장하였고, 현대사회의 중요한 사회현상이 되었다.

3. 교육선발 이론

1) 터너(Turner)의 이론

터너(Turner, 1960)는 사회이동에 영향을 미치는 사회규범이 사회마다 다르다고 보았다. 규범은 선발 과정을 사회적으로 규제하는 가치에 영향을 미치고 이는 다시 교육체제에 직접적인 영향을 미친다. 터너는 이러한 사회규범을 후원형과 경쟁형으로 분류하고, 후원형 사회규범에 바탕을 둔 사회이동을 '후원적 사회이동'(sponsored mobility) 그리고 경쟁형 사회규범에 바탕을 둔 사회이동을 '경쟁적 사회이동'(contest mobility)으로 구분하였다. 그는 영국의 교육제도를 후원형으로, 미국의 교육제도를 경쟁형으로 보았다. 후원적 사회이동이 이루어지는 사회에서 미래의 사회지도층(엘리트)은 기성 지도층이나 후원인에 의해 선발된다. 사회지도층의 기준은 그들이 갖추어야 할 조건과 자질에 대한 평가에 의해 결정된다. 반면 경쟁적 사회이동이 이루어지는 사회에서 사회지도층은 공개경쟁에 따른 보상으로 선발된다.

2) 호퍼(Hopper)의 이론

호퍼(Hopper, 1977)는 터너가 주장하는 '후원형-경쟁형'의 이분법적 분류체계로는 세계의 다양한 교육체제를 설명하기에 부적합하다고 지적하고 좀 더 세분화된 모형을 제시하였다. 그는 한 사회의 교육체제 유형에 따라 그 사회의 선발 과정의 특징이 결정된다고 보고 각국의 교육선발제도를 선발형식, 선발시기, 선발대상, 선발기준의 네 측면으로 구분하여 분석하였다.

첫째, 선발형식은 선발의 중앙집권화와 표준화의 정도에 따라 형식성이 강한 것에서 약한 것으로 구분된다. 프랑스 · 스웨덴 · 구소련은 중앙집권화와 표준화의 정도가 높고, 독일 · 호주 · 영국은 중간 정도이며, 미국과 캐나다는 낮은 것으로 분류된다.

둘째, 선발시기는 초등학교 단계에서 중요한 선발을 실시하는 조기선발과 대학단계에 이르러서야 선발이 이루어지는 만기선발로 구분된다. 프랑스 · 독일 · 영국은 조기선발에 속하고, 미국 · 캐나다 · 스웨덴은 만기선발에 해당하며, 구소련과 호주는 중간수준이다.

셋째, 선발대상은 특별한 자질을 구비한 사람만 뽑아야 한다는 특수주의와 누구나 교육받을 가치를 지니고 있다고 믿는 보편주의로 나뉜다. 전자가 정예주의에 가깝다면 후자는 대중평등주의에 가깝다. 독일 · 프랑스 · 영국은 전자에 해당되고, 캐나다 · 미국 · 호주 · 스웨덴 · 구소련은 후자에 속한다.

넷째, 선발기준은 집단주의와 개인주의로 구분된다. 전자는 사회의 이익을 우선적으로 고려하고 후자는 개인의 자아실현을 강조한다. 집단주의적 선발기준을 가지고 있는 나라는 구소련 · 스웨덴 · 영국 · 프랑스 · 독일이고, 개인주의적 선발기준을 가지고 있는 나라는 미국 · 호주 · 캐나다 등이다.

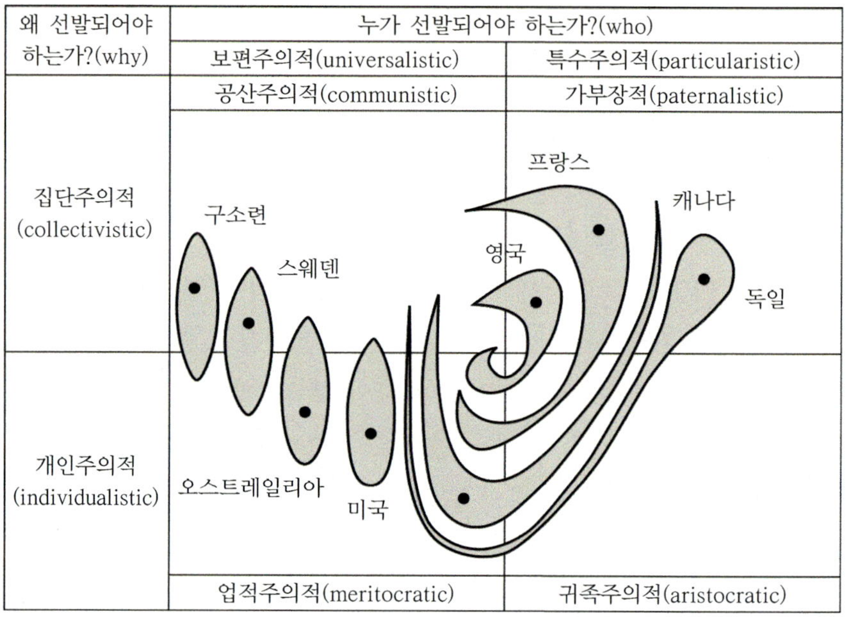

[그림 11-1] 호퍼의 교육선발 유형

선발제도 유형을 분류하는 호퍼의 기준에 따라 우리나라의 교육선발의 특성을 분류한다면 중앙집권과 표준화, 만기선발, 대상의 보편주의, 기준의 개인주의로 나타낼 수 있다(김신일, 1986 : 177).

이상에서 살펴보았듯이 호퍼는 교육선발의 구조가 사회이동의 관건임을 보여 준다. 호퍼에 의하면 계층이동이 활발하지 못한 사회일수록 학생선발이 조기에 이루어지는 제도가 확립되어 있으므로 일찍부터 교육의 기회를 갖는 상층의 아동들은 유리하나 하층의 아동들은 불리한 입장에 처하게 된다. 반면 선발시기가 늦을수록 하층의 아동들도 선발될 수 있는 시간적 여유가 생기므로 계급 간 이동 가능성은 커지는데 비해 상층의 아동들에게는 이점이 감소된다. 그러므로 계층이동의 과정에서 불리해지지 않도록 상하층을 막론하고 아동들에게 동기부여에 전념해야 한다고 강조한다.

4. 교육의 선발 기능에 대한 상반된 관점

이론적 관점에 따라 교육의 선발 기능을 보는 시각은 매우 다르다. 학교교육의 선발 과정에 대한 기능론적 관점과 갈등론적 관점을 비교하여 설명하면 다음과 같다.

1) 기능론적 관점

기능론자들은 학생선발이 기능적 의미를 갖는다고 본다. 기능론적 관점에서 교육의 선발 및 배치 기능에 대한 입장은 다음과 같이 요약될 수 있다(송병순, 1987 : 115-117).

첫째, 학생선발은 학생들을 능력의 종류와 수준에 따라 분류함으로써 학습자에 대한 진단 기능을 한다.

둘째, 학생선발은 직업세계가 필요로 하는 사람들을 분류하는 여과 기능을 한다. 즉 사회의 직업적 선발에 앞서 학교의 교육적 선발과정을 통해서 학생들의 능력에 따라 교육의 질과 양을 결정하고 서로 다른 교육적 경험을 부여함으로써 이를 토대로 사회진출을 가능하게 한다.

셋째, 학생선발은 사회적 희소가치의 차등적 분배에 대한 합리화 기능을 한다. 즉 사회적 희소가치의 분배가 능력에 따른 교육경험의 결과라는 것을 암암리에 일반화시킴으로써 계층 간 · 집단 간 갈등을 완화시키고 사회적 체제의 유지를 합리화한다. 학교는 능력 있는 사람을 분류 · 선발하는 합리적인 방안으로서 능력 있는 사람들이 높은 사회적 지위를 획득할 수 있도록 해준다.

넷째, 학생선발은 능력별 분류에 의한 서로 다른 교육적 성취를 통해 장래 성인사회의 직업적 분화에 기여한다.

[그림 11-2]에서 살펴볼 수 있듯이 기능론자들은 아동들의 적성에 맞는 학습기회를 제공하기 위하여 능력과 가정환경을 고려하여 분류하고 그에 적합한 교수방법과 교과내용을 선택해야 교육효과가 극대화된다고 주장한다. 즉 아동들은 능력에 따라 각기 다른 교육적 성취를 통해서 능력에 맞는 사회진출 기회를 가지게 됨으로써 성인사회의 직업적 분화에 공헌할 수 있다는 것이다. 이처럼 기능론적 관점에서는 교육을 통하여 사회구성원 각 개인의 능력에 따라 자아실현에 도움을 줄 수 있고 나아가 사회발전에 공헌할 수 있음을 상정하고 교육기회 확대론을 주장한다.

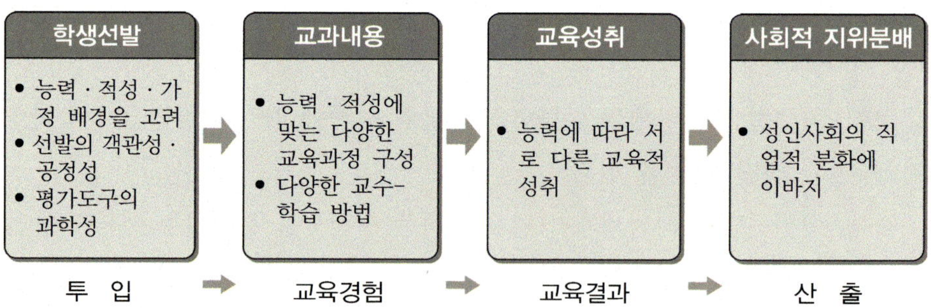

[그림 11-2] 기능주의의 능력별 선발관에 따른 사회진출도

* 출처 : 송병순, 1987 : 117

2) 갈등론적 관점

전통적으로 학교의 선발 기능은 사회의 원만한 기능을 도모하기 위한 것으로 인식되어 왔다. 즉 업적주의 원칙에 따라 재능이 있고 충분한 노력을 한 사람에게는 적절한 사회적 보상을 해 줌으로써 계층 간 수직적 이동을 활발하게 하고, 아울러 사회평등화에 기여할 수 있다는 것이다. 그러나 갈등론자들은 이러한 관점에 대해 부정적인 입장을 갖고 있다.

갈등론자들에 의하면 학교에서 이루어지는 선발 과정은 불평등하게 이루어지고 있을 뿐 아니라 선발의 척도로서 업적주의 이념도 공정하게 적용되지 않는다. 즉 학교교육의 선발 과정은 지배계층에게 유리하게 편성되어 있기 때문에 피지배계층의 아동은 학교교육에 대한 적응력에서 불리할 수밖에 없다는 것이다. 학교교육은 인지적 기술보다는 가치 · 태도 · 규범 등과 같은 비인지적 요소를 강조하고 있다고 본다. 또 업적주의 이념을 바탕으로 한 지적 기술에 대한 평가도 표면상 공정성을 띠고 있으나 경쟁 과정에서는 지배계층이 유리할 수밖에 없는 위장된 평가 이데올로기에 불과하다는 것이다.

학교의 선발 기능에 대한 갈등론자들의 비판을 두 가지로 요약할 수 있다(송병순, 1987 : 117).

첫째, 사회에서는 능력주의 원칙에 따라 개인의 업적을 중심으로 사회적 지위가 배분되지 않는다. '능력에 따른 선발'은 이론적으로는 가능할지 모르나 실제적으로는 적용되기 어렵다. 둘째, 선발도구의 비과학성 및 선발내용의 계층 간 편파성으로 인하여 선발방법상 객관성이 결여되어 있다.

보울스와 긴티스 등 경제적 재생산론자들에 의하면 학교의 선발 과정은 지배계층이 자신들의 특권을 유지하기 위한 것이다. 지배계층은 학교교육을 통해 하류계층을 효과적으로 탈락시킴으로써 그들에게 순종, 복종, 열등감을 조장하여 자신들의 지배적 위치를 정당화한다. 따라서 학교의 선발 과정은 지배계층에게 유리하게 편성된 불평등한 위계구조를 심화시키는 기능을 한다. 결국 학교교육은 사회평등을 실현하는 제도적 장치라기보다는 사회 불평등을 재생산하는 도구적 장치에 불과하며, 선발 과정은 이러한 기능을 수행하기 위한 지배전략에 불과하다는 것이다.

한편 부르디외 같은 문화적 재생산론자들은 학교교육에서 관심을 기울이고 있는 것은 상류계층의 문화적 풍토로서 학교에서는 지적 능력을 가르치는 것이 아니라 상류문화를 은밀하게 주입한다고 지적한다. 학교교육에서 문화자본이 풍부한 아동은 학업성취에 있어 상대적으로 유리한 입장에 놓이며 나아가 미래에 높은 사회적 지위를 차지할 가능성도 커진다. 결국 학교교육의 선발 과정은 지배계층에게 유리할 수밖에 없으며 불평등한 구조를 유지하는 데 기여하는 도구적 수단이라는 것이다. 이러한 문화재생산론자들은 학생선발의 사회적 의미를 다음과 같이 파악한다(송병순, 1987 : 119-120).

① 학교교육의 선발 과정은 대부분의 특권지배층 자녀들에게 유리하다. 그 이유는 선발에서 다루어지는 내용들이 그들이 가정에서 경험하는 문화내용이기 때문이다.

② 특정한 문화적 지위를 확보하고 있는 특권지배층은 그들의 지위를 정당화하기 위해 학교교육을 이용한다.

③ 특권지배층은 피지배계층을 유효하고 효율적으로 지배하거나 그들로부터 충성이나 노력을 얻기 위해 학교교육에서의 선발이 공정한 것처럼 정당화한다. 그러나 사실은 특권지배층 가정의 문화적 전통의 합리성을 학교교육에 투사시키고 있다.

④ 기존 엘리트들은 자신들의 권력을 도전에 의해 빼앗기는 일이 없도록 종속적이고 대항적인 집단에서 지도자가 될 수 있는 인재를 선발하여 학교를 통해 동질화시킴으로써 문화재생산을 영구화한다.

이상에서 살펴본 기능론과 갈등론의 선발관에 관한 주요 쟁점과 차이점을 다음과 같이 정리할 수 있다(송병순, 1987 : 120-121).

첫째, 기능주의 이론은 사회체제의 유지 및 안정을 직업적 분화와 관련시켜 학교교육의 선발을 인력분배라는 관점에서 설명하는 반면, 갈등이론에서는 정치 · 경제 · 문화와 교육과의 관계에서 선발 과정에 내포된 불평등요인을 지적함으로써 기능주의적 선발관을 비판한다.

둘째, 기능주의 이론에서는 교육기회의 확대로 평등사회 이상실현을 낙관하는 반면 갈등이론에서는 이를 허구라고 비판한다.

셋째, 기능주의 이론에서는 개인의 능력이나 적성을 고려하여 능력별 반편성 등을 교육적 선발에 고려하고 있으나, 갈등주의 이론가들은 이를 교사의 편의, 학교당국의 학사행정, 학교와 관련된 의사결정체의 압력에 의한 것으로 본다.

5. 교육선발제도와 교육평등

오늘날 교육사회학을 이끌고 있는 핵심규범(가치지향)은 '교육평등'과 '사회평등'이다. 교육평등에 관한 논의는 교육의 여러 측면과 관련되어 진행되고 있다. 즉 학교시설이나 장학제도 등 교육비 투자와의 관계, 교육내용과의 관계, 정치 · 경제적 구조와의 관계, 학교 내 상호작용과정에서의 불평등, 취업기회와 학력과의 관계(직업지위 획득모형) 등이 주요 측면들이다.

이와 같이 다각적인 측면에서 교육평등과 사회평등의 문제가 논의되고 있으나 이는 결국 학교교육의 선발 기능에 귀착된다. 교육의 선발 과정에서는 평등성의 확보가 우선적으로 중요한 문제이다. 그런데 교육평등의 문제는 교육실제에서도 매우 어려운 문제일 뿐만 아니라 개념적으로도 단순하지 않다. 여기에서는 교육평등 사상의 전반적 구도를 살펴보기로 하자.

1) 평등의식의 확산과 '교육평등' 개념의 변화

사회평등 의식의 역사적 성장과 함께 교육평등 의식도 발달 · 확산되어 왔다. 교육을 위한 평등의 원리에 대한 논의에서 지난 40여 년간 북미와 영국은 주로 교육기회의 평등에 초점을 맞추어 왔다.

1960년대 후반 이후에는 '교육기회균등'보다 '교육평등' 용어가 더 자주 사용되었다. 이러한 개념적 변화에는 '교육기회균등'을 위한 그 동안의 노력이 '교육평등'을 보장하지 못했다는 비판과 함께 교육이 사회평등에도 기대만큼 이바지하지 못했고 오히려 사회불평등을 재생산했다는 비판이 반영되어 있다. 그리하여 '교육기회가 균등하면 만족할 수 있다'는 생각에서 '교육이 평등해야 만족할 수 있다'는 의식으로 변화되었다. 한편 종래의 엘리트주의 교육은 수월성교육, 재능교육, 영재교육 등의 개념으로 바뀌어 새로운 논의의 장을 전개하고 있다.

교육평등에 관한 생각은 다음과 같이 네 단계로 발전되어 왔다(Coleman, 1968; 김신일, 1993 : 257-287).

(1) 교육기회의 허용적 평등

허용적 평등관은 모든 사람에게 '동등한 기회'가 주어져야 한다는 관점이다. 주어진 기회를 누릴 수 있는가의 여부는 개인의 역량과 형편에 달려 있지만, 법이나 제도상으로 특정 집단에게만 기회가 주어지고 다른 집단에게는 금지되는 일은 철폐되어야 한다는 신념이다. 그렇다고 해서 모든 사람이 같은 양과 수준의 교육을 받아야 한다고는 생각하지 않는다. 사람은 각기 다른 수준의 능력과 다른 종류의 재능을 타고난다고 믿기 때문이다. 다만 이제까지 신분, 성, 종교, 지역, 인종 등을 이유로 차별해 오던 것을 철폐함으로써 누구나 원하고 또 능력이 미치는 데까지 교육을 받을 수 있도록 허용하자는 것이다(핵심 : 제도적 차별 없이 동등한 기회 제공, 능력과 형편에 따르는 교육기회의 차이는 존재).

(2) 교육기회의 보장적 평등

허용적 평등관은 일체의 제도적 차별을 철폐함으로써 모든 사람에게 교육받을 기회를 열어주는 데 기여하였다. 그러나 교육받을 기회를 허용하는 것만으로 교육평등이 실현되는 것은 아니다. 학교에 다니도록 허용되었다 해도 경제적 능력이 없는 하류계층 자녀들은 비용 때문에 교육을 포기할 수밖에 없고, 벽지나 외딴 섬에 사는 어린이들은 학교가 없기 때문에 교육을 받을 수 없다. 그러므로 교육평등을 실현하기 위해서는 취학을 가로막는 경제적 · 지리적 · 사회적 제반 장애를 제거해 주어야 한다. 즉 취학을 보장해 주는 대책이 필요하다는 생각으로 확장된 것이다(핵심 : 취학을 보장해 주는 대책의 시행, 예 : 중등교육 무상화).

(3) 교육조건의 평등

교육조건의 평등에 관하여 콜만(Coleman, 1968)이 적절히 표현한 바가 있다. '교육기회의 평등은 단지 취학의 평등만이 아니라 효과적인 학교에의 평등한 취학을 의미하는 것이다.' 누구나 학교에 다니게 된 것만으로는 평등이 아니라는 것이다. 학교의 시설, 교사의 자질, 교육과정 등에 있어서 학교 간의 차이가 없어야 평등이라는 것이다. 왜냐하면 학교 간의 차이는 그 자체도 문제이지만 상급학교 진학, 즉 상급학교 교육의 기회분배에 차이를 낳기 때문이다. 따라서 학교의 교육여건과 교육이 진행되는 모든 과정이 평등하게 되지 않으면 교육평등은 아직 실현되지 않은 것이다.

학부모들은 학교에 따라 교사의 질적 수준, 시설, 주변 환경이 다른 것을 문제삼기 시작했는데 이는 그러한 조건의 차이가 교육결과에 차이를 가져온다고 생각하였기 때문이다(핵심 : 학교 간의 차이 제거, 그러나 가정배경과 친구의 영향은 그대로 남음).

(4) 교육결과의 평등

학교의 교육조건이 평등화되어도 교육결과의 평등이 보장되지는 않는 것으로 밝혀지자 교육결과, 즉 학업성취의 평등을 위한 적극적 조치를 취해야 한다는 주장이 제기되었다. 교육을 받는 목적은 단순히 학교에 다니는 데 있지 않고 배워야 할 것을 배우는 데 있으므로 교육결과가 같지 않으면 결코 평등하지 않다는 의식이 형성된 것이다.

교육평등의 문제가 여기에 이르면 한층 더 복잡해진다. 각기 능력이 다른 학생들의 학습수준을 동일한 지점까지 끌어 올리려면 똑같이 다루어서는 불가능하기 때문이다. 능력이 낮은 학생 집단에게 교사가 더 많은 시간과 노력을 기울여야 한다. 또 우수한 학생보다 열등한 학생 집단에게 더 좋은 교육조건을 제공하지 않으면 안 된다. 이러한 사상을 '보상적 평등주의'(補償的 平等主義, redemptive equalitarianism) 그리고 그에 따른 정책적 조치를 차별해소를 위한 '적극적 우대조치'(affirmative action)라고 부른다.

'적극적 우대조치'는 미국에서 오랜 세월에 걸쳐 차별받아 온 흑인을 비롯한 여러 소수인종집단과 여성의 사회적 지위 향상을 위해 연방정부의 시책과 법원의 명령에 따라 추진되고 있다. 구체적으로는 관공서와 민간기업에 이들 여러 집단 출신을 일정비율로 고용한다든지 또는 대학 등 교육연구기관의 입학정원 일부를 할당하는 등의 방법이 채택되고 있다. 이러한 조치에는 역사적으로 누적되어 온 차별이 해소되는 데는 단순히 법의 이름으로 평등과 기회균등을 부르짖는 것만으로는 불충분하다는 인식이 전제되어 있다.

결과의 평등을 위한 교육으로는 저소득층 취학 전 어린이들을 위한 보상교육(補償教育, compensatory education)을 들 수 있다. 미국의 Project Head Start, Middle Start Project, 영국의 EPA(Educational Priority Area) 사업 등은 모두 불우층의 취학전 어린이들에게 기초학습 능력을 길러 주어 이후 학교교육에서 뒤지지 않도록 예비적 조치를 취하려는 것이었다(핵심 : 열등한 학생에게 더 좋은 교육조건 제공, 보상교육).

그러나 이러한 조치가 잘못된 우대조치이며 역차별(逆差別)이라는 비판도 여전히 있다. 이제까지는 약자집단이 차별을 당했는데 거꾸로 강자집단이 차별을 당하게 된 것이다.

2) 교육평등과 사회평등

교육평등에 대한 논의는 그 자체로서 뿐만 아니라 교육평등의 실현과 사회평등의 실현 간에 과연 어떤 관계가 있는가에 대한 논의로서도 중요한 쟁점이다.

글레너스터(Glennerster, 1979)는 교육이 사회적 불평등에 대처하는 역할을 사람마다 다르게 보고 있음을 지적하고, 이를 다섯 개의 관점으로 정리하였다.

첫째, 구시대의 관점으로 각 신분계층마다 다른 교육을 실시함으로써 계층질서를 유지한다는 것이다. 그러므로 교육은 불평등을 해소시키는 것이 아니라 존속시키는 역할을 수행하는 셈이다.

둘째, 능력주의적(meritocratic) 관점으로 학교는 사람들의 능력을 선별하여 각기 알맞은 수준의 교육을 시켜 유능한 자는 높은 사회적 지위에 배치하고, 능력이 뒤지는 자는 낮은 지위에 배치하는 역할을 담당한다는 관점이다.

셋째, 평등주의적 관점으로 모든 사람에게 교육기회를 평등하게 제공함으로써 사회의 기존 계층구조를 변화시킬 수 있다는 것이다. 다시 말하면 교육을 통하여 불우계층을 상승 이동시켜 모두가 평등한 사회가 되도록 만든다는 것이다.

넷째, 마르크스주의적 관점으로 교육은 자본주의사회의 지배집단에 봉사하므로 혁명에 의한 사회변혁이 이루어지지 않고는 사회의 평등화는 불가능하다는 것이다. 즉 자본주의 사회의 교육은 사회불평등을 재생산할 뿐이라는 주장이다.

다섯째, 현실적 평등주의 관점으로 교육은 여러 사회제도 가운데 하나로서 고유한 가치를 지니고 있으므로 모든 사람에게 평등한 교육기회를 주어야 하지만, 평등교육이 반드시 평등사회를 가져오는 것은 아니라는 주장이다(김신일, 1993 : 221).

사람들 사이에 정당한 차이가 있다면 그들을 대할 때 그 정당한 차이를 고려해야 한다. 그러나 정당한 차이가 무엇인가는 평등원리 그 자체에 의해 결정되지 않는다. 인종의 차이, 능력의 차이, 동기의 차이 등에 있어서 어느 것이 정당한 차이인지를 판단해야 한다. 그러므로 평등의 원리를 교육의 정책, 프로그램, 제도 등에 적용하기 위해서는 사람들 간의 어떤 차이는 고려하고 어떤 차이는 고려하지 않을 것인가를 정해야 한다. 그리고 그런 차이를 가진 사람들을 어떻게 대하는 것이 공정하고 평등하게 교육하는 것인지를 결정해야 한다.

또 공평성과 효율성과의 관계도 조정해야 한다. 공평성에 대한 요구와 효율성에 대한 요구는 다소간 서로 의존적이다. 따라서 공평성은 효율성을 희생하여 성취될 수 없다. 교육자원은 공정하고 효율적으로 배분되어야 한다.

6. 입시제도

우리나라의 입시제도는 사회적 가치들(사회재, social values)이 제한적이고 권력 · 부 · 명예가 단선적 · 수직적으로 집중 분포되어 있는 치열한 생존경쟁의 사회적 맥락 속에 자리잡고 있다.

지난 반세기 동안 우리사회는 급격한 사회변동을 겪어 왔으며 국민들은 이러한 상황에서 각자 나름의 생존철학과 전략을 '학습'하게 되었다. 생존을 위한 전략은 상승기류에 어떻게 편승할 수 있는가에 집중될 수밖에 없었다.

사회적 계층이동의 한 요인으로서 학교교육의 역할은 이러한 맥락 속에서 파악될 수 있을 것이다.

특히 아직도 업적주의에 의한 선발과 인사평가가 체질화되어 있지 못하므로 사회경쟁의 공정성을 사회에서보다는 사회진출 이전의 학교교육에서 찾게 된다. 사회가 수행해야 할 선별 과정이 학교교육 속에 들어와 있는 현실에서 학교교육에서의 선별은 지나치게 심각하게 되었고 교육 본연의 인간발달 기능을 수행하기 어려운 처지에 놓이게 되었다.

이러한 사회적 맥락 속에서 입시제도는 하나의 교육제도로서 실현해야 할 교육적 가치를 창조하기에 앞서 사회적 지위획득을 위한 일차 관문으로서 사회의 부조리를 교육문제로 투영시키는 창구 역할을 해온 셈이다.

과다한 입시경쟁은 교육적 문제뿐 아니라 지역 · 계층 간 갈등요인으로까지 부각되어 사회적으로도 심각한 문제를 야기해 왔다. 이러한 상황에서도 정부는 입시정책에 대한 중심을 잡지 못하고 흔들려 왔다. 입시제도 개편과정을 단순화시켜 보면 '과다경쟁 → 부작용의 사회 · 정치 문제화 → 개편 → 새로운 문제 발생'이라는 악순환으로 나타낼 수 있다.

1) 입시제도의 기능

학교는 입시제도를 통하여 선발 기능을 수행한다. 입시제도는 학생선발, 교육내용 및 방법, 사회 의식구조 등에 영향을 미치고 궁극적으로는 국가의 인적자원개발과 사회발전의 방향까지도 결정짓는다. 즉 입시제도는 그 자체의 목적인 선발 기능이라는 기본적 기능 외에 교육적 기능과 사회적 기능이라는 파생적 기능도 수행한다.

(1) 기본적 기능 : 선발 기능

학교는 학생선발권을, 학생은 학교선택권을, 국가는 교육의 목적과 사회의 필요에 따른 인원을 능력과 적성에 맞게 양성하는 권한을 가진다고 전제할 때 입시의 핵심적 기능은 입시를 치르는 학생 중에서 상급학교 진학에 더 적절한 자를 찾아내는 일이다. '적절한 자'가 누구를 뜻하는가는 그 사회의 역사적 전통, 사회체제, 국가발전 정책에 따라 다르며, 그에 따라 '적절한 자'의 선발 과정도 달라진다.

(2) 파생적 기능

가) 교육적 기능 : 하급학교 교육방향 설정 기능

교육기회의 공급량에 비해 수요가 많은 상황에서는 하급학교 교육은 불가피하게 상급학교 입학시험의 영향을 받게 된다. 상급학교 입학시험이 순기능적으로 하급학교 교육에 작용할 때에는 하급학교 교육정상화 및 발전에 크게 기여할 수 있다. 그러나 반대로 역기능적으로 작용하는 경우에는 하급학교 교육정상화를 크게 저해하게 된다. 입시제도의 교육적 기능을 간추려 제시하면 다음과 같다.

첫째, 입학전형의 내용과 방법은 입시준비교육을 통하여 하급학교의 교육내용과 방법 및 학교운영에 막대한 영향을 미친다.

둘째, 입학시험은 응시자들의 학습동기를 유발하는 요인이 되며 그들의 학습에 중대한 영향을 미칠 뿐 아니라 신체적 · 정신적 · 정서적 발달에도 영향을 미치게 된다.

셋째, 입학시험은 사회 일반의 교육관을 형성하는 데 중요한 요인이 되며 학교의 교육성과에 대한 사회적 평가의 기회를 제공한다.

나) 사회적 기능

입시제도는 사회 · 경제 · 정치 · 문화적 측면에도 많은 영향을 미친다. 입시제도가 어떻게 운영되는가에 따라 건전하고 발전적인 사회풍토가 조성될 수도 있고 그 반대의 현상이 나타날 수도 있다. 입시제도가 갖는 사회적 기능을 살펴보면 다음과 같다.

첫째, 입시제도가 개방적 경쟁수단으로 기능하므로 입학시험은 학부모 및 응시자들에게 지나친 경쟁을 유발하여 사회적 긴장을 조성하고 혼란을 야기할 가능성이 있다.

둘째, 입학시험은 학부모들에게 경제적 부담을 가중시킨다.

셋째, 입학시험은 입시준비를 위한 학원, 개인교수, 과외 및 입시준비를 위한 교재 및 자료의 제작과 보급을 담당하는 소위 '입시산업'을 형성한다.

2) 입시제도의 변천

입학시험제도는 진학에 관련된 학생선발 방법으로 하급학교 교육의 방향설정에 영향을 미친다. 하급학교에 대한 영향의 강도는 그 사회의 학력경쟁의 정도에 비례한다. 학력경쟁이 극심한 한국사회에서 상급학교 입학시험제도는 하급학교에 결정적 영향을 미친다. 한국교육은 상급학교 입시준비교육으로 변질되었다고 끊임없이 지적되어 왔다. 입시제도의 잦은 변화는 교육정책의 불안정성과 일관성의 결여를 보여주는 실례로 지적된다. 교육행정이 '조령모개'라는 비판을 받는 것은 자주 바뀌는 입시제도에 기인한다고 보아도 과언이 아니다.

교육선발제도에 있어서 어느 나라나 중요시하는 측면은 능력주의와 평등주의의 균형 문제이다. 능력주의를 지나치게 강조하다 보면 교육기회의 분배가 불평등해지고, 반대로 평등주의를 너무 앞세우면 유능한 인재를 놓치기 때문이다(Gardner, 1970).

(1) 중등학교 입시제도

중학교 입시제도에 있어 획기적인 변화는 1969년 중학교 무시험진학제도가 단행된 일이었다. 중학교 무시험진학제도 도입 취지는 초등학교 아동을 입시지옥으로부터 해방시키고 과열입시 경쟁 해소를 통하여 교육 · 사회 · 경제적 병폐를 해결하려는 것이었다. 1971년에 이 제도가 전국적으로 실시되면서 중학교 교육인구는 증가하였지만 고등학교에서의 과열입시 경쟁으로 이어졌다.

표 11-1 중등학교 입시제도 관련 내용의 변화

연 도	입 학 시 험 유 형	
	중 학 교	고 등 학 교
1945~1950	• 학교관리제	• 학교관리제
1951~1953	• 국가연합고시제	• 국가연합고시제
1954~1956	• 학교관리제(내신 · 필답 합산)	
1954~1957		• 학교관리제(시험 · 무시험 병행)
1957~1961	• 무시험 · 연합출제 병행제	
1958~1961		• 연합출제제
1962~1963	• 국가고시제	• 국가고시제
1964~1965	• 시 · 도별 공동출제제	• 시 · 도별 공동출제제
1966~1968	• 공동 · 단독출제 병행제	
1966~1973		• 공동 · 단독출제 병행제
1969~현재	• 무시험 추첨배정제	
1974~1997		• 시 · 도별 연합고사, 학교별 선발 병행
1998~현재		• 평준화지역 연합선발고사 폐지 · 존치 • 비평준화지역 학교별 선발고사 폐지 · 존치
2011~현재		• 특성화고: 내신 100% 또는 내신과 면접 • 자율형 사립고: 자기주도 학습전형 원칙, 추첨+면접/내신+면접 • 자율형 공립고: 선지원 후추첨, 학교자율선발, 자기주도 학습전형

연 도	입 학 시 험 유 형	
	중 학 교	고 등 학 교
		‣ 외국어고 · 국제고: 자기주도 학습전형(내신, 면접) ‣ 과학고: 자기주도 학습전형(내신, 면접)+과학창의성 전형 ‣ 예고 · 체고: 내신, 면접, 실기 ‣ 마이스터고: 내신, 심층면접

* 출처 : 정운영, 1998 : 10, 함종규, 1981의 논의를 보완하여 정리

고교입시제도의 변화에 대한 논의는 중학교 무시험진학제도의 전국적 적용이 이루어진 이후 활발히 전개되기 시작하였다. 1974년 고입 무시험 추첨배정제(일명 고교평준화)가 처음 도입되었고 이후 전국적으로 확대, 해제, 재도입의 과정을 거쳐 왔다. 2000년대에 들어서는 내신성적 위주의 대입전형제도가 도입됨에 따라 평준화 적용을 요구하는 지역이 지속적으로 증가하고 있는 추세이다.

(2) 대학입시제도

해방 이후 지금까지 한국의 대학입학시험제도는 정권이 바뀔 때마다 많은 변화가 있었다. '대학별 단독 고사제'로 출발한 대학입시제도는 거의 매년 바뀌었으며 2016년 현재까지 14차례의 큰 변화가 있었다. 그러한 변화는 시대의 정치 · 사회적 맥락과 밀접한 관련이 있다. 해방 이후부터 변화해온 입시제도의 주요 내용을 정리해 보면 〈표 11-2〉와 같다.

표 11-2

대학입학시험제도의 변천

구 분	시험 유형 및 적용시기
대학별 단독시험기	· 대학별 단독고사제(1945-1953) · 대입국가연합고사, 본고사 병행제(1954) · 대학별 단독고사, 무시험 병행제(1955-1961) · 대학입학자격 국가고사제(1962-1963) · 대학별 단독시험제(1964-1968)
대학입학 예비고사기	· 대학입학 예비고사, 대학별 본고사 병행제(1969-1980) · 대학입학 예비고사, 고교내신 병행제(1981)
대학입학 학력고사기	· 대학입학 학력고사, 내신제 병행제(1982-1985) · 대학입학 학력고사, 내신, 논술 병행제(1986-1987) · 대학입학 학력고사, 고교내신, 면접 병행제(1988-1993)
대학수학 능력시험기	· 대학수학능력시험, 내신, 대학별고사(본고사) 병행제(1994-1996) · 대학수학능력시험, 학생부, 대학별고사(논술) 병행제(1997-2000) · 대학수학능력시험, 학생부, 논술, 심층면접 병행제(2001-2004) · 대학수학능력시험, 학생부, 논술, 추천서, 심층면접 병행제(2005-현재)

* 출처 : 강창동, 2007: 88의 논의를 보완하여 정리

현행 대학입학전형제도는 2004년 발표된 '2008학년도 이후 대학입학제도 개선안(이하 '2008 대입제도 개선안')에 기초한다. 2008 대입제도 개선안의 주요 특징을 정리하면 다음의 〈표 11-3〉과 같다.

표 11-3

2008 대입제도 개선안의 주요 내용

주요과제	현 행	개 선 안
학생부 반영비중 확대	· 성취도(수, 우, 미, 양, 가) 표기 · 석차/재적수 표기 · 교과별 평가	· 원점수 표기 : 평균 및 표준편차 병기 · 석차등급(9등급) 표기 · 교과별 독서활동 기록(2007) · 교수 · 학습계획, 평가 기준의 공개(2006) · AP제도 도입 운영(2006) · 대학정보 공시제(2005) · 교사별 평가 도입(2010, 중학교)

주요과제	현 행	개 선 안
수능개선	· 백분위 및 표준점수로 성적 제공 · 합숙에 의한 폐쇄형 출제 · 1회 1일 실시	· 등급(9등급)으로만 성적 제공 · 문제은행식 체제로 전환 -2008학년도 일부교과 시범 실시 -2010학년도부터 전 영역에 도입 · 연 2회 또는 2일 시험 검토(2010학년도)
학생선발 특성화 · 전문화	· 고교 동일계열 진학 미흡 -특수목적고 설립 목적 약화, 실업계 정원의 특별전형 미진 · 대학의 대입전형 전문성 미흡	· 고교 동일계열 진학 촉진 -이공계 및 외국어 전문인력 육성 특별전형 도입 -실업계 정원외 특별전형 활성화 예 · 체능계 수능 최저자격기준 완화 · 입학사정관제 도입, 전문성 강화
사회통합 유도 전형 활성화	· 사회적 소외계층에 대한 배려 부족 · 농어촌 특별전형(3%)	· 대학구성원 다양화 지표 개발 · 농어촌 특별전형 확대(4%) · 지역균형선발 특별전형 유도

* 출처 : 정광희 외, 2005 : 4

2008 대입제도 개선안의 정책목표는 미래사회가 요구하는 21세기형 우수인재 발굴 · 육성에 기여하고 고교교육의 중심축을 학교 밖의 사교육시장에서 학교 안으로 전환하는 데 있다. 이를 위해서 고교교육의 정상화와 내실화를 위해 대학수학능력시험을 개선하고, 학교생활을 반영하는 학교생활기록부의 비중을 높이고자 하였으며, 2002학년도 대입정책으로부터 확대 운영해 온 대학 자율화 · 특성화와 연계한 전형의 다양화를 지속적으로 추진하고자 하였다(남수경, 2005).

한편 한국대학교육협의회는 대학입학전형위원회의 심의 · 의결을 거쳐 '대학입학전형 기본사항'(2012. 8. 30)을 발표해 왔다. 최근 몇 년간 변화된 대학입학전형 기본사항을 연도별로 정리하면 다음의 〈표 11-4〉와 같다.

표 11-4

연도별 대학입학전형 기본사항

구 분	대입전형 기본사항
2014학년도 대입전형	· 수험생의 안정적 대입 준비를 위한 전형계획 변경 제한 · 전형의 안정적 진행, 2013학년도 기본사항 틀 유지 · 수시모집 지원횟수 제한(6회) 지속 · 논술문제 · 해설 공개와 논술문제에 대한 고교교사 자문 권장 · 대입에서 부정 지원자 입학 무효 및 처벌 강화: 대학 간 부정지원자 정보공유를 통해 부정입학 원천 차단 · 특별전형의 전형취지 부합도 평가 강화 등 제도개선: 농어촌학생 2016학년도부터 중 · 고교 6년으로 거주기간 확대
2015-16학년도 대입전형	· 대입전형 간소화: 수시 4개(학생부 교과, 학생부 종합, 논술위주, 실기위주), 정시 2개(수능위주, 실기위주)로 전형방법 축소 · 최적학력기준 완화 및 우선선발 금지 · 대학별고사 활용: 논술, 면접, 적성과 관련하여 권장사항 제시 · 대입전형 시행계획 발표 후 변경 제한 · 고른 기회 입학전형 확대: 농어촌 출신, 저소득층 출신, 고졸 취업자 등을 대상으로 확대 · 진학 준비에 유리한 정보를 제공 및 공개 명시 · 수시모집 원서접수 기간 통합 · 정시모집 동일 학과 내 분할 모집 금지 · 기타 2015 대입전형 마감일정 조정, 재외국민과 외국인 특별전형 지원자격 조정. 합격자 안내 방법 구체화 등에 관한 내용
2017학년도 대입전형	· 2009 개정 교육과정 내 운영: 문이과 구분 현행 유지, 중장기적으로 융복합형 교육과정 개편에 따른 수능체제 개편 · 한국사 수능 필수과목 지정 및 수험부담 최소화를 위한 절대평가(9등급) 도입 · 수시 최저학력기준은 등급으로만 설정, 백분위 사용 지양 · 성취평가제(A, B, C, D, E)의 대입반영 '18학년도까지 유예 · 학생생활기록부 기재방식 개선

* 교육부 보도자료에 근거하여 정리

3) 입시제도 관련 쟁점

입시제도와 관련하여 논란이 제기되었던 주요 쟁점들을 간단하게 살펴보자.

(1) 고교평준화 정책

고교평준화 정책은 중등교육의 성격이 '선발에 의한 엘리트 교육'으로부터 교육을 원하는 모든 사람에게 교육기회를 개방하고 '국민 보통교육'으로 전환하는 시대조류를 배경으로 하고 있다. 교육의 보편화 추세 속에서 소수 엘리트 교육보다 대중교육에 강조를 둠에 따라 교육의 양적 확대에도 불구하고 일부에서는 교육의 수월성 및 경쟁력 상실을 문제점으로 지적하면서 고교평준화 폐지를 주장하고 있다. 그러나 다른 한편으로는 교육 관련 시민단체를 중심으로 교육의 형평성과 기회균등 차원에서 평준화제도를 계속 유지해야 한다는 입장을 표명하고 있다.

고교평준화 정책은 중학교교육의 정상화, 고등학교 교육기회의 확대, 고등학교 간 격차 해소, 학생의 전인적 발달, 고교서열화 폐지를 통한 사회적 위화감 해소 등에 기여한다는 점에서 긍정적인 평가를 받았다. 반면 도입 초기부터 학력의 하향평준화, 학생의 학교선택권 제한, 사학의 자율성 제약을 둘러싼 논란이 제기되어 왔으며, 90년대 이후에는 우수인재의 육성 저해, 교육의 경쟁력 저하, 교육의 획일화, 학생의 만족도 저하, 사교육비 증가 등의 새로운 쟁점들이 추가적으로 부각되었다.

(2) 3불 정책

대학입학 전형에서 기여입학제, 고교등급제, 대학별 본고사를 금지하는 교육인적자원부의 대학입시 정책을 지칭하는 '3불 정책'은 대학의 학생선발에 관한 자율권과 정부의 교육평준화 정책이 맞물려 대학과 정부 간 갈등 요인이

되어 왔다. 2008 대학입시 개선안이 발표되면서 논란이 가중되었다.

3불 정책의 내용 및 관련 쟁점을 정리해 보면 다음과 같다.

가) 기여입학제

기여입학제는 특정 학교에 물질을 무상으로 기부하여 재정적 공로가 있는 경우나 대학의 설립 · 발전에 비물질적으로 기여하는 등 공로가 있는 사람의 자손에 대해 대학입학이 가능하도록 특례를 인정하는 제도이다.

기여입학제를 찬성하는 입장에서는 대학의 재정난을 해결하고 대학의 경쟁력을 확보할 수 있으며 재원확보를 통해 저소득층 대학생에게 장학금 혜택을 줌으로써 교육격차 극복의 기회를 제공할 수 있다고 주장한다. 한편 반대하는 입장에서는 기여입학제가 계층 간 교육기회의 격차로 인해 사회통합을 저해하고 대학서열을 고착화시키며 학벌주의를 확대시킬 수 있다고 주장한다.

나) 고교등급제

고교등급제는 고교 간 학력차를 인정하는 방법으로 대학이 고교별 합격자 수에 따라 전국의 고교에 등급을 매겨 학교생활기록부 성적을 반영할 때 가산점을 주는 제도이다.

고교등급제를 찬성하는 입장에서는 내신성적 부풀리기가 만연한 상황에서 학교 간 학력차를 반영한 전형은 불가피하며 사립학교는 기본적으로 학생선발과 학사운영 등에서 자율성을 보장받아야 하므로 대학에 학생선발권을 주어야 한다고 주장한다. 반면 반대 입장에서는 고교등급제가 능력에 따른 선발이라는 기본원칙을 훼손할 뿐 아니라 특정 학교의 우대가 고교서열화를 촉진하고 그로 인해 사교육비가 증가되며 특정 지역의 부동산 가격이 상승하는 등의 부작용 유발요인으로 작용할 수 있다고 본다.

다) 본고사

본고사는 대학별로 실시되는 국 · 영 · 수 중심의 지필고사를 의미한다. 본고사는 1980년까지 시행, 1981년부터 1993년까지 폐지, 1994년부터 1996년까지 시행, 1997년부터는 논술과 면접만 허용하는 방식으로 이어져 오다가 2005년 통합논술을 둘러싸고 논쟁이 재발되었다.

본고사를 찬성하는 입장에서는 대학의 자율권을 보장할 필요가 있고 본고사가 내신과 수능의 변별력 약화 및 학교 간 학력 차이의 문제를 보완할 수 있는 방안이라고 본다. 한편 본고사 시행을 반대하는 입장에서는 국 · 영 · 수 위주로 대학입학이 이루어지기 때문에 고교 교육과정이 파행적으로 운영되고 사교육이 조장될 수 있다고 본다.

(3) 입학사정관제(학생부종합전형)

입학사정관제는 대학이 고등학교 교육과정 및 대학의 학생선발 방법 등에 대한 전문가를 채용하고, 이들을 활용하여 학생의 성적 · 개인 환경 · 잠재력 및 소질 등을 종합적으로 판단하여 신입생을 선발하는 제도이다. 입학사정관(admission officer)은 다양한 전형자료를 심사하고 학생의 잠재력 및 소질을 평가하여 입학여부를 결정하는 전문가이다.

입학사정관제는 '5 · 31 교육개혁안'(1995년 발표)에서 그 개념이 등장하였고 '2008 대입제도 개선안'(2004년 발표)에서 처음 도입된 제도이다. 2007년에 10개 대학이 입학사정관제를 도입하여 시범 · 운영하였고, 2008년에는 40개 대학이, 2009년에는 47개 대학, 그리고 2010년에는 60개 대학이 입학사정관을 활용하여 입학전형을 확대 · 실시하였다. 2016년 현재 기준으로 60개 대학에서 입학사정관제 전형이 이루어지고 있다.

교육과학기술부가 설정한 입학사정관제의 실시 목적은 다음과 같다.

첫째, 학교교육의 정상화를 도모하고 대학 간의 소모적 선발경쟁을 건설적 교육경쟁으로 전환한다.

둘째, 성적위주의 획일적 선발에서 학생의 잠재력, 대학의 설립이념, 모집 단위 특성 등을 고려한 다면적 선발로 개편한다.

셋째, 학생부, 수능성적, 각종 서류 등 다양한 전형요소를 해석하여 활용할 수 있는 대입전형전문가 활용체제를 구축한다.

넷째, 대학이 학생선발에만 그치지 않고 기 선발된 학생에 대한 연구와 추후관리 등에도 관심을 가질 수 있는 환경을 조성한다.

입학사정관제가 매우 빠른 속도로 확산되는 과정에서 입학사정관의 자격과 역할 · 권한 및 신분보장 등과 관련된 전문성 확보의 문제, 입학사정관의 입학전형 평가 과정 및 결과에 대한 투명성 · 공정성 · 객관성 담보의 문제, 고교와 대학 간의 신뢰관계 형성 여부(고교 자료의 신뢰성 보장 여부, 이의제기 시 대학의 대응조치 등)의 문제 등이 주요 쟁점으로 부각되고 있다(김승태, 2009).

한편, 대입전형이 지나치게 복잡하다는 여론이 팽배해지면서 정부가 대입전형간소화 정책을 시행하는 과정에서 입학사정관제는 2015학년도부터 '학생부종합전형'으로 공식적인 명칭이 변경되었다. 학생부종합전형은 기존의 입학사정관전형에서 명칭이 변경되었지만 전형의 개념과 운영방식에 있어서는 일부 차이를 보인다. 입학사정관 전형의 초점은 입학사정관이라는 '평가전문인력'을 운용하는 평가방식에 있는 반면, 학생부종합전형은 학교생활기록부라는 '전형자료'에 있다. 학생부종합전형은 '입학사정관 등'이 평가하는 전형이지만, 명칭이 변경되는 과정에서 '입학사정관'이라는 전문인력의 중요성에 대한 인식은 후퇴하였고, '학생부'라는 서류의 중요도는 한층 높아졌다(한국교육개발원, 2016).

학생부종합전형은 도입초기부터 비판적 논의가 지속되고 있다. 학생부종합전형을 찬성하는 입장에서는 첫째, 고등학교교육의 정상화에의 기여 가능성, 둘째, 획일적인 점수위주의 평가방식에서 벗어나 다양한 잠재능력과 인성까지 고려한 새로운 선발방식이라는 점을 강조한다. 반면, 비판적인 입장에서는 첫째, 학생, 교사, 학부모 모두에게 부담을 주며, 둘째, 공정성과 신뢰성에서 문제의 소지가 있으며, 셋째, 교육의 계급적 격차를 심화시킨다는 점을 강조한다. 학생부종합전형이 도입취지에 걸맞는 긍정적인 교육적 효과로 이어지기 위해서는 학생선발과정과 선발기준 원칙 등에 대한 재점검 및 선발결과에 대한 지속적인 모니터링이 필요하다.

4) 입시제도의 평가기준

일반적으로 입시제도를 평가하기 위한 기준으로는 선발적 타당성, 교육적 효율성, 학교의 자율성 존중, 사회적 적합성, 효율적 관리, 사회적 선발의 측면 등이 고려된다.

(1) 선발적 타당성

입시제도가 지니고 있는 기능 중 가장 중요한 기능은 적격자 선발의 기능이라고 할 수 있다. 이러한 기능에 비추어 볼 때 입시제도는 학생이 지니고 있는 적성과 능력에 따라 적격자를 선발하려는 목적에 타당해야 한다.

(2) 교육적 효율성

입시제도는 하급학교 교육과정 운용의 정상화에 기여하고 비교육적인 요인을 제거하는 데 도움이 되어야 하는 등 하급학교 교육방향을 설정할 수 있어야 한다.

(3) 학교 자율성 존중

입시제도는 개별 학교의 지역적 특성뿐 아니라 교육적인 독자성 · 특수성 · 창의성 등을 존중하고 반영할 수 있어야 한다.

(4) 사회적 적합성

입시제도는 사회적 긴장을 조성하고 혼란을 야기하여 결국 사회문제를 초래할 가능성까지 내포하고 있다. 따라서 입시제도는 사회일반의 교육적 태도 형성에 미치는 영향을 고려하고 사회여론의 지지를 받을 수 있어야 한다.

(5) 효율적 관리

입시제도는 학부모들의 경제적 부담을 완화시킬 수 있어야 하며 복잡한 과정을 최소화하여 경제적 낭비가 적고 효율적으로 관리할 수 있어야 한다.

(6) 사회적 선발

사회적 선발 과정에서 발생되는 계층 간의 갈등과 충돌이라는 사회적 비용(social cost of selection)을 최소화하여 사회적 긴장 해소와 안정을 기하여야 한다.

7. 교육경쟁

1) 학력(學歷)의 가치와 학력주의(學歷注義)

일본학자 우시오기 모리카즈(朝木守一)와 아소 마코토(麻生 誠)에 의하면 학력(學歷)은 세 가지 가치를 가지고 있으며 그에 상응하는 기능을 가지고 있다. 도구적 가치와 기능, 질서적 가치와 기능, 선발적 가치와 기능이 그것이다(석태종 역, 1989 : 194-197).

첫째, 학력의 도구적 가치와 기능이란 일정한 학습결과로서의 학력이 직업적 역할수행에 유용한 측면을 말한다. 이 측면은 학력팽창과 고학력 현상에 대한 기술기능이론에서 특별히 강조해 온 것이다.

둘째, 학력의 질서적 가치와 기능이란 한번 취득한 학력이 개인에게 일정한 자격을 보장함으로써 특정한 신분을 부여하여 일종의 귀속적 지위의 보증서 기능을 하게 된다는 것이다. 높은 학력을 가진 사람은 희소가치를 획득한 사람으로 높은 평가를 받게 되는 반면 낮은 학력밖에 없는 사람은 그러한 기회로부터 소외·배척되어 낮은 평가를 받게 된다. 이와 같이 학력은 사람들을 계층화시키는 한 요인으로 작용한다. 이것은 학력의 지위분배 기능과 같은 것이다. 이와 같은 학력의 질서화 기능은 도구적 기능과 결합되어 있는 경우가 많다. 그러나 두 가지가 동일한 것은 아니다.

셋째, 학력의 선발적 가치란 도구적 가치와 질서적 가치를 동시에 가진 학력을 취득하기 위하여 모든 학부모와 학생들이 경쟁하게 됨으로써 학력이 높은 지적 능력과 지위상승을 위한 동기유발의 원천이 되는 측면을 가리킨다.

'학력이 도구적 가치와 질서적 가치 및 선발적 가치를 삼위일체의 형태로서 갖추게 되면 진정한 의미에서 학력주의가 성립된다'(석태종 역, 1989 : 197).

학력주의는 어떤 개인의 인간됨과 능력 그 자체를 보려는 것이 아니라 학력을 통하여 그의 인간됨과 능력을 보려는 행동유형이다. 학력이 지위결정에 대단히 중요한 요소로 작용하는 사회를 '학력사회' 또는 '학력주의 사회'라고 한다. 예컨대 학력에 따라 계층이 결정되는 사회는 가장 전형적인 학력사회이다.

학력사회는 '기능적 학력사회'와 '상징적 학력사회'로 구분될 수 있다. 계량사회학적 연구에 따르면 미국과 일본은 모두 학력사회라고 볼 수 있다. 그러나 두 학력사회의 성격이 다르다. 미국은 '기능적 학력사회'라고 볼 수 있는데, 이는 미국에서는 학력이 전문적 능력을 증명하는 학위의 의미를 갖기 때문이다. 반면 일본은 '상징적 학력사회'라고 볼 수 있다. 일본에서 학력은 일반적 능력을 가진 자와 특정학교 출신자를 구분하는 데 유효하기 때문이다(석태종 역, 1989 : 187).

2) 학교의 지위분배 기능 강화와 교육경쟁의 심화

학교의 지위분배 기능이 커지면서 지위분배에 있어 학력의 중요성은 더욱 커지고 있다. 학력의 중요성이 커지면 학력주의 사회가 만연하고 교육경쟁도 심화된다. 즉 교육경쟁의 강도는 학교의 지위분배 기능이 커질수록 높아진다. 학교에서 직장으로의 사회적 진로개척에 학교교육의 결과가 결정적 영향을 미치는 학교의 사회적 지위분배 기능(地位分配 機能) 비대화(肥大化)가 제도화(制度化)된 점이 현대 학교제도의 근본문제로 지적되기도 한다(Reimer, 김석원 역, 1982). 라이머(E. Reimer)는 교육에서만이 아니라 개인의 생활기회(life chances)에 있어서도 학교교육의 독점적 영향을 배격해야 한다고 주장한다(Reimer, 김석원 역, 1982 : 31). 또 콜린스(R. Collins)에 의하면 학교제도가 신분제도의 대치물로써 지위경쟁의 수단으로 제도화되어(학력의 카스트제도화) 끊임 없이 학력경쟁이 지속되고, 그에 따라 학교도 상급으로 계속 팽창하고 있다. 이러한 학교의 지위분배 기능 비대화는 교육경쟁을 강화시키고 교육경쟁의 연쇄적 효과에 따라 고학력 현상을 발생시킬 수밖에 없다.

민주사회의 이상 중 한 가지는 평등사회의 구현이며, 평등사회는 개방적 · 경쟁적 · 업적적 사회이동이 보장되는 사회이다. 이러한 사회이동에 학교교육이 중요한 기능을 하고 있는데, 바로 학교교육의 선발 및 지위분배 기능이 그것이다.

우리나라의 학제는 단선형에 속하는데, 그 특징은 교육에의 접근기회가 개방되어 있다는 것이다. 이제까지의 연구결과들에 의하면 교육에의 접근기회에 가장 큰 영향을 주는 요인은 학업성취 수준과 가정의 사회 · 경제적 지위이다(이종재, 1978; 정범모, 1978). 또한 거주지역과 성의 차, 가족구조에 따라서도 접근기회에 차이가 나타난다고 보고되고 있다. 외국의 경우 조기선발 시 학생의 능력 외에 가정의 문화적 배경의 영향이 작용하며, 좋은 학교에 선발된 학생에게는 엘리트 의식과 긍정적 자아개념을 심어 주는 반면 좋지 않은 학교에 선발된 학생에게는 부정적인 자기기대(열등감)를 갖게 하는 것으로 보고되었다(Eggleston, 1974; Persell, 1977).

교육경쟁은 학력에 대한 가치부여 방식과 학교의 지위분배 기능의 정도에 따라 달라진다. 학력에 대한 가치부여 방식은 역사적으로 변화해 왔고 사회마다 차이가 있다. 학교의 지위분배 기능 또한 그러하다. 학교의 지위분배 기능 비대화는 학교가 학력부여 권한을 독점하고 있다는 사실과 관련된다.

3) 교육경쟁 : 상위경쟁과 하위경쟁의 연쇄고리

교육경쟁의 본질은 교육의 결과를 분배받기 위한 경쟁이다. 교육경쟁은 사회경쟁에 대한 준비과정에서 발생한다. 이와 같이 하나의 경쟁이 다른 경쟁의 과정적 수단 또는 준비로써 기능할 때 그것은 하위경쟁이며, 상대적으로 목표의 위치에 있는 경쟁은 상위경쟁이다. 즉 사회경쟁은 교육경쟁의 상위경쟁이다.

또 교육경쟁 내에서도 상위경쟁과 하위경쟁이 있다. 대학입시 경쟁은 상위경쟁이고 고교교육에서의 경쟁은 하위경쟁이다. 이와 같은 상 · 하위경쟁의 연쇄는 일부 계층에서는 유치원 단계에까지 내려와 있다. 우리나라의 교육경쟁의 종류를 학력경쟁(대졸학력 갖기 경쟁), 학벌경쟁(일류대 졸업하기 경쟁), 점수경쟁, 등수경쟁으로 나누어 볼 수 있다.

그 중에서 가장 치열한 경쟁은 학벌 및 학력경쟁이다. 학벌 및 학력경쟁은 점수 및 등수경쟁의 상위경쟁이다. 한국에서는 등수경쟁이 상위경쟁이고 점수경쟁은 하위경쟁이다.

상위경쟁과 하위경쟁이라는 개념으로 다음과 같은 일반적 가설을 설정할 수 있다.

첫째, 상위경쟁이 치열할수록 하위경쟁도 치열해진다.

둘째, 상위경쟁의 양식은 하위경쟁의 양식을 결정한다.

셋째, 상위경쟁이 치열할수록 하위경쟁의 연쇄는 길어진다.

4) 교육선발제도와 교육경쟁 구조

교육경쟁은 상위 교육단계와 일류학교에 선발되기 위한 경쟁이다. 따라서 교육경쟁 구조는 선발제도에 영향을 받는다([그림 11-3] 참조).

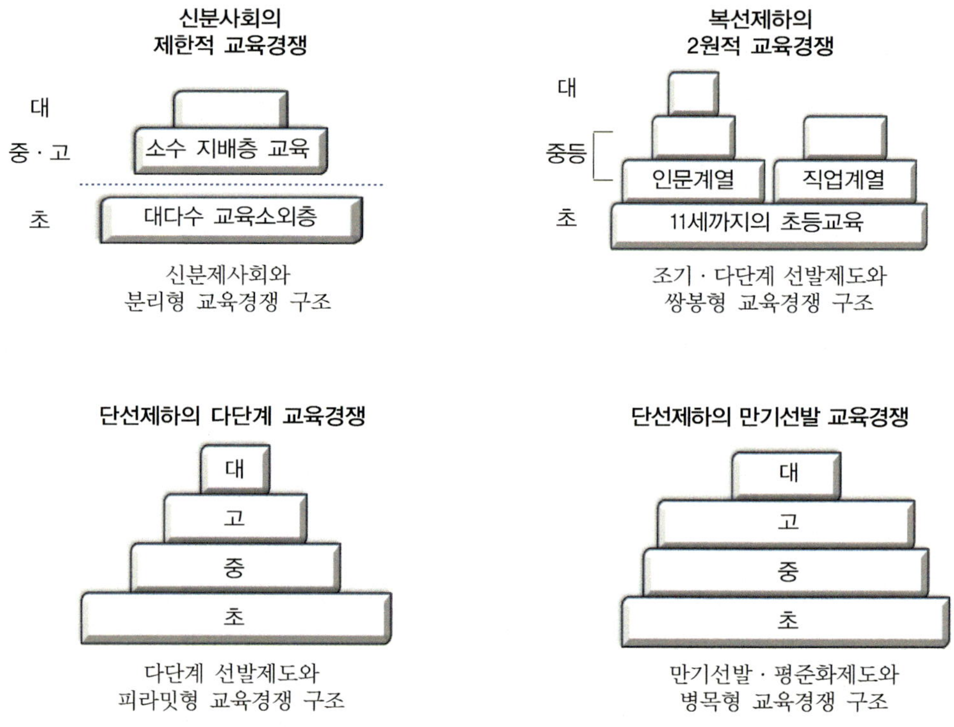

[그림 11-3] 선발제도와 교육경쟁 구조

제4부

교육발전과 미래

제12장 학교 유형의 발전과 쟁점

제13장 교육불평등 문제와 교육내용의 계층성

제14장 미래사회변화와 교육

제 12장

학교 유형의 발전과 쟁점

1. 고교평준화 정책
2. 학교 유형의 새로운 시도들
3. 우리나라의 대안교육
4. 학교의 다양화 : 학교선택제
5. 시장경쟁주의 도입과 신자유주의 논쟁

본 장에서는 학교제도와 관련 있는 주요 쟁점들에 대하여 논의해 보고자 한다. 고교평준화 정책, 대안학교와 대안교육, 학교의 다양화와 학교선택제, 그리고 신자유주의 논쟁 등에 대해 살펴본다.

학습사회의 지향

모든 국민이 적시 맞춤형 학습을 통해 일생동안 자기의 소질과 능력을 개발함으로써 개인의 행복과 사회의 번영을 동반하는 학습사회를 실현한다(교육혁신위원회 2007 : 35).

학습사회로 가기 위한 교육 패러다임의 전환

교육공급주의	→	학습지원주의
가르치기 중심		배우기 중심
경직된 교육		유연한 교육
지식 중심		핵심역량 중심

1. 고교평준화 정책

1969년부터 시행된 중학교무시험 추첨배정제와 1974년부터 시행된 고교평준화 정책은 우리나라 교육정책 중에서 드물게 장기간 존속해 온 정책들이다. 최근까지도 찬반 논쟁이 계속되고 있는 고교평준화 정책은 국민적 공감대를 형성하지 못하고 이념논쟁으로까지 확산되기도 하였다. 고교평준화 정책의 역사와 주요 쟁점을 살펴보자.

1) 고교평준화 정책의 도입 배경

고교평준화제도 도입에는 크게 두 가지 배경이 결정적으로 작용하였다. 첫째, 정치적 배경으로 유신정부의 탄생(1972. 10)이다. 무리하게 출범한 유신정부는 국민들의 불만을 해소할 획기적 개혁사업을 가시적으로 보여주어야 할 정치적 필요에 직면하였다. 둘째, 당시 교육사회에 만연한 불만 사항들은 고등학교 입시과열과 관련된 것이었다. 중학교 입시경쟁이 치열해져 많은 부작용을 낳자 1969년에 중학교 무시험진학제도가 먼저 시행되었다. 이에 따른 중학교 교육의 팽창은 순차적으로 고교입시에 영향을 미쳤다. 고교입시의 경쟁과열과 중학교 교육과정의 비정상적 운영 등 폐해가 극심해지고 나아가 전국적인 과외열풍이 몰아쳐 과외망국론으로까지 비화되는 사회상황이 전개되었다. 평준화 정책의 도입 배경에 직접적 영향을 준 문제점들을 간추려 보면 다음과 같다.

① 입시위주의 파행적 교육과정 운영으로 인한 중등교육의 비정상화
② 입시경쟁으로 인한 중학생의 전인적 성장 저해
③ 학교 간 격차 심화와 학교 서열화로 인한 사회적 위화감
④ 일류고교나 대도시 명문고교 입학을 위한 학생 인구의 도시 집중
⑤ 과열과외로 인한 공교육의 공신력 실추 및 사교육비 부담으로 인한 계층 간 위화감
⑥ 재수생 누적과 재수풍조 만연 등

2) 고교평준화 정책의 경과

고교입시제도와 관련한 문제들을 개선하기 위해 당시 유신정부의 문교부(오늘날의 교육부에 해당)는 '입시제도 연구협의회'에 고교입시제도의 근본적 개선 방안을 연구하도록 위탁하였고, 연구보고서를 토대로 1973년 2월 인문고교 추첨입학제를 기본으로 하는 새로운 고입제도 개선안을 발표하였다. 정책방

안이 발표된 후 1973년 6월 확정안 발표까지 보완 과정을 거치긴 했으나 여러 분야의 전문가들에 의한 치밀한 연구와 판단을 적절히 반영하기에는 미흡하였다. '인문계 고교 학군별 추첨 입시 방안'을 평준화 정책으로 먼저 부른 쪽은 문교부가 아닌 언론이었고, 그 명칭은 오늘날까지 사용되고 있다. 주요 내용은 경쟁적 선발방식에 의한 종전 고교입시제도를 연합고사 및 추첨 배정방식으로 전환하고, 그 사전조치로서 고교의 시설 여건과 학생 및 교사의 격차를 해소하는 방식으로 제도 개혁을 추진한다는 것이었다.

정부는 '중등교육의 정상화'를 정책목표로 설정하고, 고등학교 간 학생 · 교원 · 시설의 평준화를 통한 격차 해소, 지역 간 교육의 균형발전 도모, '모두를 위한 평등교육'의 실현, 치열한 고교입시경쟁의 완화를 추구하였다(김동석, 2002 : 24).

고교평준화 정책의 기본방향은 다음과 같다(민관식, 1975 : 75).

① 소위 중3병을 치료하며 교육정상화를 촉진시킨다.
② 학생 · 교원 · 시설 등에 있어 고교의 완전한 평준화를 기한다.
③ 제도적 · 행정적 조치로 과학 및 실업교육을 진흥시킨다.
④ 지방학교 육성으로 교육의 균등한 발전을 도모한다.
⑤ 입시준비 해소로 국민의 교육비 부담을 경감시킨다.
⑥ 학생의 대도시 집중을 억제하고 농촌경제를 안정시키는 데 기여한다.

고등학교평준화 정책은 서울과 부산지역(1974)에서 먼저 실시되었고, 이듬해 인천, 대구, 광주(1975)로 확대 · 시행되었다. 한국사학재단연합회와 대한사립중 · 고등학교장회의 반대(1975)로 평준화 정책의 지속적 확대가 잠정 보류되기도 하였으나 이후 계속 추진되어 대전 · 전주 · 마산 · 청주 · 수원 · 춘천 · 제주(1979년 7대 도청소재지)로 확대되었다. 1980년대에는 8개 시 지역이 추가되어 전국 20개 지역에까지 적용되었다.

1990년대에는 평준화 해제 요구가 강하게 일어났다. 목포 · 군산 · 안동

(1990), 춘천 · 원주 · 이리(1991), 천안(1994)이 평준화를 해제하였다. 그러나 일부 지역에서는 고교입시 부활로 인한 입시경쟁과 과외의 과열로 평준화제도를 다시 도입하게 되었는데, 군산 · 익산 · 울산(2000)의 경우다. 또 경기도의 7개 시에서 평준화제도 도입(2002)이 이루어졌다.

2000년대 들어서면서 입시경쟁의 역기능, 대입전형이 평준화 적용지역에 유리하게 작용하는 점, 전인교육 활성화 등과 관련하여 평준화 요구가 생기면서 다시 평준화가 확대되기 시작하였다. 고교평준화제도는 2010년 현재 서울을 포함한 7개 광역시와 21개 시에서 일반고의 59%와 일반고 학생의 73.5%를 대상으로 적용되었다. 2013학년도 입시에서는 경기도의 3개 시(광명, 안산, 의정부)와 강원도의 3개 시(강릉, 원주, 춘천)가, 2015학년도에는 용인시가, 2016학년도에는 천안시가 고교평준화제도를 도입하게 되면서 2016년 현재 기준으로 총 36개 시에서 고교평준화제도를 실시하고 있다.

3) 고교평준화 정책의 성과와 문제점

평준화 정책의 성과와 문제점을 제시해 보면 다음과 같다(공은배 외, 2002 : 48).

(1) 성과

- 중학교 교육과정 운영의 정상화
- 고등학교 진학기회의 확대
- 입시부담 완화로 학생의 신체적 · 정서적 발달에 기여
- 학교 간 격차 완화와 고등학교 교육여건 개선
- 고교 서열화 폐지를 통한 사회적 위화감 해소
- 과열 입시경쟁과 과외 등 사회적 병폐 완화
- 지역 간 균형 있는 교육발전과 지방고교 육성
- 추첨배정으로 영세 사학의 학생 유치 문제 해결
- 대도시 인구집중 억제

(2) 문제점

- 학생과 학부모의 학교선택권 침해
- 교수 · 학습지도의 곤란
- 학업성취의 하향평준화로 교육의 질 저하
- 생활지도 및 진로지도의 곤란 가중
- 사학의 독자성과 자율성 침해로 사학 위축
- 고등학교 체제와 교육의 획일화 경향

4) 고교평준화 정책 관련 쟁점

평준화 도입 초기부터 학력의 하향평준화, 학생의 선택권 제한, 사학의 자율성 제한을 둘러싼 논란이 계속되어 왔다. 평준화 정책 성패의 요체가 되는 학교 간 격차의 해소에 있어서는 정책 시행 초기 단계에서는 구체적이고 가시적인 형태의 적극적인 정책집행 노력이 있었으나 이러한 노력이 체계적으로 지속되지 못하여 정책의 실효성을 약화시키는 결과를 초래하였다(공은배 외, 2002 : 44).

선택기회 박탈의 문제에 대해서는 선지원 후추첨제(2차로 근거리 원칙 적용)를 통해 일부분 완화되었다고는 하지만 선택기회는 아주 부족한 형편이다. 또 학습집단의 이질화로 인한 학습지도 문제도 심각한 편이다. 7차 교육과정에서 수준별 교육과정 도입으로 어느 정도 보완이 기대되었으나 수준별 수업 자체에 대한 학부모의 거부가 심할 뿐 아니라 실제 학교에서도 제대로 실시하지 못하고 있다. 학력의 하향평준화는 지속적인 논쟁의 대상이 되고 있다. 교육여건의 격차 문제는 평준화 정책의 문제가 아니라 교육기회의 보장 차원에서 끊임없이 보완해 나가야 할 과제이다.

고교평준화 정책에 대해 긍정적인 평가를 하는 사람들은 고교평준화가 중등교육 정상화, 과열과외 완화, 교육기회 균등 실현 및 지역 간 · 사회계층 간 위화감 해소 등에 기여했다고 주장한다.

반면 부정적인 평가를 하는 사람들은 교육경쟁력 저하, 학습 집단의 이질화로 인한 학습 및 생활지도상의 어려움, 교육의 획일화, 학교붕괴, 사학의 자율성 제한, 과열 과외 및 과도한 사교육비 부담 증가, 능력 있는 학생에 대한 역차별 문제, 교육이민과 기러기 가족 문제, 심지어 특정 학원 밀집지역의 아파트 가격 상승 등에 이르기까지 많은 문제점을 노정하고 있는 것으로 비판하고 있다.

'고교평준화'라는 용어의 문제점도 많이 지적되고 있는 것 중의 하나이다. 문자 그대로 고교의 평준화는 실종되고 사실상 학생을 학군별로 추첨하여 강제 배정하는 제도로만 남아있다는 것이다. 시행 초기에 비해서 개선된 것은 근거리 우선 배정원칙과 선지원 후 추첨이 보완된 점과 추첨 방법이 구슬 추첨에서 컴퓨터 추첨으로 바뀐 점이다. 따라서 '인문고 추첨배정제'라는 명칭을 사용하는 것이 타당하다는 주장도 있다. 즉 우리가 중학교 입학 시 추첨배정하는 방식을 가리켜 중학교 평준화라고 부르지 않는 것과 마찬가지라는 것이다.

고교평준화 정책을 둘러싼 찬반 논쟁을 옹호론과 해제론으로 나누어 요약해 보면 다음과 같다.

(1) 옹호론

고교평준화 정책을 옹호하는 입장에서는 고교평준화 정책을 일관성 있게 추진하고 유지 · 보완하면 국민의 평등한 교육받을 권리를 실현하고 학교제도 운영의 공정성을 확보할 수 있다고 본다. 뿐만 아니라 한국교육의 고질적 문제인 과열입시경쟁의 문제와 이에 수반되는 과열과외와 사교육비, 재수생 문제, 사회계층 간 위화감 등의 문제를 완화하고, 국민 보통교육으로서 중등교육의 정상화를 실현할 수 있다는 것이다. 이를 통하여 시험의 사슬에 얽매여 전인적 성장의 기회를 박탈당하고 있는 학생들의 복지와 교육의 의미를 실현할 수 있다고 주장한다.

표 12-1

고교평준화 정책 유지 주장의 체계

유지 주장 : 고교평준화 정책의 골격은 유지되어야 한다.

정책 주장의 영역	정책 주장의 내용	논리적 기대
교육받을 권리	국민의 평등한 교육받을 권리를 보장하기 위하여 평준화 정책은 유지되어야 한다.	평등한 중등교육 기회의 향유
제도운영의 공정성	공교육체제로서 학교제도 운영의 공정성을 실현하기 위해 평준화 정책은 유지되어야 한다.	학교교육제도 운영의 공정성 실현
고교교육의 문제	고등학교 과열입시경쟁문제의 해결을 위해 평준화 정책은 유지되어야 한다.	과열입시경쟁의 해소
학교교육의 목적	고등학교교육의 목적을 실현하고 학교교육의 정상화를 위해 평준화 정책은 유지되어야 한다.	중등교육의 활성화
학생복지와 인권	시험에 구속된 삶을 극복하고 학생의 전인적 성장 기회를 제공하기 위해 평준화 정책은 유지되어야 한다.	전인교육

* 출처 : 김동석, 2002 : 37

(2) 해제론

고교평준화 정책을 반대하는 입장에서는 학교교육의 다양화, 학생과 학부모의 학교선택권 보장, 학교 간 경쟁을 통한 교육의 질 향상 및 수월성 추구, 그리고 학력의 하향평준화와 공교육위기 상황 극복을 위하여 평준화 정책이 해제되어야 한다고 주장한다.

표 12-2

고교평준화 정책 해제 주장의 체계

해제 주장 : 고교평준화 정책은 전면적으로 개편되거나 폐지되어야 한다.

정책 주장의 영역	정책 주장의 내용	논리적 기대
교육의 다양화	학교교육의 획일화를 극복하고 교육의 다양화를 위해 평준화 정책은 개편되어야 한다.	획일적인 교육과 관료적 학교운영 극복
교육에 관한 기본권	학생과 학부모의 학교선택권을 보장하기 위해 평준화 정책은 개편되어야 한다.	학교선택의 권리향유
교육의 수월성	학생과 학교 간의 경쟁을 통하여 교육의 질을 높이고 수월성을 확보하기 위해 평준화 정책은 개편되어야 한다.	하향평준화의 극복과 교육경쟁력 제고
운영체제의 효율성	능력에 맞는 학습지도와 학교운영의 효율성을 높이기 위해 평준화 정책은 개편되어야 한다.	능력에 따른 교육기회 균등의 실현
학교교육의 문제	학교교육의 위기를 극복하고 공교육의 내실화를 기하기 위해 평준화 정책은 개편되어야 한다.	공교육의 위기 극복

* 출처 : 김동석, 2002 : 37

5) 고교평준화 정책 보완방안

역대 정부는 '평준화 틀'을 유지하는 선에서 그것을 보완하는 정책적 입장을 고수해 왔다. 평준화제도 보완을 위한 방안으로 추진되었던 것은 주로 고교다양화 정책, 수준별 · 교과별 이동수업 실시, 학군내 선지원 후추첨제 방식 도입 등이다.

노태우 정부에서는 외국어고 신설과 과학고 확대 등 고교의 다양화 및 특성화를 추진하였고, 문민정부에서는 특성화고 도입, 자립형 사립고 시범운영, 수준별 이동수업 및 수준별 교육과정의 도입이 이루어졌다. 참여정부에서는 특수목적고와 개방형 자율고 및 수준별 이동수업을 확대하였으며, 이명박 정부에서는 자율형 사립고, 자율형 공립고, 마이스터고를 확대함으로써 고교평준화 보완방안을 제시하였다.

이처럼 고교평준화의 문제점들을 해소하고자 다양한 보완방안을 마련하여 시행하였는데, 그 중 평준화제도가 지닌 획일성의 문제를 극복하고 교육수요자들의 다양한 욕구를 충족시키기 위해 추진된 방안은 고교다양화 정책이다. 고교다양화 정책 추진의 직접적 계기는 1995년에 발표된 '5 · 31교육개혁안' 이다. 그 이후부터 새로운 유형의 학교들이 국내에서 본격적으로 모색되었다고 볼 수 있다.

2. 학교 유형의 새로운 시도들

케렌스키(Kerensky, 1989)는 교육개혁을 점진적 · 개량적(학교 내적) 접근방법과 대안학교적(새로운 학교형) 접근방법으로 구분했다. 1960년대 교육개혁자들의 관심은 주로 교육제도 자체의 보완에 집중되었다. 보상교육(compensatory education)에 대한 실험과 빈곤계층의 자녀들에 대한 교육 가능성에 대한 논의들이 그들의 교육적 사고를 지배하였다. 이러한 교육개혁의 지지자들 대부분은 학교체제가 갖는 경계의 경직성을 인정하였다. 그들은 학교를 개혁의 주요 표적으로 보면서도 그와 관련하여 지역사회의 측면은 간과해 왔다. 그러한 전통적 견해들이 지배적이었기 때문에 교육개혁에 대한 노력들은 대부분 학교 내에서만 교육문제의 해결책을 찾아내려는 데 국한되어 왔다. 케렌스키는 개인, 소집단, 지역사회와 관련된 교육문제일지라도 그 해결을 학교 내적 접근방법(schoolhouse approach)에 의존하는 것은 진부한 일이 되어가고 있다고 주장한다.

오늘날에는 새로운 학교 유형(대안학교, alternative schools)에 대한 탐색이 학교개혁의 특징을 이루고 있으며 일부에서 탈학교사회(deschooling society)를 주장하기도 한다. 케렌스키는 우리가 설정해 놓은 교육의 경계, 즉 학교의 전체 체제, 현재의 구조, 전통적 건물, 시간운영 방식, 교실 안에 갇힌 학습활동 등은 모두 인위적인 것이라고 주장한다. 그는 교육의 책무성을 실현하고자 하는 학교의 현존 모형들은 청소년들을 해방시키기보다는 그들의 인간적 역량을 제약하고 무기력하게 만들 뿐이라고 비판한다(Kerensky, 1989 : 70-71).

교육개혁은 정부차원과 학교차원의 개혁으로 나누어 볼 수 있다. 미국에서는 1960년대 중반 이후 지속적으로 추진된 정부차원의 교육개혁이 학교 현장에 기대한 만큼의 영향을 주지 못했다는 반성이 1980년대에 일어났다. 그러한 비판이 정부차원의 교육개혁 무용론을 이끌어 낼만큼 지배적인 것은 아니었지만, 학교차원에서의 개혁 또한 중요하다는 측면을 일깨워 주었다.

그리하여 미국교육계에서는 1980년대에 학교경영 차원에서의 변화를 요구하게 되었고, 여러 나라들에서 학교단위의 자치(self-management school)에 대하여 큰 관심을 표명하였다. 영국 · 호주 · 캐나다 · 미국 등에서 학교 운영위원회에 정책결정권을 부여하고 학교단위의 독립적 재정과 인사권 행사가 포함된 자율적 학교경영제를 도입 · 추진함에 따라 새로운 교육경영의 과제가 세계 여러 나라로 확산되었다.

미국교육계에서는 1980년대 초 · 중반부터 효과적 학교운동(The Effective School Movement)이 성행하였다. 효과적 학교운동은 학교가 학생들의 학습에 가장 큰 영향을 준다는 입장을 취함으로써 가정환경이 학생의 학습에 가장 중요한 영향을 준다고 밝힌 교육학자들(J. S. Coleman, C. Jencks)의 입장에 정면으로 도전하였다. 그것은 보수주의적 교육개혁에 새 시동을 거는 일이었다. 효과적 학교운동은 학교교육의 개혁에 앞서 사회 및 경제체제의 개혁을 주장한 급진적 입장과는 대조적으로 학교교육을 효과적으로 하여 아동들에게 질적인 교육과 균등한 교육기회를 제공하여 장차 사회의 일원이 되도록 돕는 일을 우선시하였다.

1960년대 세계의 교육개혁 움직임은 '학교체제 내 교육개혁'이라고 부를 수 있다. 팀 티칭(team teaching), 프로그램 학습, 복수 교과서제, 무학년제, 컴퓨터 학습 등 여러 개혁운동이 일어났다. 그런 개혁운동의 공통점은 기존의 학교체제는 그대로 둔 상태에서 부분적 개혁을 통하여 교육을 개선하려 했다는 것이다. 그러나 1970년대 이후에는 기존의 학교체제 자체를 변혁시킨 '새로운 학교모형'을 제시하는 대안학교(alternative schools)에 관한 방안들이 제안되었다.

1) 자유학교

자유학교에서 자유의 의미는 전통적 공립학교와는 달리 학습과 발달에 있어서 자유로운 분위기를 조성한다는 뜻이다. 자유학교는 미국에서 학부모, 교사 및 학생들에 의하여 시작되었는데 개인들이 재정을 부담하였다. 미국의 와셔맨(M. Wasserman)이 19세기 초 민권운동(Civil Rights Movement) 시기에 남부에서 흑인 젊은이들을 위하여 만든 것이 자유학교의 시초였다. 당시의 학교 명칭은 Freedom School이었으나 이후 Free School로 바뀌었다. 자유학교에서는 학교가 아동들의 요구에 맞는 교육경험을 제공하고 아동들이 무엇을 어떻게 배울 것인가를 선택할 자유를 허용한다.

미국의 자유학교는 대부분 10명에서 250명 정도(평균 35명 정도)로 그 규모가 아주 작은 편이고, 교직원 대 학생의 비율은 1 대 5 정도이다. 자유학교는 1972년에 약 500개 정도에 이르렀다가 그 이후 많은 수가 폐교되었으나, 자유학교운동은 확고히 자리를 잡았다.

자유학교에서는 사회나 학교가 자아봉사, 자아유지, 자아강화기관으로 간주된다. 이러한 자유학교는 정치성 여부에 따라 비정치적 자유학교와 정치적 자유학교로 구분되기도 한다. 1921년에 시작된 영국의 서머힐(Summerhill) 학교는 비정치적 유형의 자유학교로서 교육을 본질적 임무로 인식하여 의식적으로 지역사회 문제에는 개입하지 않는다. 그러나 미국에서 중류계층 자녀가 많이 다니는 자유학교의 경우 대항문화(counter culture)나 대항기관(counter institution)적 요소가 매우 강하다. 자유학교의 설립자들은 아동을 관대하고 창조적이며 자발성을 존중하고 비억압적으로 양육할 것을 요구한다. 1960년대 자유학교가 미국에서 상당한 호응을 얻었던 것은 자유학교가 공립학교의 문제점 해결에 있어 새로운 방향을 제시하였기 때문이다.

2) 개방학교

영국의 유아학교(Infant School)를 모방한 개방학급(The Open Classroom)도 새로운 대안으로 제시되었는데, 개방이라는 용어는 자유학교나 열린공간학교(open space school)로 혼용되기도 하였다. 미국 개방학교의 뿌리는 영국의 초등학교에 있는데, 무형식 학교, 자유의 날, 통합의 날, 통합교육과정, 개방학교 또는 열린교육의 여러 명칭으로 불린다.

개방학교는 영국에서 2차 세계대전 이후 널리 보급된 학교의 형태이다. 전쟁기간 동안 국가는 아동들을 가능하면 더 오랫동안 학교에서 보호해야 할 필요성이 있었으므로, 당시 형식을 벗어난 교육에 대한 인기가 높지 않았음에도 불구하고 선택의 여지없이 운영되었다. 그러나 1967년 플라우든 위원회(Plowden Committee)가 개방학교 교육방법에 대해 관심을 갖고 연구하여 보고서를 작성하였고(플라우든 보고서, 1967) 그것을 초등학교에 적용할 것을 제안하였다. 개방학교 또는 무형식 학교에서는 학급의 분위기가 어떻게 전개될지 사전에 예측할 수 없고, 학생들은 소집단 혹은 개별로 각기 다른 여러 학습재료를 가지고 자율적으로 공부하며, 학년 간 · 교과 간 통합학습이 실시되었다

개방학교의 교사들은 아동들이 학교에서 갖는 경험을 단순히 학교교육 이후를 위한 준비가 아니라 아동들의 권리라고 생각한다. 그들은 학습이 교사보다는 학생에게 흥미로울 때 더욱 효율적이라고 믿는다. 교사들은 아동들이

스스로 좋아하는 것을 발전시키도록 학급에서 온정적이고 지적이며 창조적인 조언자의 역할을 수행한다.

우리나라에서도 1980년대 이후 일부 학회, 교사, 교육기관들을 중심으로 열린교육을 자발적으로 연구하고 실천해 왔다. 그러나 1995년 5 · 31교육개혁 사업 이후 정부의 개입에 의하여 대대적으로 전개된 열린교육 운동은 2년여 후에는 오히려 이전의 열린교육을 후퇴시키는 기현상을 낳음으로써 관주도적 교육개혁 사업의 전형적인 실패 사례로 회자되었다.

3) 학교해체론 : 탈학교론

교육개혁의 가장 급진적인 주장으로 학교해체론 또는 탈학교론(Deschooling)이 있다. 일리치(I. Illich)나 라이머(E. Reimer) 등은 그 대표적 주창자로서 남미대륙의 교육개혁에 대한 구상을 제시하였다.

일리치의 주장에 따르면 사회는 어떤 형태의 의무교육도 요구하지 말아야 하고 고용주들이 학력에 기초하여 사람들을 고용하는 것을 법적으로 금지해야 한다. 또 학교교육은 개인적 차원에서는 자아실현과 물질적 풍요를 누리도록 인도하는 길이고, 사회적 차원에서는 더 바람직하고 인간주의적이며 정의로운 사회질서를 이루도록 하는 요체가 된다.

그는 몇 가지 근거를 들어 보통교육에 대한 신념을 철회할 것을 요구한다. 그는 후진국은 선진국에 비하여 학교교육 격차를 줄일 수 있는 바람직한 방법이 없다고 본다. 따라서 아시아, 아프리카 그리고 라틴 아메리카의 여러 나라들은 중등 보통교육은 차치하고라도 모든 학생에게 5년간의 의무교육을 시킬 수 있는 자원이 부족하여 선진국과 같은 의무교육 실시는 불가능하다고 진단한다. 그러므로 보통교육이라는 이상적 목표를 설정하는 것은 하나의 환상에 불과하고, 그러한 목표를 추구하는 것은 사실상 사회적 불평등을 고조시키며 후진국의 다수 국민들이 더 큰 열등감을 갖게 하는 일이라고 보았다.

일리치는 인종과 빈부 차이가 심한 브라질의 학급상황에서 불평등한 구조 또는 관계에 주목하고 그 심각성을 심도 있게 묘사하였다. 일리치가 교육목적으로 생각한 것은 유용한 기술의 습득, 인지적 성숙, 지적 자율성(cognitive autonomy) 등이었다. 그러나 학교는 그러한 목표보다는 오히려 관료적이고 기계적인 세계관을 경제적 · 물질적 가치에 치중하여 가르친다고 보았다. 그는 다른 급진론자들과 마찬가지로 학교가 자신이 혐오하는 이념이나 가치를 전수하는 데는 매우 효율적 제도인 반면, 자신이 좋아하는 이념이나 가치를 가르쳐 주는 데는 매우 비효율적 제도라고 비난하였다. 학교는 서구사회의 관료적이고 기술공학적인 세계관을 지지하는 받침대 역할을 하므로 대안적이고 더 민주적인 사회관을 억제시키는 역할을 한다는 것이다.

그는 오늘날의 학교는 특정의 편협하고 기술공학적인 세계관을 매우 효율적으로 가르치므로 관료주의나 대규모 기술공학적 방법만을 문제해결의 요체로 본다고 지적한다. 그러므로 그는 읽기, 쓰기, 문제해결 등의 기초기능은 학교에서가 아니라 특수목적을 위해 설립된 특수기술센터에서 더 쉽고 유용하게 배워야 한다고 주장한다.

그는, 국가는 아동들에게 의무교육을 강조하지 말아야 하고 진정한 교육목적을 달성하려면 교육은 대안적 친목기구(convivial institution)에서 수행되어야 한다고 보았다. 한편 고용주들도 고용조건으로 피고용자의 학문적 경험(학점 · 시험성적 · 학위)을 고려하는 대신 그의 특수직업 수행능력을 보아야 한다고 하였다. 따라서 경직된 제도교육을 대신하여 대안적 제도에 의한 조직을 구성하고, 개인이 각자 선택한 교육센터에서 교수단위(unit of instruction)를 이수할 수 있도록 교육비지불보증서(voucher)를 발급해 줄 것을 주장하였다.

학교해체 사회는 모든 개인이 어떤 것을 배우는 방법을 찾기 위해 노력하는 상황을 전제로 한다. 학습은 목적과 결부되어 있어야 그 성취수준이 높아지고 학습자의 요구나 욕구 및 필요에 적합하여야 최대의 효과가 난다. 그러므로 어떤 사람이 무엇인가 배우고자 한다면 그러한 기술을 가르칠 수 있는 사람들을 찾게 되는데, 학습의 망(networks of learning)이 조직되면 그 기능을 수행해 줄 수 있다. 일리치는 실질적 학습에 필요한 모든 자원을 갖추고 있는 통로나 학습교환의 방법은 네 가지 정도면 된다고 하였다. 그는 학습의 기회망(opportunity web)이라는 개념으로 네 가지의 자원제공 방법을 설명하였는데 학습정보 및 자료제공, 기술교환, 동료 짝짓기, 그리고 교육자에 대한 정보제공 등이 그것이다.

(1) 학습정보 및 자료제공

정규학습에 필요한 자료나 방법에 접근하도록 하는 일이다. 이러한 자료는 도서관, 박물관, 극장, 공장, 농장, 공항 등에 비치하여 도제로 배우거나 방과 후에 배우는 학생들에게 제공된다.

(2) 기술교환

기술을 가지고 있는 사람들의 명부를 비치하고, 그들이 어떤 조건에서 기술을 가르쳐줄 수 있고 또 어떻게 그들과 접촉할 수 있는지 등에 대한 정보를 제공하는 일이다.

(3) 동료 짝짓기

함께 탐구할 수 있는 짝을 찾기 위하여 각자 가입하고 싶어하는 학습활동에 대해 기술한 것을 모아 의사소통망을 형성하는 일이다.

(4) 교육자에 관한 정보제공

전문가, 준전문가, 자유기고가(freelancers) 등 학습자가 원하는 일을 도와 줄 수 있는 사람들의 명부를 갖추는 일이다.

4) 지역사회통제학교

지역사회통제학교는 판티니(M. Fantini)가 가장 강력히 주장하는 학교 형태이다. 그가 생각하는 지역사회통제학교는 분권적 지역사회통제학교(Decentralization-Community Control School)를 의미한다. 분권적이라는 말은 관료제적 병폐에 대한 행정적 개혁을, 그리고 지역사회통제라는 말은 교육권에 대한 정치적 재구조화를 지향한다. 지역사회통제학교는 학교 의사결정에 대한 지역사회 주민의 적극적인 참여를 전제한다. 이런 발상은 학교에 관한 의사결정의 정치적 환경을 교육의 질 결정에 있어 중요한 요소로 간주하는 데서 나온 것이다. 따라서 지역사회통제학교는 교육에 관한 정치적 혁신이다. 학교에 관한 정치적 통제의 본질을 변화시켜 학교의 관료적인 형태를 없애려는 의도인 것이다. 즉 교육전문가, 교사, 일반 학부모가 동등한 자격으로 교육에 관한 의사결정 과정에 참여하고 교육관료들의 영향을 배제시키고자 한다.

자율성은 힘의 균형, 즉 학부모 · 교사 · 학생 · 행정가들이 의사결정권을 분점하고 동등하게 행사할 수 있을 때 얻어지는 것이다. 이 제도의 기본 사상은 권력이 교육관료로부터 지역사회 주민이나 교사에게 옮겨지는 것이며, 권력의 분배를 구조적으로 개혁하자는 것이다.

5) 홈스쿨링(home schooling, 가정학교)

홈스쿨링은 자녀들을 학교에 보내지 않고 부모가 가정에서 직접 교육자가 되어 가르치는 교육 유형이다. 이러한 방식은 초기에는 종교적 이유에서 시작되었으나 이후 공교육에 대한 비판이 거세지면서 학교교육을 불신하거나 반대하는 학부모들이 점차 참여하게 되었다. 1980년대에 이르러서는 홈스쿨링이 하나의 새로운 교육운동이자 사회운동으로 급속히 확산되어 미국에서만 거의 백만 명에 가까운 초 · 중등학령의 아동 및 청소년들이 교육받을 정도로 새로운 형태의 교육으로 자리매김하였다.

미국에서 홈스쿨링을 하려는 부모는 대부분 적절한 커리큘럼을 구성하여 지역 학교로부터 허가를 받아야 한다. 학교에는 홈스쿨링 담당교사가 배치되어 있어 부모들이 어떤 과목을 어떤 수준으로 가르칠 것인가에 대해 논의하고 교육프로그램과 교재 등에 대한 전문적 조언을 얻을 수 있다. 기본적 과목 외의 교육에 대해서는 일반적으로 부모에게 재량권을 준다. 최근에는 인터넷의 활용으로 각 가정에서도 다양한 정보에 접근할 수 있게 되어 홈스쿨링의 가능성은 더욱 확대되고 있다고 볼 수 있다.

3. 우리나라의 대안교육

국내에서 대안교육에 대한 관심이 대중적으로 대두되기 시작한 것은 1990년대 중반 무렵이었다. 1995년 2월 유성에서 '새로운 학교를 만드는 사람들의 모임' 결성을 시작으로 일부 학자들과 교육운동가들은 대안교육의 가능성을 이론적 · 실천적 차원에서 모색했고, 언론매체들은 교육현장의 다양한 실천 사례들을 발굴 · 소개하기 시작했다. 이러한 노력들은 점차 하나의 흐름을 이루게 되었는데 일각에서는 기존의 획일적이고 억압적인 학교교육에 대한 '대안'으로 인식하는 경향이 나타났다. 특히 1996년 말에는 교육인적자원부가 당시 급증하던 학교 중도탈락자에 대한 종합대책의 일환으로 학교 부적응 학생을 위한 공립 대안학교의 설립 계획을 거론하기도 하였으나, 결국에는 민간에서 설립한 대안학교들을 '특성화학교'로 법제화하여 지원하는 방향을 택하였다. 그리고 중도탈락 문제 해결 방안의 하나로 고려하였던 공립 대안학교 계획은 이후 '위탁형 대안학교'로 가시화되었다. 한편 민간부문에서의 대안교육운동은 유 · 초등 단계까지 확산되고 그 실천 유형도 매우 다양해지고 있다. 특히, 학교교육의 위기적 현상(일명 교실붕괴)이 확산되면서 이에 대한 반작용으로 대안교육에 대한 사회적 관심이 한층 높아졌다.

1) 등장 배경

국내에서 대안교육의 급속한 성장은 직접적으로 공교육체제가 갖는 억압구조와 결핍구조를 배경으로 한다. 국가의 힘과 관료적 조직을 기반으로 운영되는 기존 학교교육제도는 학습자 개인의 자유로운 욕구를 충족시키지 못할 뿐 아니라 국가의 필요에 의해 학습자가 원치 않는 것들을 강요하는 구조를 가지고 있다. 따라서 학생들에게는 강압적인 규율이 강요되고 집단의 가치에 대한 순응이 요구된다. 이와 같은 억압구조 속에서 개인의 다양한 생각을 반영할 수 있는 자유로운 형식의 교육추구에 대한 사회적 열망이 강화되었다고 볼 수 있다. 대안교육이 제도보다는 인간을, 집단보다는 개인을, 교사보다는 학습자를 우선시하는 논리를 강조하는 것은 그와 같은 맥락에서 이해할 수 있다.

대안교육은 이념적으로 개인의 자유와 자율성을 존중하는 동시에 다른 한편으로는 공동체 가치, 즉 '더불어 사는 삶의 방식'을 중시한다. 교육내용 면에서는 배움과 놀이가 구분되지 않는 통합적 교육과정을 추구하며, 실생활에 필요한 내용 및 지역의 다양한 교육소재들을 프로그램화한다. 특히 지식, 감성, 그리고 사회성교육의 가치를 동등하게 인정함에 따라 전통적인 교과교육과 체험교육의 결합을 중시한다.

2) 대안교육의 유형

대안학교의 유형을 분류하는 방법은 학자들에 따라 그 견해가 다양하다. 우리나라에서 초기에 대안학교에 대한 연구를 활발하게 진행하였던 평화교육센터(1996)에서는 '정규학교형', '계절프로그램형', '방과후프로그램형', '아동·유아교육프로그램형' 등 4가지로 나누었다. 교육인적자원부(2007)에서는 크게 '인가형 대안학교'와 '비(미)인가형 대안학교'로 구분하고, 전자를 다시 특성화학교와 위탁형 대안학교로, 후자를 중등-전원형 대안학교, 중등-도시형 대안학교, 초등 대안학교, 통합형 대안학교, 그리고 학교를 넘어선 공간으로 구분하였다. 또 이종각(2001)은 학교 급별에 따라서 초등 단계의 대안학교 유형을 주말·계절학교형, 방과후학교형, 정규학교형으로, 중등 단계의 유형을 주말·계절학교형, 정규학교형(상설학교), 문화센터형으로 구분하였다. 이혜영 외(2008)는 법적 위상에 따라 '대안교육 특성화학교', '위탁형 대안학교', 그리고 '비인가 대안학교'로 구분하였다. 여기서는 대안교육 특성화학교, 각종학교로서의 대안학교, 위탁형 대안학교로 구분하여 살펴보기로 한다.

(1) 대안교육 특성화학교

대안교육 특성화학교는 1998년 2월 24일 공포된 「초·중등교육법 시행령」에 의거하여 특성화학교 및 자율학교로 기존의 비(미)인가 대안학교들 중 6개교를 대안형 특성화고등학교로 전환한 것을 시작으로 하여 2016년 12월 현재 중학교 13개교, 고등학교 25개교가 운영되고 있다(〈표 12-3〉, 〈표 12-4〉 참고).

표 12-3 대안교육 특성화 고등학교 현황 (2016년 12월 기준)

시·도	학교명	지정 연도	설립별	법인	학생정원(명)	소재지
부산	지구촌고	2002년	사립	복음	90	연제구
대구	달구벌고	2003년	사립	덕성	120	동구
인천	산마을고	2000년	사립	산마을학원	60	강화군
광주	동명고	1999년	사립	동명	180	광산구

시 · 도	학교명	지정 연도	설립별	법인	학생정원(명)	소재지
경기	두레자연고	1999년	사립	수곡두레	120	화성시
	경기대명고	2002년	공립	-	120	수원시
	이우고	2003년	사립	이우	240	성남시
	한겨레고	2006년	사립	전인	120	안성시
강원	전인고	2005년	사립	전인	100	춘천시
	팔렬고	2006년	사립	이화	60	홍천군
	현천고	2014년	공립	-	89	횡성군
충북	양업고	1998년	사립	청주카톨릭	120	청원군
충남	한마음고	2003년	사립	한마음교육 문화재단	120	천안시
	공동체비전고	2003년	사립	선천	120	서천군
전북	세인고	1999년	사립	DIA세인	180	완주군
	푸른꿈고	1999년	사립	푸른꿈	120	무주군
	지평선고	2009년	사립	원진	120	김제시
전남	영산성지고	1998년	사립	영산성지	120	영광군
	한빛고	1998년	사립	거이	225	담양군
	한울고	2012년	공립	-	180	곡성군
경북	경주화랑고	1998년	사립	삼동	120	경주시
경남	간디학교	1998년	사립	녹색	120	산청군
	원경고	1998년	사립	원명	120	합천군
	지리산고	2004년	사립	학림	60	산청군
	태봉고	2010년	공립	-	135	마산시
계	25개교				2,869	

특성화중학교는 2002년에 성지송학중학교가 개교한 이래 2003년에는 헌산중 · 용정중, 지평선중 · 두레자연중 · 이우중학교, 2006년에는 한겨레중 · 중앙기독중학교, 2009년에는 전북동화중학교(공립), 2010년에는 팔렬중학교, 2013년에는 평동중학교(공립)와 청람중학교(공립), 그리고 2015년에는 남해상주중학교가 설립되었다.

표 12-4
대안교육 특성화 중학교 현황(2016년 12월 기준)

시 · 도	학교명	지정연도	설립별	법인	학생정원(명)	소재지
경기	헌산중학교	2003년	사립	전인	120	용인시
	두레자연중학교	2003년	사립	수곡두레	60	화성시
	이우중학교	2003년	사립	이우	180	성남시
	한겨레중학교	2006년	사립	전인	60	안성시
	중앙기독중학교	2006년	사립	중앙학원	252	수원시
경남	남해상주중학교	2015년	사립	이동 상주학원	49	남해군
강원	팔렬중학교	2010년	사립	이화	60	홍천군
광주	평동중학교	2013년	공립	-	90	광주시
전북	지평선중학교	2003년	사립	원진	120	김제시
	전북동화중학교	2009년	공립	-	120	정읍시
전남	성지송학중학교	2002년	사립	영산성지	80	영광군
	용정중학교	2003년	사립	보성	112	보성군
	청람중학교	2013년	공립	-	118	강진군
계	13개교				1,415	

(2) 각종 학교로서 대안학교

각종 학교로서의 대안학교는 초 · 중등교육법 제60조의 3에 근거한 것으로 '학업을 중단하거나 개인적 특성에 맞는 교육을 받으려는 학생을 대상으로 현장 실습 등 체험 위주의 교육, 인성 위주의 교육 또는 개인의 소질 · 적성 개발 위주의 교육 등 다양한 교육을 하는 각종학교'를 가리킨다. 각종학교로서의 대안학교는 초등학교 · 중학교 · 고등학교의 과정을 통합하여 운영할 수 있고, 대안학교의 설립기준, 교육과정, 수업연한, 학력인정, 기타 설립 · 운영에 필요한 사항은 「대안학교의 설립 · 운영에 관한 규정」(2007년 6월 28일 제정)에 의한다. 2008년 TLBU글로벌학교(초 · 중 · 고 통합)와 2009년 서울실용음악학교(고)가 개교한 이래 2010년에는 여명학교(고)가, 2011년에는 화요일아침 예술학교(고), 은혜학교(중 · 고), 쉐마기독교학교(초 · 중 · 고), 대안학교 '청'(고), 글로벌선진학교(중 · 고), 한동글로벌학교(초 · 중 · 고), 2012년에는 지구촌학교(초), 서울다솜학교(공립, 고), 그라시아스음악학교(고), 해밀학교(공립, 중 · 고 통합), 그리고 2013년에는 인천한누리학교(초 · 중 · 고 통합)와 글로벌선진학교문경캠퍼스(중 · 고 통합)가 설립되었다.

(3) 위탁형 대안학교

위탁형 대안학교는 초 · 중등교육법 제28조와 초 · 중등교육법시행령 제54조에 근거하여 학습부진이나 성격장애 등의 사유로 정상적인 학교생활을 하기 어려운 학생과 학업 중단 위기에 처한 학생들을 정규학교로부터 위탁받아 교육하는 곳이다. 위탁형 대안학교는 시 · 도교육감이 위탁교육을 실시하기에 적합하다고 인정하여 지정되는데, 지정 대상에는 기존의 정규학교와 대안교육기관 및 민간기관까지도 포함된다(김광수, 2011). 위탁형 대안학교는 시 · 도교육청의 심사를 거쳐 지정 또는 해제되는데, 지정되는 경우 교육청으로부터 장학활동 및 운영비 보조 등 행 · 재정적 지원을 받는다.

위탁형 대안학교는 서울의 경우 서울시교육청이 2001년 3월 당시 급증하던 정규학교 중도탈락자들의 대안적 교육수요 충족을 위하여 기존 학력인정 평생교육시설 3곳(청량정보고, 한림실업고, 성지고)을 지정하면서 시작되었다. 또 2003년 6월에는 서울산업정보학교 부설 대안교육종합센터에서 최초의 공립 위탁형 대안학교(꿈타래학교)의 운영을 시작하였다. 교육인적자원부의 '대안교육 확대 및 내실화 추진방안' 발표(2003. 7) 이후에는 위탁형 대안학교의 수가 증가하였고 위탁교육 대상자도 중학생으로까지 확대되었다. 2004년 1월 서울시교육청이 공포한 '대안교육기관의 지정 및 학생위탁 등에 관한 규칙'(서울특별시교육규칙 제628호)은 위탁형 대안학교의 법적 근거가 되었으며, 같은 해에 강북청소년수련관 외 3곳의 민간기관으로도 지정이 확대되었다. 지방에서도 위탁형 대안학교에 대한 필요성이 부각되면서 부산, 인천, 경남, 전북에서 위탁형 대안학교들이 지정되었다. 위탁형 대안학교의 총괄 및 지원을 위하여 서울과 부산시교육청은 각각 대안교육종합센터와 대안교육지원센터를 두고 있고, 다른 시 · 도교육청은 교육청의 담당장학사가 행정적인 총괄을 하고 있다(김미숙 외, 2009).

전국 시 · 도교육청별로 지정된 위탁형 대안학교들에는 시간 단위, 월 단위, 학기 단위, 학년도 단위의 위탁프로그램을 운영하는 교육기관 및 시설들이 섞여 있으며 학급 규모로 운영되는 곳들도 있다.

2009년까지 3개월 이상의 전일제 학교를 운영하는 위탁형 대안교육기관은 전국적으로 46개로 조사되었으나(이혜영 외, 2009), 이후 위탁형 대안학교의 지정 확대와 공립 위탁형 대안학교의 설립 시도가 확산되는 추세로 2015년 현재는 199개교가 설립 · 운영되고 있다(교육부, 2015).

(4) 미(비)인가 대안학교

미(비)인가 대안학교는 특정한 교육신념 등을 이유로 국가로부터 공식적인 학교로의 인가를 받지 않은 상태에서 학생을 교육하는 곳으로 졸업시 학력인증이 되지 않는 대안적 교육기관이다. 미(비)인가 대안학교는 설립 이념 · 주체, 교육철학과 방법, 규모, 의사결정 구조, 재정 상태 등에서 매우 다양하다. 또 학교의 형태를 갖춘 곳도 있는 반면 그룹홈이나 홈스쿨링을 하는 청소년들의 교류와 학습을 돕는 사랑방 형태의 시설도 있다. 2000년대 초반부터 본격적으로 등장하기 시작한 미(비)인가 대안학교는 고등학교 과정뿐만 아니라 의무교육 단계인 초등학교와 중학교 과정까지 운영되고 있어 취학의무 이행 측면에서는 비합법성 문제가 개재되어 있기도 하다. 정부는 2005년 초·중등교육법 제60조의 3(대안학교)을 신설하여 미인가 대안학교(대안교육계는 '비인가'로 표현)를 제도권 안으로 끌여들이고자 하였고 2010년에는 '대안학교의 설립·운영에 관한 규정'의 개정으로 대안학교의 요건을 완화하여 인가를 유도하였으나 실효를 거두지 못하였다. 또 2006년부터 2009년까지는 '미인가 대안교육시설 재정지원 사업'을 시행하여 첫해에 79개교의 신청을 받아 최종 55개교를 선정한 이래 2010년부터는 '학업중단학생 교육지원사업'으로 명칭을 변경하여 2013년 현재까지 실행해 오고 있다.

전국에서 운영되고 있는 미(비)인가 대안학교의 수는 정확히 파악되어 있지 않으며 정부의 재정지원 사업에 신청한 기관의 수를 통하여 그보다 많을 것으로 추정하고 있다. 2009년 재정지원 사업에 신청서를 제출한 미(비)인가 대안학교수는 94개(이혜영 외, 2009)였다. 한편 교육부에서는 2013년부터 미인가 대한교육시설에 대한 현황조사를 해오고 있으며, 조사 자료에 의하면 2013년 현재 미(비)인가 대안학교는 185개교(초등학교 22개, 중학교 11개, 고등학교 10개, 초·중 통합 24개, 중·고 통합 81개, 초·중·고 통합 27개)이며 학생 수는 8,526명으로 파악되고 있다(교육부, 2013).

3) 대안교육의 발전과제

대안교육의 등장과 빠른 성장은 새로운 교육과 학교에 대한 풍부한 상상력을 자극하는 기폭제 구실을 하였다. 기존 학교교육의 변화를 촉진하는 촉매제로서의 긍정적 기능도 평가할 만하다. 고정된 틀에 매이지 않은 자유로운 실천은 학교개혁의 선행지수로서 학교교육의 내용과 형식에 새로운 돌파구가 되는 단서를 제시해 줄 수 있을 뿐만 아니라, 대안교육의 존재 자체는 구태의연한 학교교육의 변화를 위한 압력이 되기 때문이다(이종태, 2001 : 108).

그러나 대안교육의 미래가 낙관적인 것만은 아니다. 학력주의 관행 속에서는 정규학교 졸업장만이 사회적 가치를 갖기 때문에 학력증서를 발급하지 못하는 대다수의 대안교육기관이 지속적으로 확장되리라고 기대하긴 쉽지 않다. 또 대안교육계 내부의 역량 문제도 간과할 수 없다. 지향하는 가치나 이념을 현실화할 수 있는 교육과정의 구성과 교육과정의 운영에 필요한 물적 조건의 구비에 있어 미흡함이 크다. 이에 더하여 대안교육과정을 담당할 전문교사의 양성과 충원을 위한 체제가 확고히 수립되지 못한 것도 또 다른 한계요인이 된다.

따라서 대안교육이 기존 학교교육과 상호보완 및 협력관계를 유지할 수 있기 위해서는 대안교육 운영주체의 안정적 재정 확보, 대안교육 이념 및 가치의 교육과정화, 전문성을 갖춘 교사의 양성 및 임용 등의 과제가 선결되어야 한다. 물론 사회적 지원체제와 다양한 학교의 출현을 허용하는 제도적 기반 역시 동시에 마련되어야 한다.

1980년대 이후 세계 각국은 교육개혁의 공통된 원리로 교육부문에 시장경제원리를 도입하고 있다. 학부모들에게 학교선택권을 허용하는 정책은 시장논리의 구현 수단으로 영미권 국가들이 채택하고 있는 핵심적 방법이다. 단위학교에 자율성과 책무성을 부여하여 교육프로그램의 다양화를 유도하는 동시에 학부모에게 자녀가 다닐 학교를 선택할 수 있도록 하여 학교 간 경쟁을 촉발시킴으로써 교육의 질을 높이려는 의도에서 추진되는 방안이다.

4. 학교의 다양화 : 학교선택제

우리나라에서는 고교평준화 정책이 도입된 이후 학부모나 학생의 학교선택권은 매우 좁은 범위로 제한되었다. 현행 제도 하에서 학교선택의 범위는 비평준화 지역의 고등학교, 특수목적고등학교, 특성화고등학교, 자율고등학교(자율형 사립고등학교 · 공립고등학교), 선지원 후추첨제가 적용되는 공동학군 내의 고등학교가 전부라고 볼 수 있다.

전통적인 학교의 획일성과 경직성에 대한 불만이 고조되면서 두 가지 현상이 나타나고 있다. 하나는 앞서 살펴본 대안학교에 대한 관심의 증가이다. 대안학교와 대안교육운동에 대하여 학부모, 학생, 교사들이 보여주는 비교적 높은 공감은 학교의 다양화에 대한 요구의 반영이기도 하다. 다른 하나는 학교의 다양화와 학교선택제 도입을 통한 교육체제 개혁이다.

학교, 학생, 교육프로그램에 대한 선택 등 교육에서 선택권을 보장하는 것은 자유주의 사회에서 구성원들의 기본적 권리를 보장하는 일이며, 학교선택을 통해서 학교 간 경쟁유도와 공교육 질 향상을 기대할 수 있다.

학교가 다양화되어 있지 못하고 관료적인 원리에 따라 교육조직이 운영되며, 교육과정의 획일화가 보편화되어 있어 교육행위와 제도운영에서 다양한 선택의 기회가 구조적으로 제약되어 있는 우리나라의 상황은 고교평준화 해제를 통한 학교선택권 확대 요구의 논리가 된다(공은배 외, 2002 : 224).

반면 학교선택제 확대를 반대하는 논리도 제시될 수 있는데, 그 주요 이유는 두 가지로 요약될 수 있다. 하나는 입시명문고 탄생에 대한 우려이고 다른 하나는 계층 간 불평등재생산에 대한 우려인데, 그 두 가지는 서로 연관되어 있다. 고교가 대학입시준비기관이 된 현실에서 새로운 유형의 고교라고 하더라도 결국 교육의 다양화보다는 대입준비교육기관으로 변질될 것이고 그 새로운 학교에 지원하는 학생들은 사회 · 경제적 배경이 좋은 학생들일 것이므로 교육불평등이 초래될 것이라는 우려가 그것이다.

1) 학교선택제의 배경

학교선택제란 국가가 행사하는 공립학교 배정 권한을 학생과 학부모에게 학교선택권으로서 돌려주어 학습자가 자신의 능력과 적성, 흥미, 진로계획에 따라 원하는 학교를 선택할 수 있도록 하자는 것이다(김영화 외, 2003 : 59).

1960년대 초 경제학자 프리드만(M. Friedman)은 국가가 교육서비스를 독점할 때 나타나는 문제점을 지적하면서 교육비지불보증서(voucher)를 교육서비스를 구매할 학부모에게 주면 질 높은 교육서비스를 위한 경쟁적 시장구조가 형성될 것이라고 제안하였다. 그의 아이디어는 1980년대 신자유주의자들에 의해 적극 채택되어 학교 간 경쟁과 학부모 선택으로 특징지어지는 공교육 개혁의 중핵으로 등장하였다.

첩과 모(Chubb & Moe, 1990)는 학교선택제를 공교육 개혁의 핵심 장치로서 발전시키는 데 크게 공헌한 학자들이다. 그들은 사립학교와 공립학교를 비교한 실증적 자료에 기초하여 학교경영구조와 학교 효과성의 관계를 분석하여 사립학교가 공립학교에 비해 더 효과적인 이유를 자율적 조직구조와 '출구(exit)'의 존재에서 찾았다. 즉 사립학교는 관료적 통제구조하에 있는 공립학교에 비해 경영의 자율성을 행사하고 있고, 학부모에게 그들의 희망에 따라 자유롭게 학교를 선택하고 불만족스러울 경우 다른 학교를 찾아 가도록 허용하는 조직구조를 갖고 있으므로 학업성취도 면에서 더 효과적이라는 것이다. 그러므로 그들은 학교교육의 질을 높이기 위해서는 학부모들이 그들 자신이 원하는 학교를 선택할 수 있는 권한을 행사할 수 있어야 한다고 주장하였다.

이러한 배경에서 OECD 주요 국가들은 학교경영의 권한을 단위학교에 대폭 이양하고 학부모의 학교선택권 보장을 위한 노력을 기울여 왔다. 영국은 1980년과 1988년 교육법 개정 이후 학부모의 학교선택권을 제도적으로 보장하여 강화시키고 있다. 미국도 1983년 보고서 「위기에 처한 국가」(A nation at risk)를 발표한 후 다양한 학교선택 프로그램을 확대시켜 왔다. 미국과 영국에서는 공립학교에 학교선택제를 도입하고 있다. 미국의 마그넷학교(magnet school)와 협약학교(charter school), 영국의 교부금지원학교(grant maintained school) 등이 대표적 사례들이다.

마그넷학교는 거주지역의 일반 학교에서는 이용할 수 없는 독자적인 교육 프로그램으로 특성화되어 있다. 과학 · 수학 · 외국어 등 교과에 의해 특성화되기도 하고, 예체능교육 · 직업기술교육 등 진로나 직업분야로 특성화되기도 하며, 몬테소리 프로그램과 같은 학습방법에 의해 특성화되기도 한다.

협약학교는 학교공동체와 교육행정 당국 사이에 체결한 법적 합의 문서인 협약을 통하여, 학생들의 학업성취 수준 개선에 대한 책무성 실현을 전제로 교육과정 · 재정 · 인사 등 학교운영 전반에 관하여 자율성을 보장받는 공립학교이다. 학교조직과 경영 측면에서는 자율성과 책무성을 특징으로 하지만 교육프로그램 내용은 마그넷학교에서 운영하고 있는 것과 유사할 수 있다. 1992년 미네소타 주에 처음 도입된 후 계속 증가되어 2008년 현재 미국에서 협약학교는 41개 주(워싱턴 D.C 포함)에 4,500개에 달하며 재학생 수도 1,300만 명에 이른다(CER, 2008 ; 김영화, 2010 재인용).

학교선택제가 적용되는 공립학교들은 사립학교와는 달리 사회 · 경제적 배경과 문화적 배경에 있어 다양한 학생인구를 수용할 수 있도록 학생 배정에 있어 추첨제와 할당제를 실시한다.

영국의 교부금지원학교(grant maintained school)는 1988년 교육개혁법(Education Reform Act)에 의하여 중앙정부가 학교들에 직접 재정을 지원하는 한편 학교운영에 더 큰 자율성을 부여한 학교 형태이다. 교육개혁법은 국가교육과정의 도입, 학부모와 학생의 학교선택 자유, 학교의 성적과 순위 공개 등을 통하여 학교경영의 자율성을 보장하는 동시에 책임성을 요구하였다. 교부금지원학교는 중앙정부로부터 직접 재정 지원을 받으므로 지방교육당국의 감독으로부터 완전히 벗어나 있었다. 학교 재정은 학교장과 운영위원장이 통제하였고, 학생도 자유입학방식(open enrollment)에 의해 선발하였다. 1996년 1,080개(60%가 중등학교)에 달하던 교부금지원학교는 1998년 새로운 법(School Standards and Framework Act)에 의하여 대부분 학생선발과 직원임용 및 재산에 대한 자율성을 갖고 지방교육당국으로부터 재정을 지원받는 형태(foundation school)로 전환되었다.

2) 우리나라의 학교선택제

우리나라 헌법 제31조 제1항은 '모든 국민은 능력에 따라 균등하게 교육을 받을 권리를 가진다'고 규정하고 있다. 교육에 관한 제 권리는 일반적으로 교육받을 권리에서 시작된다. 학생들은 이미 교육기회에 접근된 상태이므로 그들에게 교육받을 권리란 '교육내용 선택 · 결정권', '교육내용 요구권', '수업과정 참여권', '학습과정에서의 조력 받을 권리' 등의 확장된 의미로 이해되어야 한다(이병환, 2002 : 218).

고교평준화 정책은 학교선택권의 개념에서 보면 그 보장 정도가 매우 취약하다. 평준화 정책은 학교선택권 뿐만 아니라 정보 통제, 공 · 사립 간의 차이 불인정, 교육과정 · 교과서 및 교원선발 · 인사의 획일적 규제 등에 포괄적으로 영향을 미친다. 비평준화지역에서도 평준화지역과 마찬가지로 학생선발권을 제외하고는 똑같이 획일적 규제가 유지되고 있다. 이는 국가가 교육의 기회균등을 위한 생활권적 기본권 보장의 측면에서 개입하는 것이기도 하지만 교육받을 권리의 주체인 학생의 권리와 자녀교육에 대한 부모의 교육권인 학교선택에 대한 권리를 제한하는 것이기도 하다(이병환, 2002 : 219). 학교의 교육조건이 균등치 않은 상태에서 추첨배정제는 오히려 교육기회에 대한 차별의 결과를 가져오게 된다. 교육에 있어서도 생활권적 기본권의 보장은 자유권적 기본권의 부분적 제한과 희생하에 이루어지는 것이나, 그 제한이 지나치게 될 때는 학생과 부모의 교육권을 침해하게 되므로 이에 대한 논의가 필요하다(강인수, 1999 : 122).

우리 정부에서도 공교육제도 위기 극복을 위한 세계적인 학교개혁의 흐름을 반영하여 문민정부 이후 학교에 대한 정부 규제를 완화하고 단위학교에 자율성을 확대하며 학교 간 경쟁을 강화하는 정책 방향을 유지해 왔다. 교육프로그램을 다양화하여 학생과 학부모의 학교 선택에 대한 폭을 넓히고 설정된 성취 기준에의 도달여부를 평가함으로써 학교교육의 질을 관리하려는 접근이었다. 여기서는 학교의 다양화와 자율화 측면에 입각하여 자율학교, 자율고등학교, 특수목적고등학교의 주요 특성에 한하여 살펴보기로 한다.

(1) 자율학교

자율학교는 '5.31 교육개혁안'에 포함된 중등교육의 다양화 · 특성화 정책과 학교 운영의 자율성 신장 정책의 연속선상에서 교육부가 1996년 '탈규제학교'로 제안한 것이었다. 자율학교는 1997년 12월 개정된 초 · 중등교육법(1998년 3월 시행) 제61조(학교 및 교육과정 운영의 특례)에 근거한 학교 형태로 1998년 2월 공포된 초중등교육법시행령(1998년 3월 시행)에서 그 명칭이 공식화되었다. 이후 교육부는 1998년 8월 '자율학교 시범운영 기본 계획'을 발표하였고 1999년 14개 교교, 2000년 1개 고교, 2001년 6개 고교를 자율학교로 선정하여 시범적으로 운영하였다. 2002년부터는 자율학교가 본격적으로 도입되었고 자율학교 지정 권한도 교육감에게 위임되었다. 자율학교는 처음에는 특성화고등학교의 자율 운영 권한을 확대하고 농어촌 지역의 열악한 교육여건을 개선하기 위하여 도입되었지만 2004년에는 중학교로, 그리고 2006년부터는 초등학교로까지 확대되었다. 2009년 교육과학기술부는 3단계 학교자율화 추진 방안을 발표하여 사회적 배려가 필요한 지역을 중심으로 한 자율학교의 지정 확대 의지를 밝히고 학력 향상 중점학교, 교과교실제, 사교육 없는 학교, 기숙형고, 전원학교 등의 교육과학기술부 재정지원 사업 수행 학교를 지정에 포함시키도록 하였다. 2009년에는 초 · 중등교육법을 개정하여 창의력 계발이나 인성 함양을 목적으로 특별한 교육과정을 운영하는 학교를, 그리고 2010년에는 마이스터고등학교 및 특성화고등학교, 농산어촌학교 등을 지정 대상에 추가하였다.

자율학교는 현행 법령의 테두리 속에서는 새로운 학교 유형이 아니라 학교 운영의 자율성을 한시적으로 유예받는 학교로 국 · 공 · 사립의 초 · 중 · 고등학교가 모두 지정 대상이 된다(김민조, 2011). 자율학교는 학교장의 신청에 의해 교육감이 지정하거나 필요한 경우 공립학교에 한하여 교육감이 지정하며 지정되면 예산 지원을 받으며 5년 이내로 운영되며 연장 가능하다. 자율학교는 교육과정 운영 및 교과서 사용의 자율권을 가지고, 자격 소지 유무에 관계없이 경영능력이 있는 인사를 교장으로 초빙할 수 있으며, 교사 정원의 50%까지 초빙교사로 임용할 수 있고, 다양한 전형방법으로 학생을 지역 또는 전국단위로 모집할 수 있다(오세희 외, 2010).

고등학교 급에서 보면 자율학교는 자율고등학교와는 학교운영의 자율성이라는 틀에서는 연속선상에 있으나 법적 유형 면에서는 배타적 관계에 있다. 반면 특성화고, 특목고와는 특성화된 교육과정의 운영 지원이라는 측면에서 상보적 관계에 있으며 일반고와는 교육과학기술부의 재정지원 사업 수행을 지원하는 제도적 장치로서 기능한다.

(2) 자율고등학교

자율고등학교는 현행 초·중등교육법시행령 제76조의 2, 제91조의 3 및 제91조의 4에 의한 고등학교 유형으로 자율형 공립고등학교와 자율형 사립고등학교로 나뉜다. 자율형 공립고는 교육여건이 열악한 지역의 공립고를 선정하여 교육과정과 프로그램을 특성화 및 다양화하여 전인교육을 실현하는 학교이다. 자율형 사립고는 건학이념에 따라 다양하고 특성화된 교육과정을 운영하는 사립고로 학교 운영에 있어 대폭 확대된 자율성을 부여받는 학교이다. 시·도교육감이 일반 사립고를 대상으로 지정하며, 평준화지역은 교육과학기술부장관과 사전협의를 거쳐 지정한다.

한편 고등학교평준화 이후 발생한 문제점을 보완하고 고등학교 교육의 다양화 및 특성화를 촉진하기 위해 2002년부터 2010년 2월까지 자립형 사립고등학교들이 시범·운영되었다. 자립형 사립고등학교 시범학교들은 2010년과 2011년에 걸쳐 모두 자율형 사립고등학교로 전환되었다. 2016년 현재 전국적으로 총 46개교가 운영되고 있다. 자율형 공립고등학교는 2009년 21개교,

2010년 37개교, 2011년 39개교가 각각 지정되었으며 2016년 현재 전국적으로 총 112개교가 운영되고 있다(〈표 12-5〉 참고).

자율형 공립고와 사립고는 학교의 자율성과 다양성을 확대하여 학생에게 맞는 교육과정을 제공한다는 공통점을 갖고 있지만, 학교의 설립주체, 지정 대상학교, 학생선발 방법, 교육과정의 자율성 범위 등에서 차이가 있다.

학생선발 방법에 대하여 구체적으로 살펴보면, 자율형 공립고의 경우 평준화 지역은 학교에 지원한 학생들을 추첨하여 모집하고 내신성적에는 제한을 두지 않으며, 비평준화지역에서는 학교에서 자율적으로 선발한다. 자율형 사립고의 경우 평준화지역에서는 내신성적을 반영하여 추첨 등의 방식으로 선발하고, 비평준화지역에서는 자기주도학습전형(내신과 면접)으로 선발한다. 비평준화지역의 자율고의 선발 방법에 있어 공사립 모두 필기고사는 금지되어 있다.

표 12-5 자율고등학교 현황(2016년 12월 현재)

지 역	자율형 사립고	자율형 공립고
서울 (41교)	휘문고, 이화여고, 양정고, 중동고, 보인고, 한대부고, 한가람고, 세화고, 동성고, 현대고, 대성고, 세화여고, 중앙고, 신일고, 대광고, 이대부고, 선덕고, 숭문고, 경문고, 장훈고, 경희고, 배재고, 하나고 (23교)	등촌고, 당곡고, 구현고, 수락고, 성동고, 원묵고, 미양고, 고척고, 금천고, 청량고, 상암고, 경일고, 경동고, 대영고, 중경고, 면목고, 광양고, 서울여고 (18교)
부산 (14교)	해운대고 (1교)	부산남고, 경남여고, 낙동고, 사상고, 금정고, 부산중앙고, 부산진고, 영도여고, 주례여고, 부산여고, 연제고, 개성고, 경남고 (13교)
대구 (17교)	계성고, 경신고, 경일여고, 대건고 (4교)	강동고, 경북여고, 대구고, 호산고, 상인고, 학남고, 구암고, 달성고, 대진고, 칠성고, 대구서부고, 수성고, 포산고 (13교)

지 역	자율형 사립고	자율형 공립고
인천(8교)	인천하늘교, 인천포스코교 (2교)	신현고, 인천예일고, 동인천고, 인천공항고, 인천상정고, 강화고 (6교)
광주(4교)	송원고 (1교)	상일여고, 광주고, 광주제일고 (3교)
대전(7교)	대성고, 대전대신고 (2교)	대전고, 대전송촌고, 대전여고, 충남고, 대전노은교 (5교)
울산(4교)	현대청운고, 성신고 (2교)	문현고, 약사고 (2교)
경기(13교)	안산동산고, 외대부고 (2교)	와부고, 세마고, 함현고, 양주고, 충현고, 저현고, 고색고, 의왕고, 청학고, 부곡중앙고, 운정고 (11교)
강원(1교)	민족사관고 (1교)	
충북(6교)		청원고, 충주예성여고, 청주고, 오송고, 충주고, 단양고 (6교)
충남(9교)	천안북일고, 충남삼성고 (2교)	대산고, 용남고, 강경고, 덕산고, 천안업성고, 서천여고, 논산고 (7교)
전북(3교)	상산고, 남성고, 군산중앙고 (3교)	
전남(8교)	광양제철고 (1교)	목포고, 순천고, 여수고, 나주고, 남악고, 광양고, 해남고 (7교)
경북(11교)	포항제철고, 김천고 (2교)	인동고, 상주여고, 영주제일고, 북삼고, 경산고, 안동고, 울진고, 점촌고, 봉화고 (9교)
경남(10교)		거제제일고, 양산고, 진양고, 웅천고, 김해고, 김해제일고, 마산고, 진주고, 창원중앙고, 김해경원고 (10교)
제주(1교)		서귀포여고 (1교)
세종(1교)		한솔고 (1교)
계(161교)	46교	112교

(3) 특수목적고등학교

특수목적고등학교는 현행 초 · 중등교육법시행령 제76조의 2 및 제90조에 의한 고등학교 유형으로 특수분야의 전문적인 교육을 하는 학교이다. 과학,

외국어, 의료, 해양, 예술, 체육 등 특수하고 전문적인 분야의 지식과 기술을 학생들에게 습득시킴으로써 그 분야의 전문가를 조기 양성하는 데 목적이 있다. 특수목적고등학교는 과학계열의 고등학교, 외국어계열과 국제계열의 고등학교, 예술계열과 체육계열의 고등학교, 그리고 산업계 수요에 직접 연계된 맞춤형 교육과정을 운영하는 고등학교(산업수요 맞춤형 고등학교 또한 마이스터고등학교)로 분류된다. 특수목적고등학교는 2016년 12월 현재 6개 계열 153개교가 설립 · 운영 중이다.

5. 시장경쟁주의 도입과 신자유주의 논쟁

학교선택제는 학교교육의 획일성과 경직성에 대한 한계를 극복하기 위한 교육개혁의 일환으로 학교의 자율성과 다양성을 확보함으로써 학생과 학부모로 하여금 선택권을 보장하기 위한 취지에서 도입된 정책이다. 이러한 학교선택제의 배경에는 시장경쟁원리에 기반한 신자유주의가 있다. 여기에서는 신자유주의 교육과 신자유주의 교육을 비판하는 교육시장 특수론에 대하여 간략하게 살펴보고자 한다.

1) 신자유주의 교육

세계화 진행의 가속화와 WTO 출범(1995)의 영향에 이은 IMF 외환위기(1997) 상황은 우리나라에 신자유주의 도입을 촉진시킨 계기가 되었다. 사실 IMF 외환위기의 도래는 우리 경제뿐만 아니라 사회 전반에 걸쳐 일본형 국가지원체제의 실패와 미국형 시장체제의 승리를 의미하는 것으로 이해되고 해석되었다. 이런 IMF 상황에서 신자유주의는 강력하게 우리 사회 각 분야는 물론 교육 분야에까지 침투되었다.

신자유주의란 무엇이며 교육에 어떤 방향성을 제공하고 있는지 알아보자.

존 로크(John. Lock)가 주장한 인간의 자연권 보장 및 통치권 제한의 이론과 아담 스미스(Adam Smith)가 주장한 자유경쟁시장이론이 자유주의 사상의 핵심적 기반이다. 신자유주의(neoliberalism)는 원래 경제현상에 관한 사상으로 탄생한 것이지만, 이후 그 연장선상에서 사회의 다른 분야에도 다양하게 응용되고 있다.

우리 사회의 이념적 토대의 한 축인 시장경쟁의 원리는 사회 제 부문에 일관되게 적용되어야 한다. 사회의 하위체제로서 학교체제 운영에 있어서도 경제부문과의 대응관계 속에서 시장경쟁의 논리가 적용되어야 원활하게 운영될 수 있게 된다. 사회재로서의 특성을 지닌 교육부문에도 이러한 시장논리는 일관성있게 적용되어야 교육시장의 활기와 공공적 교육 서비스의 질을 향상시킬 수 있다. 학생들은 시장경쟁의 게임 문화와 규칙을 학습할 필요도 있다. 학교조직도 학교 간 경쟁을 통하여 양질의 교육을 창출할 수 있고, 국가교육도 경쟁력을 확보하며, 창의적이고 수월성을 지닌 국가인적자원의 개발이 가능하게 된다(공은배 외, 2002).

신자유주의를 교육정책에 적용해 보면 다음과 같은 주장들이 제기될 것이다(양동안, 2000 : 55).

첫째, 교육에 대한 정부의 간섭을 최소화해야 한다는 주장이다. 피교육자의 자아개발 혹은 자아실현을 지원하는 교육에 있어서 정부의 간섭이 초래할 부정적 효과를 비판하면서 교육기관과 교육자의 자율성, 나아가서는 피교육자의 자율성 확대가 옹호될 것이다. 구체적으로 교재의 선택, 교육방식, 평가방식, 피교육자 선정방법, 교육비 요구 등에 대한 교육기관과 교육자의 자유 확대 그리고 교육서비스 내용에 대한 피교육자의 선택의 자유 확대가 강조될 것이다.

둘째, 우수한(다른 말로 표현하면 '경쟁력 있는') 교육기관과 우수한 교육자에 의한 우수한 피교육자의 양성이 강조될 것이고, 그를 위해 교육현장에서 경쟁이 확대되어야 한다는 주장이다. 경쟁의 확대는 피교육자 사이 뿐만 아니라 교육자들 간 및 교육기관들 간에도 요구될 것이다. 교육기관들은 보다 좋은 교육서비스 제공을 위해 경쟁하도록 요구받을 것이고, 교육자들은 동일 교육기관 내에서도 자신의 교육능력을 놓고 경쟁할 것이다.

셋째, 교육서비스 제공기관의 민간(영)화 확대에 대한 주장이다. 교육서비스를 국·공립 교육기관 중심으로 제공하게 되면 서비스의 질이 저하된다고 간주될 것이고, 교육서비스의 질 향상과 피교육자의 선택의 폭 확대를 위해 교육기관의 민간화가 확대되어야 한다는 주장이 제기될 것이다. 이러한 주장은 정부의 교육재정부담을 축소하려는 정부의 요구와 자율성을 가능한 한 확대하려는 사립 교육기관들의 욕구 모두에 부응하게 될 것이다.

교육정책에서 시장이데올로기의 핵심은 부모들에게 더 많은 권한을 부여하는 것(the empowerment of parents), 학교의 독단을 막는 것, 그리고 다양성과 선택이다. 시장원리의 확대는 국가 영역을 축소시키며 개인과 고객들에게 더 많은 자유를 제공할 수 있다고 가정된다. 즉 국가의 과중한 부담과 통제를 막을 수 있고 비합법적인 문제를 해결할 수 있으며 고객과 소비자들에게 권력과 자율성을 제공할 수 있다고 전제한다(손흥숙, 2002 : 176).

2) 교육시장 특수론

일반시장과 교육시장은 다르다고 간주하면서 교육 분야에 경제론적 시장논리를 적용하는 데 제동을 거는 주장이 있다. 비유해서 말하자면, 모든 게임에 공통의 룰도 있지만 축구의 룰과 야구의 룰은 다르기도 하다는 것이다.

시장경쟁의 원리를 교육부문에 적용할 경우에도 이와 비슷한 논리에서 몇 가지 고려해야 할 사항이 있다는 것이다. 즉 경제적 가치와 교육적 가치, 경제활동에 참여하는 사람들이 따라야 할 룰과 교육활동에 종사하는 사람들이 행위의 준칙으로 삼고 있는 룰은 다를 수 있다는 점을 인정해야 한다는 것이다(공은배 외, 2002 : 222-223).

시장논리 도입을 비판하는 주장의 요지는 다음과 같다. 교육부문에 무차별적으로 적용되는 시장경쟁의 논리는 교육이 지닌 독자적 가치를 훼손하고 원래 교육이 얻고자 하는 가치를 실현하는 데 역기능을 초래할 것이 우려된다는 것이다. 따라서 우리 사회의 운영원리로서 시장논리를 적용한다면 그것을 교육적 특성에 맞게 변용하거나 적용의 실익이 있는 부문에 한정해야 한다고 주장한다. 교육분야의 변화와 발전을 위한 전략으로 교육개혁, 학교제도의 변화, 입시제도 운영, 학교교육의 질 관리, 재구조화, 교육현실 문제에 대한 처방 등 교육의 중요 부문에 시장논리를 적용할 경우 교육의 특성과 가치를 존중하여 실행할 필요가 있다는 것이다.

시장경쟁의 원리를 교육부문에 적용할 경우 고려할 사항으로서 교육시장의 특수성은 다음과 같이 요약해 볼 수 있다(공은배 외, 2002 : 223-224).

사회적 서비스로서의 교육활동은 희소성이 제한적으로 적용되는 시장이다. 무엇을 얼마만큼 어떻게 생산하고 분배할 것인가 하는 경제적 문제의 근원은 자원의 희소성에 있다. 이러한 제약 조건하에서 경쟁적 시장을 매개로 생산자와 소비자는 각각 이윤의 극대화와 효용의 극대화를 위해 합리적인 생산과 소비를 해야 한다.

이윤추구가 지상의 가치인 기업과 달리 학교는 윤리적 기업이며, 국가적 사업으로서의 교육은 투자적 동기와 함께 복지적 동기에 따라 움직이는 경우가 적지 않다. 이런 점에서 보면 공공재로서 교육이라는 사회적 서비스는 능력과 치열한 시장 경쟁적 원리에 따라서만 배분될 성질의 것은 아니다. 즉 능력이 부족하더라도 사회구성원들의 인격적 성장동기와 개인적 필요 혹은 처지에 따라서 교육기회가 배분될 수 있다.

만성적인 수요초과 상태로 인하여 보다 질 높은 교육의 기회가 현실적으로 제한되어 있는 것이 사실이지만, 사회구성원 공동의 노력과 국가의 정책적 노력으로 능력이 부족한 사람을 포함한 모든 국민에게 교육의 기회가 계속 확대되고 새롭게 창출될 수 있을 것이다.

신자유주의적 교육정책이 과도하게 도입되면 다음과 같은 부작용이 초래될 것이다(양동안, 2000 : 55). 우선 피교육자에 대한 교육자의 권위가 약화될 것이고, 교육현장의 분위기가 불안정하게 될 것이다. 다음으로 피교육자들의 윤리의식 및 공동체 정신이 약화될 것이다. 그리고 피교육자의 교육비 부담 증가와 빈곤가정 자녀의 교육수혜가 빈약해 질 것이다.

학교생활기록부로 대학에 진학할 수 있는 수시 학생부종합전형 선발 인원이 올해 1만 명 이상 늘어나면서 대학수학능력시험을 보지 않고 대학에 진학하는 학생들도 늘어날 것으로 예상됩니다.

제 13 장

교육불평등 문제와 교육내용의 계층성

1. 신교육사회학의 형성 배경과 성격
2. 지식사회학적 관점과 교육과정사회학
3. 지식의 계층화와 교육불평등
4. 교육내용의 정치적 · 사회적 측면

본 장에서는 학교에서 지식이 전달되는 과정에 대하여 살펴본다. 학교는 대표적인 지식전달기관 중 하나이다. 학교에서 전달되는 지식을 보는 사회학적 관점은 크게 두 가지로 파악된다. 한 가지는, 지식은 사회적 · 역사적 조건을 초월하여 객관적이고 가치중립적이며 보편타당하다는 관점으로 전통적 지식관이다. 다른 한 가지는, 지식은 사회적 · 역사적 생성물이자 도구와 같은 것이라고 보는 지식사회학적 관점이다. 전통적 지식관과 교육내용관에 대하여 사회학적인 비판을 제기하면서 등장한 학문동향이 신교육사회학이다. 본 장에서는 신교육사회학의 형성 배경과 성격, 지식사회학의 관점과 교육과정사회학, 지식의 계층화와 교육 불평등, 그리고 교육내용의 정치적 · 사회적 측면 등에 대하여 살펴보고자 한다.

1. 신교육사회학의 형성 배경과 성격

1) 전통적 지식관과 교육내용관에 대한 문제제기

기능론은 사회학의 주류 이론으로 미국에서는 1960년대 후반까지 교육사회학을 주도하였다. 기능론적 교육이론에서는 학교가 사회구성원들을 사회화시키고 사회체제와 질서의 유지 및 균형과 통합을 도모하는 일을 맡고 있다고 가정한다. 이러한 기능론의 학교관은 학교에서 가르쳐야 할 교육내용에 대한 관점에도 반영된다.

대표적인 기능론적 교육이론가인 드리벤(R. Dreeben)은 저서 「학교에서 배우는 지식에 관하여」(On What is Learned in School, 1968)에서 학교는 산업기술사회에서 살아갈 수 있는 구성원을 기르고(사회화), 개인의 적성과 능력에 따라 미래사회에 필요한 성원을 선발하며(선발), 아동들에게 독립심 · 성취 · 보편성 · 특수성 등 현대 산업사회의 규범을 교육내용으로 가르쳐야 한다(규범교육)고 하였다.

기능론자들의 이러한 주장에는 전통적 지식관과 교육내용관이 반영되어 있다. 종래에는 지식을 객관적이고 가치중립적인 것으로 보는 관점이 지배적이었다. 그러한 보편적 · 절대적 지식관에 기반하고 있는 기능론자들은 학교교육에 대하여 다음과 같은 관점을 갖는다.

① 학교 교육내용을 이미 주어진 것으로 간주한다. 국가에서 결정한 교육내용은 국가, 사회, 아동들에게 꼭 필요한 것들로 적절하게 구성되었다고 믿는다. 그러므로 교과서에 실린 내용에 대하여 의문을 제기하지 않고 거의 무비판적으로 받아들인다.

② 학교 교육내용을 가장 합리적인 것으로 본다. 많은 지식과 이론 중에서 가장 합리적인 것들을 선정하여 학생의 발달 수준에 맞게 합리적인 방식으로 조직하였다고 믿는다.

③ 학교 교육내용을 객관적이고 가치중립적인 것으로 수용한다.

④ 학교 지식을 보편타당하고 합의된 것, 그리고 어떤 집단이나 학생에게도 적합한 것이라고 전제한다.

⑤ 학교가 수행하는 지식전달의 역할을 중립적인 것으로 간주한다.

전통적 지식관에서는 지식이 인간의 주체적 인식과는 무관하고, 사회적 · 역사적 조건을 초월하여 객관성을 유지하는 것으로 보았다. 즉 지식이 생성되는 사회적 · 역사적 조건에는 관심을 갖지 않았다. 그러므로 학교의 교육과정을 누가 어떤 내용으로 누구를 위해 구성하고, 그것이 어떻게 분배되어 어떤 사회적 기능과 결과를 가져오는가 등은 전혀 문제시하지 않았다. 대신 선정된 지식을 주어진 것으로 간주하므로, 그것을 어떻게 효율적으로 가르칠 것인가 하는 방법적 · 기술적 측면에 집중하여 개인이나 집단의 학업성취 극대화를 중시하였다.

전형적인 예가 타일러(R. Tyler)의 교육과정 모형이다. 이 모형은 ① 교육목표의 설정, ② 학습경험의 선정, ③ 학습경험의 조직, ④ 평가가 순환되는 과정으로 구성되어 있다. 그러나 이 모형은 수업과 학습의 능률성 증진에 관심을 집중하는 기술공학적 모형으로 교육행위에 수반되는 정치적 · 경제적 · 윤리적 문제를 배제하고 있다. 이러한 이유로 이 모형은 교육과정의 계획과 개정을 둘러싼 여러 이해집단들 간의 갈등이나 특정 지식 및 신념을 교육내용으로 표준화함으로써 생기는 문제를 경시한다는 비판을 받는다.

학문중심 교육과정 역시 교육내용으로서 사회적 합의의 이데올로기를 전제로 하고 있다. 애플(M. W. Apple)에 의하면, 학문중심 교육과정은 수학과 과학 등의 기술적 지식을 강조함으로써 경제적 유용성을 도모하고 학생평가를 용이하게 하는 데 공헌한다. 이러한 특징은 산업사회에서 가장 강력한 계급의 이익에 봉사하는 속성을 지닌다는 점에서 경제적으로 유익한 것으로 간주된다(Apple, 1979).

그러나 기능론자들이 주장하듯 학교에서 가르쳐지는 지식과 교육내용이 과연 객관적이고 보편적이며 사회적으로 합의된 것인가에 대한 의문이 제기되기 시작하였다. 1960년대 후반부터 유럽에서 시작된 '학교에서 가르쳐지는 교육내용의 성격'에 관한 사회학적 논쟁이 그것이다. 교육내용에 관한 사회학적 의문은 특정 교육내용이 어떤 사회적 결과를 낳는가, 즉 지식의 사회적 기능(또는 결과) 그리고 그러한 결과를 낳는 교육내용을 누가, 어떻게, 왜 선정하는가 등 교육과정에 대한 비판적 분석으로 이어지는 계기를 마련하였다.

2) 교육과정 및 교육내용에 대한 사회학적 관심

1960년대 후반부터 제기된 교육내용에 대한 논쟁은 교육사회학의 연구 영역과 시각을 확장시켰다. 교육과정을 '사회적으로 조직된 지식'이라고 본 영

(M. F. D. Young) 등의 신교육사회학자(또는 교육과정사회학자)들의 활동이 활발해지면서 교육과정은 교육사회학자들의 연구대상으로 부각되었다. 그들은 교육과정과 교육내용의 사회적 성격을 분석함으로써 교육내용에 대한 탐구가 교육사회학 연구의 주요 영역임을 분명히 하였다.

신교육사회학이라는 용어는 고버트(Gorbutt, 1972)가 교육내용을 강조하는 미시적 접근의 새로운 학문동향을 가리켜 처음 사용하였다. 그는 교육내용에 대한 연구의 중요성을 강조하면서 이러한 학문동향을 새로운 패러다임(alternative paradigm)으로 소개하였다. 신교육사회학은 오늘날 교육사회학에서 확고한 위치를 점유하고 있다.

종래의 기능론적 지식관에 비하여 신교육사회학이 갖는 가장 큰 차이점은 교육과정에 관한 사회학적 분석을 하면서 집단 간의 사상적 갈등을 교차시켜 파악한다는 것이다. 신교육사회학은 학교지식의 객관성 · 중립성 · 보편성에 의문을 제기하고, 학교에서 가르쳐지는 지식을 교육제도 속에서 '선별적으로 처리된 것'으로 본다. 따라서 학교지식의 선택, 조직, 분배에 작용하는 사회적 문제를 탐구한다. 이러한 탐구는 교육과정 연구의 범위와 방법론을 크게 넓혔고, 교육사회학 연구를 교육내용에까지 이르도록 확장시켰다.

신교육사회학은 영국에서 평등화를 위한 교육개혁의 역사적 경험 속에 누적된 교육분석의 시각과 영역이 비판적 사유방식으로 정립된 것이다. 1950년대와 1960년대 영국사회에서는 사회평등 구현 수단으로서의 학교교육에 대한 관심이 지대하였다. 당시 교육의 불평등이 초래되는 요인을 제거하기 위하여 조기선발 시험제도(11+exam)를 없애고 복선제를 단선제화하는 교육개혁을 단행했다. 그럼에도 불구하고 계속된 영국사회의 교육불평등 원인을 연구한 결과 교육불평등은 교육 자체의 속성 때문이 아니라 전체사회의 구조적 불평등이 교육에 반영되었기 때문이라는 것이 밝혀졌다. 즉 '평등화 장치로서의 교육'이라는 시각에 한계를 느끼고 '사회적 불평등의 피사체로서의 교육'의 모습에 주목하게 된 것이다.

신교육사회학에서는 교육불평등의 결정요인이 되는 학교 내의 여러 현상을 연구했는데, 교육내용의 성격과 그것이 가르쳐지는 과정에 전체사회의 구조적 불평등이 반영되어 있음을 발견하고 교육내용과 학교 내 상호작용과정에 관심을 집중하였다.

신교육사회학자들은 교육현실에 대한 가치중립적 탐구와 실증주의적 교육사회학에 대한 방법론적 비판을 제기하였다. 그들은 기능론적 연구에서 채택하는 도구적 추리와 기술적 · 방법적 효율성에 치중된 논의방식을 문제시하였다. 또 종래의 연구들에 주로 사용된 투입-산출의 거시적 연구모형이 학교 안에서 이루어지는 교육과정을 블랙박스로 간주했다고 비판하고, 학교 내부에 대한 미시적 분석의 필요성을 강조하였다.

신교육사회학은 지식사회학의 관점에서 학교에서 가르쳐지는 지식이 누구에 의해 구성되고, 어떤 이유에서 선택되며, 어떻게 학생들에게 분배되고 있는가에 의문을 제기한다. 나아가 학교에서 교사와 학생이 어떻게 조직되어 있고 그 준거는 무엇인가도 문제 삼는다. 이러한 문제의식을 가진 신교육사회학은 교육과정(잠재적 교육과정 포함) 속에 숨겨져 있는 이데올로기를 분석한다. 학교에서는 세 가지 주요 지식 전달매체, 즉 교육과정, 교수(수업), 그리고 평가를 통해 지식이 전달되므로(Bernstein, 1975 : 363), 교육의 구체적 과정 속에 들어있는 지식의 문제를 파헤친다.

2. 지식사회학적 관점과 교육과정사회학

1) 지식사회학적 관점

신교육사회학은 지식사회학의 관점을 교육내용과 그것을 조직하는 방식의 탐구에 적용하여 교육내용의 본질과 교육의 기능을 탐구하고자 하였다.

지식사회학(Sociology of Knowledge)은 지식 또는 정신문화 일반을 역사적 · 사회적 조건과의 관련성에 중점을 두고 사회사상(社會事象)으로서 외재적으로 연구하는 학문이다. 지식사회학에서는 일반적으로 지식의 존재구속성, 지식의 상대성, 지식의 가변성을 수용한다. 모든 지식은 사회적으로 구성되고, 지식을 획득하는 사람들의 문화를 통해 걸러지며 해석된다고 본다. 그러므로 사회집단마다 현실을 다르게 인식하고 해석하게 되며, 그러한 사회집단 고유의 인식과 해석은 해당 집단의 '사회적으로 구성된 실재'(socially constructed reality)가 된다.

이와 같이 '현실'(실재)은 사회적으로 구성되는 데, 피터 버거(Peter Berger)는 지식사회학이 그 현실(실재)의 형성과정을 분석해야 한다고 주장한다. 그는 일상생활에서 지식의 근거를 명백히 밝히는 데 가장 적합한 방법을 현상학적 분석방법으로 보았다. 이 점에서 현상학적 관점은 지식사회학적 관점과 만난다. 의식이란 항상 의도적인 것이며 현실의 각 분야를 통하여 흐를 수 있다. 일상생활의 현실은 내 육체의 '이곳'과 현재 나의 '지금' 주변에 구성된다. 이 현실에 이미 의식이 개재되어 있으며, 한 현실에서 다른 현실로 옮아갈 때 현실전환을 체험하게 된다.

지식사회학은 여러 유형의 사회에서 지식으로 당연시되어 온 것들이 변화되는 측면에 주목하여 그 사회들 간의 차이점들과 변화의 의미를 파악하려 한다. 나아가 당연시되던 여러 종류의 지식들 간의 관계가 사회평등, 교육평등, 인간평등의 문제와 어떻게 관련되는지에 관심을 갖는다. 지식사회학의 이러한 측면은 신교육사회학자들이 주목한 부분이다.

2) 교육과정사회학 : 교육과정에 대한 사회학적 분석

신교육사회학자들은 지식사회학의 관점에 기초하여 교육과정을 사회학적으로 분석하려는 시도를 했다. 이는 신교육사회학이 교육과정사회학이라고 불리는 이유이다. 지식사회학의 관점을 수용하는 신교육사회학은 지식이 역사적 · 사회적 산물이며, 그 존재조건에 영향을 받아 정당화된다고 본다. 즉 지식은 사회적으로 구성(형성)되고 조직된다고 본다. 따라서 학교지식 역시 중립적인 것이 아니며, 특정 집단의 신념이나 관점을 반영하고 있는 사회적 산물 중에서 사회적으로 선택된 것이라고 간주한다.

신교육사회학자들은 학교지식 선택의 전통에는 지배계급의 사회통제 원칙이 작용하고 있으며 합의의 원리가 밑바닥에 깔려 있다고 비판한다. 좀 더 강력하게는 지식뿐만 아니라 '합리성'까지도 관행이나 인습에 불과하다고 말한다. 이에 반하여 종래의 교육사회학에서는 학교지식을 주어진 것으로 보았으며, 학교지식의 상대성과 가변성에 대해서는 논의하지 않았다. 또 학생들의 능력이나 사회적 배경과 학교지식과의 관계에 대해서도 관심을 갖지 않았다.

표 13-1

교육과정에 대한 상반된 관점

전통적 교육과정관	신교육사회학자들의 교육과정론
(1) 과학적 지식이 교과과정의 핵심이라고 보며, 형식적 교과과정을 중시한다. 조직화된 교수전략에 따라 전달한다. (2) 지식은 객관적으로 정당화된 것이고, 학교는 지식을 가르치는 곳이다. 과학적, 객관적, 조직적인 교과과정 구성을 강조한다. (3) 지식은 각 교과형태로 분류될 수 있다. (4) 학습결과 측정과 과학적 평가에 큰 비중을 두고 있다. (5) 교육내용의 보편성, 교육평가의 보편성, 교육목표의 보편성 등의 원칙을 강조한다.	(1) 교육과정에서 다루는 지식은 특수 사회계층의 영향력을 받고 있는 것에 불과하다. (2) 교육과정을 계획하거나 교과의 우선수위를 정하는 일은 결코 객관적일 수 없다. (3) 교육과정은 사회권위, 권력, 사회계층, 학교조직 간의 연계관계에서 파악해야 한다.

3) 신교육사회학의 의의 및 비판

(1) 신교육사회학의 의의

신교육사회학은 기능론적 분석과는 다른 학교교육에 대한 새로운 이해방식을 제공해 주었다는 점에서 그 의의가 있다. 신교육사회학(또는 교육과정사회학)의 의의를 정리하면 다음과 같다.

첫째, 지식사회학적 관점을 강조한다. 지식의 존재구속성과 상대성을 지적하면서 지식은 그것이 생산된 사회구조를 반영함을 강조한다. 종래의 객관적·보편적·절대적 지식관을 배격하고 '역사적·사회적 생성물'로서의 지식을 강조한다. 교육에 관여하는 사람들이 구성해 낸 일상적 세계를 자명하거나 당연한 것으로 간주하기보다는 의문을 제기하고 분석하고자 하였다. 따라서 교육과정과 학교 내 상호작용과정에 대한 연구에 사회학적 시각을 부여하였다.

둘째, 지식·문화·이데올로기·규범 등의 지적 과정을 통한 지배와 억압의 구조를 파헤침으로써 교육과 사회불평등에 대한 이해의 폭을 넓혔다. 개인의 해방(특히 의식의 해방)과 지배구조의 재편성을 통한 평등과 자율이 더 보장되는 사회를 교육과 사회의 이상적인 모습으로 가정하였다. 즉 종래의 수동적 인간관으로부터 능동적·주체적 인간관으로의 변화가 포함되어 있다.

셋째, 교육제도와 기능중심의 교육사회학을 교육내용과 과정(過程), 그리고 학교내부 현상중심의 교육사회학으로 변화시켰다. 또 연구방법 면에서도 질적 연구와 미시적 분석의 필요성 및 중요성을 일깨워 주었다.

넷째, 교육과 사회불평등에 관한 연구에서 개인주의적이고 능력주의적인 분석(기능론적 분석)을 비판하고, 역사적이고 구조적인 분석의 필요성을 인식시켜 주었다. 또 종래의 제도적 분석에 인간의식과 지식적(또는 문화적) 분석을 추가하였다.

다섯째, 학업성취와 교육과정에 대해 객관주의적·심리적 분석을 포기하고, '합법화된' 학교지식으로 대상화시켜 사회·정치적 분석을 시도하였다. 학교지식의 성질, 학교의 조직, 교사의 이데올로기 등 교육의 여러 문제를 상대적인 것으로 보고 자명하게 간주해 온 모든 전제에 의문을 제기하였다.

신교육사회학자들은 학교가 지식을 분류 · 처리하는(knowledge processing) 기관임을 강조한다. 따라서 그들은 교육과정(잠재적 교육과정 포함) 속에 나타나는 '지식과 사회구조의 역학관계'와 '지식과 집단 간의 사상적 갈등'을 집중적으로 분석하면서 교육과 사회평등에 관한 문제의 논의에 있어 새 지평을 열었다.

여섯째, 학교와 교실의 통제 및 조직에 대해 경영적 · 효율적 · 기술적 접근에 치중하는 관행을 비판하고, 상호작용적이고 문화적인 접근을 강조하였다. 신교육사회학은 사회적 현실의 창조와 구성에 적극 참여하는 능동적 인간관을 기저로 한다. 따라서 교육활동에 관여하는 사람들이 그들의 일상적 세계를 구성하고 정의(定義)하며 관리하는 과정에 대한 연구를 중시한다.

(2) 신교육사회학에 대한 비판

신 · 구교육사회학을 통합하는 일은 앞으로 교육사회학이 해결해야 할 과제이다. 또 거시적 분석과 미시적 분석을 연계시키는 것도 교육사회학이 당면한 과제이다. 신교육사회학적 연구경향에 대해 일반적으로 제기되는 비판을 정리해 보면 아래와 같다.

첫째, 문제제기와 연구 가능성을 명료하게 시사한 것에 비해, 연구에 비경험적인 요소가 많고 재현가능성과 반증가능성이 약하며 사변적 수준에 머무르고 있다.

둘째, 극단적 상대주의는 연구의 일관된 전제를 유지하기 어렵게 만든다.

셋째, 종래의 교육사회학에 대해 도전적 · 대결적 자세를 강하게 보이기 때문에 양자 간 시각의 상이점과 모순에만 집중하여 연속성과 유사성에 대한 관심이 약화되기 쉽다.

3. 지식의 계층화와 교육불평등

교육과정사회학은 교육불평등을 학교지식과 결부시킴으로써 교육불평등 문제에 대한 분석 시각의 폭을 확대시켜 주었다. 이런 논의에는 지식의 지위 위계화 또는 지식의 계층화 현상에 대한 인식이 자리 잡고 있다.

지식의 계층화는 사회에서 사람들이 계층화되어 있듯이 지식도 유사하게 계층화되어 있다는 것이다. 예컨대 음악을 고전음악과 대중음악으로 나눌 경우 그 분류 기준으로 작용하는 속성들에도 계층화된 인식이 작용한다.

애플(M. W. Apple), 영(M. F. D. Young), 부르디외(P. Bourdieu) 등과 같은 교육사회학자들은 한결같이 지식의 계층화 또는 지적·문화적 자본의 사회집단 간 불균등한 분배 문제를 제기하였다. 그들은 지식이 사회·경제적 계층 간에, 직업집단 간에, 연령집단 간에, 또 권력집단 간에 불균등하게 분배되어 있음을 지적하였다. 그리고 문화의 보존과 분배 과정에서 특정 집단이 어떤 종류의 지식을 소유하고 있지 못하다는 것을 정치적·경제적 힘을 상실하고 있다는 의미로 해석하였다. 그러므로 특정 집단이 학교와 같은 문화자본의 선택·분배기관을 통하여 다른 집단에게 권력과 통제를 행사함으로써 불평등한 사회구조가 재생산된다고 보았다. 헤게모니를 가진 집단이 학교에서 가르쳐지는 지식을 선정·조직함으로써 학교는 문화자본에 의해 사회의 불평등한 구조를 재생산한다는 것이다.

애플(M. W. Apple)은, 학교에서 가르쳐지는 지식이 한 사회 지배집단의 이데올로기를 어떻게 반영하고 있는지 알아보려면 다음의 세 가지 영역을 검토해야 한다고 하였다.

첫째, 학교의 일상적 규칙들은 어떻게 학생들이 지배집단의 이데올로기를 학습하도록 하는가?

둘째, 과거와 현재의 특정 교육내용에는 지배집단의 이데올로기가 어떻게 반영되어 있는가?

셋째, 교육자들이 자신들의 행위에 의미와 질서 및 방향을 부여하기 위하여 적용하는 기본적 관점에는 지배집단의 이데올로기가 어떻게 반영되어 있는가?

문화적 재생산이론가 부르디외(P. Bourdieu) 또한 문화적 자본이 사회집단 간에 불균등하게 분배되어 있다고 지적한다. 불균등하게 분배된 문화자본 중에서 어떤 문화는 학교에서 가르쳐지는 지식으로 선정되지만 다른 문화는 배제된다. 이와 같은 문화의 선택 과정을 통하여 학교교육은 그 사회 지배계급의 이데올로기를 반영하고, 지배적인 문화자본을 유지 · 재생산 한다는 것이다.

4. 교육내용의 정치적 · 사회적 측면

1) 교육과정의 정치적 측면

교육과정은 무엇을, 어떻게, 왜 가르칠 것인가라는 질문을 다루는 학문영역 또는 실천영역이라고 볼 때, 교육과정의 구체적인 내용의 성격은 교육과정을 바라보는 정치적 관점에 따라 달라질 수 있다. 김재춘(2000)은 교육과정에 대한 정치적 관점을 보수주의적 관점, 진보주의적 관점, 그리고 급진주의적 관점으로 구분하고, 교육과정을 바라보는 관점에 따라 교육에 대한 강조점이 달라진다는 점을 지적한다. 첫째, 보수주의적 관점은 교육을 통해 한 사회의 지배적인 규범이나 문화를 후 세대에 전달해 줌으로써 사회를 안정적으로 유지하는 것을 강조한다. 이러한 관점에서는 교육을 일방적 전달활동으로 보는 측면이 강하다. 따라서 교육의 가장 중요한 역할은 사회나 교사가 가치 있다고 판단하는 내용을 효율적으로 학생들에게 전달해 주는 것이라고 본다. 둘째, 진보주의적 관점은 전통적 교과를 강조하는 것과는 달리 배움의 주체가 되는 학생을 강조한다. 이러한 관점은 교육은 교과나 특정내용을 가르치는 것이 아니라 학생을 가르치는 것에 초점을 두기 때문에 교육의 상호교섭 활동, 즉 교사와 학생의 상호작용을 중시한다. 셋째, 급진주의적 관점은 교육의 정치적인 성격을 강조한다. 이러한 관점은 학교교육이 정치적인 성격을 띨 수밖에 없다는 입장을 취한다. 따라서 교육은 사회적 약자의 입장에서 교육의 내용과 방법 속에 가정된 지배적인 정치이념을 들추어 낼 수 있는 대항 헤게모니를 발전시킴으로써 불평등한 사회구조를 해체하고 보다 정의롭고 평등한 사회구조의 창출을 추구한다(김재춘, 2000).

왈라스(A. F. C. Wallace)는 사회의 변화에 따라 교육과정의 강조점이 달라진다는 사실을 확인하였다. 그는 사회의 역사는 혁명기(revolutionary phase), 보수기(conservative phase), 복고기(reactionary phase)를 거치며, 각 변화의 시기마다 교육과정의 강조점이 달라진다는 점을 지적하였다. 즉 역사적 안목에서 볼 때 교육과정의 우선순위는 각 시대의 사회 · 정치적 특성에 의해 결정된다고 본 것이다(김신일, 1995 : 366).

혁명기에는 교육과정에서 도덕성이 강조된다. 구 체제의 사회적 · 문화적 질서를 부정하고 새 질서를 수립하기 위해서는 낡은 이념을 극복하고 새로운 이데올로기와 가치관 및 철학, 즉 혁명이념을 국민에게 교육시켜야 하기 때문이다. 이 단계에서는 실용주의적 기술과 지식은 높이 존중받지 못한다.

그러나 혁명이 일단 완수되고 보수기에 접어들면 실용주의가 득세하여 규범문화와는 대조적인 실제적 기술과 지식이 우선적으로 교육과정에 반영된다. 이 단계에서는 지적 논의와 비판정신은 교육과정에서 아주 약화된다.

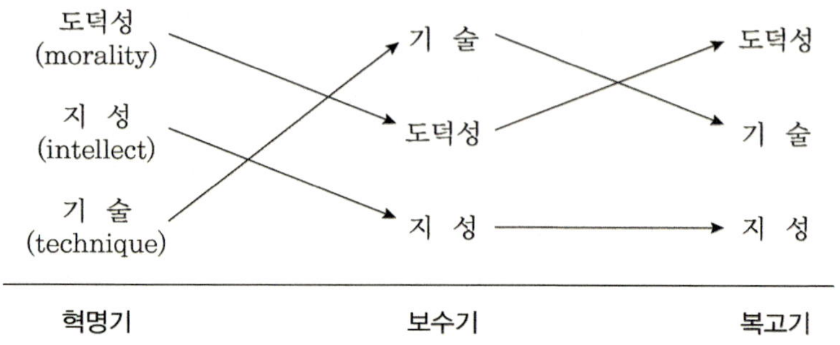

[그림 13-1] 교육과정의 우선순위 변화

* 출처 : Paulston, 1976 : 32, 김신일, 1993 : 365

보수기의 말기 또는 혁명 실패 뒤에 오는 복고기에는 도덕성 교육이 다시 강조되어 종래의 정치이념과 가치관이 학교 교육과정에 반영되고 자유로운 지적 탐구활동 관련 내용은 억제된다.

2) 교육과정의 사회적 측면

앞서 살펴봤듯이 지식은 사회적으로 구성된다. 그런 점에서 볼 때 한 사회의 교육과정 역시 사회적 구성물이라고 볼 수 있다. 교육과정은 사회의 흐름과 영향으로부터 결코 자유로울 수 없기 때문이다.

최근 우리사회에 영향을 주는 큰 사회변동 요인으로 세계화와 정보화로 인한 국제정세의 변화를 꼽을 수 있다. 이러한 사회변동 요인들은 교육과정과 그 내용에도 영향을 미치고 있다. 여기서는 최근 사회변화와 더불어 사회적으로 관심이 높아지고 있는 인권교육, 경제교육, 그리고 국제이해교육 등을 중심으로 그것들이 교육과정에서 어떻게 다루어지고 있는지 살펴보고자 한다.

(1) 인권교육과 교육내용

인권과 교육

세계인권선언 제1조
"모든 사람은 태어날 때부터 자유롭고, 존엄성과 권리에 있어 평등하다."

대한민국헌법 제10조
"모든 국민은 …… 행복을 추구할 권리를 가진다. 국가는 …… 불가침의 기본적 인권을 …… 보장할 의무를 진다."

유엔 아동의 권리에 관한 협약 제2조
"당사국은 아동이 …… 모든 형태의 차별이나 처벌로부터 보호되도록 모든 적절한 조치를 취하여야 한다."

시민사회의 성장과 더불어 우리나라에서도 인권보장이 확대되어 왔다. 인권은 모든 인간이 가진 기본적이고 보편적인 권리이다. 인권교육은 미래의 시민인 학생들로 하여금 기본적 인권보장을 통해 민주주의 사회의 기틀이 마련될 수 있다는 점을 인식하도록 한다는 점에서 중요하다. 인권교육의 중요성이 높아지는 시점에서 현재 우리나라 교육과정에서 인권 관련 내용들이 어떤 주제로 어떻게 다루어지고 있는지를 살펴보는 것은 의미가 있다.

우리나라 초등학교 사회 교과서에서 인권을 본격적으로 다루기 시작한 것은 제7차 교육과정 시기부터이다. 그러나 제7차 교육과정 시기의 초등학교 사회 4, 5학년 교과서의 삽화에서는 여전히 비인권적인 요소가 일부 발견되고 있다. 또한 인권 관련 내용의 상당부문이 양성평등에 초점을 두고 있어서 다양한 인권 주제를 다루지는 못했다는 한계가 있다(박용조, 2003).

제6차, 제7차, 2007 개정 초등학교 사회 교과서에서 다루고 있는 인권 관련 내용을 비교 · 분석한 이정주와 성열관(2011)에 의하면 제6차 교육과정이래 교육과정 개정이 진행되면서 인권 관련 내용이나 관점이 더 풍부해지고 있다.

구정화(2016)는 제6차, 제7차, 2007 개정, 그리고 2009 개정된 초등학교 사회과 교과서를 인권교육의 특성을 학습자의 일상적 상황, 사회적 약자, 그리고 학습자의 활동의 측면으로 구분하여 분석하였다. 분석 결과를 정리하면 다음과 같다. 첫째, 전반적으로 학생이 일상에서 경험할 만한 인권 사례를 구체적으로 다루지 않았지만 2009년 개정시기에는 이전 시기에 비해 상대적으로 풍부하게 다루고 있다. 둘째, 사회적 약자의 인권을 다루는 내용은 모든 교육과정 시기별로 제시되어 왔지만 그 사례는 조금씩 다양해지는 모습으로 변화하였다. 예컨대 6차 교육과정에서는 사회적 약자가 신체적 약자인 노인과 장애인만 등장하였지만 점차 문화적 측면의 약자(여성, 이주노동자, 환자, 노인, 아동 등)와 경제적 측면의 약자(집 없는 가족, 노숙자, 노동자 등)로 확대되는 양상을 보인다. 그럼에도 불구하고 일부 교육과정 시기에는 사회적 약자를 다룰 때 그들의 인권에 초점을 둔 권리의 관점보다는 그들을 기부나 봉사 활동의 대상으로 파악하는 온정주의적 관점을 반영하여 서술하는 한계를 보였다. 셋째, 교육과정 개정이 진행되면서 학생의 활동에 대한 내용은 단순한 인권 이해 활동을 넘어 학습자의 능동적 활동을 강조하는 방향으로 변화하였다.

한편 중학교 교육과정에서는 인권에 대한 내용이 좀 더 구체적으로 다루어지고 있다. 은지용과 설규주(2016)는 2009 개정 교육과정에 따른 중학교 사회 교과서들 중 교육 현장에서 점유율이 높은 교과서 3종을 분석하였다. 그들은 교과서의 인권 관련 내용 분석을 통해 특정 집단이나 사회적 소수자에 대한 고정관념이나 차별적 표현이 나타나고 있는 사례들을 제시하고 그러한 표현들이 학생들에게 고정관념이나 편견을 형성할 우려가 있음을 지적하였다. 교과서 속 고정관념이나 차별적 표현은 등장인물 선정 측면이나 그러한 내용을 제시하는 방식 측면 모두에서 발견된다.

가) 남녀

전반적으로 남성과 여성의 균형을 이루고자 노력하였지만 상대적으로 영향력 있는 분야에서는 여전히 남성의 등장 빈도가 높았다. 또한 성 역할에 대해서도 남성은 정보제공자로 여성은 정보를 수용하는 역할로 묘사되고 있는데, 이는 남성은 능동적인 이미지로 여성은 수동적인 이미지의 고정관념을 형성할 소지가 있다.

나) 인종 및 국가

전반적으로 특정 대륙이나 국가를 지칭하는 내용을 진술함으로써 이들 국가에 대한 부정적 이미지를 형성할 우려가 있다. 예컨대 국제사회의 도움을 받는 나라로 아프리카 3개국, 동남아시아 1개국, 중미 1개국이 제시되고 있는데 이 역시 특정 대륙이나 지역에 대한 부정적 고정관념을 형성할 소지가 있다. 또한 인구문제 사례로 흑인들이 집단적으로 줄을 지어 구호물품을 기다리고 있는 모습을 제시함으로써 특정 인종 집단에 대한 편견을 형성할 수 있다.

다) 사람의 특성

전반적으로 이주민, 노인, 여성 등에 대한 부정적 이미지 형성의 우려가 있다. 예컨대 고령화 현상을 진술하는 데 있어 생산성 저하와 노인복지 비용 증가에 대한 노인의 책임을 부각시키는 인상을 주고 있다. 노화는 자연적인 현상임에도 불구하고 그 자체를 폄하하거나 문제시하는 뉘앙스를 줄 수 있다. 또한 다문화 가족이나 외국인이 겪는 어려움을 주로 다루는 측면이 있는데, 이는 그들 스스로의 적극적인 노력 측면보다는 다문화 가족에 대한 정부의 시혜적 측면만이 부각되는 한계를 보인다.

이상에서 우리나라 초등학교와 중학교 교육과정에 나타난 인권교육 관련 내용들을 살펴보았다. 앞서 언급하였듯이 인권은 인간이라면 누구나 당연히 가질 수 있는 권리로서 타인에게 양도가 불가능한 불가침의 성격을 지닌다. 인권에 대한 교육은 학생들로 하여금 각종 사회적 차별이나 불평등 양상이 기본적 인권을 보장하지 못하는 데서 기인한다는 것을 인식할 수 있도록 한다는 점에서 교육적으로 매우 중요한 의의를 갖는다.

(2) 경제교육과 교육내용

OECD는 2012년 국제학업성취도평가 PISA에서 금융이해력(financial literacy) 영역을 추가하였다. 2012년 PISA 금융이해력 평가에는 OECD 13개국과 러시아와 중국 등 5개국을 포함한 총 18개국에서 최소 6년 이상의 의무교육을 마친 만 15세 29,000명의 학생들이 참여했다. 한편 우리나라에서는 2013년에 한국은행이 우리나라 성인 1,068명을 대상으로 금융이해력 평가를 실시하였다. 평가도구는 OECD의 국제금융교육네트워크가 개발한 것으로 금융지식을 측정하는 8개 문항, 금융행위를 측정하는 11개 문항, 그리고 금융태도를 측정하는 3개 문항으로 구성되었다. 조사결과 우리나라 성인들의 금융이해력은 참가 15개국 중 중위권 수준으로 나타났다. 금융지식과 금융행위는 상위권에 속했으나 금융태도는 하위권 수준으로 나타났다(조지민 외, 2014).

금융이해력은 일차적으로 금융과 위험이라는 개념적 지식을 습득하고 이해하는 것을 의미(OECD, 2014)하는 것으로 21세기 시민이 갖추어야 할 핵심능력으로서 최근 들어 강조되고 있다. 여기서는 우리나라 교육과정에서 금융교육과 관련하여 어떤 내용이 다루어지고 있는지 간략하게 살펴보고자 한다.

교육과정평가원(2012)에서는 PISA의 금융소양평가 기준에 비추어 우리나라 초 · 중 · 고등학교 교육과정에서 제시된 금융 관련 내용을 분석하여 보고서로 제출한 바 있다. 이 보고서에 의하면 초등학교의 경우 사회 교과에서 금융교육과 관련한 직접적인 내용은 없으며, 중학교의 경우도 사회 교과에서 자산관리 개념을 중심으로 다루고 있으나 매우 미미하고 단편적인 수준에 그치고 있다. 한편 고등학교의 경우 금융교육 관련 내용은 사회 교과의 '합리적 선택과 삶'이라는 주제로 '고령화와 생애설계', '일과 여가', 그리고 '금융환경과 합리적 소비' 단원에서 다루어지고 있다. 금융과 관련한 보다 직접적인 교육은 경제 교과의 '경제생활과 금융'이라는 단원에서 집중적으로 다루어지고 있다. 이 단원에서는 합리적 소비를 통하여 안정적인 경제생활을 할 수 있는 방안을 모색하며 경제생활에서 다양한 지불방법과 저축수단의 장 · 단점을 파악하고 과도한 소비의 문제점과 신용이나 부채관리의 필요성을 다룸으로써 현대 경제생활에서 금융의 의미와 중요성을 강조하고 있다(조지민 외, 2014).

(3) 국제이해교육과 교육내용

세계화와 정보화는 국제사회의 변화를 이끄는 주요 흐름이다. 이러한 흐름과 관련하여 교육 부문에서도 최근에는 변화하는 국제사회에 대한 이해를 높이려는 노력이 확대되고 있다. 특히 다문화교육과 글로벌교육에 대한 관심이 높아지고 있다. 다문화교육은 국가 내 민족, 인종간의 갈등해소와 서로 협력하는 사회를 만들기 위한 목적으로 개인과 집단의 문화정체성을 인정하면서 인종, 종족, 젠더, 계층, 종교, 집단, 지역에 관계없이 학생들이 동등한 성공기회를 실질적으로 보장받도록 하는 교육이다(김용신, 2009). 글로벌교육은 세계화 및 정보화와 더불어 세계의 상호의존성에 대한 이해를 증진시키기 위한 목적으로 세계적 관점의 문화 간 이해교육, 세계문제 및 이슈에 대한 교육, 그리고 세계체제에 대한 교육을 포함한다(김현덕, 2008). 여기에서는 실제 교육과정에서 다문화교육과 글로벌교육을 어떻게 다루고 있는지를 살펴보고자 한다.

2009년 개정된 교육과정에 따른 초등학교 사회과 교육내용을 비교 · 분석한 양성실(2013)에 의하면 사회과 교육과정에서는 다문화교육과 글로벌교육은 공통적으로 자민족 중심주의를 탈피하여 다른 문화에 대한 이해와 인식을 높이기 위한 내용이 주를 이루고 있다. 구체적으로는 인간의 존엄성과 시민의 책무성에 대한 인식을 통해 학생들이 다문화 및 글로벌 시대에 걸맞는 시민의식을 가져야 한다는 점을 강조한다.

다문화교육과 글로벌교육 모두 문화적 다양성과 복잡성, 사회정의와 인권 등의 내용을 공통으로 다루고 있지만 문제를 인식하는 범위에 있어서는 이 두 교육내용 간 차이를 보인다. 다문화교육은 국내 안에서 서로 상충하는 문화적 다양성에 대한 고려를 하는 반면, 글로벌교육은 보다 확장된 관점에서 전세계 차원의 문화적 다양성을 다루고 있다. 2009년 개정된 초등학교 사회과 교육내용을 중심으로 구체적인 내용을 살펴보면 다음과 같다.

다문화교육은 문화 간 이해 영역에 많은 내용이 포함되어 있다. 새터민과 같은 국내의 특수한 상황까지 고려하고 있으며, 소수자에 대한 인권과 소수문화, 언어 등에 대해서도 세부적으로 다루고 있다. 한편 글로벌교육은 세계적인 이슈와 문제 영역에 많은 내용이 편성되어 있다. 국내문제인 동시에 세계 공통의 문제인 환경문제, 인구문제, 교통통신문제 등 인류공통의 과제를 다루고 있다.

미래사회를 살아갈 학생들에게 시대에 걸맞는 시민의식을 함양할 수 있도록 최근 교육과정에서 이러한 내용을 체계적으로 다루어야 함은 물론 지속적으로 강조되어야 할 것이다.

제 14장

미래사회변화와 교육

1. 미래학의 등장과 미래사회 전망
2. 사회변화와 교육
3. 미래사회의 학습생태환경
4. 한국교육의 방향과 미래과제

1. 미래학의 등장과 미래사회 전망

21세기 문맹

21세기의 문맹인은
글을 읽거나 쓰지 못하는 사람이 아니라, 학습하지 못하는 사람, 학습한 것을 버리지 못하는 사람, 그리고 재학습하지 못하는 사람이다(앨빈 토플러).

1) 미래학의 등장

미래는 이미 우리들 사이에 존재하고 있다. 우리는 이미 부분적으로 미래 속에 살고 있다. 그럼에도 불구하고, 오늘날 대부분의 사회과학은 과거의 일에만 관심을 갖는 경향이 있다. 미래학자 웬델 벨(Wendel Bell)은 오늘의 사회과학은 어떤 의미에서 역사학이라고 말한 바 있다. 미래에 관한 연구와 관심이 미래학자들 뿐만이 아니라, 각 학문분야에서도 활발히 일어나야 하는 시대적 요청을 받고 있다. 교육사회학도 이제 적극적으로 미래사회와 교육에 관해 관심을 가져야 한다.

19세기가 이념의 시대이고, 20세기가 분석의 시대라면, 21세기는 종합의 시대라고 특징지을 수 있다. 과학기술도 21세기를 향하면서 더욱 합성과 종합(synthesis and integration)의 특징이 뚜렷해 질 것이다. 이러한 특징은 공동체 또는 통일체 추구를 자연적인 추세로 만들어 갈 것이다. 분석의 시대에서는 개념의 명확화가 주된 방법이었으나, 합성의 시대에서는 여러 개념을 연계시킨 이해력과 통찰력이 더 중요해진다. 교육사회학의 탐구에 있어서도 합성적 이해력과 합성적 통찰력을 높일 수 있는 방법을 모색해 나가야 할 것이다.

2) 토플러(A. Toffler)의 세 가지 물결과 그 영향

미래학자 앨빈 토플러는 1970년 「미래의 충격」(Future Shock), 1980년 「제3의 물결」(The Third Wave), 1985년 「권력이동」(Powershift)을 저술하였다. 토플러는 미래의 충격을 잠시성, 신기성, 다양성으로 요약하였다. 토플러의 세 가지 물결론에 관하여 간략히 살펴본다.

(1) 세 가지 물결

가) 제1의 물결 : 농경혁명-농경사회……1만 년 전 쯤 농사법 발견

이 제1의 물결은 아주 천천히 지구에 번져서(전파되어) 9000년이 걸려서야 전 지구에 파급됐다. 토지가 가장 중요한 시대이다.

나) 제2의 물결 : 산업혁명-산업사회……300년 전 엔진의 발명

300년 전 영국에서 엔진의 발명과 공업화가 제2물결의 시작이었고, 일본은 이 물결을 100년 전에 받아들였으며, 한국이 이 물결을 본격적으로 타고 공업화를 한 것은 45년 전 정도이다. 공장이 가장 중요한 시대이다. 산업사회는 자본 중심의 사회로 공업화, 분업화, 조직화, 도시화 등 사회적 성격을 특징으로 하는 사회이다.

다) 제3의 물결 : 정보혁명-초산업사회……1946년 컴퓨터 발명

컴퓨터와 통신의 결합으로 정보혁명이 일어나고 정보사회화가 이루어진다. 정보가 가장 중요한 시대이다. 21세기의 권력은 정보에서 나오게 된다. 전자공학, 통신공학, 에너지대체공학, 재료공학, 유전공학 등 첨단공학의 발달로 인간의 생활양식과 가치관과 사회구조가 모두 바뀌고 있다.

(2) 제2의 물결과 그 영향

토플러가 제2의 물결이라고 말하는 산업화는 여러 가지 변화를 일으켰다. 도시화, 봉건사회의 붕괴, 빈부 격차의 심화, 빈익빈 부익부 현상, 가족제도의 핵가족화, 농촌인구의 감소, 상공인의 부상 등이 그것이다. 나아가 시간관념의 중요성, 낯선 사람과의 공동생활에 필요한 공중도덕 등의 가치관과 윤리의식의 변화도 초래하였다.

토플러는 공업화의 최대 특징을 대량화라고 규정하였다. 대량생산, 규격화, 집단화, 획일화는 산업화 · 공업화 시대의 특징이다. 심지어는 교육도 대규모화 · 규격화되고, 전국의 학생이 똑같은 나이에 똑같은 내용의 교육을 집단적으로 받는다.

(3) 제3의 물결과 그 영향

제3의 물결은 정보혁명으로 탈대량화, 탈집단화, 탈규격화를 지향한다. 그 기본은 그것을 가능하게 하는 과학기술의 발달이며, 특히 컴퓨터와 통신 발달이 핵심이다. 정보를 중심으로 전반적인 사회 체제의 변화가 이루어져 정보업종 종사자의 수가 증가하고 정보상품이 국가 경제의 기반을 이루게 될 때 그 사회를 정보화 사회라고 한다. 정보화 사회를 주도하는 산업은 정보산업인데, 이것은 컴퓨터와 통신을 이용해서 정보를 수집 · 가공 · 저장 · 유통하는 일이다. 정보산업은 다른 산업을 밀어내고 그 자리를 차지하는 것이 아니라 다른 산업 위에 얹혀서 그것을 다양화하고 쓸모 있게 만드는 특징을 갖는다.

원료는 한 사람이 소유하면 그만이지만 정보는 복사해서 같은 것을 여러 사람과 공유할 수 있는 특징을 갖는다. 따라서 정보사회에서는 소유보다 창의적 아이디어가 중요하다. 이러한 환경에서는 자유롭고 융통성이 풍부한 조직이 더 잘 적응할 수 있으므로 관료적인 대기업 조직은 이런 점에서 불리할 수 있다. 거대한 공장을 가진 사람보다 창의적인 아이디어를 가진 사람이 이 시대의 주역이 될 것이다. 정보사회에서는 사회의 제 부분과 생활양식의 모든 영역에 있어 다양화가 추구되고 또 심화될 것이다.

3) 미래사회 전망

유럽연합 집행위원회(European Commission, EC)는 미래를 위한 유럽 지식 정책을 위해 2015년 12월에 EC보고서를 출간하였다. EC보고서는 미래의 사회가 어떻게 변화할지 예측하고 미래를 준비하기 위한 주요 메가트렌드로 세계화의 심화, 인구통계학적 변화, 그리고 기술변화의 가속 등을 꼽고 있다(박영숙 · 제롬 글렌, 2016).

(1) 세계화의 심화

20세기 말 무렵부터 진행되어온 세계화는 다양한 분야의 기술적 진보를 바탕으로 한 새로운 문명, 흔히 'IT혁명'이라고 불리는 전자통신기술의 비약적인 발전이 창조한 자유시장 원리의 전지구적 확산을 특징으로 하는 국가들 간의 통합현상이다. 이러한 현상은 경제적 영역에 한정된 것이 아니라 사회 · 문화 · 정치 등의 여러 영역에 걸쳐 진행됨으로써 이전 사회와는 다른 사회변동을 초래하고 있다(이건만, 2014).

세계화의 촉진요인은 교통과 통신의 발달이다. 산업혁명 이후 철도와 증기선의 출현이 물품수송 기간을 단축시킴으로써 세계화를 촉진하는 요인으로 작용하였다면, 20세기 비행기의 발명은 세계화의 속도를 높이는 계기가 되었다. 현대에는 컴퓨터와 전자통신기술의 발달로 전자정보초고속망이 세계도처에 구축됨으로써 '거리의 소멸(death of distance)' 현상을 초래하였다. 이는 세계시장의 통합을 촉진시키며 세계화의 진행을 가속화시키는 결과로 이어졌다(이건만, 2014).

세계화 시대에 국경이나 민족의 개념은 존재하기 어렵고, 경제 · 자본 · 이윤의 논리가 중심 동인이다. 세계화의 흐름은 인류 사회의 모든 측면에 영향을 주는 근본적인 힘으로 인식되고 있고, 모든 사회적 단위들의 존재 방식에 변화를 초래하는 강력하고도 보편적인 사회 변화의 현상이다.

(2) 인구통계학적 변화

인구구조는 미래의 사회구조와 경제구조를 결정하고, 이는 인간의 삶에 총체적인 영향을 미치는 매우 중요한 상위인자이다. 미래예측가들에 의하면 2050년에 세계 인구는 성장속도의 둔화에도 불구하고 96억 명에 달할 것으로 예측된다. 인구증가의 대부분은 개발도상국에서 이루어질 것이다. 연령 구조도 변한다. 세계 인구 연령의 중앙값은 2010년 28세에서 2050년에는 36세가 될 것이며, 65세 이상의 인구는 8%에서 16%로 증가할 것으로 예측된다. 고령화된 인구는 여성이 더 많은 비율을 차지할 것으로 전망된다(박영숙 · 제롬 글렌, 2016).

한국사회의 인구구조 변화에 있어 주목해야 할 점은 OECD 국가 중 가장 빠른 속도로 저출산 · 고령화가 진행되고 있다는 점이다. 과거에는 출산율과 사망률이 모두 높았던 것에 비해 현재는 이 두 가지 모두가 낮아지고 있다. 덜 태어나고 더 나이드는 인구구조의 변화로 인간 삶의 모든 지형이 달라지고 있다. 저출산 · 고령화로 요약되는 한국의 인구변화는 직접적인 경제적 악영향 뿐 아니라 사회전체에 걸쳐 단계적으로 부정적인 유발효과를 가속화시킬 가능성을 안고 있다.

(3) 기술변화의 가속

미래는 기술의 변화에서 온다. 기술이 세상을 바꾸면 사람들의 가치관과 사고방식이 바뀌고 그것은 곧 인간의 미래가 된다. 앞으로의 미래사회는 융합기술의 출현과 정보의 대량 생산 · 유통 · 소비에 의하여 특징지어질 것이다. 특히 과학기술 분야는 융합기술(fusion technology)의 도래와 더불어 획기적인 변화가 예견된다. 융합기술은 2개 분야 이상의 과학기술이나 학문분야를 결합함으로써 시너지 효과를 극대화하는 것을 의미한다. 이미 바이오기술(BT), 나노기술(NT), 정보기술(IT) 등의 결합이 이루어지고 있으며, 이는 초고속 양자 컴퓨터, 바이오칩을 이용한 의료진단 기술, 초소형 나노 로봇 등의 개발로 구체화되고 있다.

기술의 변화 가운데, 최근 가장 주목받고 있는 것은 인공지능(AI) 기술의 혁신적 변화이다. 인공지능은 과거 수십 년 동안 가능성만 보여주었을 뿐 실제 현실 문제를 해결하지는 못했다. 인공지능 자체는 혁신적 제안이었지만 다양한 기술적 한계로 인공지능의 현실화가 어려웠기 때문이다. 그러나 2000년대 중반 이후 IT 기술과 전자산업 분야의 다양한 기술의 발전에 힘입어 인공지능은 이제 현실 문제를 해결하기 시작했다. 이제 인공지능은 인간을 대신해 운전을 하거나, 월스트리트의 금융 전문가보다 월등한 수익을 내며, 전문의보다 더 정확한 진단을 내리기까지 한다. 인공지능은 스스로 학습하고 응용함으로써 새로운 분야에서도 매우 빠른 시간에 전문성을 발휘하며 인간의 한계를 넘어서고 있다(LG경제연구원, 2016). 인공지능 기술의 발달은 인간의 모든 영역에 획기적인 변화를 초래할 것으로 예측된다. 무엇보다 인공지능은 인간의 역할을 대신하며 향후 직업의 상당 부분을 대체할 것으로 전망된다. 변화는 제조업 분야를 넘어 의료, 교육, 금융 등 모든 산업 분야에 해당될 것이다. 의사 없는 병원, 교사 없는 학교 시나리오가 등장하는 것도 무리가 아니다. 이러한 변화에 적극적으로 대처하기 위해서는 현재의 교육 시스템 역시 새롭게 재편되어야 할 것이다.

2. 사회변화와 교육

1) 정보화사회와 교육

(1) 정보화사회

탈산업사회에서는 공장중심 생산위주의 산업주의가 극복되고, 경제활동이 서비스 분야에 집중되며, 양보다는 질적 생활양식이 부각되고, 자본이나 물질 중심에서 벗어나 정보와 가치중심의 사회구조로 변화될 것이다. 선진사회는 이미 정보기술이 중심이 되는 사회구조가 심화되고 있으며, 우리나라도 핵심적 사회구조의 운영이 지식, 기술, 정보, 중심으로 구조화되어 가고 있다. 이처럼 정보통신기술에 의해 선도되고 무형의 정신적 자원인 지식이 사회발전의 주 동력으로서 사회적 가치 증대에 결정적 역할을 담당하는 새로운 사회를 정보화사회라고 칭한다. 다니엘 벨(Daniel Bell)은 정보화사회를 후기산업사회라고 명명하면서 '정보와 지식이 사회적 · 경제적 교환수단으로 중요한 기능을 하는 사회'라고 정의하였다. 일본의 이토유 이찌 교수는 풍부한 정보를 저축 · 유통시킬 수 있고 정보의 분배와 변형이 신속하고 효율적이며 사회의 모든 구성원이 값싸게 정보에 접근할 수 있는 사회를 정보화사회라고 하였다. 이러한 정보화사회는 인간의 지적 능력이 과거 어느 때보다도 크게 요청된다는 점에서 지식사회로도 불리며, 또 정보 연관 기술이 사회 · 경제활동의 중심이 된다는 점에서 전자기술시대나 고도기술사회로도 불린다.

지식정보화사회의 미래상은 다음 세 가지로 요약할 수 있다(김문조, 1999 : 30).

첫째, 사회 각 분야에서 인간의 지적 능력이나 지적 활동에 대한 의존도가 급격히 증가할 것이다. 산업사회에서는 '육체노동의 생산성'에 기초한 반면 지식정보사회는 '지식노동의 생산성'을 기반으로 한다. 특히 생산활동의 영역이 기술, 정보, 건강, 교육, 문화 등과 같이 무형의 상징적 상품을 포괄할수록 지식노동의 생산성 문제가 중요시될 것이다.

둘째, 시공간의 응축(time space compression)이다. 사람들의 상호작용을 직접적 · 대면적 상호작용과 간접적 · 추상적 상호작용으로 분류한다면, 전(前) 산업사회는 전자가 압도적이었으나 근대 산업사회에서는 후자가 우위를 점하였다. 그러나 지식정보사회에서는 간접적 · 추상적 상호작용이 직접적 · 대면적 상호작용과 유사한 형태로 재전환된다. 뿐만 아니라 개인이나 집단 간의 교류가 지구적 차원으로 확산되어 '지구촌'(global village)이 일상현실로 나타날 것이다.

셋째, '경계의 이완'이다. 근대 산업사회는 기업 간, 사회 각 부문 간, 국가 간 경계가 비교적 완고하였고 제도적으로 보장되었다. 그러나 지식정보화사회에서는 모든 분야의 경계가 희미해진다. 지식정보의 시공간적 한계를 넘어선 교류와 활용이 '경계의 폐쇄성'을 깨뜨리기 때문이다. 첨단 정보네트워크를 매개로 상품과 자본, 사람이 자유롭게 이동하고 기업들 간에도 가장 적은 비용과 가장 높은 효율을 찾아 전략적 제휴가 단행된다. 또 상징과 기호가 미디어와 시장사회를 지배하는 가운데 정치와 경제, 문화의 벽이 허물어져 문화의 정치화, 경제의 문화화, 정치의 문화화가 급진전될 전망이다.

지식정보화사회가 발달하면 정보통신기술과 멀티미디어기술의 융합에 의한 사이버사회가 도래할 것으로 예측된다. 사이버사회는 무한대의 사회적 개방성을 함유하게 되고, 우리의 생활세계에 미치는 충격은 훨씬 심대할 것이다. 지식정보화의 대미를 장식할 사이버화는 지난 수십 년 간 진행되어 온 기술사회적 변혁과정과는 구별되는 '제4의 물결'로 규정할 만하다. 그것은 지금까지 우리가 지각하지 못했던 신세계(brand-new world)가 전개될 것이기 때문이다.

사이버사회의 구성 기반인 사이버스페이스는 '장소와 물질에 근거한 현실세계와는 달리 컴퓨터 네트워크 속에 존재하는 공간 아닌 공간'을 의미하는 것으로, 다양한 현실적 규제나 제약을 벗어난 초월성을 지닌다. 뿐만 아니라 사이버스페이스는 참여자들이 ID만 가지고 접속할 수 있다는 점에서 익명의 접촉장이며, 교류되는 정보의 내용을 임의로 수정 · 삭제 · 창조할 수 있다는 점에서 고도의 편집성과 구성성을 지닌다.

또 그것은 하이퍼링크에 의해 다선적으로 연결되는 복합적이고 중층적인 구조를 지닐 뿐 아니라 모든 정보를 실시간으로 환원시킨다는 점에서 신속성과 즉시성을 지니며, 때로는 현실보다 더 현실적인 초현실(hyper reality)을 발현하는 가상성을 함유한다. 무한 영역, 무한 기능, 무한 접합성 등을 속성으로 하는 사이버스페이스는 단순한 도구적 용도를 넘어서서 다양한 지적 활동 공간으로서 기능할 수 있는 가능성을 내포하고 있다.

정보화사회의 영향으로 나타나는 주요 현상으로 가치관의 변화, 사회복잡성의 증가, 정보기술에 의한 사무 및 조직의 자동화, 정치질서의 민주화 등을 기대할 수 있다. 정보화사회에서는 전반적으로 사회조직의 규모를 확대하고 직접적 통제보다는 간접적 관리가 보편화되며, 의사결정에 조직원의 참여가 확대되는 분권화 현상이 나타난다. 또 정보화사회에서는 정보의 생산, 분배, 소비, 저장 등과 같은 정보의 관리능력이 매우 중시된다.

정보화사회가 기존 사회를 어떻게 변화시킬 것인가, 즉 정보화사회의 영향을 정리해 보면 다음과 같다.

첫째, 정보통신기술의 발달로 정보의 역할이 변화하고 있다. 정보가 가장 중요한 경제적 상품으로 취급되는 정보상품주의가 등장할 것이다. 정보는 20세기 이전까지는 상품 그 자체로서는 거의 거래되지 않았거나 예외적인 상품으로 취급되어 왔다. 그러나 정보화사회에서는 정보가 상품이라는 가치관이 강화되어 특허권이나 저작권으로 소유와 권한을 인정한다.

둘째, 정보통신기술의 발전과 그에 따른 현격한 가격하락은 정보기술의 대중화를 가능케 하였고, 산업정보의 개별화는 다품종 소량생산체제로의 전환을 기술화하고 있다. 나아가 정보기술이 개인은 물론 조직이나 국가의 경제 · 사회활동의 성격을 바꾸어 놓고 있으며, 일상생활이 정보의 생산 · 처리 · 분배 · 유통으로 이어지고 있다. 컴퓨터가 정보화사회의 상징으로 간주되고 인공위성 · 유선방송 · DVD 시스템 등이 보편화됨에 따라 정보기술을 사회발전의 결정적 요소로 보는 기술결정주의 견해가 대두되고 있다.

셋째, 정보전달 매체와 정보경로가 지속적으로 다양화되어 개인의 지식축적 · 학습 · 업무 및 여가에까지 널리 이용됨에 따라 더 많은 정보의 교환이 가능해졌다. 따라서 '정보의 홍수', '정보의 폭발', '정보의 과포화', '정보 풍요 속의 정보 빈곤' 등의 용어들에서 보는 바와 같이 정보매체의 밀도가 생활 속에 증가하고 있다.

넷째, 다양한 사회, 변화무쌍하여 예측이 어려운 사회, 개인의 행복이 더 중시되는 사회가 도래(존 네이스비트가 제2의 르네상스 시대로 부름)할 것이다. 개인의 행복과 관련된 기술이 개발될 것이고, 환경오염 · 마약 · 향락주의 등이 세계적인 문제로 제기될 것이다.

다섯째, 정보기술의 상호관련성 및 연결현상으로 사회전반적인 정보흐름이 신속 · 정확해짐에 따라 시간과 공간적 개념이 무너지고 사회체제도 변화되어 갈 것이다. 컴퓨터와 통신기술이 발달한 후기산업사회에서는 산업사회에서 모든 사람이 같은 시간에 같은 장소에 모여 일하던 규범이 중요하지 않게 되었다. 따라서 시간을 지키는 규범이 약화되고, 도농 간의 격차도 줄어들 것이며, 도시에만 밀집하여 살 필요성도 줄어들 것이다. 전자매체를 통하여 인간과 인간이 결속되는 '원거리 지역사회'(telecommunity), 즉 4차원적 인간관계로 엮어진 공동체(예 : HAM공동체)가 나타나고 있다. 가정생활도 전기를 사용하고 컴퓨터의 도움을 받는 '전자마을'(electronic cottage)로 변하고 있다. 여기서 더 나아가 세계공동체의식(worldcitizenship)도 강화될 것이다.

(2) 정보화사회의 교육

디지털 혁명으로 지칭되는 정보처리와 커뮤니케이션 변화는 그 자체로 교육체제 변화의 핵심요인이 된다. 정보 · 지식의 존재방식이 달라짐에 따라 필요한 정보를 선별하여 판독하는 능력이 요구되고, 여러 변수들이 동시에 작용하는 상황에서 그들 사이의 역학을 고려하여 문제를 해결하는 전략적 사고가 중시된다. 따라서 기존 학교체제의 기능과 역할이 재조정되어야 하고, 교육내용과 방법도 수정되어야 하며, 교사의 역할은 물론 교육주체들 간의 상호작용 방식에의 변화를 요구한다.

정보화 환경의 진전으로 인한 영향은 단순히 학습패턴과 그 효과의 변화에만 국한되지 않는다. 정보화는 교육의 조건을 근원적으로 바꿔 놓으면서 새로운 가능성을 열어줄 것이다. 학교와 학교 밖의 경계, 교과와 교과 사이의 경계, 교사와 학생 사이의 경계, 연령을 기준으로 하는 경계, 학습 · 놀이 · 일 사이의 전통적 경계를 파괴하여 관계의 개방을 촉진하는 계기가 될 것이기 때문이다.

2) 지식기반사회와 교육

(1) 지식기반사회

지식기반사회는 정보와 지식이 개인, 기업, 국가의 경쟁력을 좌우하는 핵심요소이자 가치창출의 원천이 되는 사회를 의미한다. 즉 노동, 자원, 자본이 주된 생산요소였던 산업사회를 넘어 지식과 정보가 가치창출의 핵심요소가 되고 그와 같은 인식 · 가치관 · 문화가 지배하는 사회이다. 이를 달리 보면, 우리의 삶이 잘 조직되고 다듬어진 지식을 생산, 사용, 교환, 확산, 재구성하는 과정에서 창출되는 생산적 힘과 사회적 가치에 크게 의존하는 사회를 의미한다(이돈희, 2000 : 3).

성숙한 산업자본주의 사회를 토대로 발전하는 지식기반사회는 정보통신혁명, 과학기술 진보의 가속화, 경쟁의 세계화, 수요의 고급화 · 다양화, 그리고 수확체증의 현상 등을 특징으로 한다(곽영우, 1999 : 4).

첫째, 정보통신혁명은 이미 탈산업화사회의 특징이었던 것으로서 정보의 가공과 처리에 드는 비용을 급격히 감소시켰다. 예컨대 1955년과 1999년 사이에 컴퓨터 정보처리 비용은 1/10,000로 감소되었다. 또 시 · 공간을 넘는 교류의 확대로 가용 지식과 정보의 양이 폭발적으로 증가하였고, 그로 인해 정보 지식 자체를 상품으로 하는 정보산업이 급성장하였다. 이러한 정보 · 통신 혁명은 지식기반사회를 촉진하는 요인이 되고 있다.

둘째, 과학기술의 발달 또한 지식기반사회의 특징이다. 선진국을 중심으로 과학연구에 대한 투자가 급증하고, 기업의 R & D 투자도 증가하여 기술혁신이 가속화되고, 혁신을 위한 지적 기반이 점차 확장되고 있다.

셋째, 경쟁의 무대가 전세계로 확산되는 경쟁의 세계화는 세계경제의 통합을 촉진하여 지식기반사회를 가속화시키고 있다. 시장의 확대는 전문성을 증대시키고 경쟁을 촉진한다. 이에 따라 개별국가는 세계시장에서의 생존을 위해 고숙련 · 하이테크 서비스에 기반한 생산체제로 전환하는 추세에 있다. 이러한 무한경쟁의 시장환경 변화와 그에 따른 생존전략은 지식기반사회를 강화한다.

넷째, 탈산업사회에서는 표준화된 재화와 용역의 수요는 줄고, 개개인의 개성과 취향에 부응하는 차별화된 재화와 용역의 수요가 증가한다. 따라서 차별화된 제품, 환경친화적 제품, 기술집약적 첨단제품의 상용화가 촉진된다. 결국 지식집약적 기술혁신과 창의적 아이디어를 중시하는 새로운 기업환경이 형성되고, 노동시장에서는 이러한 기업문화에 적합한 인적자원을 필요로 하게 된다.

다섯째, 수확체증(increasing returns)의 메커니즘은 지식의 중요성을 가중시킨다. 과거에 적용되었던 경제이론은 마샬의 수확체감(diminishing returns) 법칙이다. 이는 대량생산 체제의 제품 생산에서 주로 물적 자원의 투입을 전제한다. 반면, 물질은 소량 사용하면서 주로 지식을 투입요소로 하는 생산체제에서는 수확체증의 메커니즘이 가능해져 생산시스템이 전환된다.

이처럼 지식기반사회에서는 지식이 자원 · 자본 · 노동과 같이 생산의 핵심적 요소로서 위치를 차지하고, 일의 범위와 양상도 신체적 활동 수준을 넘어

고도의 이지적 · 이론적 원리를 광범하게 사용함에 따라 사회의 각 부문에 큰 변화가 초래된다.

(2) 지식기반사회의 교육

지식기반사회가 본격적으로 전개되면서 교육부문은 새로운 요구에 직면하게 되었다. 자원중심경제에서 지식중심경제로 전환됨에 따라 지식과 정보를 생산, 가공, 활용할 수 있는 능력을 갖춘 사람들을 필요로 하기 때문이다. 이러한 사회적 변화는 불가피하게 교육 패러다임의 전환 계기가 된다. 교육 패러다임 전환에 대한 요구는 경제적 관점에서 뿐만 아니라 교육의 내용을 이루는 지식의 성격 변화와 교사의 역할 변화에 따른 교육 내적 요청에 의해서도 불가피하게 제기된다. 지식기반사회에서 요구되는 교육 패러다임을 전통사회의 교육 패러다임과 비교해 보면 〈표 14-1〉에 보는 바와 같다.

지식기반사회에서 지식은 전통적 교과지식과는 달리 정보와 지식의 신속성, 다양성, 복잡성, 중첩성 등을 조직하고 관리하는 '연계망적 지식'(networking knowledge, cross-linked knowledge)을 의미한다. 또 지식의 양적 팽창이 또 다른 지식 생산의 동기를 부여함에 따라 상호 연결적 지식과 함께 거대한 양의 정보와 지식을 다루기 위한 지식 또한 필요로 한다. 따라서 지식기반사회에서 지식은 일반적 학교지식과 달리 '문제해결을 위한 지식'(problemsolving knowledge)이 중심이 된다(김성재, 1999 : 12).

표 14-1 전통적 교육과 지식기반사회의 교육 패러다임의 비교

주요 내용	전통적 교육 패러다임	지식기반사회의 교육 패러다임
인간상	상황적응적 인간	상황주도적 인간
지식 정보	전달	창조
중심가치	공급자중심	수요자중심

교육의 종료	학교	평생
추구가치	평등	수월
인력개발주도기관	정부	민간
교육과 훈련의 관계	분리	연계
인력양성기관	학교중심	다변화
지식독점여부	독점	공유

같은 맥락에서, 지식기반사회에서 학습은 정보와 지식에 대한 광범위한 접근 가능성으로 인해 모든 제도적 교육기관을 넘어서 다양한 장소와 생활환경 속에서 통합적으로 이루어진다. 따라서, 학습체제 전반에 걸쳐 불가피하게 변화가 수반된다. 독일연방정부의 델파이 연구보고서는 다음과 같은 교육체제의 변화 경향을 제시한다.

첫째, 학습이 이루어지는 장소가 다양해진다. 사람들은 넓게 퍼져 있는 학습장소에서 각종 대중매체의 망을 통하여 지식에 쉽게 접근할 수 있게 된다.

둘째, 현장학습 또는 일과 통합 · 연계되어 전개되는 학습이 중요시되고, 그와 같은 학습이 정규 직업훈련과정의 학습과 경쟁하게 된다. 학교 등 교육기관 밖에서 이루어지는 학습이 중시되고 양적으로도 팽창될 것이다.

셋째, 교육의 국제화가 가속화될 것이다. 국경을 초월하여 생각하는 능력이 발전될 것이고, 국가 간 상호 학위인정, 교육 구성요소의 국제적 적합성이 중요시될 것이다.

넷째, 일반교육과 직업교육 간의 상호 침투성(permeability)이 증가할 것이다. 특히, 고등교육 부문과 직업훈련 분야 간 협조가 증진되고, 실용주의 교육의 중요성이 강조될 것이다.

이상과 같은 변화는 교육기관들로 하여금 그들의 프로그램과 업무를 재정의하도록 하고, 교육체제 내에서 유동성(mobility)이 증가되며, 협동적 활동이 증진되고, 가상교육기관의 등장을 촉진하게 될 것이다(김태완, 1999 : 12).

3) 4차 산업혁명과 교육

(1) 4차 산업혁명

4차 산업혁명은 2016년 1월 다보스포럼(WEF, World Economic Forum) 에서 주요 의제로 제안되면서 최초로 언급된 개념이다. 다보스포럼에서는 「The Future of Jobs」 보고서를 통해 가까운 미래에 제4차 산업혁명이 도래할 것이고, 이는 전세계의 산업구조 및 시장경제 모델에 엄청난 영향을 미칠 것으로 전망했다.

다보스포럼 회장인 클라우스 슈밥(Klaus Schwab)은 산업혁명을 1차 산업혁명부터 4차 산업혁명으로 구분하였다. 1차 산업혁명은 물과 증기의 힘을 이용해 생산을 기계화했으며, 2차 산업혁명은 전기의 힘을 이용해 대량 생산의 길을 열었으며, 3차 산업혁명은 전기 및 정보 기술을 통해 생산을 자동화하였다. 20세기 디지털혁명(3차 산업혁명)을 토대로 미래사회를 견인할 4차 산업혁명은 물리학과 디지털 그리고 생물학 사이에 놓인 경계를 허무는 기술적 융합을 특징으로 한다.

인공지능에 의해 자동화와 연결성이 극대화되는 산업 환경의 변화를 의미하는 4차 산업혁명은 '초연결성(Hyper-Connected)', '초지능화(Hyper-Intelligent)의 특성을 가지고 있다. 4차 산업혁명으로 '모든 것이 상호 연결되고 보다 지능화된 사회'로 변화할 것으로 예측된다 .

미래 전망 보고서들은 제4차 산업혁명과 미래사회 변화가 기술적 측면의 변화 동인과 사회 · 경제적 측면의 변화 동인으로 인해 야기될 것으로 전망하고 있다. 특히 「The Future of Jobs(WEF, 2016)」는 사회 · 경제적 측면에서의 변화 동인으로 '업무환경 및 방식의 변화', '신흥시장에서의 중산층 등장' 및 '기후변화' 등을 , 과학기술적 측면에서는 '모바일 인터넷', '클라우드 기술', '빅데이터', '사물인터넷(IoT)' 및 '인공지능(A.I.)' 등을 지적한다(김진하, 2016). 클라우스 슈밥(2016)은 4차 산업혁명의 핵심 기술로 디지털 제조혁명, 사물인터넷, 모발일 금융혁명, 합성생물학, 로봇 등을 꼽는다. 이러한 기술들은 앞으로 인간의 삶의 방식과 문화를 전면적으로 바꿀 것으로 보인다.

(2) 4차 산업혁명 시대의 교육

4차 산업혁명은 인간의 모든 삶의 영역에 획기적인 변화를 미칠 것이며 교육 분야에도 중요한 영향을 미칠 것으로 예측된다. 미래예측가들은 4차 산업혁명 시대의 주요 특징 중 하나로 기계와 인간이 공존하는 시대라는 점을 지적한다. 특히 인공지능 기술이 발전함에 따라 인공지능 로봇이 인간의 일 중 상당 수 대체할 것이고 특정 분야에서는 인간보다 기계가 더 정교하고 완벽하게 주어진 역할을 할 수 있을 거란 전망이다. 이제 인간은 기계와 피할 수 없는 일자리 경쟁 상황에 직면해 있다. 똑똑한 로봇과의 공생 속에서 인간은 로봇보다 더 잘할 수 있는 분야와 역할을 모색해야 할 것이다. 이러한 상황은 직업에 대한 패러다임을 전면적으로 바꿀 것이며, 교육은 이에 대한 준비를 해야 할 것이다.

미래예측가들은 교육과 학습의 근본적인 변화가 필수적이라고 지적한다. 저비용의 보편적인 인공지능, 로봇 공학 등의 기술이 차세대 혹은 그 다음 세대의 환경을 완전히 바꿀 것이기 때문이다. 기술의 발전은 대부분의 반복적 노동을 대체할 것이다. 교육과 학습은 창의성, 문제해결, 기업가 정신, 관용, 공감 등의 향상에 초점을 맞추어야 한다(박영숙 · 제롬 글렌, 2016).

3. 미래사회의 학습생태환경

과학기술 및 정보기술의 발달, 그로인한 지식의 폭발적 증가는 교육혁명을 일으킬 것으로 전망된다. 무엇보다 미래사회는 학습생태환경에 큰 변화를 예견하고 있다. 21세기 지식기반사회의 학습생태환경은 적시학습, 평생학습, 사이버학습 등의 보편화로 특징지을 수 있다. 그런데 이러한 특징들은 모두 학습자를 중심에 두고 있다는 점에서 교육적으로 중요한 의미를 갖는다.

제롬 글렌 유엔미래포럼 회장은 미래교육에 대하여 다음과 같이 기술하고 있다.

> "학교는 영국 왕실처럼 상징적인 존재에 그칠 가능성이 높다. 학생들이 교육 프로그램에 접속해 무엇을 배우는 곳이라면 모두 학교가 될 수 있다. 미래교육의 핵심은 실시간 피드백이 가능한 적시학습과 맞춤형 교육이다. 인간교사는 실시간으로 질문에 대한 방대한 정보를 제공할 수 없고, 일대일 교육이 힘들다. 결국 '집단지성(collective intelligence)으로 갈 수밖에 없다."

모든 분야에서 급속하게 변화하고 있는 지식을 따라잡기 위한 유일한 방법은 적시학습이며, 이는 집단지성의 실현을 촉진하는 요인이다(박영숙, 2010). 적시학습(just in time learning)은 학습자가 원하고 필요로 할 때 언제 어디서나 필요한 학습을 전달하고 지원함으로써 학습자가 배운 것을 적용할 수 있도록 하는 현실적이고 실제적인 학습방법을 말한다. 적시학습은 설계자 중심이 아닌 학습자 중심이라는 데 그 의의가 있다.

21세기 지식기반사회에서 평생학습에 대한 필요성은 더욱 증대되고 있다. 정보통신기술의 발달은 지식과 정보의 생산량을 엄청나게 증폭시킴으로써 그 접근가능성을 높여 왔다. 그러나 한편으로 급변하는 경제 · 정치 · 사회 환경은 그 수명을 훨씬 단축시켰다. 지식의 노후화 속도는 가속되고 있고, 이는 현대인들로 하여금 사회에 적응하기 위해 새로운 지식을 끊임없이 습득하도록 한다. 즉 '존재하기 위한 학습'을 요구한다. 이러한 계속적인 학습의 필요 이외에도 학교 외 교육의 확대, 학습환경의 다원화 등은 지식에의 접근가능성을 높임으로써 평생학습을 용이하게 한다.

한편, 사이버학습은 학습자의 다양한 교육적 요구를 해결하고 효과성을 높일 수 있는 체제로 주목받고 있다. 최근 선진 국가를 중심으로 가상학교가 활성화되고 있으며 국내의 초·중등학교에서도 사이버교육의 도입이 확대되고 있다. 사이버학습의 가장 큰 장점은 시간과 공간의 제한을 받지 않고 학습자 중심의 학습이 가능하다는 점이다. 인터넷 접속이 가능한 환경에서는 언제 어디서나 학습자의 필요에 따라 이용가능하기 때문에 접근성이 매우 높다. 이는 시간과 비용의 불필요한 낭비를 줄이고 교육기회를 확장시킨다. 또한 사이버학습은 학습자가 자신의 수준과 능력에 맞게 진도를 조정할 수 있다는 점에서 자기주도적 학습력을 높일 수 있다.

4. 한국교육의 방향과 미래과제

정체된 사회에서는 교육이 과거의 문화와 사회에 기준을 둔 '회고적 준거(retrospective criteria)'에 의거하더라도 그 적합성을 살릴 수 있었다. 그러나 급변하는 사회에서의 교육은 미래사회에 일어날 변화를 중심에 둔 '예상적 준거(anticipatory criteria)'에 맞추어야 그 적합성을 살릴 수 있다. 즉 미래의 변화에 대처하는 능력과 태세를 배양하기 위한 노력이 필요하다. 미래를 위한 교육은 젊은이들로 하여금 미래사회에 나타날 여러 사회문제에 대처할 수 있도록 준비시키는 일이며, 그들의 개성을 신장시키기 위한 내용과 방법과 제도를 갖추어야 한다.

1) 21세기형 학교체제 구축

21세기 사회 변화에 있어 눈에 띄는 두 가지 경향은 과학기술을 중심으로 한 지식기반사회의 심화와 신자유주의적 경제질서의 강화이다. 이 두 가지 경향은 21세기를 3C의 세기, 즉 Competition(경쟁), Change(변화), Customer(고객)의 세기로 칭하는 것과 관련되어 있다. 지식기반사회의 심화와 신자유주의적 경제질서의 강화라는 변화 속에서 한국교육이 나아가야 할 기본 방향이자 과제는 '경쟁(competition)체제의 도입', '생존을 위한 변화(change)', 그리고 '고객감동을 향한 새 교육문화의 창조(customer)'가 될 것이다.

지식기반사회에서 교육의 중요성은 더 높아질 것이다. 또 미래사회에서 교육에 대한 요구들은 다양화(多樣化), 개별화(個別化), 고품질화(高品質化), 단명화(短命化)될 것이다. 교육에 대한 이러한 요구들을 수용하기 위해서 학교제도는 다음과 같은 방향으로 발전되어야 한다.

첫째, 교육의 병과 사회의 병을 '연계적'으로 고쳐 나갈 수 있는 방법을 모색해야 한다. 사실 교육의 병 대부분은 사회의 병으로 그 증상이 교육에 나타난 것이다. 즉 병은 사회에 있는데 증상은 교육에 나타나고 있다. 예컨대 촌지, 인사부정, 입시부정, 출세주의 교육, 학벌주의 등 여러 가지 교육부패와 혼란상들은 사회부패와 혼란상의 일부에 지나지 않는다. 농어촌 교육황폐화는 수십 년 동안 진행되어 온 도시산업화와 수도권 중심발전정책의 결과이며, 농고 · 공고 · 상고 등의 부진은 취업구조와 노동시장 조정 실패의 반영이다. '학교서열화' 문제도 우리 사회 전반에 깊숙이 자리잡은 '서열주의'가 반영된 것일 뿐이다. 이와 같이 교육의 병은 사회의 병이 반영된 것이므로, 그 치유나 개선을 위해서는 교육과 그 외 영역과의 '연계적 개선' 계획이 수립되어야 한다.

둘째, 현 교육제도의 기능성 저하와 폭력성 증대 문제를 해결해야 한다. 기존의 학교제도들은 20세기 근대 산업사회의 요구에 맞게 형성되었으므로 사회의 근대화와 산업화 기능을 수행하는 데 효과적이었다. 그러나 사회 변화와 구성원들의 의식 및 욕구 변화에 따라 기존 교육제도의 기능성은 점차 약화되는 반면 구성원들이 원하지 않는 것을 제도적으로 강요하는 폭력성은 더 강해지고 있다. 현행 교육제도의 이러한 특성은 앞으로 학력저하, 교육생산성과 경쟁력 하락, 교육에 대한 불만족 팽배, 해외교육수지 적자폭 증가 등을 초래할 것이다. 따라서 교육제도 변화를 위한 준비를 서둘러야 한다. 변화한 사회는 변화한 학생들을 학교로 보내고 있으나, 학교는 그들을 받아들일 태세를 갖추지 못하고 있기 때문이다. 현행 교육제도가 교육고객(학생과 학부모)에게 더 폭력성을 나타내기 전에 없애야 할 것과 새로 도입할 것을 면밀히 맞추어 자율과 개방과 경쟁을 허용하거나 조장하는 제도로 전환해야 할 것이다.

현 교육제도를 개선하여 사회변화에 적합하게 수립하고자 할 때 지향해야 할 점은 다음과 같이 제시될 수 있다.

- 20,000~30,000 달러 이상의 소득 수준에 적합하게 고급화 · 개별화 · 다양화된 교육욕구를 수용할 수 있는 교육제도
- 정보화시대에 맞게 창의력 신장과 지식생산성 제고를 자극하는 교육제도
- 세계화시대에 맞게 국내 교육과 세계 교육과의 호환성, 즉 '교육결과의 국제적 호환성'을 높일 수 있는 교육제도
- 전방위 경쟁시대에 맞게 세계 인력시장에서 경쟁력 있는 인적 자원의 개발이 가능한 교육제도
- 다양화시대에 맞게 학교의 다양화를 위하여 교육에 대한 국가의 관여를 줄이고 학부모의 권한을 확대하는 교육제도
- 학교중심 교육제도에서 평생학습사회체제 구축을 가능하게 하는 교육제도
- '획일주의 패러다임'을 벗어나서, '다원주의 패러다임'에 기반한 교육제도

2) 교육열의 자원화(資源化)와 국가총교육기능 강화

(1) 교육열의 자원화

한국인의 높은 교육열은 한국사회의 경제성장과 교육발전의 주요 원동력으로 지적되어 왔다. 그럼에도 불구하고 우리사회에서 교육열은 여전히 부정적

이미지가 강하게 남아 있다. 교육열의 본질적 속성은 교육 자체에 있는 것이 아니라 자녀 성취욕에 있다. 교육은 자녀 성취욕구의 수단이며 교육열은 교육이라는 자녀 성취욕구 충족수단을 열광적으로 활용하는 심리적 상태이다. 이러한 심리적 상태를 비난할 수는 있다. 그러나 비난한다고 얻어지는 것은 아무것도 없다.

교육열도 다른 것과 마찬가지로 긍정적 순기능과 부정적 역기능을 가지는 양면성이 있다. 그런데 우리사회에서 교육열에 관한 담론은 유독 부정적 역기능만을 부각시킴으로써 그것을 비판하는 방향으로 전개되어 왔다. 잘못된 담론 양식이 오랫동안 우리사회를 지배해 왔다. 이제는 그러한 담론의 구조가 바뀌어야 한다.

교육열은 시공을 초월하여 보편적으로 존재한다. 다만 사회와 시대마다 교육열이 표출되는 생태환경이 다르기 때문에 각기 다른 모습의 교육열 현상이 나타나는 것이다. 이것은 '교육열'이 사회 · 문화 환경의 어떤 요소들과 어떤 방식으로 결합하느냐에 따라 교육열 현상이 달리 나타나는 것으로 파악될 수 있다(이종각, 2002). 다시 말해 교육열은 사회 · 문화 환경에 따라 긍정적으로 표출될 수도 있고 부정적으로 표출될 수도 있다는 것이다.

교육열이 긍정적 순기능을 할 수 있도록 하기 위해서는 국가, 학교, 가정 모두 노력해야 한다. 교육열의 생산적 가치 제고 방안을 모색하면서 김경근(2004 : 79-80)은 두 가지 방향을 제시하고 있다.

첫째, 교육열이 사회적 병폐의 원천이 될 수 있는 소지를 제공하는 사회문화 환경을 변화시키는 일이 중요하다.

둘째, 교육열이 자녀애와 성취욕구의 발로라는 점에 착안하여 학력 이외에 현실성 있고 매력적인 교육열의 '결합대상'을 다양하게 제공하는 방안을 모색하는 일이다. 이를 위해서는 획일적 교육평등의식이 다원적 교육평등 개념으로 변화되어야 하고, 교육제도의 다양화와 함께 여러 위치에 처한 학생들에게 대안적인 경쟁의 장을 제공해 줄 수 있는 방안이 마련되어야 한다.

우리는 이러한 교육열의 흐름을 바로잡아 자원화할 수 있도록 종합적인 노력을 기울여야 할 것이다. 교육열의 흐름을 바로잡는다는 말은 첫째, 교육열을 낭비적 · 소모적 사교육열에서 생산적 교육열로 방향을 전환시키고 둘째, 교육열을 단순한 학력열에서 고등정신능력 함양을 할 수 있는 자기주도적 학습의 방향으로 흐름을 바꾼다는 것을 의미한다(이종각, 2011). 종합적인 노력을 한다는 말은 교육체제 내부와 외부의 노력이 함께 이루어져야 한다는 의미이고, 행위주체의 측면에서는 정부와 민간부문의 노력이 병행해서 이루어져야 한다는 뜻이다.

(2) 국가총교육기능 강화를 위한 공교육 개념의 전환

한국교육이 지향해야 할 미래과제 중 하나는 국가총교육기능(national total educational function)을 강화하는 것이며, 이는 국가의 모든 교육동력과 교육자원 및 교육형식을 최적화시키는 시스템의 설계를 통해 가능할 것이다. 국가총교육기능을 강화하기 위해서는 기존의 공교육개념을 새롭게 인식하고 재해석할 필요가 있다(이종각, 2015).

지금의 학교모델과 공교육 개념은 산업사회 초기의 시대적 배경에서 발달되기 시작하여 제2의 물결인 산업사회 시대에 그 기능을 적절하게 발휘하였다. '공교육=학교교육' 개념은 교육이 결핍된 시대의 문제를 획일적이고 대량으로 해결하는 데는 유용한 산업사회형 제도이다. 그러나 다양한 교육이 넘치고 변화속도가 급속하여 개별화와 다양화를 추구하는 21세기 지식기반시대에는 더 이상 적합하지 않다. 산업사회형 공교육 개념을 정보화사회형 공교육 개념으로 전환시켜야 할 것이다. 융합의 시대, 경계허물기의 시대, 경계재편성의 시대에 직면해 있으면서도 여전히 우리사회에는 학교교육은 곧 공교육이라는 인식의 벽이 공고하게 자리잡고 있다. 콜린스와 헬버슨(Collins & Halverson, 2009)에 의하면 학교교육의 시대는 지나가고 평생학습 시대로 전환해가는 제2차 교육혁명이 진행되고 있으며, 교육에 대한 책임도 국가책임으로부터 개인과 부모의 책임으로 이동하고 있다.

'공교육=학교교육'이라는 개념체계에서 공교육강화라는 말은 학교교육강화라는 말로 축소될 수 있다. 기존의 공교육 개념은 학교라는 교육기관의 유형에 두고 있기 때문에 치명적인 결함이 있다. 공교육 정상화와 사교육 경감이라는 고정된 틀과 학교제도에 학부모와 학생을 맞추려하는 결과를 초래할 수 있기 때문이다. 학교는 공교육 역할을 하는 중요한 기관이지만 다양한 유형의 교육기관 중 하나일 뿐이다. 원론적으로 학교교육이 공교육이 아니라 국가가 공교육의 가치를 실현하기 위하여 그 수행의 기관으로 지정한 것이 학교이다.

시대적합적인 공교육 개념으로의 전환이 필요하다. 학교라는 교육기관 유형에 뿌리를 둔 공교육 개념에서 시민이라면 누구에게나 더 많이, 더 편리하게, 더 좋은 교육서비스를 제공하는 관점의 개념으로 전환되어야 한다. 즉 기관 중심의 닫힌 공교육 개념을 시민 중심의 공교육 개념으로 전환이 필요하다.

21세기 지식기반사회에서는 교육이 넘쳐나고 학습자가 원한다면 언제 어디서나 학습이 가능하다. 이러한 시대의 변화에 맞추어 학교 이외에도 공교육 가치를 실현할 수 있는 교육기관이 확보될 필요가 있다. 학교 외에도 다양한 교육-학습기관이 공교육의 가치를 실현하는 역할을 할 수 있을 때 국가 총교육기능이 강화될 수 있을 것이다.

3) 한국의 지속가능한 미래를 위한 교육

지속가능한 한국의 미래를 위해서 학교에서는 교과 교육 외에도 세계시민교육, 통일교육, 그리고 직업진로교육 등을 통해 미래 세대들이 사회의 한 구성원으로서 적극적인 역할을 수행할 수 있도록 준비시켜야 할 것이다. 다행히 최근에는 이러한 교육의 중요성에 대한 사회적 인식이 확장되고 있으며 학교교육과정에서도 이를 반영하고 있는 추세이다. 그러나 입시를 위한 교과

교육에 비해 상대적으로 그 중요성은 덜 체감되고 있다. 이러한 교육이 형식적인 교육에 머물지 않도록 보다 적극적이고 체계적인 교육이 필요하다.

(1) 세계시민 역량강화를 위한 세계시민교육

21세기에 접어들면서 국제사회의 교육패러다임이 변화하고 있다. 변화의 핵심은 단일국가에 기반하는 국가 시민성 개념의 한계를 극복하고, 지구촌 사회의 문제해결과 공생을 모색하는 데 기여하는 세계시민의 역량강화와 이를 위한 세계시민교육(Global Citizenship Education, GCED)의 중요성 증대이다.

한국사회와 한반도 국제 정세의 변화도 세계시민교육의 중요성이 강조되는 요인이다. 1990년대 이후로 한국사회는 글로벌 · 다문화 사회로의 진행이 가속화되고 있다.

세계화의 진전 역시 세계시민교육이 강화될 필요를 제기한다. 세계화는 교육의 목적과 내용에 있어서 국가주의적 · 인위적 요소를 없애거나 약화시키는 반면 인류 사회에 대해 더 보편적이고 자연의 법칙에 가까운 접근을 강화시킬 것이다. 이러한 세계화는 개별 시민들이 세계를 하나의 지구촌으로 인식해 더불어 살아가고, 다양성의 가치와 관용정신을 길러, 국가문화간의 갈등과 문제를 해결하는 능력과 태도를 그 어느 때보다 강조하고 있다. 세계화의 흐름은 시민사회와 시민, 시민성의 본질에 근본적인 변화를 요구한다(한경구 외, 2015).

세계시민의식의 함양을 목표로 하는 세계시민교육의 목표와 방법론에 관한 최근 논의를 정리한 유네스코의 보고서 'Global Citizenship Education: Preparing Learners for Challengesof the 21st Century'에서는 세계시민교육의 목적을 다음과 같이 기술하고 있다.

세계시민교육은 학습자가 지역 및 글로벌 차원에서 능동적 역할을 스스로 떠안으며 세계의 어려운 문제들에 맞서 해결하고, 궁극적으로는 더 정의롭고,

더 평화로우며, 관용적이고, 포용적이며, 안전하고, 지속가능한 세상을 만드는 데 앞장설 수 있도록 그들의 역량을 키우는 데 목적이 있다.

세계시민교육은 인권교육, 지속가능발전교육, 국제이해교육, 문화 간 이해교육, 평화교육 등을 포함한다. 세계시민교육은 무엇보다 학습자를 능동적인 교육주체로 인식하고, 변혁적이며, 과정중심적이며, 참여지향적 · 실천지향적이고, 평생교육적 · 다면적 접근이 요구되는 교육이라는 점에서 종래의 전통적 시민교육과는 차별화된다.

표 14-2

전통적 시민교육과 세계시민교육의 비교

전통적 시민교육	세계시민교육
학습자는 수동적인 수용자	학습자는 능동적 교육의 주체
기성세대의 가치 · 규범 전수를 강조	변혁적인 교육
지식내용이해 중심적 교육	과정중심적 · 문제해결 중심적 교육
주어진 학교 지식의 습득을 강조	참여지향적 · 실천지향적 교육
시민성에 대하여 배우는 교육	시민성의 실천을 통해 배우는 교육
단기적 · 공식적 교육과정 위주의 교육	평생교육적 · 다면적 형태의 교육

출처 : 한경구 · 김종훈 · 이규영 · 조대훈, 2015

세계시민교육은 한국의 미래 세대들이 세계 공동체의 한 구성원으로서 지구촌의 다양한 문제들을 인식하고 그러한 문제를 해결하는 데 적극적으로 참여하는 진정한 세계시민으로서의 구체적인 실천을 요구한다.

(2) 민주적 · 평화적 통일역량 강화를 위한 통일교육

통일은 우리 민족의 숙원임에는 틀림없으나 쉽게 해결하기 어려운 문제이다. 통일에 비우호적인 주변 강대국들의 태도와 일관성이 결여된 북한의 대남 정책 그리고 우리나라 내부 구성원 간의 깊은 갈등이 얽혀 있기 때문이다. 북한의 경제발전과 동북아 관련국들의 통일된 경제권역에 대한 필요성으로 인해 미래 어느 시기에 통일이 된다고 해도 근본적으로 중요한 것은 통일에 대비한 철저한 사전 준비이다. 통일이 되기 전부터 상호 신뢰 분위기 속에서 서로 자유롭게 왕래하고 자본을 투자함으로써 북한의 경제상황이 개선되고 국민 의식이 개방되어야 한다. 준비 없이 맞는 통일은 분단 후 반세기 동안 이루어 놓은 우리 사회의 성과를 물거품으로 만들 수도 있는 가장 불행한 미래의 시나리오이다.

통일 관련 교육은 남북관계와 통일 환경의 변화에 따라 역사적으로 다른 특징을 보여 왔다. 분단 이후부터 1970년대까지는 반공교육에, 1980년대에는 통일안보교육에 치중했다. 통일교육이라는 용어는 1990년대 이후부터 사용되었다.

통일교육은 남북한의 지속적인 대화와 상호 불신감의 해소 및 그에 따른 미래지향적인 통일관의 확보에 의미를 두고 있다. 더불어 통일 이후의 동질화 과정에서 발생할 수 있는 문제에도 관심을 기울이고 있다. 통일교육의 목표는 다음과 같다(한국민족문화대백과, 2016).

첫째, 통일교육은 자유민주주의적 가치와 민족공동체 의식을 토대로 한 통일관의 확보를 요청한다.

둘째, 통일교육은 평화통일의 의지와 역량을 함양하여야 한다.

셋째, 통일교육은 통일환경 및 북한에 대한 객관적 이해와 건전한 안보관을 확립하여야 한다.

학교에서의 통일교육은 통일에 대한 부정적인 시각 극복, 통일의 당위성의 인식과 통일의지 확립, 그리고 통일 이후 통일시대 대비 역량 강화의 방향을 지향해야 할 것이다. 통일의 문제는 한국의 미래에 매우 중요한 영향을 미칠 수 있는 중대사이다. 통일에 대한 인식의 지평을 확장시키고 이를 기반으로 한 민주적이고 평화적인 통일 실현을 위해서는 한국의 미래 세대들에게 체계적이고도 지속적인 통일교육이 요구된다.

(3) 미래사회 적응력 강화를 위한 진로 · 직업교육

미래사회는 신기술에 의해 촉발된다. 신기술의 발명은 노동시장에 구조적인 변화를 가져오고 새로운 직업의 탄생과 소멸을 가져오는 중요한 기제이다. 새로운 기술과 지식이 초래하는 사회환경의 변화에 가장 민감하게 반응해야 할 영역 중 하나가 교육의 영역이며, 특히 학교교육에 있어서 더욱 그러하다. 왜냐하면 학교교육의 가장 중요한 목표와 기능 중 하나가 학생들이 사회에 잘 적응할 수 있도록 돕는, 즉 사회화에 있기 때문이다. 그러나 앨빈 토플러가 속도충돌론(2006)에 빗대어 지적하였듯이 학교는 기업이나 다른 조직에 비해 상대적으로 사회변화에 둔감하게 반응하는 측면이 높다. 유사한 맥락에서 학교에서 배운 지식이 사회에서 제 기능을 충분히 발휘하지 못한다는 비판이 지속적으로 제기되어 왔으며 학교와 기업 간 미스매치(mismatch) 현상은 우리 사회 학교교육의 심각한 문제 중 하나로 지적되어 왔다. 이는 학교가 사회변화를 충분히 반영하지 못하고 있음을 시사한다.

21세기 현대인들은 급변성의 시대를 살고 있다. 미래예측가들은 스마트폰이 대중화되면서 어제는 유효했던 하루아침에 쓸모없는 지식이 될 수 있다고 지적한다. 그만큼 사회가 빠른 속도로 변화하고 있다는 점을 의미한다. 학교가 학생들을 사회화하는 대표적인 기관으로서의 기능을 충실히 수행하고자 한다면, 학교는 다른 어떤 기관보다 미래사회에 대한 민감성을 높여야 한다.

학교 현장에서 학생들이 미래에 대한 적응력을 높일 수 있도록 일상의 교육과정에서 사회변화에 지속적인 관심을 갖고 학생들이 이러한 변화를 체감할 수 있도록 교육하는 것이 필요하다. 직업 및 진로교육 분야에서 그 필요성은 더욱 증대될 것이다. 새로운 기술들이 우리가 아직 모르는 직업을 만들어 줄 것이라 예측된다. 학교에서는 진로 · 직업교육을 통해 학생들이 변화하는 직업세계에 대한 체계적인 지식을 갖춤으로써 직업과 일을 바라보는 시야를 확장하고 자신이 살아가야 할 미래사회에 적극적으로 대비할 수 있도록 준비시켜야 할 것이다.

참고 문헌

곽수란(2012). 학업성취, 교사기대 그리고 학업적응과의 관계분석. **교육사회학연구,** 22(1), 1-24.

곽수란(2005). 인문계 학생의 학업성취 요인. **교육사회학연구,** 16(2), 1-29.

곽영우(1999). 지식기반사회와 평생교육 : 지식기반사회와 평생교육연구의 새방향. **한국사회교육학회 1999년 추계학술세미나 자료집.**

강순원 역(1983). **교육과 사회구조 : 교육사회학의 이론과 실제.** 서울 : 한울. Karabel, J. & Hasley, A. H.(eds.)(1977). ***Power and ideology in education.*** New York : Oxford University Press.

강승호 · 임성택(2003). 도시-농촌간 학력격차 통제변인 탐색. **교육학연구,** 41(3), 399-422.

강인수(1999). 초 · 중등 교육관계법의 주요과제 : 학생 · 교원 · 학부모의 교육권 보장과 조화. **교육법학연구,** 11, 1-26.

강창동(2007). 한국 대학입시제도의 사회사적 변천과 특징에 관한 연구. **교육문제연구,** 28, 83-113.

고형일 · 이두휴 역(1990). **학교와 사회.** 서울 : 풀빛. Feinberg. W. & Soltis. J. F.(1985). ***School and society.*** New York : Teachers College Press.

공은배 · 신상명 · 김이경(2002). **한국의 교육정책 평가 연구.** 연구보고 RR 2002-10. 한국교육개발원.

공은배 · 한만길 · 이혜영(1984). **학교 · 학급의 적정 규모**. 연구보고 RR 84-07. 한국교육개발원.

교육개혁위원회(1997). **신교육체제수립을 위한 교육개혁방안**.

교육과학기술부(2010). 교육통계. **자율고와 함께 하는 즐거운 상상(안내 책자)**.

교육과학기술부. 2014학년도 대학수학능력시험 기본계획 발표. 보도자료(2012. 6. 18).

교육인적자원부(2003). **국민의 정부 교육인적자원백서**.

교육인적자원부(2007). **대안교육백서 1997-2007**.

교육인적자원부(2007). **대안교육백서 1997-2007**.

국가인권위원회(2012). **국가인권위원회 결정례집 제4집(인권정책분야)**.

국립교육과정평가원(1966). **학력평가 국제비교연구**.

김경근(2000). 가족 내 사회적 자본과 아동의 학업성취. **교육사회학연구**, **10**(1), 21-40.

김경근(2004). **한국의 사회변동과 교육**. 서울 : 문음사.

김경동(1978). **사회학**. 서울 : 경문사.

김경동(1979). **발전의 사회학**. 서울 : 문학과지성사.

김경식(2006). 교사기대 형성과 변화가 학생의 학업성취에 미치는 영향. **중등교육연구**, **54**(2), 95-121.

김광수(2011). 학교부적응 청소년을 위한 위탁형 대안교육의 제도적 위상. **교육철학**, **44**, 1-23.

김달효(2006). 교사와 학생의 지각에 따른 초등교사의 훈육유형의 실증적 분류. **한국교육**, **33**(1), 3-26.

김동석(2002). 고교평준화에 관한 정책주장의 논리구조분석. **교육행정학연구**, **20**(3), 23-48.

김문조(1999). 21세기 지식정보사회를 향하여. **교육마당 21**, 4월호, 30-33.

김미숙 · 백성준 · 옥준필(2009). **대안학교의 직업교육 운영실태 분석 연구**. 정책연구 2009-17. 한국직업능력개발원.

김민조(2011). **자율학교 제도 운영 현황과 개선 방향**. OR2011-02-3. 한국교육개발원.

김병성 역(1991). **사회문화와 교육**. 서울 : 문음사. Brookover, W. B.(1973). ***Society, schools and learning.*** East Lansing, MI : Michigan State University Press.

김병성(1988). **교육사회학-학교사회의 탐구**. 경기 : 양서원.

김병성(1994). **교육과 사회 : 거시 · 미시 교육사회학적 관점**. 서울 : 학지사.

김병욱(2007). **교육사회학**. 서울: 학지사.

김석원 역(1982). **학교는 죽었다**. 서울 : 한마당. Reimer, E.(1971). ***School is dead : An essay on alternatives in education.*** New York : Doubleday & Company.

김승태(2009). 대학 입학사정관제 운영성과 평가 : 시범실시 대학을 중심으로. **국가정책연**

구, 23(4), 169-196.

김신일(1986). **교육사회학**. 서울 : 교육과학사.

김신일(1993). **교육사회학**(개정증보판). 서울 : 교육과학사.

김신일(1995). **교육사회학**(개정증보판). 서울 : 교육과학사.

김영돈(1971). **학교 경영의 이론과 실제**. 서울 : 익문사.

김영화(1992). 학부모의 교육열 : 사회계층간 비교를 중심으로. **교육학연구**, 30(4), 173-197.

김영화(2010). **교육사회학**. 서울 : 교육과학사.

김영화 · 이정희(2003). 학부모의 학교 선택 수요 분석. **교육사회학연구**, 13(1), 57-76.

김정원(1999). 수업 내 교사의 아동분류와 그 의미. **교육사회학연구**, 9(2), 255-274.

김주후 · 이종각 · 이수광(2003). 한국인의 교육열에 대한 델파이(Delphi)연구. **한국의 교육열 세계의 교육열**. 서울 : 하우.

김진균 외 역(1985). **사회학이론의 구조**. 서울 : 한길사. Turner, J. H.(1978). *The structure of sociological theory*. Homewood, IL : The Dorsey Press.

김진하(2016). 제4차 산업혁명 시대, 미래사회 변화에 대한 전략적 대응 방안 모색. 한국과학기술기획평가원(KISTEP) R보고서 제15호.

김태완(1999). **학교예산 집행의 과제와 전망 : 학교단위책임경영을 위한 학교회계의 과제와 전망**. 한국교육재정경제학회 학술대회 자료집.

김한별(2010). **평생교육론**. 서울 : 학지사.

김홍원 · 김갑성(2005). **교육갈등 현황 및 정책 과제**. 수탁연구 CR 2005-55. 한국교육개발원.

남수경(2005). 2008학년도 이후 대학입학전형제도 개선안을 둘러싼 갈등전개 과정 분석. **교육행정학연구**, 23(3), 453-477.

대학교육협의회. 2014학년도 대입전형 시행계획 발표. 보도자료(2012. 12. 10).

대학교육협의회. 2014학년도 대학입학전형 기본사항 발표. 보도자료(2012. 8. 30).

민관식(1975). **한국교육의 개혁과 진로**. 서울 : 광명출판사.

박영숙 · 제롬 글렌(2016). **유엔미래보고서 2050**. 파주: 교보문고.

백승대(1985). 해석적 패러다임으로서의 민속방법론. **현상과 인식**, 9(3·4), 150-169.

서울대학교교육연구소 편(1994). **교육학용어사전**. 서울 : 하우

서울평화교육센터(1996). **대안학교의 모델과 실천**. 서울: 내일을 여는 책.

석태종 역(1989). **선진국의 교육풍토**. 서울 : 배영사.

성기선(2003). 서울시 고등학교 학군효과 분석 연구 : 8학군 효과를 중심으로. **교육사회학연구**, 13(3), 151-166.

성기선 · 김준엽. 고등학생들의 사교육 참여 시간과 학업성취도와의 관련성 비교연구: 한국, 일본, 핀란드 과학성취도를 중심으로. **교육사회학연구**, 20(1), 103-126.

손경애(1994). **교육시장 개방의 파급효과 및 대책**. 연구보고서 94-1. 현대사회연구소.

손직수 역(1992). **교육사회학의 전망**. 경기 : 양서원. Robinson, P. E. D. (1981). *Perspectives on the sociology of education : An introduction*. London : Routledge and Kegan Paul.

손흥숙(2002). 고등교육에 대한 국가의 신자유주의적 개입 방식. **교육학연구**, 40(4), 173-196.

송병순(1987). **교육사회학**. 서울 : 문음사.

안우환(2003). 가정의 사회적 자본이 아동의 학업성취에 미치는 효과분석. **한국교육**, 30(3), 161-184.

안인희 역(1987). **현대교육사상**. 서울 : 서광사. Kneller, G. F.(1984). *Movements of thought in modern education*. New York : John Wiley & Sons.

양동안(2000). IMF 해결한 신자유주의, 교육도 구할 것인가?. **교육개발**, 겨울호, 53-55.

양성실(2013). 초등 사회과 교육과정에 나타난 다문화교육과 글로벌교육 내용 비교 분석. **글로벌교육연구**, 5(1), 29-53.

오세희 · 김훈호 · 장덕호 · 정성수(2010). 학교자율화 정책이 학교현장에 미치는 영향 연구. **한국교원교육연구**, 27(4), 1-25.

윤현진 · 김영준 · 이광우 · 전제철(2007). **미래 한국인의 핵심 역량 증진을 위한 초 · 중등학교 교육과정 비전 연구(I) : 학생 역량 준거와 영역 설정을 중심으로**. 연구보고서 RRC 2007-1. 한국교육개발원.

은지용 · 설규주(2016). 학교 인권 교육 개선을 위한 중학교 사회 교과서 분석 연구. 교육연구, 제67집, 10-36.

이건만(2014). **교육사회학탐구**. 파주: 양서원.

이돈희(2000). 21세기 교육과 교육개혁 : 교육개혁의 반성과 과제. **새교육공동체 위원회 세미나 자료집**.

이만우(2002). 교육성과의 영향요인에 관한 연구. 부산대학교 대학원 박사학위논문.

이미나 · 배종근(1988). **한국교육의 실체 : 국민은 교육을 어떻게 생각하나**. 서울 : 교육과학사.

이병준 · 이경아 · 정미경 · 이현동(2016). 학교문화 개념분석 연구. **문화예술교육연구**, 11(4), 89-115.

이병환(2002). 국내외 학교모형 비교육 통한 학교선택권 보장 방안. **교육행정학연구**, 20(2), 71-94.

이윤수 역(1980). **학습을 위한 학교와 지역사회**. 서울 : 형설출판사. Boocock, S. S.(1972). *An introduction to the sociology of Learning*. New York : Houghton Mifflin.

이정선(2001). 가정-학교-지역사회의 관계 : 콜맨의 사회자본을 중심으로. **교육인류학연구, 4**(2), 147-181.

이종각 역(1985). **학교교육의 사회적 목적 분류학**. 서울 : 문음사. Derr. R. L.(1973). *A Taxonomy of social purposes of public schools*. New York : David McKay Company.

이종각(1983). **문화와 교육**. 서울 : 배영사.

이종각(1988). **학교수업 방법의 사회 문화적 맥락**. 학교학습탐구. 서울 : 교육과학사.

이종각(1989). **한국교육학의 논리와 운동**. 서울 : 문음사.

이종각(2001). **초 · 중등단계에서의 대안교육 활성화 방안 연구**. 교육인적자원부.

이종각(2002). 교육열의 운동법칙과 결합법칙. **교육사회학연구, 12**(1), 173-192.

이종각(2003). **교육열 올바로 보기**. 서울 : 원미사.

이종각(2011). **교육열을 알아야 한국교육이 보인다**. 서울 : 이담북스.

이종각(2015). 디카플링 해소와 국가총교육기능의 강화를 위한 미래지향적 공교육 개념의 모색. **한국교육, 42**(4), 57-85.

이종재(1978). **비진학자의 사회경제적 측면**. 한국교육개발원.

이종재(2009). **한국교육발전의 탐구**. 서울 : 교육과학사.

이종재 · Don Adams · 김성열 · 김성기 · 정제영 · 조난심 · 김왕준(2009). **한국교육 60년-성취와 과제-**. 연구보고 RRO 2009-8-1. 한국교육과정평가원.

이종태(2001). **대안교육과 대안학교**. 서울 : 민들레.

이해성(1989). 인간지능 및 지능검사에 대한 도시 농촌학생들 간의 태도차이 조사연구. **목원대논문집, 16**, 77-78.

이혜숙(1993). 교사의 학생범주화 과정에 관한 참여관찰연구. 서울대학교 대학원 석사학위 논문.

이혜영 · 황준성 · 강대중 · 하태욱(2009). **대안학교 운영 실태 분석 연구**. 연구보고 RR 2009-03. 한국교육개발원.

이혜영 · 황준성 · 강대중 · 하태욱(2009). **대안학교 운영 실태 분석 연구**. 연구보고 RR 2009-03. 한국교육개발원.

이효재 · 장하진 역(1979). **사회학 : 비판사회학의 입장에서**. 서울 : 경문사. Baldridge. J. V.(1975). *Sociology : A critical approach to power conflict and change(2nd ed.)*. New York : Wiley.

장미혜(2002). 사회계급의 문화적 재생산 : 대학간 위계서열에 따른 부모의 문화자본의 차이. **한국사회학, 36**(4), 223-251.

장재천(2009). **교육사회학의 이론과 실천**. 서울 : 교육과학사.

정광희 외(2005). 2008 대입안의 성공적 정착을 위한 조건. **교육연구개발 연계체제 Issue Paper**. 2005년 제1호.

정범모(1978). **교육과학신서**. 서울 : 교육출판사.

정용교(2001). 문화기술지의 의의와 교육적 함의. **대구교육대학교 초등교육연구논총**, 17(2), 331-356.

정우현(1990). **교육사회학연구**. 서울 : 교육과학사.

정운영(1998). 고교입시제도에 다른 음악교육활동 실태조사와 활성화 방안 연구 : 부산시내 중학교 중심으로. 한국교원대학교 석사학위논문.

정원식(1984). 교육열. **사회과학과 정책연구**, 6(3), 81-91.

정원식 · 이상노 · 이상진(1986). **현대교육심리학**. 서울 : 교육출판사.

정해숙 · 박성정 · 구정화 · 최윤정(2011). **초 · 중 · 고등학교 인권교육 실태조사**. 국가인권위원회.

조문현(1987). 학급에서의 언어적 표현과 아동지위의 분화. 이화여자대학교 대학원 박사학위논문.

조석훈(1996). 학교 청소년 : 학교규율의 딜렘머와 미래. **한국교육연구**, 8(1), 203-213.

조용환 · 황순희 역(1992). **교육사회학 : 해석적 접근**. 서울 : 형설출판사. 柴野昌山(1985). **教育社會學を學ぶ人のために**. 京都 : 世界思想社.

조지민 · 임해미 · 천규승 · 김경모(2014). PISA 2012 금융이해력 평가와 한국의 금융관련 학교경제교육고정. **시민교육연구**, 46(4), 177-205.

주봉로 역(1987). **지벌 · 덕벌 · 체벌 : 교사의 자기교육 힌트 49**. 서울 : 아이큐박스.

진원중(1969). **교육사회학원론**. 서울 : 법문사.

차정민(2016). **학생부종합전형의 현황과 개선방안**. 서울 : 한국교육개발원.

최명선 역(1990). **교육이론과 저항**. 서울 : 성원사. Giroux, H.(1983). *Theory and resistance in education : A pedagogy for the opposition*. London : Heinemann Educational Books.

최운실 · 최돈민(1991). **교육부문 시장개방의 전망과 대책연구**. 연구보고서 RR91-06. 한국교육개발원.

최은수 외(2010). **평생교육론**. 서울 : 학지사.

최정웅 편역(1993). **교육의 사회학적 이해**. 서울 : 교육과학사. Blackledge, D. & Hunt, B. (1985). *Sociological interpretations of education*. London : Croom Helm.

클라우스 슈밥 외(2016). **4차 산업혁명의 충격**. 서울 : 흐름출판.

한경구 · 김종훈 · 이규영 · 조대훈(2015). **SDGs 시대의 세계시민교육 추진 방안**. 서울 : 유네스코 아시아태평양 국제이해교육원.

한국민족문화대백과(2016). http://terms.naver.com/entry.nhn?docId=2456661&cid=46615&categoryId=46615.

한대동 외(2000). 고등학교 학업성취에 대한 학교효과와 과외효과의 비교연구. **한국교육사회학회 춘계학술대회 발표논문집**. 23-54.

한준상 편저(1982). **새로운 교육학**. 서울 : 한길사.

함종규(1981). 한국 중 · 고등학교 입시제도의 변천에 관한 연구. **숙명여자대학교 논문집**, 21, 77-111.

황기우(1996). 교사의 기대이론에 관한 사회학적 분석. **안암교육학연구**, 2(1), 181-201.

LG경제연구원(2016). **LG경제연구원 미래 보고서 빅뱅퓨처**. 서울 : 한국경제신문.

Apple, W.(1979). *Ideology and curriculum.* Boston : Routledge & Kegan Paul.

Becker, H. & Sterling, C.(1987). Equity in school computer use : National data and neglected considerations. *Journal of Educational Computing Research, 3*(3), 289-311.

Berger, P. L.(1963). *Invitation to sociology : A humanistic perspective.* Harmondsworth, UK : Penguin Books.

Bernstein, B.(1975). *Class, codes, and control : Towards a theory of educational transmissions.* London : Routledge and Kegan Paul.

Bernstein, B.(1973) A brief account of the theory of codes. In V. Lee(ed.), *Social Relationships and Language.* Bletchley, UK : Open University Press.

Bernstein, B.(1972). A critique of the concept competency education. In C. Cazden, V. John, & D. Hymes(eds.), *Function of Language in the Classroom.* New York : Teachers College Press.

Blackledge, D. & Hunt, B.(1985). *Sociological interpretations of education.* London : Croom Helm. 최정웅 편역(1993). **교육의 사회학적 이해**. 서울 : 교육과학사.

Broudieu, P. & Passeron, J. C.(2000). *Reproduction in education, society and culture (2nd ed.).* London : Sage.

Broudieu, P. & Passeron, J. C.(1977). *Reproduction in education, society and culture.* London : Sage Publications.

Bourdieu, P.(1974). The school as a conservative force : scholastic and cultural inequalities. In J. Eggleston(ed.), *Contemporary research in the sociology of education.* London : Methuen.

Bowles, S. & Gintis, H.(1976). *Schooling in capitalist America : Educational reform*

and the contradictions of economic life. New York : Basic Books.

Brookover, W. B.(1980). ***Measuring and attaining the goals of education.*** Alexandria, VA : Association for Supervision and Curriculum Development.

Brookover, W. B.(1949). Sociology of education : A definition. ***American Social Review, 14***(3), 407-415.

Bruner, J. S., Goodnow, J. J., & Austin, G. A.(1967). ***A study of thinking.*** New York : Science Editions.

Carnoy, M.(ed.)(1975). ***Schooling in a corporate society.*** New York : McKay.

Cazden, C., John, V., & Hymes, D.(eds.)(1972). ***Functions of language in the classroom.*** New York : Teachers College Press.

Charters, Jr. W. W.(1963). ***Social psychology of education.*** Boston : Ally and Bacon.

Chubb, J. E. & Moe, T. M.(1990). ***Politics, markets, and American schools.*** Washington, D.C. : The Bookings Institution.

Cicourel, A.(1973). The acquisition of social structure : Toward a developmental sociology of language and meaning. In J. D. Douglas(ed.), ***Understanding everyday life : Toward the reconstruction of sociological knowledge.*** London : Routledge & Kegan Paul. 136-168.

Coleman, J. S.(1997). Family, school, and social capital. In L. J. Saha(ed.), ***International Encyclopedia of the Sociology of Education.*** New York : Pergamon. 623-641.

Coleman, J. S.(1988). Social capital in the creation of human capital. ***American Journal of Sociology, 94***, 95-120.

Coleman, J. S.(1968). The concept of equality of educational opportunity. ***Harvard Educational Review, 38***(1), 37-77.

Coleman, J. S., Campbell, E. Q., Hobson, C. F., McPartland, J., Mood, A. M., Weinfeld, F. D. & York, R. L.(1966). ***Equality of Educational Opportunity.*** Washington D. C : US Government Printing Office.

Collins, A. & Halverson, R.(2009). ***Rethinking Education in the Age of Technology.*** New York: Teachers College Press. 황기우 역(2012). **2차 교육혁명**. 서울: 원미사.

Collins, R.(1977). Functional and conflict theories of educational stratification. ***Power and Ideology in Education.*** London : Oxford University Press.

Collins, R.(1971). Functional and conflict theories of educational stratification. ***American Sociological Review, 36***, 1002-1019.

Cooley, C. H.(1902). ***Human nature and the social order.*** New York : C. Scribner's Sons.

Creswell, J. W.(2007). *Qualitative inquiry & research design : Choosing among five approaches.* Thousand Oaks, CA : Sage Publications. 조흥식 · 정선욱 · 김진숙 · 권지성 역(2010). **질적 연구방법론 : 다섯 가지 접근**. 서울 : 학지사.

Cunningham, R. & Horace Mann-Lincoln Institute of School Experimentation(1951). *Understanding group behavior of boys and girls.* New York : Bureau of publications, Teachers College, Columbus University.

Dahrendorf, R.(1959). *Class and class conflict in industrial society.* Stanford, CA : Stanford University Press.

Deutsch, M.(1949). An experimental Study of the effects of cooperation and competition upon group processes. *Human Relations, 2,* 199-231.

Dreeben, R.(1968). *On what is learned in school.* Boston, MA : Addison-Wesley Publishing Company.

Eagleston, J.(1974). *Contemporary research in the sociology of education.* London : Cambridge University Printing House.

Foucault, M.(1975). *Surveiller et punir.* Paris : Gallimard. 오생근 역(2003). **감시와 처벌 : 감옥의 역사**. 서울 : 나남출판.

Giddens, A.(1982). *Sociology : A brief but critical introduction.* London and Basingstoke : The Macmillan Press. 김미숙 외 공역(1992). **현대사회학**. 서울 : 을유문화사.

Glennerster, H.(1979). Education and inequality. In D. Rubinstein(ed.), *Education and equality.* New York : Penguin Books. 44-56.

Good T. L. & Brophy, J. E.(1984). *Looking in classroom.* New York : Longman.

Gorbutt, D.(1972). Education as the control of knowledge : The new sociology of education. *Education for Teaching, 89*(Autumn), 3-11.

Gordon, C. W.(1957). *The social system of the high school : A study in the sociology of adolescence.* Glencoe, IL : Free Press.

Hargreaves, D. H., Hester, S., & Mellor, F. J.(1975). *Deviance in classrooms.* London : Routledge & Kegan Paul.

Hanushek, E. A.(1997). Education production functions. In L. J. Saha(ed.), *International Encyclopedia of the sociology of education.* New York : Pergamon. 297-303.

Hicox, J. S. H.(1982). The Marxist sociology of education : A critique. *The British Journal of Sociology, 33*(4), 563-578.

Ho, S. E. & Willms, J. D.(1996). Effects of parental involvement on eighth-grade achievement. *Sociology of Education, 69*(1), 126-141.

Holt, J.(1964). *How children fail.* New York : Delta.

Hopper, E.(1977). A typology for the classification of educational systems. In J. Karabel and A. H. Hasley(eds.), *Power and ideology in education.* New York : Oxford University Press.

Hurn, C. J.(1978). *The limits and possibility of school : An introduction to the sociology education.* Boston : Allen and Bacon.

Illich, I.(1971). *Deschooling society.* New York : Harper & Row. 김광한 역(1984). **탈학교논쟁.** 서울 : 한마당.

Inkeles, A. & Smith, D. H.(1974). *Becoming modern : Individual change in six developing countries.* Cambridge, MA : Harvard University Press.

Jackson, P.(1968). *Life in classroom.* New York : Holt, Rinehart and Winston.

Jencks, C., Smith, M., Acland, H., Bane, M. J., Cohen, D., Gintis, H., Heyns, B., & Michelson, S.(1972). *Inequality : A reassessment of the effect of family and schooling in America.* New York : Harper & Row.

Jensen, A. R.(1969). How much can we boost IQ. and scholastic achievement? *Harvard Educational Review, 39,* 1-23.

Kalmijn, M. and Kraaykamp, G.(1996). Race, cultural capital, and schooling : An analysis of trends in the United States. *Sociology of Education, 69*(1), 22-34.

Kamin, L. J.(1974). *The science and politics of IQ.* Potomac, MD : Lawrence Erlbaum Associates.

Kerensky, V. M.(1989). *The sovereign : A new perspective on people, power and public education.* Dubuque, IA : Kendall Hunt Publishing Company.

Keddie, N. G.(1971). Classroom knowledge. In M. F. D. Young(ed.), *Knowledge and Control.* London : Collier-Macmillan. 133-160.

Lacey, C.(1977). *The Socialization of teachers.* London : Methuen.

Lareau, A. & Horvat, E.(1999). Moments of social inclusion and exclusion : Race, class, and cultural capital in family-school relationship. *Sociology of Education, 72*(January), 37-53.

Masterman, M.(1970). The Nature of a Paradigm. In I. Lakatos and A. Musgrave (eds.), *Criticism and the Growth of knowledge.* Cambridge : Cambridge University Press. 54-89.

Mehan, H.(1976). *Appendices to the social organization of classroom lessons.* Center for Human Information Processing. Dept. of Psychology. San Diego, CA :

University of California.

Meltzer, B. N., Petras, J. W., & Reynolds, L. T.(1975). ***Symbolic interactionism : Genesis, varieties, and criticism.*** London : Routledge & Kegan Paul.

Merton, R. K.(1968). ***Social theory and social structure.*** New York : The Free Press.

Meyer, D. R. & Garasky, S.(1993). Custodial fathers : Myths, realities, and child support policy. ***Journal of Marriage and the Family***, *55*, 73-89.

Miles, M. B.(1965). Planned change and organizational health : Figure and ground. In R. O. Carlson, A. Gallagher, M. B. Miles, R. J. Pellegrin, & E. M. Rogers(eds.), ***Change processes in the public schools.*** Center for the Advanced Study of Educational Administration. Eugene, OR : University of Oregon.

Morgan, S. L. & Sorensen, A. B.(1999). Parental networks, social closure, and mathematics learning : A test of Coleman's social capital explanation of school effects. ***American Sociological Review***, *64*, 661-681.

Moustakas, C.(1994). ***Phenomenological research methods.*** Thousand Oaks, CA : Sage Publications.

Parsons, T.(1959). ***The school class as a social system : Some of its functions in American society.*** New York : The Free Press. 이인효 외 역(1991). **사회체제로서의 학급 : 교육과 사회**. 서울 : 교육과학사.

Patton, M. Q.(1975). ***Alternative evaluation research paradigms.*** Grand Forks, ND : University of North Dakota Press.

Paulston, R.(1976). ***Confliction theories of social and educational change.*** Pittsburgh, PA : University Center for International Studies, University of Pittsburgh.

Persell, C. H.(1977). ***Education & inequality.*** New York : The Free Press.

Philips, S. U.(1972). Participant structures and communicative competence : Warm Springs children in community and classroom. In C. B. Cazden, V. P. John, & D. Hymes(eds.), ***Functions of language in the classroom.*** New York : Columbia Teachers Press. 370-394.

Rist, R. C.(1970). Student social class and teacher expectations : The self-fulfilling prophecy in ghetto education. ***Havard Educational Review***, *40*(3), 411-451.

Robinson, J. H.(1987). Social typing at Hanseong elementary : A transcultural model of social bias schooling. In G. D. Spindler(ed.), ***Education and cultural process : Anthropological approaches(2nd ed.).*** Prospect Heights, IL : Waveland Press. 430-449.

Rose, H. & Rose, C.(1979). The IQ. In D. Rubinstein(ed.), *Education and Equality*. Harmondsworth, UK : Penguin Books.

Rosenbaum, J. E.(1976). ***Making inequality : The hidden curriculum of high school tracking***. New York : Wiley.

Rosenthal, R. & Jacobson, L.(1968). ***Pigmalion in the classroom : Teacher expectation and pupils' intellectual development***. New York : Holt, Rinehart & Winston.

Seligman, C. F., Tucker, G. R., & Lambert, W. E.(1972). The effects of speech styles and other attributes on teachers' attitudes toward pupils. *Language in Society*, *1*, 132-142.

Sharp, R., Green, A., & Lewis, J.(1975). ***Education and social control : A study in progressive primary education***. London : Routledge & Kegan Paul.

Stephen, M.(2005). ***Routledge philosophy guidebook to Heidegger and being and time(2nd ed.)***. New York : Routledge.

Trow, M.(1961). The second transformation of American secondary education. *The International Journal of Comparative Sociology*, *2*(2), 144-166.

van Manen, M.(1990). ***Researching lived experience : Human science for an action sensitive pedagogy***. New York : The State University of New York Press.

Walberg, H. J., Fraser, B. J., & Welsh, W. W.(1986). A test model of educational productivity among senior high school students. *Journal of Educational Research*, *79*(3), 133-139.

Waller, W. W.(1932). ***The sociology of teaching***. New York : John Wiley & Sons.

Weber, M.(1947). ***The theory of social and economic organization***. New York : The Free Press.

Willis, P.(1977). ***Learning to labor : How working class kids get working class jobs***. New York : Colombia University Press.

Young, M. F. D.(1971). ***Knowledge and control***. London : Collier Macmillan.

찾아 보기

인 명

강순원 120, 125
강승호 21
강인수 288
강창동 244
고형일 171
공은배 264, 285, 294, 296
곽수란 197, 215
곽영우 330
구정화 313
김갑성 24
김경근 186, 340
김경동 75, 109
김경식 215
김동석 266, 267
김문조 326
김병성 82, 192, 215
김병욱 215
김석원 254
김성재 332
김승태 250
김신일 22, 228, 234, 238, 311
김영화 194, 195, 196, 286, 287
김용정 203
김재춘 310, 311
김정원 211, 212
김준엽 198
김진균 86
김진하 334
김태완 333
김한별 122

김현덕 317
김호권 182
김홍원 24

남수경 245

박삼철 205
박영숙 323, 336
박용조 313
백승대 169

석태종 252, 253
설규주 314
성기선 198, 199
성열관 313
손직수 144,
송병순 229, 230, 231, 232

안우환 186, 187
안인희 144
양동안 294, 297
양성실 317
이건만 323
이돈희 330
이두휴 171
이만우 191
이병준 205
이병환 288
이정선 187
이정주 313
이종각 23, 61, 183, 278, 340
이종재 44, 68, 254
이해성 182
이혜숙 212
이효재 77

임성택 21

장미혜 190, 191
장하진 77
장흥재 204
정광희 245
정범모 182, 206, 254
정병호 203
정용교 169
정우현 170
정원식 183
조문현 210
조용환 205
조지민 317
진원중 29, 36

최명선 147
최외선 205
최은수 122
최정웅 161, 209

한대동 194, 195, 197, 198
한준상 123, 124, 205
황기우 203, 204
황순희 156

Angell, R. C. 96
Apple, M. W. 302, 309
Austin 84

Becker, H. S. 166
Bell, W. 320, 326
Berger, P. 51, 77, 305
Bernstein, B. 184, 207, 304
Binet, A. 179

Blackledge, D. 170
Bloom, B. S. 62
Blumer 84, 169,
Bourdieu, P. 142, 188, 309, 310
Bowles, S. 132, 140
Brookover, W. B. 82, 96
Brophy, J. E. 216
Brunner 84

Carnoy, M. 132
Cazden, C. 207
Charters, Jr. W. W. 182
Chubb, J. E. 286
Cicourel, A. 207
Clark, B. 117
Coleman, J. S. 183, 185, 187, 193, 234, 235, 269
Collins, R. 117, 130, 147, 254, 341
Comenius, J. A. 34
Comte, A. 51
Coser, L. 128
Creswell, J. W. 165
Cunningham, R. 206

Davis, W. A. 182
Derr, R. L. 61
Dilthey, W. 157
Dreeben, R. 104, 113, 300
Durkheim, E. 104, 109, 110

Edgar 85
Eggleston 255

Fantini, M. 275
Friedman, M. 286

Galton, F 178
Garasky 185
Gardner 241
Giddens, A. 79, 226
Garfinkel, H. 169
Gintis, H. 132, 140
Giroux, H. 147
Glennerster, H. 237
Glickman 209
Goffman, E. 167, 169, 213
Good, T. L. 216
Goodnow 84
Gorbutt, D. 303
Gordon, W. C. 214
Gorman 185, 189
Green, T. H. 213

Hargreaves, D. H. 166, 202, 208, 211, 212
Harrow, A. T. 63
Heidegger, M. 164
Hester, S. 212
Hicox, M. S. H. 150
Ho, S. E. 186
Hogan, D. 139
Holt, J. 206
Hopper, E. 225, 227
Hunt, B. 170
Hurn, C. 115, 120, 130, 147, 149, 151
Hymes, D. 207

Illich, I. 132, 272
Inkeles, A. 77, 119

Jacobson, L. 213
Jencks, C. 183, 184

Jensen, A. R. 180
Juster 119

Kalmijn, M. 189
Kamin, L. J. 179
Keddie, N. 211, 212
Kerensky, V. M. 268, 269
Kerr, C. 117
Kraaykamp 189
Krathwohl, D. R. 63
Kuhn, T. 99

Lacey, C. 211
Lambert, J. H. 163
Lin, D. 190
Lock, J. 294
Lortie 203
Luther, M. 33, 34

Mannheim, K. 25
Marx, K. 128, 130, 133, 136
Masterman 99
McClagan 122
McClelland, D. 118
Mead, G. H. 57, 165, 168
Mehan, H. 207, 210
Mellor, F. J. 212
Meltzer, B. N. 165
Merton, R. K. 213
Meyer 185
Mills, C. W. 79
Moe, T. M. 286
Morgan, S. L. 185
Moskatas, C. D. 165

Nadler 121

Parsons, T. 58, 104, 111, 156
Passeron, J. C. 188
Patton, M. Q. 99, 158
Paulston, R. 312
Pearson, K. 179
Persell, C. H. 214, 255
Pike, K. 160

Reimer, E. 254, 272
Reuter, E. B. 96
Rist, R. C. 211
Robinson, J. H. 211, 212
Rose, C. 179
Rose, H. 179
Rosenthal, R. 213

Schultz, T. 119
Schutz, A. 100, 159, 169
Sewell, W. H. 184
Shah 184
Sharp, A. 213
Simmel, G. 128
Simpson, E. J. 63
Skinner, B. F. 156
Smith, A. 294
Sorensen, A. B. 185
Stephen, M. 164

Toffler, A. 16, 321
Trow, M. 67, 192
Turner, R. 226
Tyler, R. 302

Van Manen 165

Walberg, H. J. 183
Wallace, A. F. C. 311
Waller, W. W. 206
Wasserman, M. 270
Weber, M. 77, 109, 128, 147
Willis, P. 145, 185
Willms, J. D. 186
Wilson, T. P. 156
Wolfgang 209

Young, M. F. D. 97, 302, 309

내 용

가상적 정체성(virtual identity) 167
가정교육 50, 60
가정학교 275
각종 학교로서의 대안학교 280
간파(penetration) 146
갈등관계 130
갈등구조 24
갈등론(conflict theory) 128
갈등론적 교육관 130
갈등론적 교육사회학 97
갈등론적 교육이론 128, 149
갈등론적 사회관 128
갈등론적 패러다임 97
갈등이론 133
개념 84
개념의 기능 84
개념의 종류 84
개방학교 271
개방학급(The Open Classroom) 271
개선 64
개인개발 122
개인적 목적 62
개인주의 108
개체적 목적 62
거시적 연구 160
거시적 접근 161
검은 상자(black box) 194
경력개발 122
경쟁적 사회이동 227
경제적 자본(financial capital) 185, 186
경제적 재생산론(economic reproduction theory) 139
경제적 재생산이론 141
경제제일주의 39
계급갈등 134
계급의 분리성 135
계급투쟁의 역사 135
고교교육 다양화 정책 44
고교등급제 248
고교평준화 정책 40, 247, 260, 262
고교평준화제도 47
고대사회의 교육 30
고등교육의 해외 의존성 23
고전교육 30
고타교육령 33
공개경쟁 임용시험 41

공교육(公敎育)체제 22
공교육비 비율 14
공교육의 위기 17
공교육의 위기 증상 18
공교육제도 32, 33, 34
공동체적 협력구조 23
공정교육 24
과정변인 194
과학적 가치 추구 75
과학적 실증주의 138
과학 지향적 교육사회학 96
관계적 내용 171
교부금지원학교 287
교사교육운동 40
교사문화 202
교사의 기대 210
교사의 자아개념 208
교사의 학생 분류 211
교사의 행동양식 206
교사중심적 관계 206
교사–학생 관계 207
교사–학생 관계의 유형 205
교섭 171
교수–학습자적 역할(instructor) 208
교실붕괴 17, 19
교원능력개발평가 43
교원양성제도 34
교육갈등 24
교육개혁 34, 42
교육개혁위원회 41
교육격차 21
교육결과의 평등 236
교육경쟁 20, 255
교육공동체 24
교육공무원법 42
교육과정 306, 310
교육과정사회학 305
교육과정의 사회적 측면 312
교육과학기술부 44
교육관 68
교육기본법 2조 14
교육기회 235
교육법 38
교육복지국가(Edutopia) 61
교육사회학 74, 87
교육사회학 이론 101
교육사회학연구회 93
교육사회학의 과제 25
교육사회학의 역할 87
교육사회학의 전개과정 92
교육사회학의 주요 관심분야 82
교육사회학적 질문 76
교육선발 유형 228
교육선발 이론 226
교육시장 특수론 295
교육위기론 17
교육위기 진단의 과학 25
교육의 갈등구조 23
교육의 개인적 기능 65
교육의 기능 65
교육의 목적 61
교육의 사회적 기능 65
교육의 사회학 96
교육의 선발 기능 229
교육의 형식 59
교육인적자원부 42
교육이념 14
교육자치제 21, 38
교육적 지식(educational knowledge) 98
교육제도 37, 225

교육조건의 평등 235
교육질서 75
교육팽창 68
교육체제와 환경과의 상호작용 54
교육평등 66, 233
교장공모제 44
국가경쟁력 보고서 15
국내교육도피증후군 18
국민교육헌장 40
국적 있는 교육 40
국제교육성과 비교연구 206
규범적 가치 추구 75
근대사회 31
근대학교 32
근대화이론(modernization theory) 118
급진론적 패러다임(radical paradigm) 128
기간학제 46
기능론 128
기능론과 갈등론의 비교 151
기능론적 교육관 108
기능론적 교육모형 124
기능론적 사회관 106
기능론적 이론의 약점 124
기능론적 패러다임 104
기능이론 104
기능주의 104
기능적 학력사회 253
기술기능이론(technical-functional theory) 116, 117
기여입학제 248
꼭두각시 51

낙인이론 213
낭만주의적 자아개념(romantics) 208
내면화 52
내면화된 문화자본 143
내부자 관점(insider's point of view) 159
네오마르크시즘 137, 138
노동자계급 135
뉴레프트 운동(New Left Movement) 131
능력별 반편성(ability grouping) 195
능력주의적(meritocratic) 관점 237
능력집단 179
능률적 관심 75

단선형 학제 46
대안교육 276
대안교육의 발전과제 283
대안학교 268
대응능력 17
대응원리(correspondence principle) 140
대체 64
대학입시 3단계 자율화 45
대학입시제도 243
대학준비 기능 67
도구적 가치와 기능 252
동기구조의 재조직 113
동료집단 113
동물적 존재 50

마그넷학교 286
마르크스적 교육이론 138
맥락화(contextualization) 160
메시지 171
명제적 내용 171
무산계급 130, 134
무형식 교육(informal education) 60
문예부흥운동 32
문화시장 143
문화유산 전달의 기능 65

문화자본(cultural capital) 143, 188
문화적 재생산이론(cultural reproduction theory) 142
문화화 50
미래 진단적 기능 17
미래사회 전망 323
미래예측능력 17
미래학 320
미시적 분석 159
미시적 · 해석적 접근 161
미인가 대안학교 282
민속방법론(ethnomethodology) 169
민족국가 33

발전교육론 93
방계학제 46
배치 기능 116
범애주의 교육 34
범주화 과정 209
법칙적 설명 162, 164
법칙적 패러다임 156
보상교육(compensatory education) 236
보상적 평등주의 236
보수적 기능 65
복선형 학제 46
복수패러다임적 학문(Multiple paradigm discipline) 98
복수적 현실(multiple reality) 100
본고사 40, 248
분화(differentiation) 211
불평등 쟁점 58
비정규학교 46
비형식 교육(nonformal education) 60
비효과적인 학교 197

사교육 20, 198
사교육비 20
사교육의 효과 198
사립학교법 43
사회개혁적 기능 66
사회 · 경제적 지위(Socio Economic Status) 184
사회계급(social class) 134
사회계급론 134
사회교육 60
사회명목론(social nominalism) 162
사회발전적 기능 66
사회변동론 134
사회분석의 차원 77
사회선발 66
사회실재론(social realism) 161
사회이동 222
사회이동의 기능 66
사회적 게임(social game) 163
사회적 기제(social mechanism) 52
사회적 목적 61, 64
사회적 사실 모형 158
사회적 연대의식(social solidarity) 105
사회적 유형화 212
사회적 자본(social capital) 185, 186
사회적 존재 50
사회적 존재로서의 개인 목적 62
사회적 행위 162
사회적 행위 모형 158
사회적 힘 50
사회질서 74, 75
사회체제(social system) 112
사회충원(社會充員)의 기능 66
사회통합의 기능 65
사회평등 66, 233
사회학적 설명의 단계 78

사회학적 질문 77
사회학적 질문의 유형 79
사회화 50, 54
사회화기관 56
사회화 기능 55
사회화 담당기관 29, 35
3C의 세기 16, 338
3R's 30
3불 정책 43, 247
3원적 교육제도 20
상대적 자율성 53, 145
상징적 상호작용론(symbolic interactionism) 165
상징적 폭력(symbolic violence) 142
상징적 학력사회 253
상호작용 171
상호작용 관계 166
상호협동적 관계 206
상황정의(definition of situation) 52, 157
생산수단 134
선발과 분배 223
선발기준 228
선발대상 227
선발시기 227
선발적 가치와 기능 252
선발제도와 교육경쟁 구조 256
선발주의적 교육관 68
선발형식 227
설명 169
성년식 29
성취사회 118
세계화(globalization) 42, 44
세대 간 이동(inter-generational mobility) 222
수정 64
수직적 이동 222
스위스 국제경영개발원(IMD) 15
시대 변화에 따른 교육의 기능 변화 69
신교육사회학(new sociology of education) 97, 300, 303
신교육사회학의 의의 307
신마르크스적 교육이론 138
신자유주의 학교 293
신자유주의적 경제 질서 16
실업고교 22
실천적 · 규범적 · 응용적 교육사회학 전통의 형성 95
실체적 정체성(actual identity) 167
실증적 패러다임 97
심리학적 현상학 165
11세시험 47

아비투스(habitus) 143
아비투스적 문화자본 143
아웃사이더 166
안정화 64
야수조련사적 자아개념(liontamer) 208
양극화(polarization) 211
억압적 구조 58
언어모형 210
언어소통 207
언어적 상호작용 210
업적주의 사회(meritocratic society) 107, 116
업적주의 사회관 107
에믹 접근(emic approach) 160
에틱 접근(etic approach) 160
역사적 유물론(materialist conception of history) 134
역할기대 156

연역적 모델 156
영상자아 165
예기적 사회화(anticipatory socialization) 55
5 · 31 교육개혁안 41
원산학사 37
원시미개사회 29
위기 진단 과학으로서의 교육사회학 25
위기 진단의 과학 25
위탁형 대안학교 281
유산계급 130, 134
유지 64
유형화 과정 212
6-3-3-4의 학제 39
융합기술(fusion technology) 324
응용과학적 교육사회학 95
의무교육 완성 6개년 계획 39
의무교육제도 34, 38
의미 84, 165, 170
의미 있는 타자 193
의미체계 163
의사소통 165
의식의 현상 164
의식화의 길 52
이념적 대립과 갈등 23
이데올로기의 존재양식 137
이동의 기능 66
이차적으로 구성된 개념 160
2000년 이후의 교육 42
이해관계의식 135
이해(Verstehen) 157
이해사회학 161
인간상호관계와 교육 168
인간 의식 164
인간자본(human capital) 185
인간자본론(human capital theory) 119
인간형성 과정 52, 59
인간화의 길 52
인력양성 116
인문사회과학적 방법 162
인문주의 32
인식범주 164
인적자원 121
인적자원개발(HRD) 이론 121
일반화된 타자(generalized other) 57
일상적 활동 170
입사식 29
입시제도 238
입시제도 관련 쟁점 247
입시제도의 기능 239
입시제도의 변천 241
입시제도의 평가기준 251
입학사정관제 249
IMD 보고서 15

자기충족예언 213
자성예언 213
자연과학적 사회인식 모형 163
자연과학적 설명방식 158, 162
자유 170
자유방임적 관계 206
자유의지 51
자유학교 270
자율고등학교 290
자율성 52
자율학교 289
장기종합교육계획법 39
재사회화(resocialization) 56
재생산(reproduction) 64
저항이론(resistance theory) 145

적극적 우대조치 236
전국교직원노동조합 42
전문가 사회(expert society) 107, 116
전이해(前理解) 157
전인구속적 기관 166
정교분리 33
정교일치 30
정규학교 46
정보 공개 44
정보화 42
정보화사회 326
정신병동 167
정의교육 24
제도화된 문화자본 143
제약(limitation) 146
제1의 물결 321
제2의 물결 321
제3의 물결 321, 322
조기선발 47
조직개발 122
졸업장 병 22
졸업정원제 40
종교개혁 33
종교개혁 운동 33
종합학교 47
주체적 교육 53
주체적 삶의 길 52
주체적 인간 51, 52
준거집단(reference group) 193
중세 봉건사회의 교육 30
중요한 타자(significant other) 57
중학교 무시험 추첨배정제 40, 47
중학교 의무교육 41, 47
지능검사의 문화적 편파성 182
지능검사 179
지능의 유전결정론 179
지능의 환경결정론 180
지도적(disciplinarian) 역할 208
지방교육자치제도 부활 41
지배 · 복종적 관계 206
지배문화 148
지배집단 129
지식기반사회 16, 41, 44, 330
지식사회학 305
지식사회학적 관점 304
지식의 계층화 309
지역사회론 93
지역사회통제학교 275
지위문화 147, 148
직업교육 기능 67
진보와 보수 간 이견과 갈등 23
진학률 14
진로별 반편성(curriculum tracking or streaming) 195
질서적 가치와 기능 252
질적 연구방법 158

차별적 사회화 59
참된의식(true consciousness) 136
책무성 41
1950년대의 교육 38
1960~1970년대의 교육 39
1980년대의 교육 40
1990년대의 교육 41
체계적 사회화 58, 112
체험 164
초등의무교육 38, 68
초등의무교육 완성계획 68
초 · 중등교육법 57
초월론적 현상학 165

총체주의(holistic approach) 160
취업 후 상환 학자금 대출제도 45
7 · 30교육조치 40

콜만보고서 184

탈사회화(desocialization) 56
탈산업사회 41
탈학교론(Deschooling) 272
태도적 내용 172
투입-산출모형(input-output model) 194
특성화고교 22
특성화학교 278
특성화중학교 280
특수목적고등학교 292

판단중지(epoch) 165
평등적 관심 75
평생교육 50
평생교육체제(life-long education system) 61
포로 51
프랑크푸르트 학파 138
피구속성 51, 52
피그말리온 효과(Pygmalion effect) 213
피지배집단 129

학교 28
학교교육 30, 50, 60, 139
학교교육의 사회적 기능 139
학교교육제도 28, 35
학교교육제도의 계통화 32
학교문화 202
학교발달의 제 측면 36
학교발달의 제 특징 35
학교사회화 이론 111
학교선택제 285
학교설립준칙주의 48
학교유형(alternative schools) 268
학교의 다양화 284
학교의 선발 기능 231
학교의 지위분배 기능 254
학교제도 45, 225
학교중심 공교육제도 38
학교지식 98
학교해체론 272
학교헌장 48
학교효과(school effect) 193
학구적 자아개념 193
학력 252
학력사회 253
학력의 가치 252
학력주의 252
학력주의 사회 66, 253
학력증서 143
학생문화 205
학생중심적 관계 206
학습동기체제 19
학습의 사회적 환경 177
학습풍토(learning climate) 192
학업성취 177, 198
학업성취도 15
학업성취 모형 196
학업성취의 격차 176
학업중단 18
학제 20, 37, 45
학제개편 45
합의 106
합의론적 패러다임 97
해방 이전의 교육 37

해방기의 교육 38
해방적 관심 75
해석 157, 160, 166
해석적 기술 158
해석적 설명 156
해석적 접근 156
해석적 패러다임 97, 156
해석학 157, 162
해석학적 사회인식 모형 163
해석학적 현상학 165
행위규칙 163
향응제공자적 자아개념(entertainer) 208
허용적 평등 234
허위의식 136
혁신적 기능 65
현상학 163, 164
현실(reality) 159, 160
협력구조 24
협약학교 286
형식(제도)교육(formal education) 60
홈스쿨링(home schooling) 275
환경결정론 181
효과적인 학교 195, 197
후광효과 217
후원적 사회이동(sponsored mobility) 226
희생적 사회화(victim socialization) 58

저자 소개

✍ 이종각

- 서울대학교 사범대학 교육학과 졸업
- 서울대학교 대학원 교육학과 졸업, 문학석사
- University of Pittsburgh, IDEP 졸업, Ph. D.
- 교육사회학회 회장 역임
- 대통령자문 교육혁신위원회 선임위원
- 강원대학교 사범대학 교육학과 명예교수(현재)
- 한국학부모학회 회장(현재)

〈주요 저서〉

『부모 · 학부모 교육열에 대한 새로운 생각 새로운 정책』(원미사, 2014), 『한국 교육 미래 비전』(학지사, 2011)〈공저〉, 『교육열을 알아야 한국 교육이 보인다』(이담북스, 2011), 『세계의 교육열 한국의 교육열』(도서출판 하우, 2005), 『교육열 올바로 보기』(원미사, 2003), 『교육인류학의 탐색』(하우, 1995), 『교육사회학신강』(동문사, 1995), 『교육학 논쟁』(하우, 1994), 『문화와 교육』(배영사, 1983), 『한국교육학의 논리와 운동』(문음사, 1989), 『북한교육의 조명』(법문사, 1990)〈공저〉, 『한국 청소년의 사회화 과정 연구』(한국정신문화연구원, 1989)〈공저〉, 『학교학습탐구』(교육과학사, 1988)〈공저〉 외가 있다.

〈주요 번역〉

『교육과 사회학』(E. Durkheim, Education and Sociology)(배영사, 1978), 『학교교육의 사회적 목적분류학』(E. L. A Taxonomy of Social Purposes of Public Schools : A Hnadbook)(문음사, 1985)가 있다.

〈주요 논문〉

Transnational Knowledge Transfer : The Case of Inquiry Teaching Method in Korea(1986, Ph. D. 학위논문), 『Transnational Transfer of Curriculum Knowledge : A Korea Case Study』, Journal of Curriculum Studies, Vol. 20. No. 3. University of London, Institue of Education, 1988, pp. 233-246(D. Adams & C. Cornbleth와 공동필자).

「디카플링해소와 국가총교육기능의 강화를 위한 미래지향적 공교육 개념의 모색」(2015), 「교육열의 운동법칙과 결합법칙」(2001), 「학교수업방법의 사회문화적 맥락」(1988), 「교육경쟁 양식과 교육경쟁 구조 : 1차 논의」(1990), 「연합적 경쟁구조와 학생 삶의 구속논리」(1988) 외 다수.

✍ 황성희

- 강원대학교 인문대학 영어영문학과 졸업
- 강원대학교 대학원 영어영문학과 졸업, 문학석사
- 강원대학교 대학원 교육학과 졸업, 교육학석사
- 강원대학교 대학원 교육학과 졸업, 교육학박사
- 강원대학교 사범대학 교육학과 강사(현재)

✍ 김현정

저자는 강원대학교 사회학과를 졸업하고 동 대학원에서 교육사회학으로 박사학위를 취득하였다. 삶에 필요한 지혜는 일반 대중들이 살아가는 일상의 삶에 녹아 있고, 지식인의 책무는 그러한 일상의 지혜를 운반하고 자신의 삶을 통해 구체적으로 실천하는 것이라 믿는다. 따라서 지역사회를 중심으로 지속적인 실천의 삶을 살고 있고, 그 장에서 각 주체들과 함께 좋은 교육의 모델을 만들어 가고 있다.

일상을 살아가는 사람들의 교육에 관한 관심을 엿볼 수 있는 〈여성잡지에 나타난 교육 관련 기사분석〉으로 박사논문을 썼고, 〈여성잡지에 나타난 어머니상에 관한 연구〉를 통해 시대에 따른 어머니 상을 분석하였다. 이 밖에 〈여성잡지의 자녀교육 관련 기사에 나타난 학부모 인식〉 등을 분석하는 등 주로 교육의 핵심 주체이나 그간 교육의 영역에서 소외되었던 학부모와 학생에 관심을 두고 있다.

현재 강원대학교와 동 대학원, 춘천교육대학교 교육대학원에서 강의를 하고 있고, 학부모 교육 · 청소년 교육 등을 진행하며 지역사회의 교육공동체를 통한 연대의 힘을 일구어 가고 있다. 공동저자로 참여한 〈토론의 전사 5〉에서 저자가 다년간의 노력으로 일구어낸 교육모델인 알짬아카데미를 소개하였고, 좋은 사람들을 만나고 함께 좋을 일을 도모하며 즐겁고 바쁘게 세상의 변화를 꾀하고 있다.

Basic+교육사회학 -개정2판-

초 판 발 행 2012년 1월 30일
개정2판8쇄 2023년 8월 20일

이종각

2023. 8.

저 자 이종각 · 황성희 · 김현정
발행인 김현태
발행처 태영출판사
주 소 (08371) 서울시 구로구 디지털로31길
전 화 02 · 839-3757, 839-3752
팩 스 02 · 837-3754
등 록 2005년 5월 30일 제12-421호
http://www.taeyeongbook.co.kr
E-mail tys2005@hanmail.net
ISBN 978-89-6302-220-8 93370
정 가 19,000원

NAVER
태영출판사

* 잘못 만들어진 책은 교환해 드립니다.